LETTRES,
OPUSCULES ET MÉMOIRES.

Tous les exemplaires non revêtus de la signature ci-dessous seront réputés contrefaits.

Aug. Faton.

LETTRES,

OPUSCULES ET MÉMOIRES

DE

MADAME PERIER ET DE JACQUELINE,
SŒURS DE PASCAL,

ET DE MARGUERITE PERIER,

SA NIÈCE,

PUBLIÉS SUR LES MANUSCRITS ORIGINAUX

PAR M. P. FAUGÈRE.

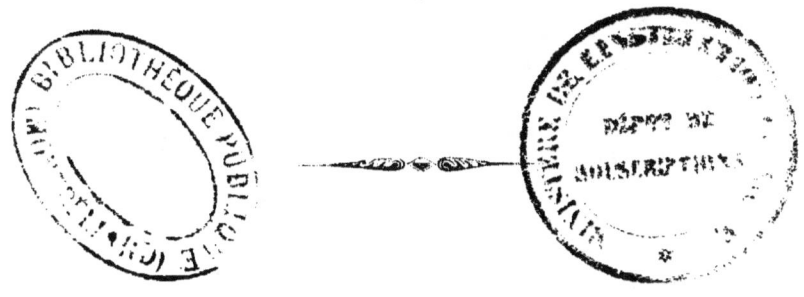

PARIS,

AUGUSTE VATON, LIBRAIRE-ÉDITEUR,

RUE DU BAC, 46.

1845.

AVANT-PROPOS.

C'est en parcourant les Recueils Mss. du père Guerrier, si riches en écrits et documents de toute sorte, que nous vint la pensée de publier les lettres et les opuscules des deux sœurs et de la nièce de Pascal [1] : Nous les réunissons dans ce volume dont nous avions disposé les éléments depuis un an, mais dont la publication a été accidentellement retardée.

Cet ouvrage est comme la suite et le complément de celui que nous avons publié, il y a quelques mois, sous le titre de *Pensées, Fragments et Lettres de Blaise Pascal*. On ne peut bien connaître la biographie, le caractère et même le génie de Pascal, si l'on ne connaît aussi la biographie et les écrits des divers membres de sa famille et surtout de ses deux sœurs, dont la correspondance fournit une foule de détails intéressants concernant ce grand homme.

---

[1] Cette pensée était fort naturelle et serait venue à tout le monde ; et c'est pourquoi il serait impertinent de vouloir s'attribuer une sorte de brevet d'invention en pareille matière.

Mais ce n'est pas seulement sous ce point de vue accessoire, c'est aussi pour elles-mêmes que Gilberte et Jacqueline Pascal et même Marguerite Perier méritaient que leurs écrits fussent recueillis à la suite de ceux de Pascal. Elles ont leur valeur propre; et à des degrés divers elles sont dignes de prendre place, dans l'histoire du dix-septième siècle, parmi les personnages qui ont illustré cette grande époque par leur esprit, leur caractère et leur piété.

Ce volume se compose de quatre parties : 1° Opuscules et Lettres de madame Perier, sœur aînée de Pascal; 2° Opuscules et Lettres de Jacqueline, leur sœur plus jeune; 3° Mémoires de Marguerite Perier sur sa famille, et quelques anecdotes qui ont été conservées par le P. Guerrier; 4° un Appendice contenant quelques documents curieux et pour la plupart inédits.

La *Vie de Pascal* composée par sa sœur, et qui ouvre ce volume, a été réimprimée bien souvent; mais toutes ces réimpressions n'avaient, jusqu'à présent, été que la reproduction littérale du texte imprimé pour la première fois en France, en 1687 [1].

---

[1] Voy. notre édition des *Pensées, fragments et lettres* de Pascal, introduction, pages XIX, XXIV et XXVI. Nous devons ajouter aux détails précédemment donnés par nous que la *Vie de Pascal* avait été d'abord imprimée à Amsterdam, en tête d'une édition des Pensées, publiée en 1684 par le libraire Wolfgang. Des exemplaires de cette

AVANT-PROPOS.

Nous avons pensé que cette biographie intéressante devait se trouver parmi les MSS. de la bibliothèque du roi. Et, en effet, après d'assez longues recherches, nous l'avons découverte dans le *fonds de l'Oratoire*, n° 226. Ce texte rectifie en plus d'un endroit le texte imprimé : nous aurions dû peut-être indiquer au bas des pages ces variantes qui sont assez nombreuses ; mais le lecteur réparera aisément notre omission. C'est l'unique manuscrit de la *Vie de Pascal* que nous ayons pu retrouver ; cependant il paraît que l'abbé Besongne, auteur de l'*Histoire de l'abbaye de Port-Royal*, avait eu connaissance d'un autre MS. plus étendu dont il donne un passage qui n'est point dans celui de l'Oratoire. Ce passage est relatif au grand ouvrage apologétique que Pascal voulait consacrer à la religion [1]. Nous le reproduisons en addition à la *Vie de Pascal* (voyez ci-après, p. 46).

Le P. Guerrier nous apprend que mademoiselle Perier avait donné à la bibliothèque des pères de l'Oratoire de Clermont une copie du même écrit.

Vie avaient même été tirés à part. Bayle, en annonçant cette édition, dans les nouvelles *de la république des lettres* du mois de décembre 1684, signale l'écrit de Mme Perier comme une addition très-importante et en parle avec les plus grands éloges.

[1] Les fragments, ou plutôt les matériaux de cet ouvrage, forment le deuxième volume de notre édition des *Pensées* où pour la première fois ils se trouvent fidèlement et intégralement restitués.

Malheureusement il ne l'a pas transcrite, et il s'est contenté d'en prendre un seul fragment très-court qui ne se trouve pas, dit-il, *dans la Vie de M. Pascal imprimée*. Nous reproduisons également ce passage, qui a déjà été imprimé, mais moins exactement, dans le recueil publié à Utrecht en 1740 [1].

Nous empruntons aux MSS. du P. Guerrier le mémoire composé par madame Perier touchant la vie de sa sœur Jacqueline.

Nous avons pour la première fois fait connaître et décrit ailleurs les MSS. du P. Guerrier [2] qui se composent 1° de deux volumes in-4°, fort considérables, que nous avons trouvés en Auvergne; 2° d'un petit volume in-8° dont l'existence nous avait été révélée par une table générale des trois volumes, qui se trouve en tête du Ier des deux recueils in-4°; nous avons eu beaucoup de peine à découvrir ce troisième volume à la bibliothèque du roi, parce qu'il n'était pas encore inscrit au répertoire général, et qu'il ne figure pas sous son vrai titre au catalogue du fonds auquel il appartient [3].

---

[1] *Recueil de plusieurs pièces pour servir à l'histoire de Port-Royal*, un vol. in-12. Ce recueil, qui a été compilé et publié par Barbot, est, pour la partie qui concerne Pascal et sa famille, presque exclusivement emprunté aux MSS. du P. Guerrier.

[2] Voy. notre édition des *Pensées*, p. XLIX de l'introduction.

[3] *Supplément français*, n° 397. « *Examen d'un écrit sur la signature de ceux qui souscrivent aux constitutions, et différents autres écrits de Port-Royal.* » Dans ce titre ne figurent, comme on voit, ni le nom du P. Guerrier, ni celui de Pascal ou de ses

Mais nous n'avons peut-être pas suffisamment insisté sur l'importance de ces manuscrits, lesquels, à défaut des textes originaux autographes, sont presque toujours les seuls qu'on puisse accepter comme authentiques. Le manuscrit de la Bibl. R., *Supplément français*, n° 1485, intitulé *Mémoires de Marguerite Perier*, est une copie qui a du prix sans doute ; mais écrite comme elle est, par une main inconnue et inhabile, il est évident qu'elle ne saurait inspirer une entière confiance, et qu'elle n'offre pas les garanties d'origine, de fidélité et de correction qui constituent une véritable authenticité.

Il n'en est pas de même des manuscrits du P. Guerrier : c'est une copie de sa propre main, c'est-à-dire une copie faite par un oratorien, un homme instruit, sachant, comprenant et aimant ce qu'il copiait ; ayant soin de nous indiquer le dépôt où se trouvent les pièces originales transcrites par lui. Enfin, « portant le scrupule, comme il dit lui-même, jusqu'à ne vouloir pas corriger quelques fautes de style qui pouvaient facilement être réformées [1]. » Avec le P. Guerrier, nous remontons à la source, et nous pouvons avoir une confiance absolue.

sœurs. Ce n'est donc qu'en compulsant un grand nombre de MSS. que nous avons pu découvrir celui-ci.

[1] Voyez, page 446, la note qui se trouve à la suite du mémoire de Marguerite Perier sur sa famille.

Nous avons dit ailleurs que le ms. de la bibliothèque du roi, improprement appelé *Mémoires de mademoiselle Perier*, n'était qu'une copie de seconde main, qui nous semblait avoir été faite sur celle du P. Guerrier. Un nouvel examen de ce ms. ne nous a laissé aucun doute à cet égard. Le P. Guerrier, en transcrivant les documents nombreux que contenait le dépôt dont Marguerite Perier avait confié la conservation à la communauté des oratoriens de Clermont, a coutume d'ajouter des notes explicatives, et quelquefois même, parmi les pièces qu'il copie, il intercale des observations, ou des récits qu'il tient de Marguerite Perier. Or, le ms. de la bibliothèque du roi reproduit à son tour les notes et les observations du P. Guerrier, en le désignant sous le nom de *premier copiste*. Ainsi, par exemple, le P. Guerrier, après avoir transcrit, dans son troisième recueil, l'écrit trouvé dans l'habit de Pascal, ajoute une note explicative qu'il emprunte en partie à la conversation de Marguerite Perier [1]. Le manuscrit de la bibliothèque du roi qui répète cette note, non sans quelques altérations suivant sa coutume, l'intitule ainsi : « Remarques *du premier copiste des manuscrits de mademoiselle Perier sur un écrit trouvé sur M. Pascal après sa mort.* » Il est donc démon-

---

[1] Voy. notre édition des Pensées de Pascal, t. 1er, p. 241.

tré que le manuscrit suppl. fr. 1485, n'est qu'une copie de seconde main, c'est-à-dire qui n'offre point les caractères d'une parfaite authenticité. Ajoutons, pour en finir sur ce point, que ce manuscrit, qui est d'une écriture assez nette mais inexpérimentée, a été copié par une personne évidemment peu intelligente, ou tout au moins étrangère aux choses qu'elle transcrivait.

Un écrivain d'une érudition brillante et facile donne à ce manuscrit l'épithète d'*excellent*[1] : nous ne pouvons, comme on voit, être de son avis ; et, pour que nos propres assertions soient sans réplique, même à ses yeux, nous avons indiqué au bas des pages, dans le cours de ce volume, la plupart des altérations que le deuxième copiste a commises en transcrivant les manuscrits du P. Guerrier, altérations que M. Cousin a reproduites dans sa publication récente des lettres et opuscules de Jacqueline Pascal.

Enfin, pour que l'importance des recueils de l'oratorien de Clermont soit désormais à l'abri de toute contestation sérieuse, rappelons ici que la copie de la bibliothèque du roi non-seulement n'est pas correcte, comme on vient de le voir, mais qu'elle n'est pas complète.

C'est ce qui résulte d'abord du catalogue même

---

[1] Voy. *Jacqueline Pascal*, par M. V. Cousin ; *passim*.

du *Supplément français*, à la bibliothèque royale, où ce volume est inscrit sous le n° 1485, avec cette indication : « *Mémoires de mademoiselle Perier.* PREMIÈRE PARTIE : la DEUXIÈME manque. » Ce MS. était donc composé de deux volumes ; et l'abbé Besongne qui, dans l'avant-propos de son *Histoire de l'abbaye de Port-Royal*, donne la liste de tous les ouvrages, manuscrits ou non, auxquels il a puisé, le mentionne ainsi : *Mémoires de mademoiselle Perier*, in-4°, 2 VOLUMES MANUSCRITS.

La comparaison de ce MS. avec ceux du P. Guerrier, confirme cette double indication, car elle montre qu'en effet il ne contient que la moitié à peine des pièces recueillies dans les trois volumes de l'oratorien de Clermont.

Les Lettres de madame Perier, qui viennent après la *Vie de Jacqueline*, sont empruntées en partie aux recueils du P. Guerrier, et en partie aux portefeuilles du médecin Vallant à la bibliothèque du roi [1] ; une seule exceptée, qui provient de la bibliothèque de l'Arsenal, et qui est relative à l'entreprise des carrosses [2].

Les écrits et les lettres de Jacqueline, qui for-

---

[1] *Résidu de St.-Germain*. Voy. dans notre édition des *Pensées*, introduction, page LIX, la description de ces MSS. qu'on désigne aussi sous le titre de *Portefeuilles de madame de Sablé*.

[2] Nous n'avons pu retrouver à l'Arsenal l'original de cette lettre ; mais nous reproduisons, de l'agrément de M. Monmerqué, le texte qu'il a donné avec son exactitude habituelle dans son intéressant opuscule des *Carrosses à cinq sols*.

ment la deuxième partie de ce volume, sont aussi empruntés au P. Guerrier, à l'exception de : 1° la Relation adressée par Jacqueline à la mère prieure de Port-Royal des Champs, et qui fait connaître les difficultés qu'elle éprouva de la part de sa famille et de son frère en particulier, lorsqu'elle voulut prononcer ses vœux de religieuse. Cette relation était déjà imprimée dans les *Mémoires* pour servir à l'histoire de Port-Royal et de la mère Angélique; mais nous avons cru devoir la rechercher parmi les MSS. de la bibliothèque royale, et nous l'avons trouvée dans le *Fonds supplément français* sous le n° 1389. Quand on a à choisir entre un texte imprimé sans la participation de l'auteur et le texte d'une copie manuscrite, il est évident que c'est le second qui doit être préféré, car il y a toutes chances pour qu'il ait été moins altéré que l'autre. Nous avons donc suivi le manuscrit de la bibliothèque royale : comparé aux Mémoires pour servir à l'histoire de Port-Royal, il offre une foule de variantes de détail dont l'indication eût d'ailleurs été fastidieuse et dépourvue d'utilité et d'intérêt, car elles n'apportent aucune modification au fond du récit. 2° La Relation concernant la mère Angélique. Cette relation a été aussi imprimée dans les Mémoires pour servir à l'histoire de Port-Royal. Nous publions le texte que nous avons trouvé dans le MS. *sup-*

plément français, n° 1307. 3° L'interrogatoire de la sœur Jacqueline de Sainte-Euphémie. N'ayant rencontré cette pièce dans aucun des nombreux MSS. que nous avons compulsés, nous la réimprimons telle qu'elle a été insérée dans l'*Histoire des persécutions des religieuses de Port-Royal*[1]. 4° La lettre de Jacqueline sur la mort de la sœur de Sainte-Eugénie d'Andilly. Nous empruntons cette lettre aux Mémoires pour servir à l'histoire de Port-Royal.

A l'exception de ces quatre pièces, tous les autres écrits et lettres de Jacqueline sont publiés par nous d'après les copies, faites presque toujours sur les originaux autographes, par le P. Guerrier.

Les recueils de cet oratorien nous ont fourni tout entière la IIIe partie de ce volume, c'est-à-dire les mémoires de Marguerite Perier sur les membres de sa famille et en particulier sur Pascal; un extrait des Additions au nécrologe de Port-Royal dans lequel Marguerite Perier raconte comment Pascal fut amené à composer les Provinciales; enfin diverses anecdotes dont le souvenir a été conservé par le P. Guerrier lui-même, ou qu'il a puisées dans les archives des oratoriens de Clermont. Sous ce titre d'*Additions*

---

[1] Villefranche, 1733, 1 vol. in-4°.

et Corrections au Nécrologe, Marguerite Perier a écrit une foule de particularités intéressantes pour l'histoire de Port-Royal. Une copie de ces Additions se trouve dans le III⁰ Recueil du P. Guerrier, et une autre dans le *Fonds de l'Oratoire*, n⁰ 160. Le pieux solitaire à qui nous avons dû la communication des MSS. du P. Guerrier [1], en possédait une troisième de la main de l'abbé Caldaguès, chantre de l'église de Montferrand, faite sur l'original de Marguerite Perier [2].

[1] M. Bellaigue de Rabanesse. Voy. l'édition des *Pensées*, p. XLIX de l'Introduction.

[2] C'est un in-4⁰ de 43 pages ; à la fin on lit les deux attestations qui suivent :

« Aujourd'hui, huitième mai 1725, j'ai achevé de copier ces Additions et Corrections pour le Nécrologe de Port-Royal, faites par Mˡˡᵉ Perier, nièce de feu M. Pascal, qui, ayant été élevée à Port-Royal et ayant toujours conservé une très-grande liaison avec toutes les personnes qui composaient cette sainte maison, est la seule personne qui reste aujourd'hui au monde parfaitement instruite du détail de l'histoire de cette célèbre abbaye, soit pour les affaires du dedans, soit pour celles du dehors. La présente copie faite sur l'original écrit de sa main, que Mˡˡᵉ Perier a eu la bonté de me confier, afin que tant de faits et de particularités qui intéressent des personnes dont la mémoire sera toujours précieuse dans l'Église, ne fussent pas exposés à être ensevelis dans l'oubli par la perte de l'original.

« CALDAGUÈS, *chantre de l'église de Montferrand.*

« Je certifie que la présente copie est exactement faite sur mon original que j'ai confié à monsieur l'abbé de Caldaguès, et que tous les faits qui sont rapportés dans lesdites Additions et Corrections sont très-vrais et très-assurés, ayant été témoin de la plupart et très-parfaitement instruite des autres.

« Fait à Clermont, ce huitième mai mil sept cent vingt-cinq.

« M. PERIER. »

Le lecteur nous saura gré d'avoir accompagné les mémoires de mademoiselle Perier de quelques variantes intéressantes extraites d'un MS. qui mérite d'être ici mentionné. Ce MS., que M. Aimé-Martin a bien voulu nous communiquer, nous paraît provenir de la bibliothèque des oratoriens de Paris : il s'est trouvé dans la succession du P. Adry, membre de cette communauté; et il est de la même écriture que le MS. n° 160, *Fonds de l'Oratoire*. Il se compose de 47 pages in-folio, et comprend : 1° la plus grande partie des Mémoires de Marguerite Perier sur Pascal et sa famille; 2° une partie de la Vie de Jacqueline par madame Perier; 3° la lettre où Jacqueline raconte à son père les détails de la représentation de l'*Amour tyrannique* à l'hôtel de Richelieu; 4° une partie des poésies de Jacqueline.

Il semble résulter de ce MS. que mademoiselle Perier avait composé deux relations, à peu près identiques quant au fond, mais assez différentes quant à la forme, des faits concernant sa famille. Celle que contient le MS. de M. Aimé-Martin est écrite avec une sorte de complaisance diffuse qui semble accuser la jeunesse de l'écrivain; tandis que celle qu'a copiée le P. Guerrier est écrite avec plus de simplicité et de maturité. Il est d'ailleurs probable que mademoiselle Perier n'avait écrit ces mémoires qu'à la demande qui lui en avait été faite par quelques-uns des pieux écrivains qui, au commencement du dernier siècle, s'occupèrent à recueillir tous les faits relatifs à l'histoire de Port-Royal. Probablement aussi la nièce de Pascal était en relation, sinon directement, du moins par l'intermédiaire du P. Guerrier, avec les oratoriens de Paris. Il est du moins certain que celui-ci entretenait une correspondance avec le P. Desmolets, bibliothécaire de l'Oratoire de Paris, comme on le voit par la note suivante, écrite par le P. Adry sur la dernière page du ms. dont nous venons de parler : « J'ai sept lettres manuscrites (ce n'est « que la copie faite à Clermont le 22 octobre 1736 « et envoyée au P. Desmolets par le P. Guerrier) « de M. Nicole à M. Perier, ecclésiastique, » etc.[1].

Nous avons peu de chose à dire sur l'Appendice qui forme la quatrième partie de ce volume. Nous croyons qu'on y lira avec l'intérêt qui s'attache à tout ce qui concerne un grand homme, l'acte de baptême de Pascal, sa généalogie, et un extrait de son testament. Cette généalogie n'est que l'extrait d'un immense tableau généalogique dont l'original, qui est encore à Clermont chez

---

[1] Le P. Guerrier était aussi en correspondance avec dom Clémencet. On trouve dans l'Histoire littéraire de Port-Royal, encore inédite, composée par ce bénédictin, une lettre dans laquelle le P. Guerrier lui donne le catalogue détaillé des ouvrages de Pascal. M. Sainte-Beuve possède une copie du ms. de dom Clémencet.

l'un des derniers descendants de la famille Pascal [1], fut dressé par Blaise Pascal, parrain et oncle à la mode de Bretagne de l'auteur des Provinciales. Il en est fait mention dans les Mémoires de Fléchier sur les grands-jours d'Auvergne. « C'est une vérité constante, dit-il, qu'une dame
« qui mourut, il y a quelques années, âgée de
« quatre-vingts ans, fit le dénombrement de ses
« neveux et nièces, en compta jusqu'au nombre
« de quatre cent soixante-neuf vivants et plus
« de mille autres morts, qu'elle avait vus durant
« sa vie. J'en ai vu la table généalogique que
« M. Blaise Pascal, son fils, qui a été si connu par
« ses inventions mathématiques et par les *Lettres*
« *provinciales*, en a fait dresser pour la rareté du
« fait [2]. »

[1] M. Durand de Juvisy. — Une copie de cette table généalogique se trouve à la bibliothèque de Clermont.

[2] L'érudit et exact éditeur de ces Mémoires, M. Gonod, fait remarquer que l'assertion de Fléchier est inexacte en ce qui concerne Pascal. La dame dont il est ici question n'est point la mère de Pascal, laquelle mourut fort jeune, mais Jeanne Enjobert, femme d'un autre Étienne Pascal; et le Blaise Pascal auteur de la généalogie n'était point l'auteur des *Provinciales*, comme dit Fléchier, mais un conseiller secrétaire des finances.

L'erreur grave que commet ici Fléchier n'a rien qui étonne, quand on songe que ses Mémoires, fruits d'une verve spirituelle et enjouée, sont puisés, pour la plus grande partie, dans des conversations dont il saisit de préférence, en l'exagérant volontiers, le côté plaisant ou merveilleux. Quoique précieux pour l'histoire du temps, ce livre doit donc contenir plus d'une erreur de détail; et il est permis de croire que Fléchier a pu se tromper encore en citant ailleurs le nom de Pascal. Il y avait à Clermont une demoiselle « qui est, [dit Fléchier, la
« Sapho de ce pays, et qui est assurément l'esprit le plus fin et le plus

AVANT-PROPOS.

Il est fait mention du testament de Pascal dans sa *Vie*, par madame Perier. C'est à l'aide de cette indication que nous avons essayé de découvrir ce document précieux. Malheureusement les recherches faites à ce sujet parmi les minutes du

« vif qu'il y ait dans la ville. Elle était aimée par tout ce qu'il y avait de
« beaux-esprits. M. Pascal, qui s'est depuis acquis tant de réputation,
« et un autre savant étaient continuellement auprès de cette belle sa-
« vante. » Nous ne parlerions pas de ce passage des Mémoires de Fléchier, si M. Cousin n'en eût tiré des conséquences arbitraires et exagérées. On n'a pas oublié qu'il publia dans la *Revue des Deux Mondes* du 15 septembre 1842, le *Discours de Pascal sur les passions de l'amour*. Mais avant d'arriver à ces pages sereines et chastes du grand penseur, il fallait traverser un commentaire étrange, sorte de vestibule rempli de poussière et de bruit. En publiant à notre tour le *Discours* de Pascal (a), nous fîmes remarquer (c'était notre devoir d'éditeur) que M. Cousin avait entièrement méconnu le caractère de cet écrit : Pascal, l'homme de la pensée pure, ce génie tout spiritualiste, se trouvait transformé en une sorte de petit maître épicurien et donnant, avec plus de délicatesse qu'Ovide il est vrai, des préceptes de galanterie. Telle fut l'illusion produite par ce malencontreux commentaire que des personnes du goût le plus judicieux et fort capables assurément de reconnaître le style unique de Pascal, refusèrent de lui attribuer le Discours sur les passions de l'amour.

Quoi qu'il en soit, M. Cousin, réimprimant de nouveau ce discours (b), l'accompagne d'une note dans laquelle il s'empare triomphalement du passage de Fléchier. « Si à Clermont, dit-il, Pascal a
« pu être sensible à l'esprit et à la beauté, quelle merveille qu'il l'ait
« été, et bien plus sérieusement à Paris, dans les cercles brillants
« qu'il fréquentait ? »

Non, il n'y a aucune merveille en cela. Il est tout naturel que Pascal ait été, et plus qu'un autre peut-être, *sensible à l'esprit et à la beauté*; et, pour le croire et l'affirmer, il ne fallait pas même avoir lu le Discours sur les passions de l'amour. Loin d'être incompatible

(a) T. Ier de notre édition des *Pensées*, p. 103.
(b) A la suite du *Rapport* sur la nécessité d'une nouvelle édition des Pensées; ouvrage dans lequel l'auteur vient d'introduire plusieurs cartons et quelques additions.

notariat de Paris, ont été sans résultat ; et ce n'est que dans les archives des hôpitaux de Clermont, auxquels Pascal avait fait un legs, qu'un extrait seulement de son testament a été retrouvé ; il est accompagné d'une lettre d'envoi adressée par M. Perier, beau-frère de Pascal, aux administrateurs de l'hôpital général de Clermont.

Nous donnons encore dans l'Appendice deux pièces pleines d'intérêt. L'une est une lettre adressée par le duc de Roannez à Arnauld de Pomponne, quelques jours après la mort de Pascal. Le jeune duc y parle en termes simples et touchants de la perte qu'il vient de faire. C'est à M. Monmerqué que nous sommes redevable de la publication de cette lettre, dont il a bien voulu nous communiquer l'original.

L'autre pièce est émanée de Pascal lui-même :

avec le génie de Pascal, ce sentiment lui sied bien au contraire. Est-ce là tout ce que M. Cousin a voulu dire ? En ce cas, il n'était pas besoin de chercher des preuves. La démonstration est puérile tant elle est superflue. Mais il y avait autre chose dans le commentaire de M. Cousin : le Discours sur les passions de l'amour lui paraissait alors *médiocrement platonicien*, et il s'exprimait à cet égard avec une sorte de cynisme contre lequel nous fûmes obligé de protester. Au surplus, M. Cousin, tout en se disant calomnié, nous donne raison contre lui, car, en réimprimant son premier commentaire, il a eu soin de faire disparaître la plupart des expressions qui avaient motivé nos observations. Nous le remercions aussi d'avoir, dans le même écrit, effacé la « dévotion *ridicule* de Pascal, » et le passage où il était dit contre toute évidence, que Pascal « met l'existence de Dieu *à croix ou à pile* » : épithète et assertion contre lesquelles nous avions également protesté.

c'est l'épitaphe d'Étienne Pascal, son père. Cette page, qui est comparable aux plus belles de Bossuet, eût dû trouver sa place dans l'édition des *Pensées*, à la suite de la lettre que Pascal écrivit à M. et à madame Perier sur la mort de son père [1]; mais nous ne l'avons découverte que tout récemment en relisant une seconde fois le MS. de l'*Oratoire*, n° 160. Il est dit à la fin de cette épitaphe, qu'elle a été composée de l'abondance du cœur par les enfants d'Étienne Pascal; or, à la gravité, à la plénitude du langage, on reconnaît aisément que c'est Pascal qui a tenu la plume pour lui et pour ses sœurs. Il y a un souffle de génie et d'éloquence qui n'appartient qu'à lui.

Mais ce que Jacqueline et madame Perier partagent avec leur frère, c'est la distinction du sentiment moral, l'élévation de l'âme et du caractère. Dans Jacqueline, le cœur fut grand jusqu'à l'héroïsme : cette fille illustre était de la nature qui fait les martyrs. Dans les premiers siècles du christianisme, elle eût été du nombre de ceux qui chantaient, au milieu des supplices, le cantique de la foi nouvelle; dans les mauvais jours de notre révolution, elle eût pu être Charlotte Corday; dans le cloître, elle réunit l'ardente sublimité de sainte Thérèse à la pratique des vertus les plus humbles

---

[1] *Pensées, Lettres et Fragments*, etc., t. Ier, p. 17.

et les plus utiles, et dans l'amour idéal qui la consumait pour la vérité et la perfection, elle succomba sous un chagrin de conscience, comme d'autres mourraient pour la perte d'une fortune ou d'une bataille.

Quel contraste, du reste, entre ces dernières années de Jacqueline et le commencement de sa vie! Enfant, elle composait des vers, un peu quintessenciés parfois, suivant la mode du temps, mais qui ne manquent ni de facilité ni de grâce. Elle comptait déjà parmi les beaux esprits, comme son frère parmi les savants. Elle était recherchée dans la société, et faisait des impromptus à la ville et à la cour où l'avait introduite sa précoce renommée de poëte.

Mlle. de Scudéry et M. de Bensserade même, ce grand faiseur de sonnets et de madrigaux plus que frivoles, lui adressaient des vers et en recevaient d'elle. Au milieu des œuvres, aujourd'hui bien justement oubliées de Bensserade, on est surpris de rencontrer des stances de Jacqueline[1], qui certainement ne se trouvent pas là en très-bonne compagnie, et valent mieux que ce qui les entoure. Ces vers ne sont qu'un jeu d'esprit sur l'amour ; mais le tour en est vif et ingénieux, et il y a une délicatesse et une pureté de goût qui ne se trouvent

---

[1] Voy. page 136 de ce volume.

point dans la réponse que le poëte adresse à la jeune fille.

Lorsque Jacqueline, à l'âge de quinze ans accompagna son père à Rouen, elle y rencontra un autre poëte; mais celui-là était de la famille des grands hommes; il avait fait le *Cid;* venait d'achever *Cinna*, et composait *Polyeucte.* Corneille fut un des amis de la famille Pascal, et madame Perier nous apprend que ce fut lui qui conseilla à sa sœur de concourir pour le prix que l'on décernait chaque année à Rouen, aux meilleures stances sur la conception de la Vierge [1]. En donnant ce conseil à Jacqueline, Corneille, à ce qu'il paraît, lui avait communiqué, sans doute pour lui servir de modèle ou de canevas, des stances que lui-même avait composées sept ans auparavant sur le même sujet. Nous avons rencontré cette pièce dans les recueils du P. Guerrier, parmi les poésies de Jacqueline [2].

[1] Voy. *Appendice*, n° VI.
[2] Peut-être sera-t-on curieux de lire ces stances qui, à notre connaissance du moins, n'ont jamais été imprimées:

Stances sur la conception de la Vierge, pour les Palinods, par M. de Corneille, en 1633 (a).

Homme, qui que tu sois, regarde Ève et Marie:
Et comparant ta mère à celle du sauveur,
Vois laquelle des deux en est la plus chérie
Et du père éternel gagne mieux la faveur.

L'une à peine respire et la voilà rebelle:
L'autre en l'obéissance est sans comparaison.

(a) Ier Recueil MS. du P. Guerrier, p. cccLxII.

Ce commerce qu'elle eût avec le génie mâle et sévère de Corneille, fut pour Jacqueline une sorte de préparation à l'étude et à la pratique des austères doctrines de Port-Royal. Plus d'une fois il dut arriver que le grand Corneille, assis au foyer d'Étienne Pascal, essaya l'effet d'une scène nouvelle sur ce petit auditoire où siégeait l'auteur futur des *Provinciales.* A côté de ce jeune savant, dont la tête puissante se fatiguait alors à créer une merveille inutile, la machine arithmétique, on aime à se représenter le poëte avec sa physionomie mélancolique, récitant les belles scènes de *Polyeucte,* et l'on se figure aisément quelle impression il devait produire sur ces âmes si naturellement disposées aux plus géné-

> L'une nous fait bannir; par l'autre on nous rappelle;
> L'une apporte le mal, l'autre la guérison.
>
> L'une attire sur nous la nuit et la tempête,
> Et l'autre rend le calme et le jour aux mortels.
> L'une cède au serpent, l'autre en brise la tête,
> Met à bas son empire et détruit ses autels.
>
> L'une a toute sa race au démon asservie :
> L'autre rompt l'esclavage où furent ses aïeux.
> Par l'une vient la mort, et par l'autre la vie;
> L'une ouvre les enfers, et l'autre ouvre les cieux.
>
> Cette Ève cependant, qui nous engage aux flammes,
> Au point qu'elle est formée est sans corruption ;
> Et la Vierge bénite entre toutes les femmes
> Serait-elle moins pure en sa conception ?
>
> Non, non, n'en croyons rien; et tous tant que nous sommes
> Publiant le contraire à toute heure, en tout lieu,
> Ce que Dieu donne bien à la mère des hommes,
> Ne le refusons pas à la mère de Dieu.

reuses inspirations du christianisme. Sans le savoir, Corneille était peut-être pour Pascal et pour sa sœur le précurseur du curé Guillebert et de l'abbé Singlin.

Dans une sphère moins idéale, avec moins de génie que sa sœur, madame Perier n'était pas moins distinguée. Mère de famille accomplie, elle pratiqua dans la vie ordinaire les vertus chrétiennes dont Jacqueline contempla les types divins au milieu des macérations et des méditations du cloître. Fidèle à ses devoirs, modeste et grave dans sa vie comme dans ses écrits, madame Perier, à travers tous les voiles qui la cachent, brille pourtant d'un éclat qui n'est pas seulement le reflet de la gloire fraternelle. Quand Fléchier vint à Clermont, en 1665, il eut occasion de la voir, et voici l'hommage qu'il lui a rendu dans ses *Mémoires sur les Grands-Jours d'Auvergne*. Le jeune et spirituel abbé était alors précepteur du fils de M. de Caumartin, conseiller du roi, chargé des sceaux près la cour des Grands-Jours. Il raconte la réception des dames de Clermont chez madame de Caumartin, et, suivant sa coutume de médire, il n'épargne guère ces pauvres dames d'Auvergne. Cependant il en est une devant laquelle son humeur satirique s'arrête pour faire place au respect; c'est madame Perier. « Toutes « les dames de la ville, dit-il, vinrent pour rendre « leurs respects à nos dames, non pas succes-

« sivement, mais en troupe... Comme la plupart
« ne sont pas faites aux cérémonies de la cour,
« et ne savent que leur façon de province, elles
« vont en grand nombre, afin de n'être pas si
« remarquées et de se rassurer les unes les au-
« tres. C'est une chose plaisante de les voir en-
« trer, l'une les bras croisés, l'autre les bras
« baissés comme une poupée. Toute leur con-
« versation est bagatelle, et c'est un bonheur
« pour elles quand elles peuvent tourner le dis-
« cours à leur coutume et parler des points d'Au-
« rillac..... La personne qui nous parut plus
« raisonnable fut madame Perier : les louanges
« que madame la marquise de Sablé lui donne,
« la réputation que M. Pascal, son frère, s'était
« acquise, et sa propre vertu, la rendent très-
« considérable dans la ville ; et quelque gloire
« qu'elle tire de l'estime où elle est et de la pa-
« renté qu'elle a eue, elle serait illustre, quand il
« n'y aurait point de marquise de Sablé et quand
« il n'y aurait jamais eu de M. Pascal[1]. »

La meilleure part de cet éloge peut s'appliquer
aux enfants de madame Perier et surtout à Marguerite Perier. Cette famille formait comme une
sorte de tribu chrétienne dont Pascal avait été le
père spirituel, et dont tous les membres demeurèrent jusqu'au bout fidèles à ses enseignements,

[1] *Mémoires de Fléchier* sur les grands-jours tenus à Clermont en 1665-1666; publiés par B. Gonod, page 44.

à ses exemples et à sa mémoire. On ne lit pas sans en être touché le témoignage que leur rend Marguerite Perier dans ces simples paroles : « Voilà quelle a été la vie de toutes les personnes « de ma famille. Je suis restée seule... Je dois « dire comme Simon Machabée, le dernier de tous « ses frères : Tous mes parents et tous mes frères « sont morts dans le service de Dieu et dans l'a- « mour de la vérité. Je suis restée seule. A Dieu « ne plaise que je pense jamais à y manquer ! »

Ce zèle, il est vrai, ne fut pas toujours aussi éclairé qu'il était fidèle et fervent. Plus d'une fois ils exagérèrent les maximes et les pratiques de la religion au delà des bornes raisonnables, et oublièrent que la destinée de l'homme ici-bas est d'unir la vie d'action à la vie de contemplation, que la conduite d'une âme vraiment chrétienne ne consiste pas à sacrifier l'une à l'autre, mais à les régler l'une par l'autre, et à les unir dans cette juste proportion dont la recherche est celle de la perfection même. Mais toutes les passions, celles même dont la source est la plus pure, ont leurs inévitables excès; et il vaut mieux respecter les exagérations de la vertu que prendre le soin facile de les relever et se donner le vain plaisir d'en triompher. D'ordinaire ce n'est pas du côté du ciel que les cœurs des hommes inclinent le plus, et ce n'est point là que la morale est le plus en péril. Et puis n'est-il pas dans l'ordre de la Providence qu'il y ait toujours de ces âmes extraordinaires vouées au culte du vrai, du beau, du saint, de l'idéal absolu? Oui ; il est bon qu'il en soit ainsi, afin que l'humanité n'oublie jamais les titres de sa dignité et de sa grandeur morale, et, suivant l'expression d'un philosophe sceptique, « afin d'empêcher la prescription de l'esprit du monde contre l'esprit de l'Évangile [1]. » C'est par là que les Stoïciens dans l'antiquité païenne et les solitaires de Port-Royal au xviie siècle, quoi que l'on puisse penser de la philosophie des uns ou de la théologie des autres, occupent un rang si élevé dans l'histoire de l'esprit humain.

Aujourd'hui que tant d'écrivains, hommes et femmes, vendent leur âme aux basses passions de la foule et emploient leur talent à flatter les imaginations malades et les cœurs blasés, il peut être utile de mettre en lumière les écrits de quelques humbles femmes dont la plume ne fut guidée par aucun calcul d'intérêt humain ou de vanité mondaine. Il est juste que leurs noms trouvent place à côté du grand nom de Pascal, et que leur mémoire obtienne la plus précieuse illustration, celle qu'on rencontre sans l'avoir poursuivie ni convoitée.

P. F.

Paris, 5 février 1845.

[1] Bayle, en parlant de la Vie de Pascal.

VIE DE B. PASCAL,

PAR GILBERTE PASCAL (MADAME PERIER)[1].

Mon frère naquit à Clermont, le 19 juin de l'année 1623[2]. Mon père s'appelait Étienne Pascal, président en la cour des aides; et ma mère, Antoinette Begon. Dès que mon frère fut en âge qu'on lui pût parler, il donna des marques d'un esprit extraordinaire par les petites reparties qu'il faisait fort à propos, mais encore plus par les questions qu'il faisait sur la nature des choses, qui surprenaient tout le monde. Ce commencement, qui donnait de belles espérances, ne se démentit jamais; car à mesure qu'il croissait il augmentait toujours en force de raisonnement, en sorte qu'il était toujours beaucoup au-dessus de son âge.

Cependant ma mère étant morte dès l'année 1626, que mon frère n'avait que trois ans, mon père se voyant seul s'appliqua plus fortement au soin de sa famille; et comme il n'avait point d'autre fils que celui-là, cette qualité de fils unique et les grandes marques

---

[1] MSS. de la Bibl. roy. *Fonds de l'Oratoire*, n° 226.
[2] Voir Appendice, n° I, l'acte de baptême de Pascal, et, n° II, la généalogie de sa famille.

d'esprit qu'il reconnut dans cet enfant lui donnèrent une si grande affection pour lui, qu'il ne put se résoudre à commettre son éducation à un autre, et se résolut dès lors à l'instruire lui-même, comme il a fait ; mon frère n'ayant jamais entré dans aucun collége, et n'ayant jamais eu d'autre maître que mon père.

En l'année 1631, mon père se retira à Paris, nous y mena tous, et y établit sa demeure. Mon frère, qui n'avait que huit ans, reçut un grand avantage de cette retraite, dans le dessein que mon père avait de l'élever ; car il est sans doute qu'il n'aurait pas pu prendre le même soin dans la province où l'exercice de sa charge et les compagnies continuelles qui abordaient chez lui l'auraient beaucoup détourné : mais il était à Paris dans une entière liberté ; il s'y appliqua tout entier, et il eut tout le succès que purent avoir les soins d'un père aussi intelligent et aussi affectionné qu'on le puisse être.

Sa principale maxime dans cette éducation était de tenir toujours cet enfant au-dessus de son ouvrage ; et ce fut par cette raison qu'il ne voulut point commencer à lui apprendre le latin qu'il n'eût douze ans, afin qu'il le fît avec plus de facilité.

Pendant cet intervalle il ne le laissait pas inutile, car il l'entretenait de toutes les choses dont il le voyait capable. Il lui faisait voir en général ce que c'était que les langues ; il lui montrait comme on les avait réduites en grammaires sous de certaines règles ; que ces règles avaient encore des exceptions qu'on avait eu soin de remarquer : et qu'ainsi l'on avait trouvé le moyen par là de rendre toutes les langues communicables d'un pays en un autre.

Cette idée générale lui débrouillait l'esprit, et lui faisait voir la raison des règles de la grammaire ; de sorte que, quand il vint à l'apprendre, il savait pourquoi il le faisait, et il s'appliquait précisément aux choses à quoi il fallait le plus d'application.

Après ces connaissances, mon père lui en donna d'autres ; il lui parlait souvent des effets extraordinaires de la nature, comme de la poudre à canon et d'autres choses qui surprennent quand on les considère. Mon frère prenait grand plaisir à cet entretien, mais il voulait savoir la raison de toutes choses ; et comme elles ne sont pas toutes connues, lorsque mon père ne les disait pas, ou qu'il disait celles qu'on allègue d'ordinaire, qui ne sont proprement que des défaites, cela ne le contentait pas : car il a toujours eu une netteté d'esprit admirable pour discerner le faux, et on peut dire que toujours et en toutes choses la vérité a été le seul objet de son esprit, puisque jamais rien ne l'a pu satisfaire que sa connaissance. Ainsi dès son enfance il ne pouvait se rendre qu'à ce qui lui paraissait vrai évidemment ; de sorte que, quand on ne lui disait pas de bonnes raisons, il en cherchait lui-même ; et quand il s'était attaché à quelque chose, il ne la quittait point qu'il n'en eût trouvé quelqu'une qui le pût satisfaire. Une fois entre autres quelqu'un ayant frappé à table un plat de faïence avec un couteau, il prit garde que cela rendait un grand son, mais qu'aussitôt qu'on eut mis la main dessus, cela l'arrêta. Il voulut en même temps en savoir la cause, et cette expérience le porta à en faire beaucoup d'autres sur les sons. Il y remarqua tant de choses, qu'il en fit un traité à l'âge de douze ans, qui fut trouvé tout à fait bien raisonné.

Son génie à la géométrie commença à paraître lorsqu'il n'avait encore que douze ans, par une rencontre si extraordinaire, qu'il me semble qu'elle mérite bien d'être déduite en particulier.

Mon père était homme savant dans les mathématiques, et avait habitude par là avec tous les habiles gens en cette science, qui étaient souvent chez lui [1] ; mais comme il avait dessein d'instruire mon frère dans les langues, et qu'il savait que la mathématique est une science qui remplit et qui satisfait beaucoup l'esprit, il ne voulut point que mon frère en eût aucune connaissance, de peur que cela ne le rendit négligent pour la latine et les autres langues dans lesquelles il voulait le perfectionner. Par cette raison il avait serré tous les livres qui en traitent, et il s'abstenait d'en parler avec ses amis en sa présence ; mais cette précaution n'empêchait pas que la curiosité de cet enfant ne fût excitée, de sorte qu'il priait souvent mon père de lui apprendre la mathématique; mais il le lui refusait, lui promettant cela comme une récompense. Il lui promettait qu'aussitôt qu'il saurait le latin et le grec, il la lui ap-

---

[1] Parmi les mathématiciens dont parle ici Mme Perier étaient le P. Mersenne, le Pailleur, Roberval, Carcavi, etc. Ils avaient entre eux des réunions qui donnèrent naissance à l'Académie des sciences. — Pascal le père était aussi en correspondance avec Fermat.

prendrait. Mon frère, voyant cette résistance, lui demanda un jour ce que c'était que cette science, et de quoi on y traitait : mon père lui dit en général que c'était le moyen de faire des figures justes, et de trouver les proportions qu'elles avaient entre elles, et en même temps lui défendit d'en parler davantage et d'y penser jamais. Mais cet esprit qui ne pouvait demeurer dans ces bornes, dès qu'il eut cette simple ouverture, que la mathématique donnait des moyens de faire des figures infailliblement justes, il se mit lui-même à rêver sur cela à ses heures de récréation ; et étant seul dans une salle où il avait accoutumé de se divertir, il prenait du charbon et faisait des figures sur des carreaux, cherchant des moyens de faire, par exemple, un cercle parfaitement rond, un triangle dont les côtés et les angles fussent égaux, et les autres choses semblables. Il trouvait tout cela lui seul ; ensuite il cherchait les proportions des figures entre elles. Mais comme le soin de mon père avait été si grand de lui cacher toutes ces choses, il n'en savait pas même les noms. Il fut contraint de se faire lui-même des définitions ; il appelait un cercle un rond, une ligne une barre, et ainsi des autres. Après ces définitions il se fit des axiomes, et enfin il fit des démonstrations parfaites ; et comme l'on va de l'un à l'autre dans ces choses, il poussa les recherches si avant qu'il en vint jusqu'à la trente-deuxième proposition du premier livre d'Euclide [1].

---

[1] Cette proposition est celle-ci : *La somme des trois angles d'un triangle est égale à deux angles droits.*

Comme il en était là-dessus, mon père entra dans le lieu où il était, sans que mon frère l'entendît ; il le trouva si fort appliqué, qu'il fut longtemps sans s'apercevoir de sa venue. On ne peut dire lequel fut le plus surpris, ou le fils de voir son père, à cause de la défense expresse qu'il lui en avait faite, ou le père de voir son fils au milieu de toutes ces choses. Mais la surprise du père fut bien plus grande, lorsque, lui ayant demandé ce qu'il faisait, il lui dit qu'il cherchait telle chose qui était la trente-deuxième proposition du premier livre d'Euclide. Mon père lui demanda ce qui l'avait fait penser à chercher cela : il dit que c'était qu'il avait trouvé telle autre chose ; et sur cela lui ayant fait encore la même question, il lui dit encore quelques démonstrations qu'il avait faites ; et enfin, en rétrogradant et s'expliquant toujours par les noms de rond et de barre, il en vint à ses définitions et à ses axiomes.

Mon père fut si épouvanté de la grandeur et de la puissance de ce génie, que sans lui dire mot il le quitta, et alla chez M. le Pailleur, qui était son ami intime, et qui était aussi fort savant. Lorsqu'il y fut arrivé, il y demeura immobile comme un homme transporté. M. le Pailleur voyant cela, et voyant même qu'il versait quelques larmes, fut épouvanté et le pria de ne lui pas celer plus longtemps la cause de son déplaisir. Mon père lui répondit : « Je ne pleure pas d'affliction, mais de joie. Vous savez les soins que j'ai pris pour ôter à mon fils la connaissance de la géométrie, de peur de le détourner de ses autres études : cependant voici ce qu'il a fait. » Sur cela il lui montra tout ce qu'il avait trouvé, par où l'on pouvait dire en quelque façon qu'il avait inventé les mathématiques. M. le Pailleur ne fut pas moins surpris que mon père l'avait été, et lui dit qu'il ne trouvait pas juste de captiver plus longtemps cet esprit et de lui cacher encore cette connaissance; qu'il fallait lui laisser voir les livres, sans le retenir davantage.

Mon père ayant trouvé cela à propos, lui donna les *Éléments d'Euclide* pour les lire à ses heures de récréation. Il les vit et les entendit tout seul, sans avoir jamais eu besoin d'aucune explication ; et pendant qu'il les voyait, il composait et allait si avant qu'il se trouvait régulièrement aux conférences qui se faisaient toutes les semaines, où tous les habiles gens de Paris s'assemblaient pour porter leurs ouvrages ou pour examiner ceux des autres. Mon frère y tenait fort bien son rang, tant pour l'examen que pour la production ; car il était de ceux qui y portaient le plus souvent des choses nouvelles. On voyait souvent aussi dans ces assemblées-là des propositions qui étaient envoyées d'Italie, d'Allemagne et d'autres pays étrangers, et l'on prenait son avis sur tout avec autant de soin que de pas un des autres ; car il avait des lumières si vives, qu'il est arrivé quelquefois qu'il a découvert des fautes dont les autres ne s'étaient point aperçus. Cependant il n'employait à cette étude de géométrie que ses heures de récréation ; car il apprenait le latin sur des règles que mon père lui avait faites exprès. Mais comme il trouvait dans cette science la vérité qu'il avait si ardemment recherchée, il en était si satisfait, qu'il y mettait son esprit tout entier ; de sorte que, pour peu qu'il s'y appliquât, il y avançait tellement, qu'à l'âge de seize ans il fit un *Traité des Coniques* qui passa pour un si grand effort d'esprit, qu'on disait que depuis Archimède on n'avait rien vu de cette force [1]. Les habiles gens étaient d'avis qu'on les imprimât dès lors, parce qu'ils disaient qu'encore que ce fût un ouvrage qui serait toujours admirable, néanmoins si on l'imprimait dans le temps que celui qui l'avait inventé n'avait encore que seize ans, cette circonstance ajouterait beaucoup à sa beauté : mais comme mon frère n'a jamais eu de passion pour la réputation, il ne fit pas de cas de cela ; et ainsi cet ouvrage n'a jamais été imprimé.

Durant tous ces temps-là, il continuait toujours d'apprendre le latin et le grec ; et, outre cela, pendant et après le repas, mon père l'entretenait tantôt de la logique, tantôt de la physique et des autres parties de la philosophie ; et c'est tout ce qu'il en a appris, n'ayant jamais été au collége, ni eu d'autres maîtres pour cela non plus que pour le reste. Mon père prenait un plaisir tel qu'on le peut croire de ces grands progrès que mon frère faisait dans toutes les sciences, mais il ne s'aperçut pas que les grandes et continuelles applications dans un âge si tendre pouvaient beaucoup intéresser sa santé ; et, en effet, elle commença d'être altérée dès qu'il eut atteint l'âge de dix-huit ans. Mais comme les incommodités qu'il ressentait alors n'étaient pas encore dans

[1] Descartes, à qui le P. Mersenne en avait envoyé une copie, trouva cet ouvrage tellement fort, qu'il n'admit pas, quoi qu'on put lui dire, que le jeune Pascal en fût l'auteur.

une grande force, elles ne l'empêchèrent pas de continuer toujours dans ses occupations ordinaires ; de sorte que ce fut en ce temps-là et à l'âge de dix-huit ans qu'il inventa cette machine d'arithmétique par laquelle on fait non-seulement toutes sortes de supputations sans plume et sans jetons, mais on les fait même sans savoir aucune règle d'arithmétique, et avec une sûreté infaillible [1].

Cet ouvrage a été considéré comme une chose nouvelle dans la nature, d'avoir réduit en machine une science qui réside tout entière dans l'esprit, et d'avoir trouvé le moyen d'en faire toutes les opérations avec une entière certitude, sans avoir besoin de raisonnement. Ce travail le fatigua beaucoup, non pas pour la pensée ou pour le mouvement qu'il trouva sans peine, mais pour faire comprendre aux ouvriers toutes ces choses. De sorte qu'il fut deux ans à le mettre dans cette perfection où il est à présent.

Mais cette fatigue et la délicatesse où se trouvait sa santé depuis quelques années, le jetèrent dans des incommodités qui ne l'ont plus quitté ; de sorte qu'il nous disait quelquefois que depuis l'âge de dix-huit ans il n'avait pas passé un jour sans douleur. Ces incommodités néanmoins, n'étant pas toujours dans une égale violence, dès qu'il avait un peu de repos et de relâche, son esprit se portait incontinent à chercher quelque chose de nouveau.

[1] Nous avons vu trois de ces machines, à Clermont : l'une dans la bibliothèque, et les deux autres chez madame veuve Durant dont le mari était parent de la famille Pascal.

Ce fut dans ce temps-là et à l'âge de vingt-trois ans qu'ayant vu l'expérience de Toricelli, il inventa ensuite et exécuta les autres expériences qu'on nomme ses expériences : celle du vide, qui prouvait si clairement que tous les effets qu'on avait attribués jusque-là à l'horreur du vide sont causés par la pesanteur de l'air. Cette occupation fut la dernière où il appliqua son esprit pour les sciences humaines ; et quoiqu'il ait inventé la roulette après, cela ne contredit point à ce que je dis ; car il la trouva sans y penser, et d'une manière qui fait bien voir qu'il n'y avait pas d'application, comme je dirai dans son lieu.

Immédiatement après cette expérience, et lorsqu'il n'avait pas encore vingt-quatre ans, la Providence ayant fait naître une occasion qui l'obligea à lire des écrits de piété, Dieu l'éclaira de telle sorte par cette lecture, qu'il comprit parfaitement que la religion chrétienne nous oblige à ne vivre que pour Dieu et à n'avoir point d'autre objet que lui ; et cette vérité lui parut si évidente, si nécessaire et si utile, qu'il termina toutes ses recherches : de sorte que dès ce temps-là il renonça à toutes les autres connaissances pour s'appliquer uniquement à l'unique chose que Jésus-Christ appelle nécessaire.

Il avait été jusqu'alors préservé, par une protection de Dieu particulière, de tous les vices de la jeunesse ; et ce qui est encore plus étrange à un esprit de cette trempe et de ce caractère, il ne s'était jamais porté au libertinage pour ce qui regarde la religion, ayant toujours borné sa curiosité aux choses naturelles. Il m'a dit plusieurs fois qu'il joignait cette obligation à toutes les autres qu'il avait à mon père, qui, ayant lui-même un très-grand respect pour la religion, le lui avait inspiré dès l'enfance, lui donnant pour maxime que tout ce qui est l'objet de la foi ne le saurait être de la raison, et beaucoup moins y être soumis. Ces maximes, qui lui étaient souvent réitérées par un père pour qui il avait une très-grande estime, et en qui il voyait une grande science accompagnée d'un raisonnement fort net et fort puissant, faisaient une si grande impression sur son esprit, que quelques discours qu'il entendît faire aux libertins, il n'en était nullement ému ; et quoiqu'il fût fort jeune, il les regardait comme des gens qui étaient dans ce faux principe, que la raison humaine est au-dessus de toutes choses, et qui ne connaissaient pas la nature de la foi ; et ainsi cet esprit si grand, si vaste et si rempli de curiosités, qui cherchait avec tant de soin la cause et la raison de tout, était en même temps soumis à toutes les choses de la religion comme un enfant ; et cette simplicité a régné en lui toute sa vie : de sorte que, depuis même qu'il se résolut de ne plus faire d'autre étude que celle de la religion, il ne s'est jamais appliqué aux questions curieuses de la théologie, et il a mis toute la force de son esprit à connaître et à pratiquer la perfection de la morale chrétienne, à laquelle il a consacré tous les talents que Dieu lui avait donnés, n'ayant fait autre chose dans tout le reste de sa vie que méditer la loi de Dieu jour et nuit.

Mais quoiqu'il n'eût pas fait une étude particulière de la scolastique, il n'ignorait pourtant pas les décisions de l'Église contre les hérésies qui ont été inventées par la subtilité de l'esprit ; et c'est contre ces sortes de recherches qu'il était le plus animé, et Dieu lui donna dès ce temps-là une occasion de faire paraître le zèle qu'il avait pour la religion.

Il était alors à Rouen, où mon père était employé pour le service du roi, et il y avait aussi en ce même temps un homme [1] qui enseignait une nouvelle philosophie qui attirait tous les curieux. Mon frère ayant été pressé d'y aller par deux jeunes hommes de ses amis, y fut avec eux : mais ils furent bien surpris, dans l'entretien qu'ils eurent avec cet homme, qu'en leur débitant les principes de sa philosophie, il en tirait des conséquences sur des points de foi contraires aux décisions de l'Église. Il prouvait par ses raisonnements que le corps de Jésus-Christ n'était pas formé du sang de la sainte Vierge, mais d'une autre matière créée exprès, et plusieurs autres choses semblables. Ils voulurent le contredire ; mais il demeura ferme dans ce sentiment. De sorte qu'ayant considéré entre eux le danger qu'il y avait de laisser la liberté d'instruire la jeunesse à un homme qui avait des sentiments erronés, ils résolurent de l'avertir premièrement, et puis de le dénoncer s'il résistait à l'avis qu'on lui donnait. La chose arriva ainsi, car il méprisa cet avis : de sorte qu'ils crurent qu'il était

[1] C'était un ex-capucin du nom de Jacques Forton, dit frère St-Ange, auteur d'un livre intitulé *Méditations théologiques*, publié en 1645. Les MSS. du P. Guerrier contiennent une foule de lettres et de documents concernant cette affaire, et on trouve dans le MS. *Suppl. franç.*, n° 176, à la bibliothèque du Roi, un procès-verbal fort étendu contenant les dépositions de Pascal et de ses deux amis.

de leur devoir de le dénoncer à M. du Bellay[1] qui faisait pour lors les fonctions épiscopales dans le diocèse de Rouen, par commission de M. l'archevêque. M. du Bellay envoya quérir cet homme, et l'ayant interrogé, il fut trompé par une confession de foi équivoque qu'il lui écrivit et signa de sa main, faisant d'ailleurs peu de cas d'un avis de cette importance, qui lui était donné par trois jeunes hommes.

Cependant, aussitôt qu'ils virent cette confession de foi, ils connurent ce défaut; ce qui les obligea d'aller trouver à Gaillon M. l'archevêque de Rouen, qui ayant examiné toutes ces choses, les trouva si importantes, qu'il écrivit une patente à son conseil, et donna un ordre exprès à M. du Bellay de faire rétracter cet homme sur tous les points dont il était accusé, et de ne recevoir rien de lui que par la communication de ceux qui l'avaient dénoncé. La chose fut exécutée ainsi, et il comparut dans le conseil de M. l'archevêque, et renonça à tous ses sentiments : et on peut dire que ce fut sincèrement; car il n'a jamais témoigné de fiel contre ceux qui lui avaient causé cette affaire : ce qui fait croire qu'il était lui-même trompé par les fausses conclusions qu'il tirait de ses faux principes. Aussi était-il bien certain qu'on n'avait eu en cela aucun dessein de lui nuire, ni d'autre vue que de le détromper par lui-même, et l'empêcher de séduire les jeunes gens qui n'eussent pas été capables de discerner le vrai d'avec le faux dans des

---

[1] Madame Perier veut parler de *l'évêque de Belley*.

questions si subtiles. Ainsi cette affaire se termina doucement ; et mon frère continuant de chercher de plus en plus le moyen de plaire à Dieu, cet amour de la perfection chrétienne s'enflamma de telle sorte dès l'âge de vingt-quatre ans, qu'il se répandait sur toute la maison. Mon père même, n'ayant pas de honte de se rendre aux enseignements de son fils, embrassa pour lors une manière de vie plus exacte par la pratique continuelle des vertus jusqu'à sa mort, qui a été tout à fait chrétienne ; et ma sœur, qui avait des talents d'esprit tout extraordinaires et qui était dès son enfance dans une réputation où peu de filles parviennent, fut tellement touchée des discours de mon frère, qu'elle se résolut de renoncer à tous les avantages qu'elle avait tant aimés jusqu'alors, pour se consacrer à Dieu tout entière, comme elle a fait depuis, s'étant fait religieuse dans une maison très-sainte et très-austère [1], où elle a fait un si bon usage des perfections dont Dieu l'avait ornée, qu'on l'a trouvée digne des emplois les plus difficiles, dont elle s'est toujours acquittée avec toute la fidélité imaginable, et où elle est morte saintement, le 4 octobre 1661, âgée de trente-six ans.

Cependant mon frère, de qui Dieu se servait pour opérer tous ces biens, était travaillé par des maladies continuelles et qui allaient toujours en augmentant. Mais comme alors il ne connaissait pas d'autre science que la perfection, il trouvait une grande différence entre celle-là et celle qui avait occupé son esprit jusqu'a-

---

[1] A Port-Royal. (*Note de madame Perier.*)

lors ; car, au lieu que ses indispositions retardaient le progrès des autres, celle-ci au contraire le perfectionnait dans ces mêmes indispositions par la patience admirable avec laquelle il les souffrait. Je me contenterai, pour le faire voir, d'en rapporter un exemple.

Il avait, entre autres incommodités, celle de ne pouvoir rien avaler de liquide qu'il ne fût chaud ; encore ne le pouvait-il faire que goutte à goutte : mais comme il avait outre cela une douleur de tête insupportable, une chaleur d'entrailles excessive et beaucoup d'autres maux, les médecins lui ordonnèrent de se purger de deux jours l'un durant trois mois ; de sorte qu'il fallut prendre toutes ces médecines, et pour cela les faire chauffer et les avaler goutte à goutte, ce qui était un véritable supplice qui faisait mal au cœur à tous ceux qui étaient auprès de lui, sans qu'il s'en soit jamais plaint.

La continuation de ces remèdes, avec d'autres qu'on lui fit pratiquer, lui apportèrent quelque soulagement, mais non pas une santé parfaite ; de sorte que les médecins crurent que pour se rétablir entièrement il fallait qu'il quittât toute sorte d'application d'esprit, et qu'il cherchât autant qu'il pourrait les occasions de se divertir. Mon frère eut de la peine à se rendre à ce conseil, parce qu'il y voyait du danger : mais enfin il le suivit, croyant être obligé de faire tout ce qui lui serait possible pour remettre sa santé, et il s'imagina que les divertissements honnêtes ne pourraient pas lui nuire ; et ainsi il se mit dans le monde. Mais quoique par la miséricorde de Dieu il se soit toujours exempté des vices, néanmoins, comme Dieu l'appelait à une plus grande perfection, il ne voulut pas l'y laisser, et il se servit de ma sœur pour ce dessein, comme il s'était autrefois servi de mon frère lorsqu'il avait voulu retirer ma sœur des engagements où elle était dans le monde.

Elle était alors religieuse, et elle menait une vie si sainte qu'elle édifiait toute la maison : étant en cet état, elle eut de la peine de voir que celui à qui elle était redevable après Dieu des grâces dont elle jouissait, ne fût pas dans la possession de ces grâces ; et comme mon frère la voyait souvent, elle lui en parlait souvent aussi ; et enfin elle le fit avec tant de force et de douceur, qu'elle lui persuada ce qu'il lui avait persuadé le premier, de quitter absolument le monde ; en sorte qu'il se résolut de quitter tout à fait les conversations du monde, et de retrancher toutes les inutilités de la vie au péril même de sa santé, parce qu'il crut que le salut était préférable à toutes choses [1].

Il avait pour lors trente ans, et il était toujours infirme ; et c'est depuis ce temps-là qu'il a embrassé la manière de vivre où il a été jusqu'à la mort.

Pour parvenir à ce dessein et rompre toutes ses habitudes, il changea de quartier et fut demeurer quelque temps à la campagne ; d'où étant de retour, il témoigna si bien qu'il voulait quitter le monde, qu'enfin le monde le quitta ; et il établit le règlement de sa vie dans cette retraite sur deux maximes principales qui furent de renoncer à tout plaisir et à toutes superfluités ;

---

[1] Voy. dans la suite de ce volume la correspondance de Jacqueline.

et c'est dans cette pratique qu'il a passé le reste de sa vie. Pour y réussir, il commença dès lors, comme il fit toujours depuis, à se passer du service de ses domestiques autant qu'il pouvait. Il faisait son lit lui-même, il allait prendre son dîner à la cuisine et le portait à sa chambre, il le rapportait ; et enfin il ne se servait de son monde que pour faire sa cuisine, pour aller en ville et pour les autres choses qu'il ne pouvait absolument faire. Tout son temps était employé à la prière et à la lecture de l'Écriture sainte, et il y prenait un plaisir incroyable. Il disait que l'Écriture sainte n'était pas une science de l'esprit, mais une science du cœur, qui n'était intelligible que pour ceux qui ont le cœur droit, et que tous les autres n'y trouvent que de l'obscurité.

C'est dans cette disposition qu'il la lisait, renonçant à toutes les lumières de son esprit ; et il s'y était si fortement appliqué, qu'il la savait toute par cœur ; de sorte qu'on ne pouvait la lui citer à faux ; car lorsqu'on lui disait une parole sur cela, il disait positivement : Cela n'est pas de l'Écriture sainte, ou Cela en est ; et alors il marquait précisément l'endroit. Il lisait aussi les commentaires avec grand soin ; car le respect pour la religion où il avait été élevé dès sa jeunesse était alors changé en un amour ardent et sensible pour toutes les vérités de la foi ; soit pour celles qui regardent la soumission de l'esprit, soit pour celles qui regardent la pratique dans le monde, à quoi toute la religion se termine ; et cet amour le portait à travailler sans cesse à détruire tout ce qui se pouvait opposer à ces vérités.

Il avait une éloquence naturelle qui lui donnait une

facilité merveilleuse à dire ce qu'il voulait; mais il avait ajouté à cela des règles dont on ne s'était pas encore avisé; et dont il se servait si avantageusement qu'il était maître de son style ; en sorte que non-seulement il disait tout ce qu'il voulait, mais il le disait en la manière qu'il voulait, et son discours faisait l'effet qu'il s'était proposé. Et cette manière d'écrire naturelle, naïve, et forte en même temps, lui était si propre et si particulière, qu'aussitôt qu'on vit paraître les *Lettres au Provincial*, on vit bien qu'elles étaient de lui, quelque soin qu'il ait toujours pris de le cacher, même à ses proches. Ce fut dans ce temps-là qu'il plut à Dieu de guérir ma fille d'une fistule lacrymale qui avait fait un si grand progrès dans trois ans et demi, que le pus sortait non-seulement par l'œil, mais aussi par le nez et par la bouche. Et cette fistule était d'une si mauvaise qualité, que les plus habiles chirurgiens de Paris la jugeaient incurable. Cependant elle fut guérie en un moment par l'attouchement de la sainte épine [1]; et ce miracle fut si authentique, qu'il a été avoué de tout le monde, ayant été attesté par de très-grands médecins et par les plus habiles chirurgiens de France, et ayant été autorisé par un jugement solennel de l'Église.

Mon frère fut sensiblement touché de cette grâce, qu'il regardait comme faite à lui-même, puisque c'était sur une personne qui, outre sa proximité, était encore sa fille spirituelle dans le baptême; et sa consola-

---

[1] Cette sainte épine est au Port-Royal de faubourg Saint-Jacques, à Paris. (*Note de Mme Perier.*)

tion fut extrême de voir que Dieu se manifestait si clairement dans un temps où la foi paraissait comme éteinte dans le cœur de la plupart du monde. La joie qu'il en eut fut si grande, qu'il en était pénétré ; de sorte qu'en ayant l'esprit tout occupé, Dieu lui inspira une infinité de pensées admirables sur les miracles, qui lui donnant de nouvelles lumières sur la religion, lui redoublèrent l'amour et le respect qu'il avait toujours eus pour elle.

Et ce fut cette occasion qui fit paraître cet extrême désir qu'il avait de travailler à réfuter les principaux et les plus faux raisonnements des athées. Il les avait étudiés avec grand soin, et avait employé tout son esprit à chercher tous les moyens de les convaincre. C'est à quoi il s'était mis tout entier. La dernière année de son travail a été toute employée à recueillir diverses pensées sur ce sujet : mais Dieu, qui lui avait inspiré ce dessein et toutes ses pensées, n'a pas permis qu'il l'ait conduit à sa perfection, pour des raisons qui nous sont inconnues[1].

Cependant l'éloignement du monde, qu'il pratiquait avec tant de soin, n'empêchait point qu'il ne vît souvent des gens de grand esprit et de grande condition, qui ayant des pensées de retraite demandaient ses avis et les suivaient exactement ; et d'autres qui étaient travaillés de doutes sur les matières de la foi et qui sachant qu'il avait de grandes lumières là-dessus, venaient à lui le consulter et s'en retournaient toujours satisfaits ;

---

[1] Voy. ci-après l'addition Ire à la *Vie de Pascal*.

de sorte que toutes ces personnes qui vivent présentement fort chrétiennement témoignent encore aujourd'hui que c'est à ses avis et à ses conseils et aux éclaircissements qu'il leur a donnés, qu'ils sont redevables de tout le bien qu'ils font.

Les conversations auxquelles il se trouvait souvent engagé, ne laissaient pas de lui donner quelque crainte qu'il ne s'y trouvât du péril; mais comme il ne pouvait pas aussi en conscience refuser le secours que des personnes lui demandaient, il avait trouvé un remède à cela. Il prenait dans les occasions une ceinture de fer pleine de pointes, il la mettait à nu sur sa chair; et lorsqu'il lui venait quelque pensée de vanité, ou qu'il prenait quelque plaisir au lieu où il était, ou quelque chose semblable, il se donnait des coups de coude pour redoubler la violence des piqûres, et se faisait ainsi souvenir lui-même de son devoir. Cette pratique lui parut si utile, qu'il la conserva jusqu'à la mort, et même dans les derniers temps de sa vie, où il était dans des douleurs continuelles, parce qu'il ne pouvait écrire ni lire; il était contraint de demeurer sans rien faire et de s'aller promener. Il était dans une continuelle crainte que ce manque d'occupation ne le détournât de ses vues. Nous n'avons su toutes ces choses qu'après sa mort, et par une personne de très-grande vertu qui avait beaucoup de confiance en lui, à qui il avait été obligé de le dire pour des raisons qui la regardaient elle-même [1].

[1] Peut-être mad. Perier parle ici de Mlle de Roannez.

Cette rigueur qu'il exerçait sur lui-même était tirée de cette grande maxime de renoncer à tout plaisir, sur laquelle il avait fondé tout le règlement de sa vie. Dès le commencement de sa retraite, il ne manqua pas non plus de pratiquer exactement cette autre qui l'obligeait de renoncer à toute superfluité ; car il retranchait avec tant de soin toutes les choses inutiles, qu'il s'était réduit peu à peu à n'avoir plus de tapisserie dans sa chambre, parce qu'il ne croyait pas que cela fût nécessaire, et de plus n'y étant obligé par aucune bienséance, parce qu'il n'y venait que des gens à qui il recommandait sans cesse le retranchement ; de sorte qu'ils n'étaient pas surpris de ce qu'il vivait lui-même de la manière qu'il conseillait aux autres de vivre.

Voilà comme il a passé cinq ans de sa vie, depuis trente ans jusqu'à trente-cinq : travaillant sans cesse pour Dieu, pour le prochain, et pour lui-même, en tâchant de se perfectionner de plus en plus ; et on pouvait dire en quelque façon que c'est tout le temps qu'il a vécu ; car les quatre années que Dieu lui a données après n'ont été qu'une continuelle langueur. Ce n'était pas proprement une maladie qui fût venue nouvellement, mais un redoublement des grandes indispositions où il avait été sujet dès sa jeunesse. Mais il en fut alors attaqué avec tant de violence, qu'enfin il y a succombé ; et durant tout ce temps-là il n'a pu en tout travailler un instant à ce grand ouvrage qu'il avait entrepris pour la religion, ni assister les personnes qui s'adressaient à lui pour avoir des avis, ni de bouche ni par écrit : car ses maux étaient si grands, qu'il ne pouvait les satisfaire quoiqu'il en eût un grand désir.

Ce renouvellement de ses maux commença par un mal de dents qui lui ôta absolument le sommeil. Dans ses grandes veilles il lui vint une nuit dans l'esprit, sans dessein, quelques pensées sur la proposition de la roulette[1]. Cette pensée étant suivie d'une autre, et celle-ci d'une autre, enfin une multitude de pensées qui se succédèrent les unes aux autres lui découvrirent comme malgré lui la démonstration de toutes ces choses, dont il fut lui-même surpris. Mais comme il y avait longtemps qu'il avait renoncé à toutes ces connaissances, il ne s'avisa pas seulement de les écrire : néanmoins en ayant parlé par occasion à une personne[2] à qui il devait toute sorte de déférence, et par respect et par reconnaissance de l'affection dont il l'honorait, cette personne, qui est aussi considérable par sa piété que par les éminentes qualités de son esprit et par la grandeur de sa naissance, ayant formé sur cela un dessein qui ne regardait que la gloire de Dieu, trouva à propos qu'il en usât comme il fit, et qu'ensuite il le fît imprimer.

Ce fut seulement alors qu'il l'écrivit, mais avec une précipitation extrême, en huit jours ; car c'était en même temps que les imprimeurs travaillaient, fournissant à deux en même temps sur deux différents traités, sans que jamais il en ait eu d'autre copie que celle qui fut faite pour l'impression ; ce qu'on ne sut que six mois après que la chose fut trouvée.

[1] La roulette ou cycloïde est la courbe que décrit un point d'une roue du moment où il quitte le sol à celui où il le touche de nouveau.
[2] Le duc de Roannez.

Cependant ses infirmités continuant toujours, sans lui donner un seul moment de relâche, le réduisirent, comme j'ai dit, à ne pouvoir plus travailler et à ne voir quasi personne. Mais si elles l'empêchèrent de servir le public et les particuliers, elles ne furent point inutiles pour lui-même, et il les a souffertes avec tant de paix et tant de patience, qu'il y a sujet de croire que Dieu a voulu achever par là de le rendre tel qu'il le voulait pour paraître devant lui : car durant cette longue maladie il ne s'est jamais détourné de ces vues, ayant toujours dans l'esprit ces deux grandes maximes de renoncer à tout plaisir et à toute superfluité. Il les pratiquait dans le plus fort de son mal avec une vigilance continuelle sur ses sens, leur refusant absolument tout ce qui leur était agréable : et quand la nécessité le contraignait à faire quelque chose qui pouvait lui donner quelque satisfaction, il avait une adresse merveilleuse pour en détourner son esprit, afin qu'il n'y prît point de part : par exemple, ses continuelles maladies l'obligeant de se nourrir délicatement, il avait un soin très grand de ne point goûter ce qu'il mangeait; et nous avons pris garde que quelque peine qu'on prît à lui chercher quelque viande agréable, à cause des dégoûts à quoi il était sujet, jamais il n'a dit : Voilà qui est bon ; et encore lorsqu'on lui servait quelque chose de nouveau selon les saisons, si l'on lui demandait après le repas s'il l'avait trouvé bon, il disait simplement : Il fallait m'en avertir devant, car je vous avoue que je n'y ai point pris garde. Et lorsqu'il arrivait que quelqu'un admirait la bonté de quelque viande en sa présence, il ne le pouvait souffrir; il appelait cela être sensuel, encore même que ce ne fût que des choses communes; parce qu'il disait que c'était une marque qu'on mangeait pour contenter le goût, ce qui était toujours mal.

Pour éviter d'y tomber, il n'a jamais voulu permettre qu'on lui fît aucune sauce ni ragoût, non pas même de l'orange et du verjus, ni rien de tout ce qui excite l'appétit, quoiqu'il aimât naturellement toutes ces choses. Et, pour se tenir dans des bornes réglées, il avait pris garde, dès le commencement de sa retraite, à ce qu'il fallait pour son estomac; et depuis cela il avait réglé tout ce qu'il devait manger; en sorte que quelque appétit qu'il eût, il ne passait jamais cela; et quelque dégoût qu'il eût, il fallait qu'il le mangeât: et lorsqu'on lui demandait la raison pourquoi il se contraignait ainsi, il disait que c'était le besoin de l'estomac qu'il fallait satisfaire et non pas l'appétit.

La mortification de ses sens n'allait pas seulement à se retrancher tout ce qui pouvait leur être agréable, mais encore à ne leur rien refuser, par cette raison qu'il pourrait leur déplaire, soit par sa nourriture, soit par ses remèdes. Il a pris quatre ans durant des consommés sans en témoigner le moindre dégoût; il prenait toutes les choses qu'on lui ordonnait pour sa santé, sans aucune peine, quelque difficiles qu'elles fussent : et lorsque je m'étonnais qu'il ne témoignait pas la moindre répugnance en les prenant, il se moquait de moi, et me disait qu'il ne pouvait pas comprendre lui-même comment on pouvait témoigner de la répugnance quand on prenait une médecine volontairement, après qu'on avait été averti qu'elle était mauvaise, et qu'il n'y avait que la violence ou la surprise qui dussent produire cet effet. C'est en cette manière qu'il travaillait sans cesse à la mortification.

Il avait un amour si grand pour la pauvreté, qu'elle lui était toujours présente; en sorte que dès qu'il voulait entreprendre quelque chose, ou que quelqu'un lui demandait conseil, la première pensée qui lui venait en l'esprit, c'était de voir si la pauvreté pouvait être pratiquée. Une des choses sur lesquelles il s'examinait le plus, c'était cette fantaisie de vouloir exceller en tout, comme se servir en toutes choses des meilleurs ouvriers, et autres choses semblables. Il ne pouvait encore souffrir qu'on cherchât avec soin toutes les commodités, comme d'avoir toutes choses près de soi et mille autres choses qu'on fait sans scrupule, parce qu'on ne croit pas qu'il y ait du mal. Mais il n'en jugeait pas de même, et nous disait qu'il n'y avait rien de si capable d'éteindre l'esprit de pauvreté, comme cette recherche curieuse de ses commodités, de cette bienséance qui porte à vouloir toujours avoir du meilleur et du mieux fait; et il nous disait que pour les ouvriers, il fallait toujours choisir les plus pauvres et les plus gens de bien, et non pas cette excellence qui n'est jamais nécessaire et qui ne saurait jamais être utile. Il s'écriait quelquefois : Si j'avais le cœur aussi pauvre que l'esprit, je serais bien heureux ; car je suis merveilleusement persuadé que la pauvreté est un grand moyen pour faire son salut.

Cet amour qu'il avait pour la pauvreté le portait à aimer les pauvres avec tant de tendresse, qu'il n'avait jamais refusé l'aumône, quoiqu'il n'en fît que de son nécessaire, ayant peu de bien et étant obligé de faire une dépense qui excédait son revenu, à cause de ses infirmités. Mais lorsqu'on lui voulait représenter cela, quand il faisait quelque aumône considérable, il se fâchait et disait : J'ai remarqué une chose, que quelque pauvre qu'on soit on laisse toujours quelque chose en mourant. Ainsi il fermait la bouche : et il a été quelquefois si avant, qu'il s'est réduit à prendre de l'argent au change, pour avoir donné aux pauvres tout ce qu'il avait et ne voulant pas après cela importuner ses amis.

Dès que l'affaire des carrosses [1] fut établie, il me dit qu'il voulait demander mille francs par avance sur sa part à des fermiers avec qui l'on traitait, si l'on pouvait demeurer d'accord avec eux, parce qu'ils étaient de sa connaissance, pour envoyer aux pauvres de Blois; et comme je lui dis que l'affaire n'était pas assez sûre pour cela et qu'il fallait attendre

---

[1] Voy. ci-après, sur l'*affaire des carrosses*, une lettre de mad. Perier, du 24 mars 1662, adressée à M. Arnauld de Pomponne.
Cette affaire n'était autre chose qu'une véritable entreprise d'*omnibus* dont l'établissement avait été autorisé par lettres patentes du roi Louis XIV, du mois de janvier 1662, en faveur du duc de Roannez, du marquis de Sourches, grand prévôt, et du marquis de Crénan, grand échanson de France. Sauval, dans ses *Antiquités*, dit que Pascal était l'inventeur de cet établissement. Il est certain du moins qu'il y avait un intérêt. On peut voir pour plus de détails une brochure publiée, en 1828, par M. Monmerqué, sous ce titre : *Les Carrosses à cinq sols, ou les Omnibus au dix-septième siècle*.

à une autre année, il me fit tout aussitôt cette réponse : Qu'il ne voyait pas un grand inconvénient à cela parce que s'ils perdaient, il le leur rendrait de son bien, et qu'il n'avait garde d'attendre à une autre année, parce que le besoin était trop pressant pour différer la charité. Et comme on ne s'accordait pas avec ces personnes, il ne put exécuter cette résolution par laquelle il nous faisait voir la vérité de ce qu'il nous avait dit tant de fois, qu'il ne souhaitait avoir du bien que pour en assister les pauvres; puisqu'en même temps que Dieu lui donnait l'espérance d'en avoir, il commençait à le distribuer par avance, avant même qu'il en fût assuré.

Sa charité envers les pauvres avait toujours été fort grande; mais elle était si fort redoublée à la fin de sa vie, que je ne pouvais le satisfaire davantage que de l'en entretenir. Il m'exhortait avec grand soin depuis quatre ans à me consacrer au service des pauvres, et à y porter mes enfants. Et quand je lui disais que je craignais que cela ne me divertît du soin de ma famille, il me disait que ce n'était que manque de bonne volonté, et que comme il y a divers degrés dans cette vertu, on peut bien la pratiquer en sorte que cela ne nuise point aux affaires domestiques. Il disait que c'était la vocation générale des chrétiens, et qu'il ne fallait point de marque particulière pour savoir si on y était appelé, parce qu'il était certain que c'est sur cela que Jésus-Christ jugera le monde ; et que quand on considérait que la seule omission de cette vertu est cause de la damnation, cette seule pensée était capable de nous porter à nous dépouiller de tout, si nous avions de la foi. Il nous disait encore que la fréquentation des pauvres est extrêmement utile, en ce que voyant continuellement les misères dont ils sont accablés, et que même dans l'extrémité de leurs maladies ils manquaient des choses les plus nécessaires, qu'après cela il faudrait être bien dur pour ne pas se priver volontairement des commodités inutiles et des ajustements superflus.

Tous ces discours nous excitaient et nous portaient quelquefois à faire des propositions pour trouver des moyens pour des règlements généraux qui pourvussent à toutes les nécessités; mais il ne trouvait pas cela bon, et il nous disait que nous n'étions pas appelés au général mais au particulier et qu'il croyait que la manière la plus agréable à Dieu était de servir les pauvres pauvrement, c'est-à-dire chacun selon son pouvoir, sans se remplir l'esprit de ces grands desseins qui tiennent de cette excellence dont il blâmait la recherche en toutes choses. Ce n'est pas qu'il trouvât mauvais l'établissement des hôpitaux généraux; au contraire, il avait beaucoup d'amour pour cela, comme il l'a bien témoigné par son testament; mais il disait que ces grandes entreprises étaient réservées à de certaines personnes que Dieu destinait à cela, et qu'il conduisait quasi visiblement; mais que ce n'était pas la vocation générale de tout le monde, comme l'assistance journalière et particulière des pauvres.

Voilà une partie des instructions qu'il nous donnait pour nous porter à la pratique de cette vertu qui tenait une si grande place dans son cœur ; c'est un petit échantillon qui nous fait voir la grandeur de sa charité. Sa pureté n'était pas moindre; et il avait un si grand respect pour cette vertu, qu'il était continuellement en garde pour empêcher qu'elle ne fût blessée ou dans lui ou dans les autres ; et il n'est pas croyable combien il était exact sur ce point. J'en étais même dans la crainte ; car il trouvait à redire en des discours que je faisais et que je croyais très-innocents, et dont il me faisait ensuite voir les défauts, que je n'aurais jamais connus sans ses avis. Si je disais quelquefois que j'avais vu une belle femme, il se fâchait, et me disait qu'il ne fallait jamais tenir ce discours devant des laquais ni de jeunes gens, parce que je ne savais pas quelles pensées je pourrais exciter par là en eux. Il ne pouvait souffrir aussi les caresses que je recevais de mes enfants, et il me disait qu'il fallait les en désaccoutumer, et que cela ne pouvait que leur nuire ; et qu'on leur pouvait témoigner de la tendresse en mille autres manières. Voilà les instructions qu'il me donnait là-dessus, et voilà quelle était sa vigilance pour la conservation de la pureté dans lui et dans les autres.

Il lui arriva une rencontre, environ trois mois avant sa mort, qui en fut une preuve bien sensible, et qui fait voir en même temps la grandeur de sa charité : comme il revenait un jour de la messe de Saint-Sulpice, il vint à lui une jeune fille d'environ quinze ans, fort belle, qui lui demandait l'aumône ; il fut touché de voir cette personne exposée à un danger si évident ; il lui demanda qui elle était, et ce qui l'obligeait ainsi à demander l'aumône ; et ayant su qu'elle était de la campagne, et que son père était mort, et que sa mère étant tombée malade on l'avait portée à l'Hôtel-Dieu ce jour-là même, il crut que Dieu la lui avait envoyée aussitôt qu'elle avait été dans le besoin ; de sorte que dès l'heure même il la mena au séminaire, où il la mit entre les mains d'un bon prêtre à qui il donna de l'argent, et le pria d'en prendre soin et de la mettre en condition où elle pût recevoir de la conduite à cause de sa jeunesse, et où elle fût en sûreté de sa personne. Et pour le soulager dans ce soin, il lui dit qu'il lui enverrait le lendemain une femme pour lui acheter des habits, et tout ce qui lui serait nécessaire pour la mettre en état de pouvoir servir une maîtresse. Le lendemain il lui envoya une femme qui travailla si bien avec ce bon prêtre, qu'après l'avoir fait habiller, ils la mirent dans une bonne condition. Et cet ecclésiastique ayant demandé à cette femme le nom de celui qui faisait cette charité, elle lui dit qu'elle n'avait point charge de le dire, mais qu'elle le viendrait voir de temps en temps pour pourvoir aux besoins de cette fille, et il la pria d'obtenir de lui la permission de lui dire son nom : « Je vous promets que je n'en parlerai jamais pendant « sa vie ; mais si Dieu permettait qu'il mourût avant « moi, j'aurais de la consolation de publier cette action : « car je la trouve si belle, que je ne puis souffrir « qu'elle demeure dans l'oubli. » Ainsi par cette seule rencontre ce bon ecclésiastique, sans le connaître, jugeait combien il avait de charité et d'amour pour la pureté. Il avait une extrême tendresse pour nous ;

mais cette affection n'allait pas jusqu'à l'attachement. Il en donna une preuve bien sensible à la mort de ma sœur, qui précéda la sienne de dix mois. Lorsqu'il reçut cette nouvelle il ne dit rien, sinon : Dieu nous fasse la grâce d'aussi bien mourir ! Et il s'est toujours depuis tenu dans une soumission admirable aux ordres de la providence de Dieu, sans faire jamais réflexion que sur les grandes grâces que Dieu avait faites à ma sœur pendant sa vie, et des circonstances du temps de sa mort ; ce qui lui faisait dire sans cesse : Bienheureux ceux qui meurent, pourvu qu'ils meurent au Seigneur ! Lorsqu'il me voyait dans de continuelles afflictions pour cette perte que je ressentais si fort, il se fâchait et me disait que cela n'était pas bien, et qu'il ne fallait pas avoir ces sentiments pour la mort des justes, et qu'il fallait au contraire louer Dieu de ce qu'il l'avait si fort récompensée des petits services qu'elle lui avait rendus.

C'est ainsi qu'il faisait voir qu'il n'avait nulle attache pour ceux qu'il aimait ; car s'il eût été capable d'en avoir, c'eût été sans doute pour ma sœur, parce que c'était assurément la personne du monde qu'il aimait le plus. Mais il n'en demeura pas là ; car non-seulement il n'avait point d'attache pour les autres, mais il ne voulait point du tout que les autres en eussent pour lui. Je ne parle pas de ces attaches criminelles et dangereuses : car cela est grossier, et tout le monde le voit bien ; mais je parle de ces amitiés les plus innocentes : et c'était une des choses sur lesquelles il s'observait le plus régulièrement, afin de n'y point donner de sujet, et même pour l'empêcher : et comme je ne savais pas cela, j'étais toute surprise des rebuts qu'il me faisait quelquefois, et je le disais à ma sœur, me plaignant à elle que mon frère ne m'aimait pas et qu'il semblait que je lui faisais de la peine, lors même que je lui rendais mes services les plus affectionnés dans ses infirmités. Ma sœur me disait là-dessus que je me trompais, qu'elle savait le contraire ; qu'il avait pour moi une affection aussi grande que je le pouvais souhaiter. C'est ainsi que ma sœur remettait mon esprit, et je ne tardais guère à en voir des preuves ; car aussitôt qu'il se présentait quelque occasion où j'avais besoin du secours de mon frère, il l'embrassait avec tant de soin et de témoignages d'affection, que je n'avais pas lieu de douter qu'il ne m'aimât beaucoup ; de sorte que j'attribuais au chagrin de sa maladie les manières froides dont il recevait les assiduités que je lui rendais pour le désennuyer; et cette énigme ne m'a été expliquée que le jour même de sa mort, qu'une personne des plus considérables par la grandeur de son esprit et de sa piété, avec qui il avait de grandes communications sur la pratique de la vertu[1], me dit qu'il lui avait donné cette instruction entre autres, qu'il ne souffrit jamais de qui que ce fût qu'on l'aimât avec attachement ; que c'était une faute sur laquelle on ne s'examine pas assez, parce qu'on n'en conçoit pas assez la grandeur, et qu'on ne considérait pas qu'en fomentant et souffrant ces attachements, on occupait un cœur qui ne devait être qu'à Dieu seul : que

---

[1] Peut-être le duc de Roannez.

c'était lui faire un larcin de la chose du monde qui lui était la plus précieuse. Nous avons bien vu ensuite que ce principe était bien avant dans son cœur ; car, pour l'avoir toujours présent, il l'avait écrit de sa main sur un petit papier, où il y avait ces mots : « Il est injuste
« qu'on s'attache à moi, quoiqu'on le fasse avec plaisir et
« volontairement. Je tromperais ceux en qui je ferais naî-
« tre ce désir, car je ne suis la fin de personne, et je n'ai
« pas de quoi les satisfaire. Ne suis-je pas prêt à mou-
« rir ? et ainsi l'objet de leur attachement mourra donc.
« Comme je serais coupable de faire croire une fausseté,
« quoique je la persuadasse doucement et qu'on la crût
« avec plaisir, et qu'en cela on me fît plaisir : de même
« je suis coupable si je me fais aimer. Et si j'attire les gens
« à s'attacher à moi, je dois avertir ceux qui seraient
« prêts à consentir au mensonge, qu'ils ne le doivent
« pas croire, quelque avantage qu'il m'en revînt ; et
« de même qu'ils ne doivent pas s'attacher à moi,
« car il faut qu'ils passent leur vie et leurs soins à plaire
« à Dieu ou à le chercher [1]. »

Voilà de quelle manière il s'instruisait lui-même, et comme il pratiquait si bien ses instructions, que j'y avais été trompée moi-même. Par ces marques que nous avons de ses pratiques, qui ne sont venues à notre connaissance que par hasard, on peut voir une partie des lumières que Dieu lui donnait pour la perfection de la vie chrétienne.

Il avait un si grand zèle pour la gloire de Dieu, qu'il

---

[1] Nous rétablissons le texte de ces réflexions d'après le MS. autog. (Voy. notre édition des *Pensées*, etc., tom. Ier, pag. 193.)

ne pouvait souffrir qu'elle fût violée en quoi que ce soit ; c'est ce qui le rendait si ardent pour le service du roi, qu'il résistait à tout le monde lors des troubles de Paris, et toujours depuis il appelait des prétextes toutes les raisons qu'on donnait pour excuser cette rébellion ; et il disait « que dans un État établi en république « comme Venise, c'était un grand mal de contribuer à « y mettre un roi et opprimer la liberté des peuples à « qui Dieu l'a donnée ; mais que dans un État où la « puissance royale est établie, on ne pouvait violer le « respect qu'on lui doit que par une espèce de sacri- « lége ; puisque c'est non-seulement une image de la « puissance de Dieu, mais une participation de cette « même puissance, à laquelle on ne pouvait s'opposer « sans résister visiblement à l'ordre de Dieu ; et qu'ainsi « on ne pouvait assez exagérer la grandeur de cette « faute, outre qu'elle est toujours accompagnée de la « guerre civile qui est le plus grand péché que l'on « puisse commettre contre la charité du prochain. » Et il observait cette maxime si sincèrement, qu'il a refusé dans ce temps-là des avantages très-considérables pour n'y pas manquer. Il disait ordinairement qu'il avait un aussi grand éloignement pour ce péché-là que pour assassiner le monde, ou pour voler sur les grands chemins ; et qu'enfin il n'y avait rien qui fût plus contraire à son naturel et sur quoi il fût moins tenté.

Ce sont là les sentiments où il était pour le service du roi : aussi était-il irréconciliable avec tous ceux qui s'y opposaient ; et ce qui faisait voir que ce n'était pas par tempérament ou par attachement à ses sentiments, c'est qu'il avait une douceur merveilleuse pour ceux qui l'offensaient en particulier, en sorte qu'il n'a jamais fait de différence de ceux-là d'avec les autres ; et il oubliait si absolument ce qui ne regardait que sa personne, qu'on avait peine à l'en faire souvenir, et il fallait pour cela circonstancier les choses. Et comme on admirait quelquefois cela, il disait : « Ne vous en étonnez pas; ce « n'est pas par vertu, c'est par oubli réel; je ne m'en « souviens point du tout. » Cependant il est certain qu'on voit par là que les offenses qui ne regardaient que sa personne ne lui faisaient pas grande impression, puisqu'il les oubliait si facilement ; car il avait une mémoire si excellente, qu'il disait souvent qu'il n'avait jamais rien oublié des choses qu'il avait voulu retenir.

Il a pratiqué cette douceur dans la souffrance des choses désobligeantes jusqu'à la fin ; car peu de temps avant sa mort, ayant été offensé dans une partie qui lui était fort sensible par une personne qui lui avait de grandes obligations, et ayant en même temps reçu un service de cette personne, il la remercia avec tant de compliments et de civilités, qu'il en était confus : cependant ce n'était pas par oubli, puisque c'était dans le même temps ; mais c'est qu'en effet il n'avait point de ressentiment pour les offenses qui ne regardaient que sa personne.

Toutes ces inclinations, dont j'ai remarqué les particularités, se verront mieux en abrégé par une peinture qu'il a faite de lui-même dans un petit papier écrit de sa main en cette manière :

« J'aime la pauvreté, parce que Jésus-Christ l'a ai-

« mée. J'aime les biens, parce qu'ils donnent le moyen
« d'en assister les misérables. Je garde fidélité à tout
« le monde. Je ne rends pas le mal à ceux qui m'en
« font, mais je leur souhaite une condition pareille à la
« mienne, où l'on ne reçoit pas de mal ni de bien de la
« part des hommes. J'essaye d'être juste, véritable,
« sincère et fidèle à tous les hommes, et j'ai une ten-
« dresse de cœur pour ceux que Dieu m'a unis plus
« étroitement ; et soit que je sois seul ou à la vue des
« hommes, j'ai en toutes mes actions la vue de Dieu qui
« les doit juger, et à qui je les ai toutes consacrées.
« Voilà quels sont mes sentiments, et je bénis tous les
« jours de ma vie mon Rédempteur qui les a mis en moi,
« et qui d'un homme plein de faiblesse, de misère, de
« concupiscence, d'orgueil, et d'ambition, a fait un
« homme exempt de tous ces maux par la force de la
« grâce à laquelle toute la gloire en est due, n'ayant de
« moi que la misère et l'erreur [1]. »

Il s'était ainsi dépeint lui-même, afin qu'ayant continuellement devant les yeux la voie par laquelle Dieu le
conduisait, il ne pût jamais s'en détourner. Les lumières
extraordinaires, jointes à la grandeur de son esprit,
n'empêchaient pas une simplicité merveilleuse qui paraissait dans toute la suite de sa vie, et qui le rendait
exact à toutes les pratiques qui regardaient la religion.
Il avait un amour sensible pour tout l'office divin, mais
surtout pour les petites heures, parce qu'elles sont composées du psaume 118, dans lequel il trouvait tant de

---

[1] Nous rétablissons cette profession de foi de Pascal d'après le MS.
autogr. (Voy. notre édition des *Pensées*, tom. Ier, pag. 143.)

choses admirables, qu'il sentait de la délectation à le réciter. Quand il s'entretenait avec ses amis de la beauté de ce psaume, il se transportait en sorte qu'il paraissait hors de lui-même ; et cette méditation l'avait rendu si sensible à toutes les choses par lesquelles on tâche d'honorer Dieu, qu'il n'en négligeait pas une. Lorsqu'on lui envoyait des billets tous les mois, comme on fait en beaucoup de lieux, il les recevait avec un respect admirable ; il en récitait tous les jours la sentence ; et dans les quatre dernières années de sa vie, comme il ne pouvait travailler, son principal divertissement était d'aller visiter les églises où il y avait des reliques exposées ou quelque solennité ; et il avait pour cela un almanach spirituel qui l'instruisait des lieux où il y avait des dévotions particulières ; il faisait tout cela si dévotement et si simplement, que ceux qui le voyaient en étaient surpris : ce qui a donné lieu à cette belle parole d'une personne très-vertueuse et très-éclairée : Que la grâce de Dieu se fait connaître dans les grands esprits par les petites choses, et dans les esprits communs par les grandes.

Cette grande simplicité paraissait lorsqu'on lui parlait de Dieu, ou de lui-même ; de sorte que, la veille de sa mort, un ecclésiastique qui est un homme d'une très-grande vertu l'étant venu voir, comme il l'avait souhaité, et ayant demeuré une heure avec lui, il en sortit si édifié, qu'il me dit : « Allez, consolez-vous ; si Dieu l'appelle, vous avez bien sujet de le louer des grâces qu'il lui fait. J'avais toujours admiré beaucoup de grandes choses en lui, mais je n'y avais jamais remarqué la grande simplicité que je viens de voir : cela est incomparable dans un esprit tel que le sien ; je voudrais de tout mon cœur être en sa place. »

Monsieur le curé de Saint-Étienne [1], qui l'a vu dans sa maladie, y voyait la même chose, et disait à toute heure : C'est un enfant : il est humble, il est soumis comme un enfant. C'est par cette même simplicité qu'on avait une liberté tout entière pour l'avertir de ses défauts, et il se rendait aux avis qu'on lui donnait, sans résistance. L'extrême vivacité de son esprit le rendait quelquefois si impatient, qu'on avait peine à le satisfaire [2] ; mais quand on l'avertissait, ou qu'il s'apercevait qu'il avait fâché quelqu'un dans ses impatiences, il réparait incontinent cela par des traitements si doux et par tant de bienfaits, que jamais il n'a perdu l'amitié de personne par là. Je tâche tant que je puis d'abréger, sans cela j'aurais bien des particularités à dire sur chacune des choses que j'ai remarquées ; mais comme je ne veux pas m'étendre, je viens à sa dernière maladie.

Elle commença par un dégoût étrange qui lui prit deux mois avant sa mort : son médecin lui conseilla de s'abstenir de manger du solide, et de se purger ; pendant qu'il était en cet état, il fit une action de charité bien remarquable. Il avait chez lui un bon homme avec sa femme et tout son ménage, à qui il avait donné une chambre et à qui il fournissait du bois, tout cela par

---

[1] C'était le P. Beurrier, depuis abbé de Ste-Geneviève. (*Mme Perier*.)
[2] « Dans les conversations, il paraissait un peu dominant et décisif à « ceux qui ne le connaissaient pas ; mais on reconnaissait bientôt que « ce n'était que la vivacité et la justesse de son esprit qui le faisaient « ainsi parler. » (*Histoire de l'abbaye de P. R.*, tom. IV, p. 460.)

charité ; car il n'en tirait point d'autre service que de n'être point seul dans sa maison. Ce bon homme avait un fils qui étant tombé malade, en ce temps-là, de la petite vérole, mon frère qui avait besoin de mes assistances eut peur que je n'eusse de l'appréhension d'aller chez lui à cause de mes enfants. Cela l'obligea à penser de se séparer de ce malade ; mais comme il craignait qu'il ne fût en danger si on le transportait en cet état hors de sa maison, il aima mieux en sortir lui-même, quoiqu'il fût déjà fort mal, disant : Il y a moins de danger pour moi dans ce changement de demeure ; c'est pourquoi il faut que ce soit moi qui quitte. Ainsi il sortit de sa maison le 29 juin, pour venir chez nous [1], et il n'y rentra jamais ; car trois jours après il commença d'être attaqué d'une colique très-violente qui lui ôtait absolument le sommeil. Mais comme il avait une grande force d'esprit et un grand courage, il endurait ses douleurs avec une patience admirable. Il ne laissait pas de se lever tous les jours et de prendre lui-même ses remèdes, sans vouloir souffrir qu'on lui rendît le moindre service. Les médecins qui le traitaient voyaient que ses douleurs étaient considérables ; mais parce qu'il avait le pouls fort bon, sans aucune altération ni apparence de fièvre, ils assuraient qu'il n'y avait aucun péril, se servant même de ces mots : Il n'y a pas la moindre ombre de danger. Nonobstant ce discours, voyant que la continuation de ses douleurs et de ses grandes veilles l'affaiblissait, dès le quatrième jour de sa coli-

[1] Rue Neuve-Saint-Etienne, maison qui porte aujourd'hui le n° 8.

que et avant même que d'être alité, il envoya quérir M. le curé, et se confessa. Cela fit bruit parmi ses amis et en obligea quelques-uns de le venir voir, tout épouvantés d'appréhension. Les médecins même en furent si surpris, qu'ils ne purent s'empêcher de le témoigner, disant que c'était une marque d'appréhension à quoi ils ne s'attendaient pas de sa part. Mon frère voyant l'émotion que cela avait causée, en fut fâché et me dit : J'eusse voulu communier; mais puisque je vois qu'on est surpris de ma confession, j'aurais peur qu'on ne le fût davantage; c'est pourquoi il vaut mieux différer. Et M. le curé ayant été de cet avis, il ne communia pas. Cependant son mal continuait; et comme M. le curé le venait voir de temps en temps par visite, il ne perdait pas une de ces occasions pour se confesser, et n'en disait rien, de peur d'effrayer le monde, parce que les médecins assuraient toujours qu'il n'y avait nul danger à sa maladie; et en effet il y eut quelque diminution en ses douleurs, en sorte qu'il se levait quelquefois dans sa chambre. Elles ne le quittèrent jamais néanmoins tout à fait, et même elles revenaient quelquefois, et il maigrissait aussi beaucoup, ce qui n'effrayait pas beaucoup les médecins : mais, quoi qu'ils pussent dire, il dit toujours qu'il était en danger, et ne manqua pas de se confesser toutes les fois que M. le curé le venait voir. Il fit même son testament[1] durant ce temps-là, où les pauvres ne furent pas oubliés, et il se fit violence pour ne pas donner davantage, car il me dit que si

---

[1] Voy. appendice, n° III.

M. Perier eût été à Paris, et qu'il y eût consenti, il aurait disposé de tout son bien en faveur des pauvres ; et enfin il n'avait rien dans l'esprit et dans le cœur que les pauvres et il me disait quelquefois : D'où vient que je n'ai jamais rien fait pour les pauvres, quoique j'aie toujours eu un si grand amour pour eux? Je lui dis : C'est que vous n'avez jamais eu assez de bien pour leur donner de grandes assistances. Et il me répondit : Puisque je n'avais pas de bien pour leur donner, je devais leur avoir donné mon temps et ma peine ; c'est à quoi j'ai failli ; et si les médecins disent vrai, et si Dieu permet que je me relève de cette maladie, je suis résolu de n'avoir point d'autre emploi ni point d'autre occupation tout le reste de ma vie que le service des pauvres. Ce sont les sentiments dans lesquels Dieu l'a pris.

Il joignait à cette ardente charité pendant sa maladie une patience si admirable, qu'il édifiait et surprenait toutes les personnes qui étaient autour de lui, et il disait à ceux qui témoignaient avoir de la peine de voir l'état où il était, que pour lui il n'en avait pas et qu'il appréhendait même de guérir ; et quand on lui en demandait la raison, il disait : « C'est que je connais « les dangers de la santé et les avantages de la ma- « ladie. » Il disait encore au plus fort de ses douleurs quand on s'affligeait de les lui voir souffrir : « Ne me « plaignez point ; la maladie est l'état naturel des chré- « tiens, parce qu'on est par là, comme on devrait tou- « jours être, dans la souffrance des maux, dans la pri- « vation de tous les biens et de tous les plaisirs des « sens, exempt de toutes les passions qui travaillent

« pendant tout le cours de la vie, sans ambition, sans
« avarice, dans l'attente continuelle de la mort. N'est-
« ce pas ainsi que les chrétiens devraient passer la
« vie? Et n'est-ce pas un grand bonheur quand on se
« trouve par nécessité dans l'état où l'on est obligé
« d'être, et qu'on n'a autre chose à faire qu'à se sou-
« mettre humblement et paisiblement? C'est pourquoi
« je ne demande autre chose que de prier Dieu qu'il
« me fasse cette grâce. » Voilà dans quel esprit il endurait tous ses maux.

Il souhaitait beaucoup de communier; mais les médecins s'y opposaient, disant qu'il ne le pouvait faire à
jeun, à moins que de le faire la nuit : ce qu'il ne trouvait pas à propos de faire sans nécessité, et que pour
communier en viatique il fallait être en danger de
mort; ce qui ne se trouvant pas en lui, ils ne pouvaient
pas lui donner ce conseil. Cette résistance le fâchait;
mais il était contraint d'y céder. Cependant sa colique
continuant toujours, on lui ordonna de boire des eaux
qui en effet le soulagèrent beaucoup ; mais au sixième
jour de sa boisson, qui était le quatorzième d'août, il
sentit un grand étourdissement avec une grande douleur de tête ; et quoique les médecins ne s'étonnassent
pas de cela et qu'ils assurassent que ce n'était que la
vapeur des eaux, il ne laissa pas de se confesser, et il
demanda avec des instances incroyables qu'on le fît
communier et qu'au nom de Dieu on trouvât moyen
de remédier à tous les inconvénients qu'on lui avait al-
légués jusqu'alors ; et il pressa tant pour cela, qu'une
personne qui se trouva présente lui reprocha qu'il

avait de l'inquiétude et qu'il devait se rendre au sentiment de ses amis ; qu'il se portait mieux et qu'il n'avait presque plus de colique ; et que, ne lui restant plus qu'une vapeur d'eau, il n'était pas juste qu'il se fît porter le saint sacrement, qu'il valait mieux différer pour faire cette action à l'église. Il répondit à cela : On ne sent pas mon mal, et on y sera trompé ; ma douleur de tête a quelque chose de fort extraordinaire. Néanmoins voyant une si grande opposition à son désir, il n'osa plus en parler ; mais il dit : « Puisqu'on
« ne me veut pas accorder cette grâce, j'y voudrais bien
« suppléer par quelque bonne œuvre, et ne pouvant pas
« communier dans le chef, je voudrais bien communier
« dans ses membres ; et pour cela j'ai pensé d'avoir céans
« un pauvre malade à qui on rende les mêmes services
« comme à moi, qu'on prenne une garde exprès et enfin
« qu'il n'y ait aucune différence de lui à moi afin que
« j'aie cette consolation de savoir qu'il y a un pauvre
« aussi bien traité que moi, dans la confusion que je
« souffre de me voir dans la grande abondance de toutes
« choses où je me vois. Car quand je pense qu'au même
« temps que je suis si bien, il y a une infinité de pauvres
« qui sont plus malades que moi, et qui manquent des
« choses les plus nécessaires, cela me fait une peine que je
« ne puis supporter ; et ainsi je vous prie de demander un
« malade à monsieur le curé pour le dessein que j'ai. »

J'envoyai à monsieur le curé à l'heure même, qui manda qu'il n'y en avait point qui fût en état d'être transporté ; mais qu'il lui donnerait, aussitôt qu'il serait guéri, un moyen d'exercer la charité, en se chargeant d'un vieux homme dont il prendrait soin le reste de sa vie : car monsieur le curé ne doutait pas alors qu'il ne dût guérir.

Comme il vit qu'il ne pouvait pas avoir un pauvre en sa maison avec lui, il me pria donc de lui faire cette grâce de le faire porter aux Incurables, parce qu'il avait grand désir de mourir en la compagnie des pauvres. Je lui dis que les médecins ne trouvaient pas à propos de le transporter en l'état où il était : ce qui le fâcha beaucoup ; il me fit promettre que s'il avait un peu de relâche, je lui donnerais cette satisfaction.

Cependant cette douleur de tête augmentant, il la souffrait toujours comme tous les autres maux, c'est-à-dire sans se plaindre ; et une fois, dans le plus fort de sa douleur, le dix-septième d'août, il me pria de faire faire une consultation ; mais il entra en même temps en scrupule et me dit : Je crains qu'il n'y ait trop de recherche dans cette demande. Je ne laissai pourtant pas de la faire ; et les médecins lui ordonnèrent de boire du petit-lait, lui assurant toujours qu'il n'y avait nul danger et que ce n'était que la migraine mêlée avec la vapeur des eaux. Néanmoins, quoi qu'ils pussent dire, il ne les crut jamais et me pria d'avoir un ecclésiastique pour passer la nuit auprès de lui ; et moi-même je le trouvai si mal, que je donnai ordre, sans en rien dire, d'apporter des cierges et tout ce qu'il fallait pour le faire communier le lendemain matin.

Les apprêts ne furent pas inutiles, mais ils servirent plus tôt que nous n'avions pensé : car environ minuit il lui prit une convulsion si violente, que, quand elle fut passée, nous crûmes qu'il était mort, et nous avions cet extrême déplaisir avec tous les autres de le voir mourir sans le saint sacrement, après l'avoir demandé si souvent avec tant d'instance. Mais Dieu, qui voulait récompenser un désir si fervent et si juste, suspendit comme par miracle cette convulsion et lui rendit son jugement entier, comme dans sa parfaite santé ; en sorte que monsieur le curé entrant dans sa chambre avec le saint sacrement, lui cria : Voici celui que vous avez tant désiré. Ces paroles achevèrent de le réveiller ; et comme monsieur le curé approcha pour lui donner la communion, il fit un effort et il se leva seul à moitié, pour le recevoir avec plus de respect ; et monsieur le curé l'ayant interrogé, suivant la coutume sur les principaux mystères de la foi, il répondit distinctement : Oui monsieur, je crois tout cela de tout mon cœur. Ensuite il reçut le saint viatique et l'extrême-onction avec des sentiments si tendres, qu'il en versait des larmes. Il répondit à tout, remercia monsieur le curé ; et lorsqu'il le bénit avec le saint ciboire, il dit : Que Dieu ne m'abandonne jamais ! Ce qui fut comme ses dernières paroles ; car, après avoir fait son action de grâces, un moment après ses convulsions le reprirent, qui ne le quittèrent plus et qui ne lui laissèrent pas un instant de liberté d'esprit : elles durèrent jusqu'à sa mort, qui fut vingt-quatre heures après, le dix-neuvième d'août mil six cent soixante-deux, à une heure du matin, âgé de trente-neuf ans deux mois.

ADDITIONS A LA VIE DE PASCAL.

Nous croyons devoir ajouter ici des passages qui ne se trouvent, ni dans le texte anciennement publié de la *Vie de Pascal*, ni dans le seul MS. que nous ayons pu retrouver.

I.

Le premier de ces passages est emprunté à l'*Histoire de l'abbaye de Port-Royal*, Cologne, 1752. — L'abbé Besongne, auteur de cet ouvrage, paraît avoir eu connaissance d'un autre MS. plus étendu que le nôtre, et dans lequel madame Perier entrait dans de plus longs détails sur le grand ouvrage que Pascal se proposait d'achever. « Voici, dit « l'abbé Besongne, le plan de l'ouvrage tel que madame Perier le « rapporte dans sa *Vie*. Je copierai sans rien changer *ses propres* « *paroles*, qu'elle assure à son tour être les propres paroles de son « frère. » Vient immédiatement la citation suivante :

« Il y a des miracles, il y a donc quelque chose au-dessus de ce que nous appelons la nature. La conséquence est de bon sens : il n'y a qu'à s'assurer de la certitude de la vérité des miracles. Or, il y a des règles pour cela qui sont encore dans le bon sens ; et ces règles se trouvent justes pour les miracles qui sont dans l'Ancien Testament. Ces miracles sont donc vrais. Il y a donc quelque chose au-dessus de la nature.

« Mais ces miracles ont encore des marques que leur principe est Dieu ; et ceux du Nouveau Testament en particulier que celui qui les opérait était le Messie que les hommes devaient attendre. Donc, comme les miracles tant de l'Ancien que du Nouveau Testament prouvent qu'il y a un Dieu, ceux du Nouveau en particulier prouvent que Jésus-Christ était le véritable Messie.

« Il démêlait tout cela avec une lumière admirable ; et quand nous l'entendions parler et qu'il développait toutes les circonstances de l'Ancien et du Nouveau Testament où étaient rapportés ces miracles, ils nous paraissaient clairs. On ne pouvait nier la vérité de ces miracles, ni les conséquences qu'il en tirait pour la preuve de Dieu et du Messie, sans choquer les principes les plus communs sur lesquels on assure toutes les choses qui passent pour indubitables. On a recueilli quelque chose de *ses Pensées*, mais c'est peu, et je croirais être obligée de m'étendre davantage, pour y donner plus de jour, selon tout ce que nous lui en avons ouï dire, si un de ses amis ne nous en avait donné une dissertation sur les œuvres de Moïse, où tout cela est admirablement bien démêlé et d'une manière qui ne serait pas indigne de mon frère. Je vous renvoie donc à cet ouvrage, et j'ajoute seulement ce qu'il est important de rapporter ici, que toutes les différentes réflexions que mon frère fit sur les miracles, lui donnèrent beaucoup de nouvelles lumières sur la religion. Comme toutes les vérités sont tirées les unes des autres, c'était assez qu'il fût appliqué à une ; les autres lui venaient comme en foule et se démêlaient à son esprit d'une manière qui l'enlevait lui-même, à ce qu'il nous a dit souvent : et ce fut à cette occasion qu'il se sentit animé contre les athées, que voyant dans les lumières que Dieu lui avait données de quoi les convaincre et les confondre sans ressource, il s'appliqua à cet ouvrage, dont les parties qu'on a ramassées nous font avoir tant de regret qu'il n'ait pas pu les rassembler lui-même et, avec tout ce qu'il aurait pu ajouter encore, en faire un composé d'une beauté achevée. Il en était assurément très-capable ; mais Dieu qui lui avait donné tout

[1] Mme Perier parle ici du *Discours sur les preuves des livres de Moïse*, par du Bois de la Cour.

l'esprit nécessaire pour une si grande chose, ne lui donna pas assez de santé pour le mettre ainsi dans sa perfection.

« Il prétendait faire voir que la religion chrétienne avait autant de marques de certitude que les choses qui sont reçues dans le monde pour les plus indubitables. Il ne se servait point pour cela de preuves métaphysiques : ce n'est pas qu'il les crût méprisables quand elles étaient bien mises dans leur jour ; mais il disait qu'elles étaient trop éloignées du raisonnement ordinaire des hommes ; que tout le monde n'en était pas capable, et qu'à ceux qui l'étaient elles ne servaient qu'un moment, car une heure après ils ne savaient qu'en dire et ils craignaient d'être trompés. Il disait aussi que ces sortes de preuves ne peuvent nous conduire qu'à une connaissance spéculative de Dieu ; et que connaître Dieu de cette sorte, était ne le connaître pas. Il ne devait pas non plus se servir des raisonnements ordinaires que l'on prend des ouvrages de la nature ; il les respectait pourtant, parce qu'ils étaient consacrés par l'Écriture sainte et conformes à la raison, mais il croyait qu'ils n'étaient pas assez en proportion à l'esprit et à la disposition du cœur qu'il avait dessein de convaincre. Il avait remarqué par expérience que bien loin qu'on les emportât par ce moyen, rien n'était plus capable au contraire de les rebuter et de leur ôter l'espérance de trouver la vérité, que de prétendre ainsi les convaincre par ces sortes de raisonnements contre lesquels ils se sont si souvent raidis, que l'endurcissement de leur cœur les a rendus sourds à cette voix de la nature ; et qu'enfin ils étaient dans un aveuglement dont ils ne pouvaient sortir que par Jésus-Christ, hors duquel toute communication avec Dieu nous est ôtée, parce qu'il est écrit que personne ne connaît le Père que le Fils et celui à qui il plaît au Fils de le révéler.

« La Divinité des chrétiens ne consiste pas seulement en un Dieu simplement auteur des vérités géométriques et de l'ordre des éléments : c'est la part des païens. Elle ne consiste pas en un Dieu qui exerce sa providence sur la vie et sur les biens des hommes, pour donner une heureuse suite d'années ; c'est la part des juifs. Mais le Dieu d'Abraham et de Jacob, le Dieu des chrétiens est un Dieu d'amour et de consolation ; c'est un Dieu qui remplit l'âme et le cœur de ceux qui le possèdent. C'est un Dieu qui leur fait sentir intérieurement leur misère et sa miséricorde infinie ; qui s'unit au fond de leur âme ; qui les remplit d'humilité, de foi, de confiance et d'amour ; qui les rend incapables d'autre fin que de lui-même. Le Dieu des chrétiens est un Dieu qui fait sentir à l'âme qu'il est son unique bien, que son repos est en lui, qu'elle n'aura de joie qu'à l'aimer ; et qui lui fait en même temps abhorrer les obstacles qui la retiennent et l'empêchent de l'aimer de toutes ses forces. L'amour-propre et la concupiscence qui l'arrêtent lui sont insupportables, et Dieu lui fait sentir qu'elle a ce fond d'amour-propre et que lui seul l'en peut guérir.

« Voilà ce que c'est que de connaître Dieu en chrétien. Mais pour le connaître de cette manière, il faut connaître en même temps sa misère et son indignité et le besoin qu'on a d'un médiateur pour s'approcher de Dieu et pour s'unir à lui. Il ne faut point séparer ces connaissances, parce que étant séparées elles sont non-seulement inutiles mais nuisibles. La connaissance de Dieu sans celle de notre misère, fait l'orgueil ; celle de notre misère sans celle de Jésus-Christ, fait notre désespoir ; mais la connaissance de Jésus-Christ nous exempte de l'orgueil et du désespoir ; parce que nous y trouvons Dieu, seul consolateur de notre misère et la voie unique de la réparer.

« Nous pouvons connaître Dieu sans connaître notre misère, et notre misère sans connaître Dieu ; ou même Dieu et notre misère, sans connaître les moyens de nous délivrer des misères qui nous accablent. Mais nous ne pouvons connaître Jésus-Christ, sans connaître tout ensemble et Dieu et notre misère ; parce qu'il n'est pas simplement Dieu, mais un Dieu réparateur.

« Ainsi tous ceux qui cherchent Dieu sans Jésus-Christ, ne trouvent aucune lumière qui les satisfasse, ou qui leur soit véritablement utile ; car ou ils n'arrivent pas jusqu'à connaître qu'il y a un Dieu, ou s'ils y arrivent, c'est inutilement pour eux, parce qu'ils se forment un moyen de communiquer sans médiateur ; de sorte qu'ils tombent dans l'athéisme ou le déisme, qui sont les deux choses que la religion abhorre presque également.

« Il faut donc tendre uniquement à connaître Jésus-Christ, puisque c'est par lui seul que nous pouvons prétendre de connaître Dieu d'une manière qui nous soit utile. C'est lui qui est le vrai Dieu des hommes, des misérables et des pécheurs. Il est le centre de tout et l'objet de tout ; et qui ne le connaît point ne connaît rien dans l'ordre de la nature du monde, ni dans soi-même ; car, non-seulement nous ne connaissons Dieu que par Jésus-Christ, mais nous ne nous connaissons nous-mêmes que par lui.

« Sans Jésus-Christ, il faut que l'homme soit dans le vice et dans la misère ; avec Jésus-Christ, l'homme est exempt de vice et de misère. En lui est tout notre bonheur, notre vertu, notre vie, notre lumière, notre espérance ; et hors de lui, il n'y a que vices, que misère, que désespoir, et nous ne voyons qu'obscurité et confusion dans la nature de Dieu et dans la nôtre.

« Dans les preuves que mon frère (continue madame Perier) devait donner de Dieu et de la religion chrétienne, il ne voulait rien dire qui ne fût à la portée de tous ceux pour qui elles étaient destinées, et où l'homme ne se trouvât intéressé de prendre part, ou en sentant lui-même toutes les choses qu'on lui faisait remarquer, bonnes ou mauvaises, ou en voyant clairement qu'il ne pouvait prendre un meilleur parti, ni plus raisonnable, que de croire qu'il y a un Dieu dont nous pouvons jouir, et un médiateur qui, étant venu pour nous en mériter la grâce, commence à nous rendre heureux, dès cette vie, par les vertus qu'il nous inspire, beaucoup plus qu'on ne le peut être par tout ce que le monde nous promet, et nous donne assurance que nous le serons parfaitement dans le ciel, si nous le méritons par les voies qu'il nous a présentées et dont il nous a donné lui-même l'exemple.

« Mais quoiqu'il fût persuadé que tout ce qu'il avait ainsi à dire sur la religion, aurait été très-clair et très convaincant, il ne croyait pas cependant qu'il dût l'être à ceux qui étaient dans l'indifférence, et qui ne trouvant pas en eux-mêmes des lumières qui les persuadassent, négligeaient d'en chercher ailleurs, et surtout dans l'Église où elles éclatent avec plus d'abondance; car il établissait ces deux vérités comme certaines : que Dieu a mis des marques sensibles, particulièrement dans l'Église, pour se faire connaître à ceux qui le cherchent sincèrement, et qu'il les a couvertes néanmoins de telle sorte, qu'il ne sera aperçu que de ceux qui le cherchent de tout leur cœur.

« C'est pourquoi quand il avait à conférer avec quelques athées, il ne commençait jamais par la dispute, ni par établir les principes qu'il avait à dire : mais il voulait auparavant connaître s'ils cherchaient la vérité de tout leur cœur ; et il agissait suivant cela avec eux, ou pour les aider à trouver la lumière qu'ils n'avaient pas, s'ils la cherchaient sincèrement, ou pour les disposer à la chercher et à en faire leur plus sérieuse occupation avant que de les instruire, s'ils voulaient que son instruction leur fût utile. Ce furent ses infirmités qui l'empêchèrent de travailler davantage à son dessein. Il avait environ trente-quatre ans quand il commença de s'y appliquer. Il employa un an entier à s'y préparer en la manière que ses autres occupations lui permettaient, qui était de recueillir les différentes pensées qui lui venaient là-dessus ; et, à la fin de l'année, qui était la trente-cinquième année de son âge et la cinquième de sa retraite, il retomba dans ses incommodités d'une manière si accablante qu'il ne pouvait plus rien faire les quatre années qu'il vécut encore, si on peut appeler vivre la langueur si pitoyable dans laquelle il les passa. »

Ici finit, ajoute l'abbé Besongne, le long extrait que j'ai voulu donner de madame Perier.

II.

EXTRAIT DE LA VIE DE M. PASCAL [1].

… L'ayant fait ouvrir, on trouva l'estomac et le foie flétris, et les intestins gangrenés, sans qu'on pût juger précisément si ç'avait été la cause des douleurs de colique ou si c'en avait été l'effet. Mais ce qu'il y eut de plus particulier, fut à l'ouverture de la tête dont le crâne se trouva sans aucune suture que la….. [2] ; ce qui apparemment avait causé les

---

[1] IIIe Recueil du P. Guerrier, pag. 292.
[2] Peut-être la *Lambdoïde* ou la *Sagittale*. (*Note du P. Guerrier.*)

grands maux de tête auxquels il avait été sujet pendant sa vie. Il est vrai qu'il avait eu autrefois la suture qu'on appelle fontale ; mais ayant demeuré ouverte fort longtemps pendant son enfance, comme il arrive souvent en cet âge, et n'ayant pu se refermer, il s'était formé un calus qui l'avait entièrement couverte, et qui était si considérable qu'on le sentait aisément au doigt. Pour la suture coronale, il n'y en avait aucun vestige. Les médecins observèrent qu'il y avait une prodigieuse abondance de cervelle, dont la substance était si solide et si condensée que cela leur fit juger que c'était la raison pour laquelle la suture fontale, n'ayant pu se refermer, la nature y avait pourvu par ce calus. Mais ce que l'on remarqua de plus considérable et à quoi on attribua particulièrement sa mort et les derniers accidents qui l'accompagnèrent, fut qu'il y avait au dedans du crâne, vis-à-vis les ventricules du cerveau, deux impressions, comme du doigt dans de la cire, qui étaient pleines d'un sang caillé et corrompu qui avait commencé de gangrener la dure mère.

Note du P. Guerrier : « Ceci ne se trouve pas dans la vie de M. Pascal imprimée, mais seulement dans le MS. que Mlle Perier a donné à la Bibliothèque des PP. de l'Oratoire de Clermont. »

MÉMOIRE

COMPOSÉ ET ÉCRIT DE LA MAIN DE MADAME PERIER,

TOUCHANT LA VIE

DE LA SOEUR JACQUELINE DE SAINTE EUPHÉMIE PASCAL

SA SOEUR[1].

Ma sœur naquit à Clermont le 4 octobre de l'année 1625. Comme j'avais six ans de plus qu'elle, je me souviens que dès qu'elle commença à parler elle donna de grandes marques d'esprit. Elle était outre cela parfaitement belle, et d'une humeur douce et belle la plus agréable du monde ; de sorte qu'elle était autant aimée et caressée qu'un enfant le peut être. Mon père se retira à Paris en 1631, et nous y mena tous. Ma sœur avait alors six ans, toujours fort belle et tout à fait agréable par la gentillesse de son esprit et de son humeur. Ces qualités la faisaient souhaiter partout ; de sorte qu'elle ne demeurait presque point chez nous.

On commença à lui apprendre à lire à l'âge de sept ans ; et comme mon père m'avait chargée de ce soin, je m'y trouvais fort empêchée, car elle y avait une grande aversion ; et quoi que je pusse faire, je ne pouvais obtenir d'elle qu'elle vînt dire sa leçon. Enfin un jour par hasard je lisais des vers tout haut : cette cadence lui plut si fort, qu'elle me dit : « Quand vous

---

[1] IIe Recueil MS du P. Guerrier, p. 187.

« voudrez me faire lire, faites-moi lire dans un livre
« de vers; je dirai ma leçon tant qu'il vous plaira. » Je
fus surprise de cela, parce que je ne croyais pas qu'un
enfant de cet âge pût discerner les vers d'avec la prose,
et je fis ce qu'elle souhaitait. Depuis ce temps elle parlait toujours de vers ; elle en apprenait beaucoup par
cœur, car elle avait la mémoire excellente. Elle voulut
en savoir les règles; et enfin à huit ans, avant que de
savoir lire, elle commença à en faire qui n'étaient point
mauvais : cela fait voir que cette inclination lui était
bien naturelle.

Elle avait en ce temps-là deux compagnes qui ne
contribuaient pas peu à la lui entretenir : c'étaient les
filles de madame Saintot, qui en faisaient aussi quoiqu'elles n'eussent pas beaucoup plus d'âge qu'elle. De
sorte qu'en l'année 1636, mon père étant allé faire un
voyage en Auvergne où il me mena, madame de Saintot
lui demanda ma sœur pendant son absence, et ces trois
petites filles s'avisèrent de faire une comédie dont elles
composèrent le sujet et tous les vers, sans que personne
leur aidât en rien. Cependant c'était une pièce suivie,
de cinq actes divisés par scènes, et où tout était observé. Elles la jouèrent elles-mêmes deux fois avec
d'autres acteurs qu'elles prirent, et il y eut grande
compagnie. Tout le monde admira que ces enfants eussent eu la force de faire un ouvrage entier, et on y
trouva quantité de jolies choses; de sorte que ce fut
l'entretien de tout Paris durant un long temps.

Ma sœur continua toujours à faire des vers sur tout
ce qui lui venait dans l'esprit, et sur tous les événe-

ments extraordinaires. Au commencement de l'année
1638, comme on fut assuré de la grossesse de la reine,
ce lui fut une belle matière; elle ne manqua pas d'en
faire; et ceux-là furent les meilleurs qu'elle eût faits
jusqu'alors. Nous étions en ce temps-là logés assez
près de M. et de madame de Morangis, qui prenaient
tant de plaisir aux gentillesses de cette enfant qu'il ne
se passait guère de jours qu'elle ne fût chez eux. Madame de Morangis fut ravie de voir qu'elle avait fait
des vers sur la grossesse de la reine, et dit qu'elle voulait la mener à Saint-Germain pour la lui présenter.
Elle l'y mena en effet; et comme elles y furent arrivées,
la reine se trouvant alors occupée dans son cabinet,
tout le monde se mit autour de cette petite fille pour
l'interroger et voir ses vers. Mademoiselle, qui était
alors fort jeune, lui dit : « Puisque vous faites si bien
« des vers, faites-en pour moi. » Elle tout froidement
se retira en un coin, et fit une épigramme pour Mademoiselle, où il y avait des choses qui faisaient bien
voir qu'elle ne l'avait pas apportée toute faite, car elle
parlait du commandement que Mademoiselle venait de
lui en faire. Mademoiselle, voyant que cela avait été
sitôt fait, lui dit : Faites-en aussi pour madame de Hautefort. Elle fit à l'heure même une autre épigramme,
pour madame de Hautefort, qu'on voyait bien aussi qui
était faite sur-le-champ, quoiqu'elle fût fort jolie. Peu
de temps après comme on eut permission d'entrer dans
le cabinet de la reine, madame de Morangis prit ma
sœur et l'y mena. La reine fut toute surprise de ses
vers : mais elle s'imagina d'abord qu'ils n'étaient pas

d'elle, ou du moins qu'on lui avait beaucoup aidé. Tous ceux qui étaient là présents eurent la même pensée ; mais Mademoiselle leur ôta ce doute, en leur montrant les deux épigrammes qu'elle venait de faire en sa présence et par son commandement. Cette circonstance augmenta l'admiration de tout le monde ; et depuis ce jour-là elle fut souvent à la cour, et toujours caressée du roi, de la reine, de Mademoiselle et de tous ceux qui la voyaient. Elle eut même l'honneur de servir la reine quand elle mangeait en particulier, Mademoiselle tenant la place de premier maître-d'hôtel.

Elle faisait cent autres jolies choses comme des billets qu'elle écrivait à ses compagnes les plus jolis du monde. Elle avait des réparties les plus justes qu'on eût pu souhaiter. Cependant tout cela ne diminuait rien de la gaieté de son humeur, et elle se divertissait avec les autres de tout son cœur à tous les jeux des petits enfants ; et quand elle était en particulier elle s'amusait avec ses poupées.

Au mois de mars 1638, mon père s'étant rencontré chez M. le chancelier [1] avec beaucoup d'autres personnes qui avaient intérêt comme lui aux rentes de l'hôtel de ville, il se dit ce jour-là des paroles et même on fit quelques actions un peu violentes et séditieuses : ce qui

[1] Ici le P. Guerrier interrompt sa copie et renvoie au mémoire de Marguerite Perier. Nous suppléons à cette lacune d'environ une page au moyen du texte qui se trouve dans la première partie du MS. *Supplément français*, n° 1,485. Il paraît que cette première partie, ou addition, d'environ quarante pages, avait été copiée sur d'autres MSS que ceux du P. Guerrier, tandis que les sept cents pages dont se compose la deuxième partie du même MS ont été copiées sur les Recueils de cet oratorien.

étant rapporté à M. le cardinal, il donna ordre de mettre les principaux dans la Bastille. On s'imagina que mon père était de ce nombre; de sorte qu'on le vint chercher pour cela ; mais il se garantit et on en prit trois autres. Mon père pendant ce temps-là demeura caché chez ses amis, tantôt chez l'un, tantôt chez l'autre, sans oser venir chez lui du tout. Dans cette affliction il recevait beaucoup de consolation de toutes les gentillesses de cette enfant ; car il l'aimait d'une tendresse toute extraordinaire. Mais cette douceur ne dura guère, car au mois de septembre de cette année 1638, la petite vérole lui vint dont elle fut malade à l'extrémité. Mon père oublia lors toutes ses craintes, et dit que quelque danger qu'il y eût pour lui, il voulait être dans sa maison pour voir de ses yeux tout le cours de sa maladie. Et en effet il ne la quitta jamais un moment, couchant même dans sa chambre. Elle guérit de son mal, mais elle en fut toute gâtée. Elle avait alors treize ans, et elle avait l'esprit assez avancé pour aimer la beauté et être fâchée de l'avoir perdue. Cependant elle ne fut point du tout touchée de cet accident : au contraire elle le considéra comme une faveur, et fit des vers pour en remercier Dieu, où elle disait entre autres choses qu'elle regardait ses creux comme les gardiens de son innocence, et comme des marques indubitables que Dieu la lui voulait conserver ; et tout cela venait de son propre mouvement. Elle passa tout l'hiver sans sortir de la maison, n'étant pas en état d'aller parmi le monde. Elle ne s'ennuya point du tout, s'occupant fort de ses poupées et de ses bijoux.

Au mois de février de l'année 1639, M. le cardinal de Richelieu [1] eut envie de faire jouer une comédie par des enfants. Madame la duchesse d'Éguillon prit le soin de chercher des filles, et proposa à madame Saintot si elle pourrait donner mademoiselle sa fille la jeune, et s'il y aurait moyen d'avoir ma sœur, et lui dit qu'elle avait pensé que possible cela pourrait servir pour le retour de mon père, si cette petite le demandait à M. le cardinal. Cet avis donné de cette part parut si important à tous nos amis, qu'ils crurent qu'il ne fallait pas perdre cette occasion. Ainsi elle apprit le rôle qu'on lui donna, et fit son personnage avec tant d'agrément qu'elle ravissait tout le monde, d'autant plus qu'étant de fort petite taille et ayant le visage fort jeune, elle ne paraissait pas avoir plus de huit ans, quoiqu'elle en eût treize. Après la comédie, elle descendit du théâtre, afin que madame Saintot la menât à madame d'Éguillon qui la voulait présenter à M. le cardinal : mais comme elle vit que madame Saintot tardait et que M. le cardinal se levait pour se retirer, elle s'en alla à lui toute seule. Quand il la vit approcher, il se rassit, la tint sur ses genoux et en la caressant il vit qu'elle pleurait ; il lui demanda ce qu'elle avait. Elle lui fit son compliment que madame d'Éguillon accompagna de quantité de paroles obligeantes : sur quoi M. le cardinal dit qu'il lui accordait le retour de son père, et qu'il pouvait revenir quand il voudrait. Alors cette petite, d'elle-même, sans

[1] Même observation que dans la note qui se trouve au bas de la page 57. — La copie du P. Guerrier reprend au paragraphe : *Sur la*

que cela eût été prévu, lui dit : « Monseigneur, j'ai en-
« core une grâce à demander à Votre Éminence. » M. le
cardinal était si ravi de sa gentillesse et de cette petite
liberté, qu'il lui dit : « Demandez-moi ce que vous vou-
« drez ; je vous l'accorderai. » Elle lui dit : « C'est
« que je supplie Votre Éminence de trouver bon que
« mon père ait l'honneur de lui faire la révérence quand
« il sera de retour, afin qu'il la puisse remercier lui-
« même de la grâce qu'elle nous fait aujourd'hui. »
M. le cardinal lui dit : « Non-seulement je vous l'ac-
« corde, mais je le souhaite. Mandez-lui qu'il vienne en
« toute assurance, et qu'il vienne me voir et m'amène
« sa famille. » Les choses s'étant passées ainsi comme
nous le souhaitions, mon père eut une entière liberté.
Il fut en remercier M. le cardinal, et nous y mena tous.

Sur la fin de l'année 1639, mon père ayant été fait
collègue de M. de Paris dans la commission de l'intendance de Normandie, dans la généralité de Rouen, fut
obligé d'y aller demeurer et nous y mena tous. M. Corneille ne manqua pas de venir nous voir. Il pria ma
sœur de faire des vers sur la conception de la Vierge,
qui est le jour qu'on donne des prix. Elle fit des stances,
et on lui en porta le prix avec des trompettes et des
tambours en grande cérémonie. Elle reçut cela avec une
indifférence admirable. Quoiqu'elle eût alors quinze
ans, elle badinait comme un petit enfant et s'amusait
avec des poupées. Nous lui en faisions des reproches, et
ce ne fut pas sans peine que nous l'engageâmes à quitter ces puérilités qu'elle préférait aux plus grandes compagnies de la ville, quoiqu'elle y eût un applaudisse-

ment général. Elle n'avait nul attachement pour la gloire ni pour l'estime, et je n'ai jamais vu personne en être moins touchée. Cette réputation, qu'elle avait acquise dès son enfance, ne diminua point dans les autres temps : au contraire, elle alla toujours en augmentant parce qu'elle avait toutes les grandes qualités de chaque âge ; de sorte qu'on la souhaitait partout, et ceux qui n'avaient point d'habitude particulière avec elle recherchaient avec grand soin sa connaissance. Lorsqu'elle entrait en quelque compagnie où on ne l'attendait pas, on y voyait tout le monde se réjouir de sa venue ; mais ce qui est plus admirable, c'est que tout cela ne l'élevait point et qu'elle le recevait dans une indifférence si grande que tout le monde l'en aimait davantage, et ses compagnes avec qui elle était tous les jours n'en ont jamais eu la moindre jalousie; au contraire, elles contribuaient de tout leur cœur à augmenter l'estime qu'on en avait, en publiant les bonnes qualités qu'elles reconnaissaient en elle, comme sa douceur, sa bonté, l'agrément et l'égalité de son humeur.

Durant ce temps-là il se présenta plusieurs occasions de la marier ; mais Dieu permit qu'il y eût toujours quelque raison qui en empêchât la conclusion. Elle ne témoigna jamais dans ces rencontres ni attache ni aversion, étant fort soumise à la volonté de mon père, sans qu'elle eût jamais eu aucune pensée pour la religion, au contraire en ayant un grand éloignement et même un peu de mépris, parce qu'elle croyait qu'on pratiquait des choses qui n'étaient pas capables de satisfaire un esprit raisonnable.

Au mois de janvier 1646, mon père s'étant démis une cuisse en tombant sur la glace, il ne put prendre confiance en cet accident qu'à MM. de la Bouteillerie et Deslandes, gentilshommes du pays, qui eurent la bonté de demeurer chez lui trois mois de suite pour travailler à sa guérison. Toute la maison profita du séjour de ces messieurs. Leurs discours édifiants et leur bonne vie firent désirer à mon père, à mon frère et à ma sœur de voir les livres qui leur avaient servi pour parvenir à cet état. Ce fut donc alors qu'ils commencèrent à prendre connaissance des ouvrages de M. Jansénius, de M. de Saint-Cyran, de M. Arnauld et des autres écrits dont ils furent très-édifiés [1].

Sur la fin de l'année 1646, M. du Bellay [2] faisant l'ordination à Rouen, ma sœur qui n'avait pas encore été confirmée voulut recevoir ce sacrement. Elle s'y prépara selon ce qu'elle en apprenait dans les traités de M. de Saint-Cyran. L'on peut croire qu'elle y reçut véritablement le Saint-Esprit ; car depuis cette heure-là elle fut toute changée. Toutes les lectures qu'elle fit et tous les discours de piété auxquels elle assista firent une si forte impression dans son cœur, que peu à peu elle se trouva à la fin de l'année 1647 dans une résolution parfaite de renoncer au monde ; et comme elle se rencontra lors à Paris, y étant allée accompagner mon frère qui avait besoin d'y être pour ses indispositions, ils allaient souvent entendre M. Singlin ; et voyant qu'il parlait de la vie chrétienne d'une manière qui remplis-

---

[1] Il manque ici sept ou huit lignes. (*Note du P. Guerrier.*)
[2] C'était l'évêque de Belley.

sait tout à fait l'idée qu'elle en avait conçue depuis que Dieu l'avait touchée, et considérant que c'était lui qui conduisait la maison de Port-Royal, elle crut dès lors, comme elle me l'a dit en propres termes, qu'on pouvait être dans ce monastère religieuse raisonnablement. Elle communiqua cette pensée à mon frère qui, bien loin de l'en détourner, l'y confirma ; car il était dans les mêmes sentiments. Cette approbation la fortifia de telle sorte, que depuis ce temps-là elle n'a jamais hésité un instant dans le dessein de se consacrer à Dieu.

Mon frère, qui l'aimait avec une tendresse toute particulière, était ravi de la voir dans cette résolution, de sorte qu'il ne pensait à autre chose qu'à la servir pour faire réussir ce dessein ; et comme ils n'avaient ni l'un ni l'autre aucune habitude à Port-Royal, il s'avisa de M. Guillebert, qui était une connaissance commune. Il le fut voir et y mena ma sœur, et M. Guillebert l'ayant entretenue en fut si satisfait qu'il la mena lui-même à la mère Angélique qui la reçut aussi avec beaucoup de bonté. Depuis cela, ma sœur y allait le plus souvent qu'elle pouvait, étant fort éloignée. Les mères lui dirent qu'il fallait s'adresser à M. de Singlin, et se mettre sous sa conduite, afin qu'il pût juger si elle était appelée à cet état : elle ne manqua pas de faire ce qu'on lui ordonnait. Dès la première fois que M. Singlin la vit, il dit à mon frère qu'il n'avait jamais vu en personne de si grandes marques de vocation. Ce témoignage consola beaucoup mon frère, et l'obligea de redoubler ses soins pour le succès d'un dessein qu'on avait tout sujet de **croire qui venait de Dieu. Toutes ces choses se passaient** dans les premiers mois de l'année 1648. Mon frère et ma sœur étant à Paris, et mon père à Rouen.

Au mois de mai de cette année, mon père étant venu à Paris, M. Singlin trouva à propos qu'on lui déclarât le dessein de ma sœur, parce qu'alors elle était entièrement résolue. Mon frère se chargea de cette commission, parce qu'il n'y avait que lui qui le pût faire. Mon père fut fort surpris de cette proposition et il fut étrangement partagé; car, d'un côté, comme il était entré dans les maximes de la pureté du christianisme, il était bien aise de voir ses enfants dans le même sentiment : mais, de l'autre, l'affection si tendre qu'il avait pour ma sœur l'attachait si fort à elle qu'il ne pouvait se résoudre de s'en séparer pour toujours. Cette diversité de pensées l'obligea de répondre d'abord à mon père qu'il verrait, et qu'il y penserait. Mais enfin, après avoir balancé quelque temps, il lui dit nettement qu'il ne pouvait y donner son consentement. Il se plaignit même de mon frère, de ce qu'il avait fomenté ce dessein sans savoir s'il lui serait agréable; et cette considération l'aigrit de telle sorte contre mon frère et contre ma sœur qu'il n'eut plus de confiance en eux ; de sorte qu'il commanda à une fille, qui était une ancienne domestique et qui les avait élevés tous deux, de prendre garde à leurs actions. Cet ordre de mon père jeta ma sœur dans une grande contrainte ; si bien que depuis ce temps-là elle ne put aller à Port-Royal qu'en cachette, ni voir M. Singlin que par adresse et par inventions.

Cette peine ne diminua rien de sa ferveur; et comme elle avait renoncé au monde dans son cœur, elle ne pouvait plus prendre plaisir aux divertissements comme elle faisait auparavant. De sorte que, quoiqu'elle cachât avec grand soin le dessein qu'elle avait de se donner à Dieu, on ne laissa pas de s'en apercevoir ; de sorte que voyant qu'elle ne pouvait plus le cacher, elle ne fit plus difficulté de se retirer peu à peu des compagnies et elle rompit absolument toutes ses habitudes. Elle eut pour cela une occasion favorable, car mon père changea de maison en ce temps-là ; elle ne fit aucune connaissance dans ce nouveau quartier, et elle se défit de celles des autres en ne les visitant point ; ainsi elle se trouva dans une liberté tout entière de vivre dans la solitude, et elle trouva cette vie si agréable qu'elle s'accoutuma insensiblement à se retirer même de la conversation domestique, de sorte qu'elle demeurait toute la journée seule dans son cabinet.

On ne saurait rapporter quels étaient ses exercices dans cette exacte solitude, et tout ce qu'on en peut dire, c'est qu'on s'apercevait de jour en jour qu'elle faisait un progrès admirable dans la vertu. Cependant, quoiqu'elle fût fort gênée, elle ne cessait pas d'aller quelquefois à Port-Royal, d'y écrire souvent et d'en recevoir des lettres ; car elle avait une adresse merveilleuse pour cela. Cependant mon père, qui était très-persuadé qu'elle avait choisi la meilleure part et qui ne résistait à son dessein que par affection et par tendresse, voyant qu'elle s'affermissait tous les jours dans sa résolution, lui dit qu'il voyait bien qu'elle ne voulait point penser au monde, qu'il approuvait de tout son cœur ce dessein, et qu'il lui promettait de ne lui faire jamais aucune proposition d'engagement aussi avantageux qu'il parût, mais qu'il la priait de ne le point quitter ; que sa vie ne serait possible pas encore bien longue, et qu'il la priait d'avoir cette patience ; et cependant qu'il lui donnait la liberté de vivre comme elle voudrait dans sa maison. Elle le remercia, et ne lui fit point de réponse positive sur la prière qu'il lui faisait de ne le point quitter, se contentant seulement de lui promettre qu'elle ne lui donnerait jamais sujet de se plaindre de sa désobéissance. Ceci se passa vers le mois de mai 1649, et mon père prit résolution en ce temps-là de venir en Auvergne, et d'y mener mon frère et ma sœur. Elle appréhenda beaucoup ce voyage, à cause de la multitude des parents et des compagnies où l'on est exposé dans les petites villes. Elle m'écrivit sa peine, et me manda que pour éviter cet embarras où elle se voyait exposée elle croyait qu'il était à propos, pour prévenir le monde, que je disse publiquement sa résolution d'être religieuse, et qu'il n'y avait que la considération de mon père qui la retenait. Je ne manquai pas de le faire, et cela réussit si bien que lorsqu'elle fut arrivée on ne fut point surpris de la voir habillée, comme une femme âgée, dans une grande modestie ; et on ne s'étonna point aussi de ce qu'après avoir rendu les premières visites de civilité, elle se retira non-seulement dans la maison, mais dans sa chambre d'où elle ne sortait point du tout que pour aller à l'église et pour prendre ses repas, et sans que personne de la maison y entrât. De sorte que moi-même, quand j'avais quelque chose à lui dire, il fallait que je fisse un petit agenda ou quelque marque pour me souvenir de le lui dire, ou quand elle viendrait manger, ou quand nous irions à l'église où nous allions toujours ensemble ; et c'était le temps où j'avais le plus d'occasion de lui parler, qui était bien court, car nous n'avions pas grand chemin à faire. Ce n'est pas qu'elle refusât l'entrée de sa chambre ni à moi ni à personne, ni qu'elle refusât son entretien ; mais c'est que quand on la détournait pour lui parler de choses qui n'étaient pas tout à fait nécessaires, on s'apercevait que cela la contraignait et l'ennuyait si fort qu'on évitait autant que l'on pouvait de lui faire cette peine.

Il y avait à Clermont un Père de l'Oratoire dont la vie était exemplaire : ce bon homme venait voir ma sœur assez souvent, et elle y prenait plaisir parce qu'il lui faisait des discours d'édification. Ce bon Père lui dit un jour qu'il était bien raisonnable que puisque son esprit avait autrefois travaillé pour le monde, il s'exerçât maintenant à faire quelque chose pour Dieu : qu'il avait ouï dire qu'elle faisait des vers, et qu'il avait pensé de lui donner occasion d'en faire pour la gloire de Dieu, en lui traduisant en prose les hymnes de l'Église qu'elle mettrait après en vers. Elle lui dit simplement qu'elle le voulait bien. Il lui apporta donc d'abord l'hymne de l'Ascension : *Jesu nostra redemptio*, que l'on chante tous les jours à l'Oratoire. Elle la mit en vers [1] ; il trouva cela si beau qu'il l'exhorta à continuer : mais elle fit réflexion qu'elle avait entrepris ce travail sans prendre avis, et cela la jeta dans

---

[1] Cette pièce se trouve dans la suite de ce volume.

le scrupule. Elle écrivit à la mère Agnès qui lui fit une belle réponse et lui manda entre autres choses : « C'est un talent dont Dieu ne vous demandera point « compte ; il faut l'ensevelir[1]. » Dès qu'elle eut reçu cette lettre elle me la montra, et pria ce bon père de la dispenser d'en faire davantage sans lui en dire la raison, mais seulement qu'elle ne pouvait pas continuer ; et ainsi elle se remit à ses exercices ordinaires, gardant toujours exactement sa solitude, sans en sortir que par nécessité. Mais cette retraite n'était point oisive, car outre son office qu'elle disait régulièrement et la lecture qui l'appliquait beaucoup parce qu'elle faisait des recueils, elle occupait le reste de son temps à travailler pour les pauvres. Elle leur faisait des bas de grosse

---

[1] Le IIe Recueil MS. du P. Guerrier contient des extraits assez nombreux des lettres que la mère Agnès écrivit à Jacqueline Pascal, durant le séjour de celle-ci à Clermont, pour la conseiller et la soutenir dans sa vocation. Voici les passages relatifs à cette partie du récit de Mme Perier :

« J'ai demandé à *** (M. Singlin) son sentiment sur ce que vous « me demandez. Pour la première, il dit qu'il ne faut point que des « religieuses travaillent pour la vanité ; qu'il vaut mieux que vous y « travailliez peu-à-peu pour vous occuper. Pour la seconde, il vaut « mieux que cette personne (a) cache le talent qu'elle a pour cela « que de le faire valoir, car Dieu ne lui en demandera point compte, « puisque c'est le partage de notre sexe que l'humilité et le silence. » (Lettre du 22 juillet 1650.)

« Je suis bien aise que vous ayez prévenu le sentiment de M. Sin-« glin. Vous devez haïr ce génie et les autres qui sont peut-être cause « que le monde vous retient, car il veut recueillir ce qu'il a semé. « N. S. fera de même quand il lui plaira : il demandera le fruit de « la divine semence qu'il a jetée dans votre cœur, qui se sera beau-« coup multipliée par la patience. C'est tout ce qu'il nous demande « pour le présent. » (Lettre du 5 août 1650.)

(a) C'est mademoiselle Pascal elle-même. (*Note du P. Guerrier.*)

laine, des camisoles, et d'autres petits accommodements qu'elle portait elle-même, quand elle les avait faits, à l'hôpital. On était encore merveilleusement édifié de ce que ce grand éloignement de tout le monde ne la rendait point chagrine et qu'elle était toujours affable admirablement, et aussi de ce qu'elle était toujours toute prête à en sortir pour des occasions de charité, comme nous l'avons éprouvé bien des fois. J'eus pendant ce temps quelques indispositions, et elle s'attachait à me tenir compagnie tout le jour sans en témoigner aucune inquiétude. Il y eut plusieurs de mes enfants qui eurent de grandes maladies, elle les servit avec une charité admirable ; et même il y eut une de mes petites filles qui mourut d'une petite vérole pourprée ; ma sœur l'assista toujours jusqu'à la mort, et pendant quatorze jours que dura cette maladie elle n'alla point dans sa chambre que pour dire son office ; encore prenait-elle son temps lorsque l'enfant n'était pas dans les grands accidents de son mal. Ainsi elle la servait avec tout le soin imaginable, demeurant près d'elle jour et nuit et passant plusieurs nuits sans se coucher. Après que cette occasion de charité fut passée, elle retourna à son ordinaire dans sa chambre. Elle prenait plaisir d'aller quelquefois visiter les pauvres malades de la ville, avec une demoiselle fort vertueuse qui s'emploie tout entière à cet exercice. Ma sœur ajoutait à tout cela des mortifications du corps fort grandes. Comme nous avons peu de logement, on avait été contraint de faire un retranchement pour la loger, dans un lieu où il n'y avait point de cheminée et qui est même assez loin de toutes les chambres. Elle y passa tout un hiver sans vouloir permettre qu'on lui donnât le moindre soulagement. On ne pouvait pas même obtenir d'elle de s'approcher du feu lorsqu'elle venait pour prendre ses repas. Cela nous donnait à tous beaucoup d'inquiétude. Son abstinence nous faisait aussi bien de la peine, car quoiqu'elle mangeât des mêmes viandes que nous, c'était néanmoins en si petite quantité que, comme elle était d'un tempérament fort délicat, elle diminua par là ses forces et ruina son estomac ; de sorte que quand on voulait l'obliger à prendre plus de nourriture, elle ne pouvait. Ses veilles étaient aussi extraordinaires : nous n'en avions pas une connaissance entière, mais nous nous en apercevions bien par la quantité de chandelles qu'elle brûlait et par d'autres choses semblables. Elle avait une prévoyance admirable ; car considérant que l'habit de religion, dans les différences qu'il a de celui du monde, donne quelques difficultés qui faisant de la peine au corps empêchent l'esprit de se perfectionner, pour se munir contre cela, elle s'avisa de s'accoutumer en ce qu'elle pourrait aux choses qui sont les plus pénibles. Pour cet effet elle se fit faire des souliers fort bas, elle s'habilla sans corps de jupe, elle coupa ses cheveux, et prit plusieurs coiffes même trop grandes et plus embarrassantes que n'aurait pas été un voile ; enfin elle fit si bien que, quand elle fut entrée, elle n'eut pas la moindre peine pour l'habit. Voilà comment se passèrent dix-sept mois qu'elle demeura dans notre maison de Clermont.

Au bout de ce temps-là mon père s'en étant retourné à Paris voulut que ma sœur y allât aussi. Ce retour fut au mois de novembre de l'année 1650. Elle était logée assez commodément à Paris, ayant en son particulier une chambre et un cabinet. Mon père lui donnait aussi toute la liberté qu'elle pouvait souhaiter pour ses exercices de piété, de sorte qu'elle les pratiquait exactement; mais elle était toujours gênée pour sa communication avec Port-Royal qu'elle ne pouvait avoir qu'en secret. Cela ne l'empêchait pas pourtant de les voir quelquefois et d'en avoir souvent des nouvelles, de sorte qu'on lui envoyait régulièrement ses billets tous les mois, et ceux des mystères dans le sens qu'on les tire. La mère Agnès lui envoya à la fête de l'Ascension de l'année 1651, son billet qui était le mystère de la mort de Notre-Seigneur; elle médita ce mystère avec tant de soin que Dieu lui donna des pensées admirables sur ce sujet qu'elle mit par écrit[1]. Je les ai eues par la faveur de M. de Rebours qui me les donna, mais avec tant de secret que ma sœur n'a jamais su que je les eusse seulement vues. Je ne saurais rien dire de particulier de ses actions de cette année, parce que je n'étais pas à Paris; mais j'ai su par mon frère que c'était la même sorte de vie que lorsqu'elle était à Clermont.

Au mois de septembre de l'année 1651, mon père étant tombé malade de la maladie dont il mourut, elle s'appliqua à lui rendre service avec tout le soin imagi-

---

[1] On les trouvera dans la suite de ce volume.

nable jour et nuit. On peut dire qu'elle ne faisait autre chose ; car lorsqu'elle voyait qu'elle n'était pas si nécessaire auprès de lui, elle se retirait dans son cabinet où elle était prosternée en larmes priant sans cesse pour lui, comme elle me l'a dit elle-même. Enfin nonobstant tout cela, Dieu en disposa selon sa volonté, et mon père mourut le 24 septembre. On nous le fit savoir à l'heure même ; mais comme j'étais en couches, nous ne pûmes être à Paris qu'à la fin du mois de novembre. Dans cet intervalle, mon frère, qui était sensiblement affligé et qui recevait beaucoup de consolations de ma sœur, s'imagina que sa charité la porterait à demeurer avec lui au moins un an pour lui aider à se résoudre dans ce malheur. Il lui en parla, mais d'une manière qui faisait tellement voir qu'il s'en tenait assuré qu'elle n'osa le contredire de peur de redoubler sa douleur, de sorte que cela l'obligea de dissimuler jusqu'à notre arrivée. Alors elle me dit que son intention était d'entrer en religion aussitôt que nos partages seraient faits ; mais qu'elle épargnerait mon frère en lui faisant accroire qu'elle y allait faire seulement une retraite. Elle disposa toutes choses pour cela en ma présence. Nos partages furent signés le dernier jour de décembre, et elle prit jour pour entrer le 4 janvier.

La veille de ce jour-là, elle me pria d'en dire quelque chose à mon frère le soir, afin qu'il ne fût pas si surpris. Je le fis avec le plus de précaution que je pus ; mais quoique je lui disse que ce n'était qu'une retraite pour connaître un peu cette sorte de vie, il ne laissa pas d'en être fort touché. Il se retira donc fort triste dans sa chambre, sans voir ma sœur qui était alors dans un petit cabinet où elle avait accoutumé de faire sa prière. Elle n'en sortit qu'après que mon frère fut hors de la chambre, parce qu'elle craignait que sa vue ne lui donnât au cœur. Je lui dis de sa part les paroles de tendresse qu'il m'avait dites, après quoi nous nous allâmes tous coucher. Mais quoique je consentisse de tout mon cœur à ce qu'elle faisait, à cause que je croyais que c'était le plus grand bien qui lui pût arriver, néanmoins la grandeur de cette résolution m'étonnait de telle sorte et m'occupait si fort l'esprit, que je n'en dormis point de toute la nuit. Sur les sept heures, comme je voyais que ma sœur ne se levait point, je crus qu'elle n'avait pas dormi non plus, et j'eus peur qu'elle ne fût incommodée, de sorte que j'allai à son lit où je la trouvai fort endormie. Le bruit que je fis l'ayant réveillée, elle me demanda quelle heure il était; je le lui dis, et lui ayant demandé comment elle se portait et si elle avait bien dormi, elle me dit qu'elle se portait bien et qu'elle avait fort bien dormi. Ainsi elle se leva, s'habilla et s'en alla, faisant cette action comme toutes les autres dans une tranquillité et une égalité d'esprit inconcevables. Nous ne nous dîmes point adieu, de crainte de nous attendrir ; et je me détournai de son passage lorsque je la vis prête à sortir. Voilà de quelle manière elle quitta le monde. Ce fut le 4 janvier de l'année 1652, étant alors âgée de vingt-six ans et trois mois.

Note du P. Guerrier. « J'ai copié ce mémoire sur l'original écrit de la main de madame Perier, sœur de M. Pascal. J'ai omis plusieurs choses dans les endroits ponctués [1], parce qu'elles se trouvaient dans les mémoires de mademoiselle Perier que j'avais déjà copiés. Ces pièces se trouvent en original dans la bibliothèque des PP. de l'Oratoire de Clermont, aussi bien que les poésies de mademoiselle Pascal qui fut depuis la sœur de sainte Euphémie, religieuse de Port-Royal. La plupart de ces poésies n'ont jamais été imprimées. Il y en a pourtant quelques-unes imprimées en 1638, sous ce titre : *Vers de la petite Pascal*, et dédiés à la reine.

Dans les *Vies édifiantes* des religieuses de Port-Royal, tome II, p. 356, on trouve l'*Addition* suivante au mémoire de madame Perier.

Mademoiselle Pascal, étant entrée à Port-Royal, comme l'a rapporté madame Perier, sa sœur, écrivit quelque temps après à M. son frère, pour lui faire agréer le dessein qu'elle avait de se faire religieuse. Il eut beaucoup de peine à y consentir, mais enfin il le fit; et elle prit l'habit le 26 mai 1652. Lorsque l'année de son noviciat fut achevée, et qu'elle eut été reçue à la profession, elle eut encore à supporter, avant de la faire une assez rude épreuve de la part de ses parents; ce qui lui donna occasion de reconnaître davantage quel était l'esprit de Port-Royal et son désintéressement. Elle a écrit elle-même l'histoire détaillée de toute cette affaire.

La sœur Euphémie (ce fut le nom qu'elle prit), depuis sa consécration ne fit plus d'autre usage des perfections dont Dieu l'avait ornée, que pour lui plaire. Aussi parut-elle dès le commencement un modèle parfait des vertus religieuses.

[1] Voy. les notes au bas des pages 59 et 62.

Surtout il n'y a jamais eu, au jugement de ses supérieures, rien de plus édifiant que sa douceur, son humilité, sa soumission, son obéissance, sa modestie et son amour pour la pauvreté ; tous ses talents étant tellement couverts de l'éclat de ses vertus, qu'on avait peine à les apercevoir. Sa vie fut toujours si sainte, que ce fut un continuel sujet d'édification pour la communauté. Comme on la jugea capable de remplir les emplois les plus difficiles, on l'employa de bonne heure, surtout à former les postulantes et les enfants à la piété, et ensuite les novices. Elle aurait été certainement élevée aux plus grandes charges, si elle ne fût pas morte jeune. Mais, quoi qu'il en soit, pendant le peu d'années qu'elle a passées dans le cloître, on doit dire qu'elle a rempli une longue course.

L'année qui suivit sa profession, elle eut la consolation de voir rentrer dans la piété M. Pascal, son frère, qui depuis quelque temps s'était remis dans le monde et y prenait du goût, ne pensant plus guère à son salut. Les médecins lui avaient défendu toute étude et toute application d'esprit, à cause de ses maladies continuelles : il se rendit tellement à ce conseil que pour recouvrer la santé du corps il négligea celle de l'âme et s'abandonna bientôt à une vie assez mondaine. Cependant comme il venait assez souvent voir sa sœur, Dieu, qui s'était servi autrefois du frère pour gagner la sœur, se servit alors du ministère de celle-ci pour le faire rentrer lui-même dans une voie agréable à ses yeux. Elle lui persuada par ses discours de se retirer absolument du commerce du monde, de renoncer aux inutilités de la vie, et de ne vivre plus désormais que pour Dieu. La grâce se joignant à ses exhortations, M. Pascal embrassa la vie que tout le monde sait, et dans laquelle il persévéra jusqu'à la mort, employant tous ses talents au service de Dieu et à la défense de la vérité.

La sœur Jacqueline de sainte Euphémie était alors chargée du soin des postulantes ; et il ne sera pas inutile, pour faire connaître ses dispositions, de mettre ici un extrait de la lettre qu'elle écrivit à ce sujet à madame Perier, sa sœur, le 25 juin 1655. « Il y a grand avantage (lui dit-elle) dans « l'emploi dont je suis chargée, en ce que sa principale obli- « gation consiste à faire connaître Dieu aux autres et à leur « inspirer sa crainte et son amour. Mais vous avouerez qu'il « y a aussi un grand danger, parce qu'il est bien difficile de « parler de Dieu comme de Dieu, et qu'il est bien dange- « reux de donner aux autres de sa disette au lieu de son « abondance. Priez Dieu qu'il regarde mes deux deniers « comme les grandes aumônes des riches, et qu'il me fasse « la grâce de m'instruire moi-même en instruisant les au- « tres. » La sœur Euphémie fut ensuite chargée de l'éduca- tion des enfants ; et comme on reconnut qu'elle avait pour cela un talent tout particulier, on l'engagea, en 1657, à dresser à ce sujet le règlement qui se trouve dans les con- stitutions imprimées de Port-Royal, et qui est une des plus belles pièces que l'on puisse voir en ce genre. Quelque temps après elle fut sous-prieure de Port-Royal des champs et maîtresse des novices.

Elle occupait encore cette charge, lorsqu'on commença, en 1661, à exiger la signature du formulaire. Comme elle avait lu dans le monde, et avant que d'entrer en religion, une partie des livres français qu'on avait faits sur les contesta- tions, et qu'elle avait d'ailleurs un amour extraordinaire pour la vérité, elle fit paraître une très-grande fermeté en cette occasion. Lors donc qu'on proposa aux religieuses de Port-Royal le premier mandement des grands vicaires de Paris, qui avait été dressé par un désir très-louable de don- ner la paix à l'Eglise et de façon que la signature n'enga- geait point la conscience au dire des théologiens les plus attachés à la vérité, quoiqu'il fût tourné avec quelque adresse, la sœur Euphémie qui craignait jusqu'à l'ombre même du mal fut une de celles qui témoignèrent le plus d'opposition à le signer. Elle écrivit même à M. Arnauld une grande lettre où elle lui exposait de la manière la plus forte combien elle craignait de faire quelque démarche qui parût démentir la sincérité chrétienne, et la résolution où elle était de tout souffrir plutôt que de manquer à rendre témoignage à la vérité en prenant part à l'iniquité du formulaire.

Cependant les peines que la sœur Euphémie avait sur le mandement ayant été levées, elle signa mais ce fut avec une extrême répugnance, étant combattue de deux côtés : savoir, par l'inclination qu'elle avait de se soumettre, et par la crainte qu'elle ne dût pas le faire en cette occasion. Sa santé fut tellement ébranlée par la violence que toute cette affaire lui causa, qu'elle tomba dangereusement malade et mourut bientôt après ; étant (ainsi qu'elle l'avait prédit dans sa lettre à M. Arnauld) la *première victime* de la signature ; car elle eut une douleur extrême de voir l'Église agitée par les nouvelles contestations auxquelles on voulait que les religieuses de Port-Royal prissent part ; et comme elle en ressentait vivement les maux, son corps ne put supporter l'accablement de son esprit. Elle mourut le 4 octobre 1661, âgée de trente-six ans, laissant un grand vide dans la maison, au jugement de tous ceux qui connaissaient son éminente vertu. M. Singlin, qui en était mieux informé que personne, écrivit alors qu'il croyait qu'elle avait moins besoin de ses prières que lui des siennes.

LETTRES.

LETTRE DE MADEMOISELLE GILBERTE PASCAL A M. PASCAL, SON PÈRE [1].

Monsieur mon père,

Je me réjouis de ce que toutes les fois que j'ai le bien de vous écrire, je suis contrainte de vous dire toujours la même chose, qui est le bon état auquel est, grâces à Dieu, toute la maison qui n'a pour le présent d'autre envie que celle d'avoir l'honneur de vous voir. En attendant quoi nous n'avons point d'autre consolation que l'espérance d'avoir bientôt de vos nouvelles. Je vous conjure au nom de tous de nous en envoyer le plus souvent que vous pourrez. Cependant je vous dirai que depuis mon mal d'œil la première sortie que j'ai faite ç'a été chez madame la connétable où madame de Morangis me mena avant hier et me fit toutes les offres imaginables d'assistance, comme elle a accoutumé, me témoignant le ressentiment qu'elle avait de l'accident de ma sœur [2]. Elle me dit aussi que la reine lui en avait demandé des nouvelles et qu'elle avait témoigné d'être touchée de ce que ce malheur lui était arrivé. Je lui demandai s'il

---

[1] Ier Recueil MS du P. Guerrier. Pag. cccxxxix.
[2] La petite vérole dont Jacqueline venait d'être atteinte.

était vrai ce que l'on m'avait dit que la reine était grosse. Elle me dit que non et que la reine devait arriver en cette ville cette semaine, et que la première fois qu'elle irait au Louvre elle m'y mènerait et chez Mademoiselle. M. de Morangis aussi me demanda de vos nouvelles; à mon grand regret, je ne lui en pus dire de bien certaines.

En attendant lesquelles je demeure,

Monsieur mon père,

Votre très-humble et très-obéissante servante et fille,

G. Pascal.

A Paris, ce 3 décembre 1658.

A M. Pascal, président en la cour des aides de Clermont-Ferrand, à Clermont.

POUR MON FRÈRE [1].

Il y a quelque temps que nous fîmes voir à M. Arnauld la solution que M. Commiers avait donnée à tous vos problèmes. Il la comprit fort bien et la réduisit en chiffres pour les premiers problèmes qui se trouvèrent conformes à vos solutions. Il n'eut pas le loisir alors d'en chercher la démonstration; mais il en

---

[1] IIIe Recueil MS du P. Guerrier, pag. 52.
Ce billet qui n'est pas daté semble adressé à Pascal par une de ses sœurs, et on peut l'attribuer indifféremment soit à madame Perier, soit à Jacqueline.

parla à un jeune homme qui demeure dans la même maison que M. de Roannez, qui a beaucoup d'ouverture pour la géométrie. Je ne sais si vous l'avez connu, il s'appelle M. le marquis de Sainte-Mesme. M. Arnauld lui proposa donc cette solution générale de M. de Comniers sans faire de figure, et il lui en envoya le lendemain cette démonstration générale qui est la même que celle que vous avez envoyée. M. Arnauld la trouve très-belle, etc.

LETTRE DE MADAME PERIER A ARNAULD DE POMPONNE [1].

A Paris, ce 21 mars 1662.

Comme chacun s'est chargé d'un emploi particulier dans l'affaire des carrosses [2], j'ai brigué avec empressement celui de vous faire savoir les bons succès, et j'ai eu assez de faveur pour l'obtenir ; ainsi, monsieur, toutes les fois que vous verrez de mon écriture, vous pourrez vous assurer qu'il y a de bonnes nouvelles.

L'établissement commença samedi à sept heures du matin, mais avec un éclat et une pompe merveilleux. On distribua les sept carrosses dont on a fourni cette première route. On en envoya trois à la porte Saint-Antoine et quatre devant Luxembourg, où se trouvèrent

---

[1] Nous reproduisons cette lettre telle que l'a publiée M. de Monmerqué, dans les *Carrosses à cinq sols*, etc., d'après les MSS. de l'Arsenal.

[2] Voyez la note au bas de la page 26.

en même temps deux commissaires du Châtelet en robe, quatre gardes de M. le grand prévôt [1], dix ou douze archers de la ville, et autant d'hommes à cheval.

Quand toutes les choses furent en état, messieurs les commissaires proclamèrent l'établissement et en ayant remontré les utilités ils exhortèrent les bourgeois de tenir main forte, et déclarèrent à tout le petit peuple que si on faisait la moindre insulte la punition serait rigoureuse, et ils dirent tout cela de la part du roi. Ensuite ils délivrèrent aux cochers chacun leurs casaques, qui sont bleues, des couleurs du roi et de la ville, avec les armes du roi et de la ville en broderies sur l'estomac, puis ils commandèrent la marche. Alors il partit un carrosse avec un garde de M. le grand prévôt dedans. Un demi-quart d'heure après on en fit partir un autre, et puis les deux autres dans des distances pareilles, ayant chacun un garde qui y demeurèrent tout ce jour-là. En même temps les archers de la ville et les gens de cheval se répandirent dans toute la route. Du côté de la porte Saint-Antoine on pratiqua les mêmes cérémonies, à la même heure, pour les trois carrosses qui s'y étaient rendus; et on observa les mêmes choses qu'à l'autre côté pour les gardes, pour les archers et pour les gens de cheval. Enfin la chose a été si bien conduite qu'il n'est pas arrivé le moindre désordre, et ces carrosses-là marchent aussi paisiblement comme les autres.

Cependant la chose a réussi si heureusement, que

[1] M. de Sourches.

dès la première matinée il y eut quantité de carrosses pleins, et il y alla même plusieurs femmes ; mais l'après-dînée ce fut une si grande foule qu'on ne pouvait en approcher, et les autres jours ont été pareils ; de sorte qu'on voit par expérience que le plus grand inconvénient qui s'y trouve, c'est celui que vous avez appréhendé ; car on voit le monde dans les rues qui attend un carrosse pour se mettre dedans, mais quand il arrive, il se trouve plein : cela est fâcheux, mais on se console, car on sait qu'il en viendra un autre dans un demi-quart d'heure : cependant quand cet autre arrive, il se trouve qu'il est encore plein, et quand cela est arrivé ainsi plusieurs fois on est contraint de s'en aller à pied ; et, afin que vous ne croyez pas que je dis cela par hyperbole, c'est que cela m'est arrivé à moi-même. J'attendais à la porte de Saint-Merry, dans la rue de la Verrerie, ayant grande envie de m'en retourner en carrosse, parce que la traite est un peu longue de là chez mon frère, mais j'eus le déplaisir d'en voir passer cinq devant moi, sans pouvoir y avoir place parce qu'ils étaient tous pleins ; et pendant ce temps-là j'entendais les bénédictions qu'on donnait aux auteurs d'un établissement si avantageux et si utile au public ; et comme chacun disait son sentiment, il y en avait qui disaient que cela était parfaitement bien inventé, mais que c'était une grande faute de n'avoir mis que sept carrosses sur une route, et qu'il n'y en avait pas pour la moitié du monde qui en avait besoin, et qu'il fallait y en avoir mis pour le moins vingt : j'écoutais tout cela, et j'étais de si mauvaise humeur d'avoir manqué cinq carrosses que j'étais presque de leur sentiment dans ce moment-là. Enfin, c'est un applaudissement si universel que l'on peut dire que jamais rien n'a si bien commencé.

Le premier et le second jour, le monde était rangé sur le Pont-Neuf et dans toutes les rues pour les voir passer, et c'était une chose plaisante de voir tous les artisans cesser leur ouvrage pour les regarder, en sorte que l'on ne fit rien samedi dans toute la route, non plus que si c'eût été une fête. On ne voyait partout que des visages riants, mais ce n'était pas un rire de moquerie, mais un rire d'agrément et de joie, et cette commodité se trouve si grande que tout le monde la souhaite, chacun dans son quartier.

Les marchands de la rue Saint-Denis demandent une route avec tant d'instance qu'ils parlaient même de présenter requête. On se disposait à leur en donner une dans huit jours ; mais hier au matin, M. de Roannez, M. de Crenan, et M. le grand prévôt étant tous trois au Louvre, le roi s'entretint de cette nouvelle avec beaucoup d'agrément, et en s'adressant à ces messieurs il leur dit : « Et *notre* route, ne l'établirez-vous pas « bientôt ? » Cette parole du roi les oblige de penser à celle de la rue Saint-Honoré, et de différer de quelques jours celle de la rue Saint-Denis. Au reste, le roi en parlant de cela dit qu'il voulait qu'on punît rigoureusement ceux qui feraient la moindre insolence, et qu'il ne voulait point qu'on troublât en rien cet établissement.

Voilà en quel état est présentement l'affaire ; je

m'assure que vous ne serez pas moins surpris que nous de ce grand succès : il a surpassé de beaucoup toutes nos espérances. Je ne manquerai pas de vous mander exactement tout ce qui arrivera de bon, suivant la charge qu'on m'en a donnée, pour suppléer au défaut de mon frère qui s'en serait chargé avec beaucoup de joie s'il pouvait écrire.

Je souhaite de tout mon cœur d'avoir matière pour vous entretenir toutes les semaines, et pour votre satisfaction et pour d'autres raisons que vous pouvez bien deviner.

Je suis votre très-obéissante servante,
G. PASCAL.

APOSTILLE DE LA MAIN DE PASCAL.

J'ajouterai à ce que dessus qu'avant-hier, au petit coucher du roi, une batterie dangereuse fut entreprise contre nous par deux personnes de la cour, les plus élevées en qualité et en esprit, et qui allait à la ruiner en la tournant en ridicule, et qui eût donné lieu d'entreprendre tout ; mais le roi y répondit si obligeamment et si sèchement pour la beauté de l'affaire et pour nous, qu'on rengaîna promptement. Je n'ai plus de papier. Adieu ; je suis tout à vous.

LETTRE DE MADAME PERIER A M. VALLANT [1].

28 août 65.

Si je ne jugeais de la bonne volonté que par les pa-

[1] MSS. de la Bibl. roy. *Résidu de Saint-Germain; portefeuilles Vallant.*

roles, votre long silence, monsieur, m'aurait fait craindre que vous n'eussiez diminué quelque chose de celle que vous m'avez fait l'honneur de me témoigner jusques ici, mais comme j'en ai jugé par les effets et que j'ai su les soins continuels que vous avez pris de mes enfants, je vous assure, monsieur, que je ne vous ai accusé ni de paresse, ni d'oubli, et que j'ai seulement murmuré contre les continuelles occupations qui me privaient de la consolation de recevoir de vos nouvelles. J'ai bien de la douleur de ce qu'ayant manqué de vous rendre grâces de toutes vos bontés aussi souvent que je le devais, je n'ai point d'occasion de vous témoigner par mes services que j'en ai toute la reconnaissance imaginable; et qu'ainsi vous avez lieu d'en douter. En vérité, monsieur, vous me feriez injustice, et je vous crois trop équitable pour appréhender cela. Il y a quelque temps que je pris la liberté de vous écrire en faveur de M. Lecomte, mais il ne m'a point mandé ce qu'il a fait de ma lettre; cependant je n'ai point témoigné à madame la marquise[1] l'obligation que je lui ai d'une grâce qu'elle lui a possible faite à ma considération, parce que je l'ignore. C'est une faute bien grande et de laquelle je vous supplie, monsieur, de lui faire mes excuses, s'il y a lieu de cela. Au reste, je ne puis m'empêcher de me plaindre de ce que votre lettre finit si court, ni de vous demander des nouvelles particulières de toute la maison, de la santé de mademoiselle de Chalais, si la sœur Catherine est toujours des vôtres, si madame Anne est

---

[1] Madame de Sablé.

mariée et si Madame a quelque fille auprès d'elle à sa place qui lui soit agréable. Je suis tout à fait fâchée de ce que vous n'avez pas pu voir notre première présidente dans son mal, car je m'imagine que vous eussiez mieux remontré que tous les autres, aussi bien que M. Laporte qui a toujours dit que ce n'était point un cancer. Et, en effet, il me semblait qu'on était bien prompt à lui donner ce nom, car il n'y avait que douze jours qu'elle sentait du mal lorsqu'on fit une consultation en cette ville, où tous les médecins et chirurgiens dirent que c'était un véritable cancer, à la réserve de M. Laporte et d'un chirurgien qui soutinrent que ce n'en était pas, ou pour le moins quand c'en serait qu'on ne le pourrait pas si tôt connaître ; et il me semblait qu'ils appuyaient leur sentiment sur de bonnes raisons. Cependant tous les médecins et chirurgiens de Paris en ont eu un contraire, et se sont trompés. Je n'ai pu m'empêcher de croire qu'ils avaient l'esprit si plein du mal de la reine, que tout leur paraissait cancer. Et il me semblait que vous regarderiez les choses si exactement que vous en jugeriez mieux que les autres, et M. Laporte aurait été bien aise que son opinion eût été appuyée de la vôtre, car il a une estime toute particulière pour vous. Il vous salue très-humblement, et M. Domat, M. Perier et madame Baudouin. Margot Domat a été à l'extrémité de la petite vérole ; mais elle en est revenue. M. Guerrier nous mande toutes les obligations qu'il vous a. Je vous prie de croire que j'y prends une très-grande part. J'avais oublié de vous faire les recommandations de nos petits garçons et d'Anne, qui

a plus de pratique ici que les meilleurs chirurgiens.
Je suis, monsieur, votre très-obéissante servante,

G. PASCAL.

LETTRE DE MADAME PERIER A M. BEURRIER, CURÉ DE SAINT-ÉTIENNE-DU-MONT [1].

1665.

Monsieur,

Si je n'avais tout sujet de croire que vous êtes persuadé du profond respect que j'ai pour vous, et de la reconnaissance que je conserve des obligations sensibles que nous vous avons, je n'oserais pas prendre la liberté de vous écrire en cette occasion. C'est, monsieur, sur le sujet de l'entretien que vous avez eu avec M. l'archevêque de Paris, touchant la disposition de feu mon frère sur les contestations présentes. Je ne suis pas surprise, monsieur, de ce que mon frère vous ayant témoigné qu'il était mal satisfait de la conduite de MM. de P.-R., vous en ayez conclu qu'il n'approuvait pas leur doctrine ; tous ceux à qui il a fait le même discours qu'à vous, et qui ne savaient pas ce qui le portait à en parler de la sorte, en ont fait un pareil jugement.

Cela m'oblige, monsieur, de vous éclaircir de la vérité de toutes choses. Mon frère a toujours eu une estime très-particulière pour ces messieurs ; il les a toujours regardés comme des personnes non-seulement très-catholiques, mais encore tout à fait zélées pour la défense des principales vérités de la morale et de la foi, et il est toujours demeuré parfaitement uni avec eux

---

[1] Ier Recueil MS. du P. Guerrier, pag. cxviii.

jusqu'au mois de novembre de l'année 1661, que les religieuses ayant signé le second mandement de MM. les grands vicaires avec une restriction, mon frère trouva qu'elle n'était pas assez claire, parce qu'elles n'y avaient pas mis en termes exprès qu'elles ne condamnaient pas le sens de Jansénius, ou la grâce efficace, ce qu'il voyait être la même chose, et ces messieurs soutenant qu'il n'était pas nécessaire de faire cette exception. La diversité de leurs sentiments en cette rencontre produisit entre eux une contestation qui alla si avant, qu'il y eut des écrits de part et d'autre ; dont je ne vous puis rapporter autre chose, sinon que tous ceux qui furent faits par mon frère se réduisaient à ce point : que quiconque est persuadé que le sens de Jansénius et la grâce efficace sont la même chose, ne peut, en conscience, signer la condamnation de Jansénius, parce que cette condamnation enferme celle de la grâce efficace. Et ces messieurs s'étant toujours tenus fermes dans leur première pensée, qu'il n'était pas nécessaire de s'expliquer là-dessus, mon frère en fut extrêmement touché; et comme il avait un amour et un zèle extraordinaire pour la vérité et pour la sincérité, il ne put s'empêcher de s'en plaindre à tous ses amis ; et il se servait même de paroles si fortes, comme de dire qu'il s'était engagé si avant dans les affaires de ces messieurs, et autres discours semblables, que cela faisait croire à ceux à qui il en parlait toute autre chose que ce qu'il voulait dire. Cependant il est certain, et il est aisé de le juger par le récit que je viens de faire du sujet de leur différend, qu'il n'a jamais douté de la sincérité de leur foi, et ne les a jamais soupçonnés d'aucune erreur contre la foi ; mais qu'il a cru que la tendresse qu'ils avaient pour les religieuses de P.-R., et la crainte de les voir exposées à tous les périls dont on les menaçait les portaient à consentir à ces tempéraments pour sauver la maison.

Voilà, monsieur, le véritable sujet des plaintes que mon frère a faites contre ces messieurs. Vous savez que je n'ai plus en cela d'autre intérêt que celui de la vérité, puisque ma sœur, qui était religieuse, est morte il y a quatre ans, et que mes filles, qui n'y étaient que pensionnaires, en sont sorties avec toutes les autres ; d'ailleurs, monsieur, je crois qu'ayant l'honneur d'être connue de vous autant que je le suis, vous me faites bien la justice de croire que je ne suis pas capable d'avancer un fait de cette importance contre la vérité. Il y a cent personnes d'honneur, et de toutes les conditions, qui peuvent vous dire la même chose ; et je suis certaine que la sœur Flavie même, qui me connaît et qui a su tous les sentiments de mon frère pendant ce différend, ayant lu une partie des écrits, ne saurait dire que mon frère ait accusé ces messieurs d'aucun sentiment hérétique, mais seulement de s'être relâchés dans leurs expressions, et de ne pas soutenir présentement les choses avec la même vigueur qu'ils avaient fait autrefois. Au reste, monsieur, je vous assure que ces contestations n'ont jamais altéré la charité entre ces messieurs et mon frère. M. Arnauld le vint voir pendant sa maladie, à qui il fit toute sorte de protestations d'amitié ; et la veille de sa mort, vous ayant demandé plusieurs fois, on lui dit que vous étiez à Nanterre ; et comme il vit qu'il était tard, et que vous ne veniez point, il envoya quérir M. de Sainte-Marthe à qui il se confessa, et vous lui donnâtes les sacrements la nuit suivante. Ce procédé vous doit faire juger combien il était éloigné de la pensée que ces messieurs fussent engagés dans des sentiments hérétiques, puisqu'il mettait sa conscience entre leurs mains lorsqu'il se voyait prêt de mourir. J'ai cru, monsieur, être obligée en conscience de vous donner ces éclaircissements, parce que j'ai su qu'on prétendait de se prévaloir de ces différends contre ces messieurs qui ne manqueront pas d'alléguer pour leur justification tout ce que je viens de vous dire, parce que c'est la vérité. Et je serais fâchée que cela arrivât sans que je vous en eusse averti. Je puis vous assurer, monsieur, que mon frère ne les a jamais accusés d'aucune mauvaise doctrine, mais seulement d'un trop grand amour pour la paix et d'un excès de rabaissement dans l'approbation qu'ils ont donnée pour les signatures ; et je dis que je puis vous en assurer, parce que mon frère m'a toujours fait la grâce de vivre avec moi sans aucune réserve, et de me communiquer les plus secrets sentiments de son cœur. Ainsi, monsieur, je vous supplie très-humblement d'avoir la bonté de repasser dans votre mémoire toutes les paroles que mon frère vous a dites, et vous verrez que, quoique la conséquence que vous en avez tirée que mon frère croyait que ces messieurs allaient trop avant dans les matières de la grâce, soit tout à fait juste à cause des expressions dont il se servait, néanmoins il avait dessein de vous faire entendre le contraire, et qu'il voulait dire qu'ils reculaient et qu'ils n'y allaient plus si avant qu'autrefois, ses paroles étant aussi capables d'un sens que de l'autre, quand on sait ce qui s'était passé entre eux.

J'abuse longtemps de votre patience, monsieur ; mais j'ai cru que l'importance du sujet me servirait d'excuses, et que vous ne trouveriez pas mauvais que je vous ouvrisse mon cœur en cette occasion comme à une des personnes du monde pour qui j'ai le plus de respect et d'estime, et que je me serve de cette occasion pour vous demander la continuation de votre souvenir dans vos saintes prières, pour moi et pour toute ma famille qui vous est très-parfaitement acquise. Je suis.....

Copié sur l'original écrit de la main de Mme Perier. (*Note du P. Guerrier.*)

LETTRE DE MADAME PERIER A M. VALLANT [1].

A Clermont, ce 27e janvier 1670.

Il est bien temps, monsieur, que je m'acquitte de mon devoir et que je vous proteste qu'on ne peut pas être plus sensible que nous le sommes à toutes les obligations que nous vous avons. J'aurais bien de la confusion d'avoir été si longtemps à vous le témoigner, si je n'avais eu des empêchements indispensables. Mais, en vérité, j'ai été depuis six mois dans un accablement que je ne saurais vous exprimer. J'ai eu toujours des malades depuis ce temps-là, et j'en ai eu jusques à sept à la fois ; savoir : M. de Robergues, mon fils aîné et cinq domestiques ; et ensuite des rechutes de tous ces gens-là, dont Anne que vous connaissez a été la plus tourmentée, et elle n'en

[1] *Portefeuilles Vallant.*

est pas encore quitte, depuis près de quatre mois, car on craint beaucoup l'hydropisie. Dans ce grand nombre de malades, nous en avons eu de toutes sortes, jusques à la fièvre quinte qui a duré six semaines bien réglée à une fille qui me sert à la cuisine. Enfin il ne nous a rien manqué, et lorsque les malades commençaient à guérir, je me suis trouvée moi-même indisposée, et M. Perier ensuite, qui est dans un grand rhume depuis quinze jours, qui lui a causé une fluxion sur une oreille, qui l'incommode extrêmement. Enfin je crois que nous n'en sortirons jamais. Tous ces embarras nous ont obligés de demeurer à la ville où nous sommes logés fort étroitement; de sorte que nous n'avons pour coucher, mes filles et moi, qu'une chambre où l'on mange et où l'on reçoit la compagnie. Ce défaut de logement et de domestiques a empêché ma fille aînée de faire aucun remède jusques à présent : cela me donne un chagrin et une impatience extrême. Elle ne paraît pas être plus mal qu'à l'ordinaire, et même, à en juger par l'extérieur, on la croirait mieux, car elle a fort bon visage et elle marche avec assez de liberté. Mais vous savez qu'au mal qu'elle a tout cela n'est rien dire ; j'en suis bien inquiétée. L'autre a toujours son mal d'estomac; il y a bien trois mois qu'elle n'a point soupé ; elle se porte assez bien du reste.

Vous voyez, monsieur, comme je vous rends compte de l'état de la famille, parce que je sais la bonté que vous avez d'y prendre part. C'est par cette même raison que je crois vous devoir dire que mon fils a été reçu à la charge de M. son père, il y a quelque temps, mais d'une manière la plus agréable du monde par l'accueil qu'on lui a fait dans la compagnie. M. le président même, avant que de l'interroger, lui fit un petit discours en très-beau latin, par lequel il disait que ce n'était que pour satisfaire à la coutume qu'il allait le faire, parce que toute la compagnie était persuadée de sa capacité par sa réputation et par la connaissance qu'on avait de son éducation et des exemples domestiques de science et de piété, etc. Ensuite tous ceux qui l'interrogèrent lui firent de petits compliments avant que de commencer; puis, au sortir du palais, MM. les présidents et la plupart des officiers vinrent le voir pour lui témoigner leur satisfaction, au lieu qu'il devait les aller tous remercier comme il fit ensuite. Je n'ai pu m'empêcher de vous faire part de toutes ces choses, parce que j'en ai de la consolation et que je crois que vous en serez bien aise. Je ne veux pas finir sans vous prier de me faire la grâce de me mander des nouvelles de M. Touret; il est impossible que nous puissions en avoir par lui. Cela est étrange. Je vous supplie aussi très-humblement de nous faire la grâce de nous écrire un peu plus souvent, et de nous mander quelquefois ce qui se passe; et je vous prie de nous donner une adresse bien précise et bien sûre pour vous écrire, car nous ne le faisons qu'au hasard. C'est ce qui m'oblige d'adresser ce paquet à M. Desprez [1]. Tout le monde vous salue très-humblement, et je suis plus que personne, monsieur, votre très-obéissante servante,

G. Pascal.

[1] Libraire, premier éditeur des *Pensées*.

LETTRE DE MADAME PERIER A M. VALLANT [1].

Ce 1er avril 1670.

Je commence, monsieur, par la plainte que je fais de ce que vous ne m'avez pas donné une adresse sûre pour vous écrire. Je vous supplie de ne plus l'oublier, car je prétends d'avoir l'honneur de le faire souvent, puisque je n'ai plus que vous à qui je puisse demander des nouvelles de madame la marquise, et vous n'écrivez que quand on vous en prie. J'ai été fort touchée de la mort de mademoiselle de Chalais. C'était une personne d'un très-rare mérite, mais sa vie si languissante et depuis si longtemps doit consoler de sa mort. Je m'aperçois présentement que j'ai mal pris mon papier ; je vous en demande pardon, et je vous prie de trouver bon que je ne recommence pas sur un autre.

Je vois que madame la marquise témoigne de désirer de savoir qui a fait la préface de notre livre. Vous savez, monsieur, que je ne dois rien avoir de secret pour elle ; c'est pourquoi je vous supplie de lui dire que c'est mon fils qui l'a faite. Mais je la supplie très-humblement de n'en rien témoigner à personne ; je n'en excepte rien et je vous demande la même grâce, et afin que vous en sachiez la raison, je vous dirai toute l'histoire. Vous savez que M. de Lachaize en avait fait une qui était assurément fort belle ; mais comme il ne nous en avait rien communiqué, nous fûmes bien surpris, lorsque nous la vîmes, de ce qu'elle ne contenait rien

---

[1] MSS. de la Bibliot. Royale, *Portefeuilles du médecin Vallant.*

de toutes les choses que nous voulions dire, et qu'elle en contenait plusieurs que nous ne voulions pas dire. Cela obligea M. Perier de lui écrire pour le prier de trouver bon qu'on y changeât ou qu'on en fît une autre; et M. Perier se résolut, en effet, d'en faire une; mais comme il n'a jamais un moment de loisir, après avoir bien attendu, comme il vit que le temps pressait, il manda ses intentions à mon fils et lui ordonna de la faire. Cependant comme mon fils voyait que ce procédé faisait de la peine à M. de R... [1], à M. de Lachaize et aux autres, il ne se vanta point de cela et fit comme si cette préface était venue d'ici [2] toute faite. Ainsi, monsieur, vous voyez bien que entre toutes les autres raisons qu'ils prétendent avoir de se plaindre, cette finesse dont mon fils a usé les choquerait assurément...

G. Pascal.

LETTRE DE MADAME PERIER A M. VALLANT [3].

J'ai appris, monsieur, par madame Redon le bon accueil que vous lui avez fait ; je l'avais bien assurée qu'elle ne pouvait s'adresser à personne dont elle pût tirer plus de secours et de consolation que de vous, parce que je connais votre bonté pour moi et votre charité pour tout le monde. Je vous en ai, monsieur, une très-sensible obligation ; je suis ravie aussi qu'elle se

---

[1] Roannez.
[2] De Clermont.
[3] *Portefeuilles Vallant.*

soit mise entre les mains de M. Dalencé[1]. Comme je crois que cette occasion vous obligera de conférer avec lui, je vous supplie, monsieur, de vouloir lui recommander madame Redon, même de ma part, et l'assurer que je me tiendrai extrêmement redevable des soins qu'il prendra d'elle, comme étant une de mes plus anciennes et meilleures amies. Je crois que M. Dalencé n'aura pas oublié mon nom. Il nous a donné tant de marques de sa bonté, que je n'ai pas sujet de le craindre. Je voudrais bien aussi, monsieur, que vous me fissiez la grâce de lui demander s'il a reçu une lettre que M. Laporte prit la peine de lui écrire sur le nouveau mal qui est venu à ma fille, qui est une relaxation des vertèbres. Mon fils envoya cette lettre dans le mois de juillet dernier à M. Dalencé, secrétaire du roi, pour la donner à M. son père ; cependant nous n'en avons aucunes nouvelles. Je vous demande pardon, monsieur, de toutes les peines que je vous donne toujours ; prenez-vous-en à votre bonté qui vous les attire. Je ne vous fais point de recommandations de mes enfants, parce qu'ils sont tous à la campagne ; mais je ne laisse pas de vous assurer de leur très-humble service.

Je suis avec respect, monsieur, votre très-humble et très-obéissante servante,

G. Pascal.

Je suis très-obéissante servante à madame la marquise.

A Clermont, 29e octobre 1674.

[1] Célèbre médecin de ce temps-là.

LETTRE DE MADAME PERIER A M. VALLANT [1].

Il est bien juste, monsieur, qu'après avoir pris la liberté de vous recommander madame Redon, je vous rende grâces des assistances et des consolations qu'elle a reçues de vous. Elle m'en a témoigné son ressentiment en tant de manières, que je ne saurais vous l'exprimer. C'est moi, monsieur, qui vous en ai la principale obligation, puisque vous l'avez fait à ma considération et à ma prière ; mais je vous en ai tant d'autres qu'en vérité je n'ose pas y penser, parce que je me vois tout à fait hors d'état et incapable de pouvoir les reconnaître. J'aurais dû faire ce que je fais aujourd'hui dès l'arrivée de madame Redon, mais l'accident terrible qui m'est arrivé[2] m'avait si fort ébranlé la tête, qu'il a fallu tout ce temps pour la raffermir ; je ne vous en dis pas les particularités. M. de Rebergues vous les pourra faire voir ; on les lui a mandées ; il pourra vous dire aussi une partie des horribles embarras où je suis plongée par les affaires. J'avais espéré qu'une année m'en pourrait tirer ; mais en voilà trois, et il m'en vient toujours de nouvelles. Je crois que l'un sert d'exemple à l'autre ; car tous ceux à qui j'ai affaire me chicanent pour les choses du monde les plus claires ; et ce qu'il y a de plus affli-

---

[1] *Portefeuilles Vallant.*

[2] C'était un accident analogue à celui qui faillit faire périr Pascal au pont de Neuilly. Mme Perier revenait de la campagne, quand la voiture où elle était fut emportée par les chevaux et versa.

Il y a dans les *portefeuilles de Vallant* une lettre de Marguerite Perier qui rend compte à ce médecin des circonstances de l'accident et raconte comment la frayeur qu'elle en ressentit la guérit de la fièvre quarte.

geant et de plus piquant, c'est que tout cela me vient de la facilité de M. Perier et de l'extrême indulgence qu'il a eue pour tous ceux qui lui devaient. Enfin, monsieur, je ne saurais vous dire ce que je souffre ; mais il faut se soumettre aux ordres de Dieu : ce n'est pas à nous de choisir les souffrances par lesquelles il lui plaît de nous éprouver. Priez-le, s'il vous plaît, qu'il me fasse la grâce de me sanctifier dans cet état qui est plus pénible que vous ne sauriez le comprendre. Je suis, monsieur, votre très-humble et très-obéissante servante,

G. Pascal.

J'ai oublié de vous dire que madame Redon a été et est encore assez mal ; je crois qu'elle vous écrira et vous en dira toutes les circonstances. Tous mes enfants vous saluent ici très-humblement, et nous vous souhaitons tous une bonne et une heureuse année.

LETTRE DE MADAME PERIER A M. VALLANT [1].

A Paris, ce 25ᵉ janvier 1675.

Je suis bien fâchée, monsieur, de n'avoir point reçu la lettre que vous m'avez fait l'honneur de m'écrire il y a deux mois, et dont vous me parlez dans celle que 'ai reçue il y a deux jours. J'y aurais satisfait en ce ;qui m'était possible, qui est très-peu de chose. Je n'ai point vu guérir de cancer ; j'ai seulement ouï dire à la femme qui me gardait dans mes couches qu'elle en avait

[1] *Portefeuille* Vallant.

guéri; elle me disait qu'elle faisait sécher dans le four des cloportes, et qu'elle en faisait prendre la poudre au malade, et qu'elle mettait un emplâtre de Villemagne sur la partie malade; mais je ne sais pourquoi j'ai négligé d'écrire tout ce qu'elle m'en a dit; je m'en accuse, car je ne sais point du tout ni la dose de la poudre, ni dans quoi on la prend, ni à quelle heure, ni combien de temps il faut continuer ce remède. Je suis bien fâchée d'avoir si peu de satisfaction à vous donner là-dessus, mais je n'en sais pas davantage. Je vous rends grâces, monsieur, de la part que vous avez voulu prendre à mon accident, et je vous supplie de vouloir témoigner pour moi à madame la marquise l'obligation que je lui ai de la bonté qu'elle me fait l'honneur de me témoigner en cette occasion. Je suis bien obligée à M. le duc de Rouannez de penser déjà à mon logement, et encore plus de ce qu'il le propose dans son quartier. Vous pouvez bien juger, monsieur, qu'il n'y en a point dans tout Paris qui me soit plus agréable que celui-là; et si madame de Caumartin en était voisine, je pourrais bien sans peine me résoudre à ne passer guère les ponts; mais je vous avoue que je lui ai de si grandes obligations, que je la mets au premier rang entre les personnes que je considère, et ce n'est pas un des moindres avantages que madame la marquise m'ait procurés, et je puis dire que je lui suis redevable de toutes choses. Vous m'avez donné au cœur, monsieur, quand j'ai lu dans votre lettre que j'avais des amis dans le faubourg. C'est un grand attrait pour moi, qui n'en puis trouver aucun au pays où j'habite. J'y trouve bien de la considération et de l'estime, bien des visites en toutes les occasions ; mais du secours, du conseil, de la consolation dans mes affaires, c'est ce que je ne trouve point du tout, quoique j'en aie un grand nombre et que tout le monde soit convaincu des injustices qu'on me fait. Mais chacun regarde cela dans l'indifférence. Je vous avoue que cela m'est bien sensible, et assurément on se trompe bien quand on croit que j'ai de l'attache ici. Je vous assure que non, et que je n'y suis nullement attachée, mais enchaînée et garrottée, et que j'y souffre une violence qui ne se peut exprimer. Quand je dis que je n'ai point d'amis ici, ce n'est pas que j'y aie des ennemis; au contraire, j'y suis considérée plus qu'on ne saurait dire, mais c'est que le naturel du pays est d'estimer beaucoup les gens et de ne s'intéresser que de ses propres affaires. Si j'étais en société, je serais bien secourue et bien soutenue ; mais comme personne n'a de part dans mes affaires, personne ne s'en soucie. Je crois que vous me connaissez assez pour comprendre que cette sorte de vie ne me plaît guère. Aussi je vous avoue que j'y souffre beaucoup, et d'autant plus que je cache une grande partie de mes sentiments à mes enfants qui seraient accablés s'ils savaient à quel point je suis affligée. C'est pourquoi je vous prie de ne me faire aucune réponse là-dessus, afin qu'ils ne sachent pas que je vous en ai parlé.

Adieu, monsieur, priez Dieu pour nous, et croyez que je suis, autant qu'on le peut être, votre très-obéissante servante,

G. Pascal.

J'ai toujours oublié de vous mander que ma fille la jeune a été parfaitement guérie de sa fièvre quarte par la frayeur qu'elle eut lors de mon accident ; elle l'avait lors double-quarte. Il y avait treize mois qu'elle était malade, ayant eu quelques intervalles, mais ayant des rechutes continuelles ; et depuis cela elle n'a pas eu le moindre ressentiment.

LETTRE DE MADAME PERIER A SON FILS AÎNÉ [1].

A Clermont, le 8 mai 1676.

Que pourrais-je vous dire, mon cher fils, de la consolation que m'a donnée votre lettre, puisque vous en savez plus que je ne saurais exprimer, par la connaissance que vous avez des sentiments de mon cœur ? Je remercie Dieu de tout mon cœur de la tranquillité d'esprit qu'il vous donne ; je le prie de la continuer. Vous savez que c'est le comble de tous mes souhaits : j'ai bien de la joie aussi de ce que vous m'assurez qu'elle ne sera pas troublée de quelque manière que les choses réussissent. Priez qu'il vous maintienne dans cet état, et souvenez-vous toujours, mon cher enfant, que rien n'est nécessaire, ni bien, ni utile que la volonté de Dieu. Vous verrez, par la lettre de votre frère, la condition qu'on vous impose. Il vous mande les sentiments de vos amis ; mais vous pouvez bien juger qu'on ne vous prescrit rien : car quand on est sur les lieux, on trouve des dif-

---

[1] Recueils du P. Guerrier.

ficultés qu'on ne saurait prévoir de loin ; ainsi vous examinerez les choses, non pas vous-même, mais les personnes qui ont la bonté de s'intéresser à votre conduite. Vous êtes bien heureux d'en avoir tant et de si considérables. Tâchez d'en profiter, non-seulement pour cette occasion, mais aussi pour toute la suite de votre vie. Assurez-les tous, s'il vous plaît, de ma très-humble reconnaissance de la grande charité qu'ils ont pour vous. J'espère qu'elle redoublera dans le grand besoin où vous êtes des prières, du conseil et du secours des personnes charitables, étant sur le point de faire l'action la plus importante de votre vie. J'ai ouï dire plusieurs fois à M. Singlin qu'il fallait considérer les premiers engagements dans un état comme une semence qui renferme en soi, et qui produit ensuite les racines, le tronc, les branches et les fruits de l'arbre qui en viennent. Ces considérations feraient frémir, si on les regardait dans toute leur étendue ; mais il faut agir avec simplicité et avec confiance, principalement quand on le fait par le conseil de gens prudents, éclairés et charitables. C'est l'avantage que vous avez si grand et si rare que vous ne sauriez le comprendre. Rendez-en grâces à Dieu, et priez-le qu'il vous fasse la grâce d'en bien user, et de verser ses bénédictions sur vous et sur le reste de la famille, et qu'il vous fasse la grâce de connaître sa sainte volonté sur vous, et de l'accomplir fidèlement en toutes choses. Adieu, mon cher enfant ; souvenez-vous de moi, et soyez persuadé que je suis très-sincèrement et fidèlement, et entièrement tout à vous.

G. Pascal.

Je m'assure que votre frère comprend bien qu'il est renfermé dans cette assurance que je vous donne de mon affection ; mais comme il ne s'agit pas de lui dans cette occasion, je ne parle qu'à vous. Assurez-le que je ne l'oublie pas et que je suis à lui comme à vous, sans pourtant me diviser parce que je vous regarde comme une même chose.

LETTRE DE MADAME PERIER A M. VALLANT [1].

Vous avez été surpris sans doute, monsieur, de ce que j'ai différé si longtemps à vous rendre grâces de toutes les assistances que vous avez rendues à mes enfants dans tous leurs besoins. Mais j'espère que vous m'aurez bien fait la justice de croire que je n'ai pas manqué de reconnaissance là-dessus, et je m'assure que vous excuserez mon retardement, quand vous aurez vu le récit effroyable de l'état où nous sommes. Vous avez une si parfaite connaissance des sentiments que nous avons eus pour M. Domat, qu'il vous sera aisé de comprendre quel effet peut produire en nous sa manière d'agir [2]. Je puis vous dire avec vérité que depuis quatre mois que cela dure, j'en ai été si occupée, que j'ai quelquefois oublié la maladie de mon fils, quoique assuré-

---

[1] *Portefeuilles Vallant.*

[2] Ce passage de la lettre de madame Perier nous apprend que Domat était alors brouillé avec elle et ses enfants. Nous ne savons quelle était la cause de cette brouillerie ; mais on voit dans une lettre de l'évêque d'Alet que Domat refusait de rendre à la famille Perier quelques écrits de Pascal dont il se trouvait détenteur.

ment elle me tienne fort au cœur. J'envoie aujourd'hui les eaux de Vic-le-Comte qu'il m'a demandées, sur votre ordonnance. Je prie Dieu que ce remède lui soit utile; mais on n'espère pas grand'chose par là; et MM. nos médecins me disent qu'il faut absolument qu'il revienne. C'est un grand déplaisir pour moi, pour bien des raisons que vous pouvez juger; mais la santé est préférable à toutes choses, parce que sans elle on ne peut jouir de tous les autres avantages. Je le recommande à vos soins et à vos prières, et je vous supplie de croire que cette obligation m'est plus sensible que si c'était pour moi-même. Je suis, avec tout le respect que je dois, monsieur, votre très-humble et très-obéissante servante,

G. Pascal.

Ce 5 août 1676.

LETTRE DE MADAME PERIER A M. VALLANT [1].

A Clermont, ce 7 décembre 1676.

Je vous suis sensiblement obligée, monsieur, de l'extrême bonté que vous avez pour mes enfants, aussi qu'à M. Nicole et à toutes les personnes qui ont la bonté de s'intéresser à leur conduite. C'est pourquoi je suis bien aise de vous rendre compte de leur petit voyage. Ils arrivèrent ici le 29 septembre [2], et n'y trouvèrent pas leur frère aîné qui était à vendanges d'où il ne revint que quinze jours après; et le malade fut bien tout ce temps-là sans ressentir aucun effet de la boisson des eaux. Sur

---

[1] *Portefeuilles Vallant.*
[2] Ils venaient des eaux de Vichy. (*Note de Vallant.*)

la fin d'octobre, ils nous témoignèrent qu'ils seraient bien aise de s'en retourner, et nous dirent qu'ils avaient prémédité leur départ pour le 14 novembre, nous disant même que quand le mal reviendrait cela ne les arrêterait pas, parce qu'ils ne pouvaient se résoudre de perdre l'occasion de profiter des grands avantages dont Dieu les favorisait, par les habitudes qu'ils avaient auprès des plus grands hommes de France, qui non-seulement les souffraient, mais qui daignaient même s'appliquer à eux jusques à descendre dans le particulier de leur conduite pour leurs mœurs et pour leurs études. Enfin ils m'en dirent tant que je me rendis.

Ce qui me console, c'est qu'ils sont partis en parfaite santé par la grâce de Dieu, et que mon fils y a consenti assez gaiement [1]. Ils vous diront combien il a sujet d'être ainsi attaché à ses frères, et combien il est seul : M. Domat est un peu revenu ; mais ce n'est que par force et par l'autorité de M. d'Alet [2] ; il fait les choses de si mauvaise grâce, qu'on voit bien qu'il ne voudrait que trouver un prétexte de faire une nouvelle querelle ; mais j'espère que Dieu nous en garantira par sa miséricorde. Je me recommande à vos prières pour cela et pour tous mes besoins. Toute la famille vous salue très-humblement. Je suis, monsieur, etc.

G. Pascal.

M. Begon, que vous avez vu autrefois à Paris, mourut samedi dernier.

---

[1] Il souhaitait les garder tout l'hiver auprès de lui à Clermont. (*Note de Vallant.*)
[2] Pavillon, évêque d'Alet.

LETTRE DE MADAME PERIER A SON FILS LOUIS PERIER [1].

Ce 16 mai 1677.

Ce n'est pas pour vous témoigner la part que je prends à ce qui vous touche que je vous écris aujourd'hui, mon très-cher fils, car je sais que vous en êtes pleinement persuadé; mais pour vous faire connaître la joie que je ressens de ce que le premier engagement qui se fait dans ma famille est pour le service de Dieu et de ce que, s'il est permis de parler ainsi, Dieu y prend sa part avant que le monde y ait encore touché. Je le prie de tout mon cœur qu'il lui plaise de bénir les suites d'un si heureux commencement et qu'il vous fasse la grâce de répondre à la faveur singulière qu'il vous fait, par une fidélité inviolable et une application sans relâche à tout ce qui peut être agréable au maître auquel vous vous êtes consacré. Je ne prends pas la liberté, mon très-cher fils, de vous rien dire de vos devoirs, sachant les instructions que vous avez là-dessus; mais je vous exhorte de tout mon cœur d'en profiter, de vous les rendre utiles, autant qu'il vous sera possible, et de vous souvenir sans cesse du compte que Dieu vous en demandera un jour. Nous n'avons pas manqué de vous recommander à Dieu en cette occasion, et je suis bien aise de ce que vous vous y êtes souvenu de nous. Continuez, je vous en supplie, de le faire et de le prier qu'il lui plaise de répandre sur votre famille ses grâces, afin que nous

---

[1] Recueils MSS. du P. Guerrier.

ne fassions jamais rien que par ses mouvements. Adieu, adieu, mon cher enfant. Aimez-moi toujours, et soyez persuadé qu'on ne peut pas être avec plus de tendresse que je suis entièrement à vous.

G. Pascal.

Je vous prie d'assurer M. le curé de mon très-humble respect et de ma très-humble reconnaissance de toutes les bontés qu'il a pour vous. J'embrasse votre frère.

LETTRE DE MADAME PERIER A BLAISE PERIER SON FILS [1].

Ce 18° mars 1680.

Vous connaissez trop mes sentiments, mon très-cher fils, pour en douter en cette rencontre; et je sais que vous êtes trop instruit pour n'être pas persuadée que vous regarderez la grâce que Dieu vous fait de vous appeler à son service comme une faveur très-singulière et un effet de sa pure miséricorde. On doit regarder le bonheur d'un état et par les avantages qui s'y rencontrent et par les horribles peines de l'état contraire. Je ne m'étends pas là-dessus, cela me mènerait trop loin. Dieu sait, et je crois devoir vous rendre ce témoignage de moi-même, que je n'ai jamais eu d'autre bien dans l'éducation de mes enfants que de les rendre dignes de lui être consacrés; que je les lui ai offerts au moment de leur naissance; que je n'ai jamais révoqué cette offrande et que je ne saurais avoir une plus grande joie

---

[1] II° Recueil MS. du P. Guerrier, p. 80.

que de la voir acceptée. Il sait aussi que ce qui s'est passé au contraire dans ma famille [1] ne s'est pas fait par mon mouvement ni par mon inclination, mais par la crainte que j'ai eue de manquer à ses ordres ; j'aurais possible mieux fait de suivre mes sentiments que de me laisser aller à la timidité de mon naturel. Mais ce n'est pas à nous à raisonner sur la conduite de la Providence ; je reviens à vos affaires, mon très-cher fils. Vous ne devez pas douter que je ne fasse tout ce que je pourrai pour obtenir ce que vous souhaitez ; mais nous craignons d'y trouver bien de la difficulté, ou si l'on n'ose pas refuser, j'appréhende qu'on s'avise d'une autre voie pour vous tourmenter, qui sera d'écrire à M. de Paris pour l'avertir de vous faire faire des difficultés à l'officialité : il sera aisé de vous reconnaître. Je m'appelle d'un nom connu et noté ; votre parrain [2] et votre marraine portent le même nom. Votre attestation sera de M. le curé de Saint-Jacques et du séminaire de Saint-Magloire : tout cela pourra bien vous rendre suspect, et je crains même que cela ne fasse penser à vous pour vous faire donner des ordres comme aux autres. Vous ferez là-dessus les réflexions que vous jugerez à propos avec M. le curé et vos amis. Nous avons ici grande difficulté pour votre acte baptistaire. Après la mort de M. Lavigner, ses parents se sont saisis des registres des baptêmes, des morts, des mariages, etc., pensant que le successeur leur donnerait de l'argent pour les

---

[1] Le mariage de son fils aîné. (*Note du P. Guerrier.*)
[2] Blaise Pascal. (*Note du P. Guerrier.*)

ravoir. Cependant, comme cela ne s'est pas fait, les choses en sont là. Ces parents ne demeurent pas à Clermont; il faut pour cela envoyer sur les lieux; et nous ne savons comment il faudra faire, car un extrait de ces gens-là ne fait pas foi. Votre frère s'est chargé de s'informer si cet extrait, étant fait par un notaire des lieux, sera valable. On n'y perdra point de temps; et c'est à quoi on s'emploiera, en attendant l'attestation du père Champflour. On fera pour le mieux. Adieu. Je suis toute à vous; priez pour moi. Personne ne vous écrira aujourd'hui que moi, parce que vos sœurs sont dans une occupation qu'elle ne peuvent pas quitter. Je vous prie de dire à M. de Rebergues que j'ai reçu sa lettre, que je le remercie de ses nouvelles, et que s'il revoit madame la duchesse de Lafeuillade[1], il m'obligera bien s'il veut avoir la bonté de l'assurer de mon respect, que j'ai bien du déplaisir du mal de ses yeux, et qu'aussitôt que j'appris la mort de M. Doublet je pensai à elle. Je serais bien aise de savoir des nouvelles de messieurs ses fils et de mademoiselle sa fille. Adieu, encore une fois, mon très-cher fils. Je vous embrasse de tout mon cœur, et votre frère aussi.

Note du P. Guerrier. J'ai transcrit tout ce qui est de ces trois cahiers sur les pièces originales que Mlle Perier a données aux PP. de l'Oratoire de Clermont.

LETTRE DE MADAME PERIER A M. VALLANT [2].

J'ai cru, monsieur, que je ne devais manquer de vous

[1] Autrefois mademoiselle de Roannez.
[2] *Portefeuilles Vallant.*

mander une nouvelle qui sans doute vous touchera ; c'est la mort de M. Laporte, médecin, que vous connaissiez et estimiez. Nous l'avons perdu le 22 de ce mois ; et ce qui est d'autant plus sensible, c'est qu'il est mort par un accident qu'il n'y avait pas lieu de craindre qui dût avoir une suite si terrible. C'est un coup de pied de cheval sur l'os de la jambe, qui emporta une pièce du bas de la chaussette et de la peau, sans fracture d'os ni autre chose qui pût donner le moindre sujet d'appréhender. Cependant, peu à peu, les accidents que lui-même prévoyait sont venus l'un après l'autre, le dévoiement, la fièvre, des frissons déréglés qui étaient proprement des trémoussements. La plaie s'est séchée, et enfin il est mort le vingt-sixième de sa blessure, quelque soin qu'il ait pris lui-même de se faire faire les incisions et toutes les choses qu'il croyait nécessaires pour prévenir tout ce qu'il prévoyait ; et, contre l'avis souvent de messieurs ses confrères, il a pourvu et donné des ordres pour sa conscience et pour ses affaires où ils croyaient qu'il se pressait trop. Je m'assure, monsieur, que vous jugez bien que nous avons senti cette perte de la manière que nous le devions. Un médecin habile et ami est une perte qu'il est bien malaisé de réparer. Priez Dieu pour lui, s'il vous plaît, et pour nous qui en avons grand besoin. Mes deux fils sont présentement depuis quinze jours à la campagne avec la plus jeune de leurs sœurs. Ils y ont fait nos vendanges, et ils y sont restés pour compter avec les gens qui nous doivent et pour mettre des bornes à nos héritages, parce que tout le monde empiète sur nous de tous côtés. Vous ne sauriez comprendre la peine que nous avons à conserver notre bien. Nous avons vendu la charge ; je vous remercie, monsieur, de la part que vous avez voulu y prendre. Nous l'avons donnée pour rien, mais nous ne laissons pas de regarder cela comme une bonne affaire, parce que nous en étions embarrassés, que nous ne jouissions de rien et qu'il fallait donner de l'argent pour la conserver. Nous l'avons vendue à un homme très-riche, et qui nous payera quand nous voudrons et plus tôt que nous ne voudrons. Je voudrais en avoir fait autant de 50 ou 60,000 fr. qui nous sont dus, pour lesquels il faut continuellement faire des procédures et discuter des biens ; c'est-à-dire que je souhaiterais d'avoir cédé tous mes droits, quoique très-sûrs, à quelqu'un qui voulût s'en charger en lui en quittant une très-grande portion, afin de décharger mes fils des peines et des soins que cela leur cause, et du temps qu'ils y perdent et qu'ils emploieraient mieux, ce me semble. Je vous avoue, monsieur, que j'ai une douleur sensible de voir des jeunes gens, qui ont renoncé à tous les avantages et à tous les honneurs du monde pour se donner à Dieu, être accablés de toutes les peines et de tous les chagrins que donnent les établissements les plus embarrassants, au moins pour les affaires. Mais j'espère que Dieu y pourvoira et qu'il nous fera la grâce de nous en tirer plus tôt que nous ne croyons. Je reçus hier une lettre de M. le curé pour mes fils, que je leur ai envoyée aujourd'hui.

Adieu, monsieur ; je me recommande de tout mon cœur à vos prières. Ma fille vous salue très-humblement. Je suis, de toute l'étendue de mon cœur, monsieur, votre très-humble et très-obéissante servante.

G. Pascal.

A Clermont, ce 27 octobre 1681.

LETTRE DE MADAME PERIER A M. AUDIGIER [1].

J'ai été bien surprise, monsieur, d'apprendre qu'un petit mémoire que j'ai fait, il y a vingt ans, de quelques particularités de la vie de mon frère, et qui me fut dérobé dès ce temps-là, vous étant tombé entre les mains, vous avez eu la pensée de le faire imprimer. Je suis persuadée, monsieur, qu'étant amis comme nous sommes depuis si longtemps, vous n'avez pas cru me désobliger en cela. Ainsi je n'ai pas désisté de vous dire à vous-même mes sentiments, sachant bien qu'aussitôt que vous les connaîtrez, vous changerez de pensée. C'est un petit ouvrage que j'ai fait pour ma famille et pour quelques amis particuliers qui m'en avaient prié. Cependant, comme contre mon intention il s'en est publié plusieurs copies, il est arrivé souvent que des personnes qui me connaissaient et d'autres qui ne me connaissaient pas, ayant cru que le public pourrait être édifié de cette lecture, ont pris le même dessein que vous ; mais ni les uns ni les autres n'ayant voulu le faire sans ma participation, je les ai priés de se dispenser de cette peine, parce que si je voulais que cette pièce parût, je

---

[1] Ier Recueil MS. du P. Guerrier, pag. LIV.
La date de cette lettre n'est pas indiquée, mais il résulte d'une lettre de Domat qu'elle est de janvier 1682.

le ferais moi-même et je la mettrais en un autre état qu'elle n'est. Ainsi personne ne l'a encore fait. Mais comme j'ai vu que j'étais souvent dans ce danger, j'ai obtenu un privilége fort ample pour m'en servir quand je voudrais pour imprimer cet ouvrage en la manière qu'il doit être, ou pour empêcher par là qu'il ne se fasse ri en contre mon gré et contre mon intention. Je m'assure, monsieur, que je n'en aurai pas besoin contre vous et que vous voudrez bien me laisser la maîtresse d'un bien qui m'appartient par tant de titres. On m'a mandé aussi que vous aviez dessein d'y joindre une préface où vous vouliez parler d'une chose qui est fondée sur un bruit qui est extrêmement contraire à la vérité, et sur quoi je vois bien que vous n'êtes pas informé.

Mon frère ne s'est jamais rétracté et n'a jamais eu besoin de le faire, n'ayant eu toute sa vie que des sentiments très-purs et très-catholiques ; et la déclaration sur laquelle on a fondé cette calomnie ne dit pas un mot de rétractation. J'en ai une copie authentique qui m'a été envoyée par feu M. l'archevêque de Paris, et celui qui a donné cette déclaration a eu bien du déplaisir de l'abus qu'on en a fait. Il a reconnu lui-même qu'il s'était trompé, ayant pris les paroles de mon frère dans un sens contraire à celui qu'elles avaient. Ce sont les propres termes qu'il emploie dans les lettres qu'il m'a fait l'honneur de m'écrire sur ce sujet, et qu'il m'a permis de faire voir à tout le monde, et même de les rendre publiques s'il était nécessaire. Mais comme il est encore vivant et qu'il est à Paris, vous pouvez vous en assurer par vous-même. Son témoignage propre sera de plus grand poids que le mien ; c'est un homme d'une assez grande considération dans le monde et dans son ordre pour être cru. C'est à lui que je vous renvoie. Je vous supplie encore une fois, monsieur, de vouloir vous en tenir là. J'espère que vous ne me refuserez pas cette grâce, et que vous m'obligerez par là d'être de plus en plus, comme j'ai toujours été, à vous et à toute votre famille, monsieur, votre, etc.

G. Pascal.

S'il arrivait, monsieur, que ma lettre vînt trop tard et qu'il y eût quelque chose de commencé d'imprimer, je vous supplie de me faire la grâce d'arrêter toutes choses [1].

Copié sur l'original. (*Note du P. Guerrier.*)

---

[1] On trouve dans le Ier Recueil du P. Guerrier, à la suite de la lettre de madame Perier, une lettre de Domat sur le même sujet ; nous ne saurions mieux faire que de la reproduire ici :

LETTRE DE M. DOMAT A M. AUDIGIER (a).

« Monsieur,

« Vous serez peut-être surpris de la liberté que je prends de vous écrire sur le même sujet dont madame Perier vous écrit aussi, parce que la considération que je sais que vous avez pour son mérite et pour le grand intérêt qui l'oblige à vous faire la prière qu'elle vous fait, devrait me persuader que rien de ma part ne peut vous toucher à l'égal de sa prière et de ses raisons. Mais, monsieur, j'ai cru par une autre vue que je manquerais à ce que je dois à la mémoire de M. Pascal, si je négligeais de témoigner dans une occasion de cette conséquence combien je m'attache à tout ce qui peut intéresser l'honneur de son nom. Vous savez, monsieur, les raisons qui me donnent ces sentiments, car vous connaissiez beaucoup mieux que le commun le mérite extraordinaire de M. Pascal et surtout quelle était sa sincérité et sa fermeté proportionnée à l'élévation de son esprit, et quand je n'aurais pas eu la part singulière qu'il m'a fait l'honneur de

(a) Ier recueil MS. du P. Guerrier, pag. LVIII.

LETTRE DE LA MÊME A M. TARTIÈRE, SEIGNEUR DE LA SERVE [1].

Vous êtes si obligeant, monsieur, qu'on a recours à vous dans toutes les occasions. En voici une qui me touche sensiblement, et où je vous demande très-humblement votre secours. M. Audigier a eu la pensée de faire imprimer un petit mémoire que j'ai fait, il y a vingt

me donner dans son amitié, je ne pourrais me dispenser en cette rencontre de vous faire connaître, monsieur, que le fait de sa prétendue rétractation est une calomnie la moins vraisemblable à tous ceux qui ont connu M. Pascal et la plus fausse, en effet, qui ait jamais été pensée. Et aussi le malentendu qui en fut la cause s'est expliqué par la rétractation de la personne qui avait donné sujet à ce bruit, de la manière que madame Perier vous l'expliquera par sa lettre; et je dois ajouter à son témoignage et à son récit que personne au monde n'a jamais mieux su que moi les sentiments de M. Pascal sur ce sujet et pendant sa maladie et à sa mort, et je puis, monsieur, vous assurer par ma connaissance, de la vérité de cette histoire dont je ne répète pas le récit que vous en fait madame Perier. Ainsi, monsieur, je m'assure avec elle et sa famille et tous les amis de M. Pascal, et pour l'estime que vous avez de son mérite, que vous laisserez à madame Perier le droit naturel du sort de la pièce qui est tombée entre vos mains, et qu'au lieu de l'obligation du bon office que vous pensiez rendre, on vous aura celle de n'en pas rendre un très-mauvais et à la mémoire de M. Pascal et à la mémoire de madame sa sœur. En voilà trop pour vous recommander une demande aussi juste, et où vous êtes sans autre intérêt que d'obliger les personnes qui vous prient de le faire d'une autre manière. Je profite de cette occasion pour vous assurer de mon respect et de mon attachement à votre service, et je vous demande la grâce d'en assurer aussi mademoiselle Audigier et, si j'ose aussi, M. et madame Tartière. Je suis de tout mon cœur, monsieur, etc.,

« DOMAT.

« A Clermont, ce 15 janvier 1682. »
Copié sur l'original. (*Note du P. Guerrier.*)

[1] Ier Recueil MS. du P. Guerrier, pag. LVII.

ans, de quelques particularités de la vie de mon frère, et d'y joindre une préface où il veut insérer des choses très-fausses et qui sont contre l'honneur de mon frère. Ce sont des calomnies qui courent depuis longtemps et dont sans doute vous avez ouï parler. Vous jugez bien, monsieur, que je ne puis pas le souffrir; ainsi je serais obligée d'agir contre lui par toutes les voies possibles pour l'empêcher. C'est une personne pour laquelle j'ai toujours eu beaucoup de considération et un attachement particulier pour toute sa famille. J'aurais un très-grand déplaisir d'en venir là; c'est pourquoi, monsieur, je prends la liberté de m'adresser à vous pour vous supplier instamment d'aller au-devant d'une chose qui aurait des suites fâcheuses. J'ai un privilége que je ferais assurément bien valoir. Je connais votre prudence; ainsi j'attends tout de vous. Vous rendrez service par là à M. Audigier et vous vous acquérerez sur moi une obligation très-étroite; je la joindrai à tant d'autres dont je vous suis redevable. J'attends la fin de mes affaires pour vous en témoigner tout à la fois mes ressentiments et ma très-humble reconnaissance; mais ce ne sont que des paroles que je vous supplie de regarder comme très-sincères, et de me faire la grâce de croire qu'on ne peut pas être plus parfaitement et avec plus de respect que je suis, monsieur, votre, etc.

G. Pascal.

Avec votre permission, j'assurerai ici mademoiselle votre sœur de mon très-humble service.

Copié sur l'original. (*Note du P. Guerrier.*)

VERS

DE Mlle JACQUELINE PASCAL [1].

RONDEAU.

(Mai 1637.)

Pour un autre, l'œil de Mélite
Paraîtrait avoir du mérite ;
Mais, auprès de votre beauté,
La douceur de la nouveauté
Ne peut avoir rien qui m'excite.
Aimez-moi donc, ma Crisolite.
Mon extrême amour vous invite
A garder votre cruauté
    Pour un autre.
Car, si mon amitié s'irrite,
Vous vous verrez bientôt réduite
A rechercher ma loyauté.
Mais conservez votre bonté,
Et n'ayez peur que je vous quitte
    Pour une autre.

AUTRE RONDEAU.

(Mai 1637.)

Pour vous, j'abandonnai mon cœur
Mais vous avez tant de rigueur,

---

[1] Ier Recueil MS. du P. Guerrier, pag. cccxl.

Que si vous n'étiez pas si belle,
Je serais sans doute infidèle.
Ce vous serait un grand malheur.
Ayez un peu plus de douceur,
Vous verrez ma fidèle ardeur
Qui ne sera jamais rebelle
  Pour vous.
Souffrez que votre œil, mon vainqueur,
Apaise un moment ma douleur,
Et ne soyez plus si cruelle.
Autrement, nous aurions querelle :
Y trouveriez-vous de l'honneur
  Pour vous?

CHANSON

sur l'air d'une sarabande.

(Décembre 1637.)

Climène était la reine de mon âme ;
  Cette ingrate dame
  Méprisait mes vœux ;
Mais quand je vis les yeux de Dorimène
  Je quittai Climène :
  Je brûlai pour eux.

Lors mon bonheur, à soi seul comparable,
  D'amant misérable,
  Me rendit heureux,
Me faisant voir les yeux de Dorimène :
  Lors, quittant Climène,
  Je brûlai pour eux.

Bénis, mon cœur, cette heureuse journée !
  L'heure fortunée

POÉSIES.

Qui changea mes feux !
Où je pus voir les yeux de Dorimène ;
Où, quittant Climène,
Je brûlai pour eux !

QUATRAIN

FAIT SUR-LE-CHAMP, SUR CE QUE MADONTE FAISAIT FERMER LES VOLETS
DE SA CHAMBRE.

(Avril 1658.)

Voyez la bonté de Madonte :
Son œil, qui n'a point de pareil,
Ne veut pas souffrir le soleil
De crainte de lui faire honte.

QUATRAIN

SUR LA NAISSANCE D'UN FILS A MADAME LA COMTESSE D'ESSEX,
FAIT SUR-LE-CHAMP.

Que ce petit enfant me met en grande peine !
Je travaille pour lui d'une si forte ardeur,
Que je crains bien qu'un jour il n'enflamme mon cœur,
Puisque dès à présent il échauffe ma veine.

A MADAME DE MORANGIS.

STANCES ACROSTICHES.

(Avril 1658.)

Poétiques pensers qui ranimez ma veine,
Ha ! vous me surmontez ; hélas ! je n'en puis plus.

Je m'abandonne à vous, ma résistance est vaine.
Les soins que vous prenez ne sont point superflus.
Bons dieux, d'où me naît (donc) cette insolente envie ;
Et quoi ! puis-je... [1] à mal louer Silvie ?

Retirez-vous, pensers ;... non : vous m'avez charmée ;
Tout obstacle, aisément, je pourrai surmonter,
Enfin vous me rendez tout à fait enflammée
Du dessein que j'ai pris de vous bien contenter.
Et pour mieux satisfaire, à notre belle envie,
Mon esprit se dispose à bien louer Silvie.

O desseins trop hardis, qui transportez mon âme,
Ne troublez plus, de grâce, un esprit abattu.
Tous mes efforts sont vains, et quoiqu'ils soient de flamme
Ils me semblent trop bas pour sa haute vertu.
Ne m'inspirez donc plus une trop haute envie !
Je puis bien adorer, mais non louer Silvie.

A M. LE PRÉSIDENT PASCAL, SON PERE.

ÉPIGRAMME. (1638.) [2]

Cher père, ne crains point l'effort
Du temps, ni même de la mort ;
C'est en vain qu'ils te font la guerre.

---

[1] Il y a ici un mot omis dans le MS. du P. Guerrier.

[2] Cette *épigramme* et les six pièces qui la précèdent manquent dans le MS. *Supplément français*, n° 1485, et dans l'édition donnée par M. V. Cousin, en grande partie d'après ce MS., des écrits et lettres de Jacqueline ; édition que dans la suite de ce volume nous indiquerons ainsi : *Edit. V. C.*

Ils peuvent bien ravir ta présence à nos yeux ;
Mais ton âme à jamais vivra dedans les cieux,
   Et ton renom dessus la terre.

SONNET A LA REINE,

SUR LE SUJET DE SA GROSSESSE, PRÉSENTÉ A S. M.

(Mai 1658.)

Sus, réjouissons-nous, puisque notre princesse
Après un si long temps rend nos vœux exaucés,
Et que nous connaissons que par cette grossesse
Nos déplaisirs sont morts et nos malheurs cessés.

  Que nos cœurs à ce coup soient remplis d'allégresse,
Puisque nos ennemis vont être renversés,
Qu'un dauphin va porter dans leur sein la tristesse
Et que tous leurs desseins s'en vont bouleversés.

  Français, payez vos vœux à la Divinité.
Ce cher dauphin, par vous si longtemps souhaité,
Contentera bientôt votre juste espérance.

  Grand Dieu, je te conjure avec affection
De prendre notre reine en ta protection,
Puisque la conserver, c'est conserver la France !

ÉPIGRAMME

SUR LE MOUVEMENT QUE LA REINE A SENTI DE SON ENFANT,
PRÉSENTÉE AUSSI A SA MAJESTÉ.

(Mai 1658.)

Cet invincible enfant d'un invincible père
   Déjà nous fait tout espérer.
Et, quoiqu'il soit encore au ventre de sa mère,
   Il se fait craindre et désirer.
Il sera plus vaillant que le dieu de la guerre,

Puisqu'avant que son œil ait vu le firmament,
S'il remue un peu seulement,
C'est à nos ennemis un tremblement de terre.

STANCES A LA REINE,

POUR REMERCIER S. M. DU BON ACCUEIL QU'ELLE A DAIGNÉ FAIRE AUX
VERS PRÉCÉDENTS,
PRÉSENTÉES DE MÊME A S. M.

Mes chers enfants, mes petits vers,
Se peut-il rencontrer, dans ce grand univers [1],
Un bien qu'on puisse dire au vôtre comparable ?
Vous êtes remplis de bonheur ;
La reine vous combla d'honneur,
Sa Majesté vous fit un accueil favorable.

Sa main daigna vous recevoir,
Son œil plein de douceur se baissa pour vous voir,
Vous fûtes en silence ouïs de ses oreilles ;
Et, par un excès de bonté,
Sans que vous l'eussiez mérité,
Sa bouche vous nomma de petites merveilles.

Mais malgré mon sort glorieux,
L'extrême déplaisir de ne voir plus ses yeux
Rend mon âme aux ennuis incessamment ouverte ;
Si bien qu'un moment de plaisir
Ne fait qu'augmenter mon désir
Et me laisse un regret éternel de ma perte.

[1] *Edit. V. C.*: « Se peut-il *arriver*, dans le.... »

ÉPIGRAMME A MADEMOISELLE,

FAITE SUR-LE-CHAMP PAR SON COMMANDEMENT.

(Mai 1638.)

Muse, notre grande princesse
Te commande aujourd'hui d'exercer ton adresse
A louer sa beauté ; mais il faut avouer
   Qu'on ne saurait la satisfaire,
Et que le seul moyen qu'on a de la louer
C'est de dire, en un mot, qu'on ne saurait le faire.

AUTRE ÉPIGRAMME A MADAME D'AUTEFORT,

FAITE LE MÊME JOUR SUR-LE-CHAMP, PAR LE COMMANDEMENT AUSSI DE MADEMOISELLE.

   Beau chef-d'œuvre de l'univers,
   Adorable objet de mes vers,
  N'admirez pas ma prompte poésie :
Votre œil, que l'univers reconnaît pour vainqueur,
Ayant bien pu toucher soudainement mon cœur,
A pu d'un même coup toucher ma fantaisie.

STANCES A MADAME DE MORANGIS.

(Juin 1638.)

   Après m'avoir tant fait d'honneur,
Je tiens encor de vous une faveur insigne ;
   Car, Philis, sans en être digne,
Vous m'avez élevée au comble du bonheur.

   J'ai donné moi-même à la reine
Mes vers par qui mon cœur montre à Sa Majesté

Qu'au souvenir de sa bonté,
Il a tiré du fruit d'une infertile veine.

A vous, pour tout remercîment,
J'offre¹ ceux-ci pareils en nombre à mes années.
Mes forces, à ce point bornées,
Ne me permettent pas un plus long compliment.

A MADAME DE MORANGIS,

SONNET.

(Juillet 1638.)

Pour bien peindre Philis, vrai miracle des cieux,¹
Ses divines vertus qui n'ont point de pareilles,
Les appas de son corps, qui captivent nos yeux,
Et ceux de son esprit qui charment nos oreilles,

Je dirais que son œil, toujours victorieux,
Fait que tous les mortels lui consacrent leurs veilles,
Que ses attraits sont tels qu'ils captivent les dieux,
Et les font étonner de leurs propres merveilles.

Mais pour bien exprimer ses rares qualités,
Ma peinture n'a pas d'assez grandes beautés ;
Toujours de mes couleurs quelqu'une est mal plaisante.

Quittons donc ce dessein plein de témérité,
Car je ressens pour peindre une divinité
Mon pinceau trop grossier et ma main trop pesante.

DIXAIN.

(Juillet 1638.)

Claris, ne soyez pas cruelle
A l'égal que vous êtes belle ;

---

¹ *Edit. V. C.* : « *Fasse* ceux-ci... » — Ce qui est un non-sens.

Et nourrissez dedans l'espoir
Ce bel amant qui chez Silvie,
S'en vient se redonner la vie
Dans le bonheur de vous y voir.
Belle Claris soyez contente,
Puisque nous voyons que son feu,
L'espoir et le désir d'être un jour son neveu
Firent d'un même accord qu'il l'appela sa tante.

STANCES

FAITES SUR-LE-CHAMP.

Un jour, dans le profond d'un bois,
Je fus surprise d'une voix.
C'était la bergère Silvie
Qui parlait à son cher amant,
Et lui dit pour tout compliment :
« Je vous aime bien plus, sans doute, que ma vie ! »

Lors j'entendis ce bel amant
Lui répondre amoureusement :
« De plaisir mon âme est ravie ;
Je me meurs, viens à mon secours,
Et pour me guérir dis toujours :
« Je vous aime bien plus, sans doute, que ma vie ! »

Vivez, ô bienheureux amants,
Dans ces parfaits contentements,
Malgré la rage de l'envie ;
Et que ce mutuel discours
Soit ordinaire en vos amours :
« Je vous aime bien plus, sans doute, que ma vie ! »

(Juillet 1658.)

ÉPIGRAMME

POUR REMERCIER DIEU DU DON DE LA POÉSIE.

Je ne suis pas si fort saisie
Des faveurs de la poésie,
Que je ne reconnaisse humblement devant tous,
Grand Dieu ! que ce n'est pas l'étude
Qui m'a donné cette habitude,
Et, sans la mériter, que je la tiens de vous.

(Août 1638.)

STANCES

SUR LE MÊME SUJET.

Père de ce grand univers,
Si l'ardeur de faire des vers,
Par des puissants ressorts tient mon âme enchantée,
J'avoue humblement devant tous
Que je tiens cette ardeur de vous ;
De vous, dis-je, ô grand Dieu ! sans l'avoir méritée.

Oui, je tiens de votre bonté
Ce beau don si fort souhaité
Par les ardents désirs de tant de belles âmes ;
Et par un secret jugement,
Mon jeune et faible entendement
Est par vous éclairé de ces divines flammes.

Seigneur, un cœur méconnaissant [1]
Ne peut pas paraître innocent
A votre sainte face. Est-il donc pas bien juste

---

[1] *Edit. V. C.* : « Un cœur *reconnaissant*... » — Ce qui forme un contre-sens.

Qu'éprise d'un divin brandon,
J'use de votre même don
Pour rendre compliment à votre nom auguste?

Comme les torrents, les ruisseaux,
Les fleuves et toutes les eaux
Retournent en la mer, lieu de leur origine,
Ainsi, grand Dieu! mes petits vers,
Sans souci de tout l'univers,
Retourneront à vous, vous leur source divine [1].

(Août 1638.)

STANCES

POUR REMERCIER DIEU, AU SORTIR DE LA PETITE VÉROLE.

Moteur de ce grand univers,
Inspirez-moi de puissants vers ;
Envoyez-moi la voix des anges,
Non pas pour louer les mortels,
Mais pour entonner vos louanges
Et vous remercier au pied de vos autels.

Votre souveraine bonté,
Du haut du ciel, a visité
Le plus chétif ver de la terre,
Et garanti du coup fatal
Un corps plus fragile que verre,
Parmi tous les excès d'un incroyable mal.

Ainsi l'on voit qu'en vérité,
Grand Dieu ! votre bénignité
S'est montrée en moi bien extrême,

---

[1] *Edit. V. C.* : « ... *vers* leur source... »

Me garantissant d'un péril
Où, sans votre bonté suprême,
Mes ans allaient finir dans leur plus bel avril.

Oh ! que mon cœur se sent heureux,
Quand au miroir je vois les creux
Et les marques de ma vérole :
Je les prends pour sacrés témoins,
Suivant votre sainte parole,
Que je ne suis de ceux que vous aimez le moins.

Je les prends, dis-je, ô souverain !
Pour un cachet dont votre main
Voulut marquer mon innocence ;
Et cette consolation
Me fait avoir la connaissance
Qu'il ne faut s'affliger de cette affliction.

Mais, grand Dieu ! mon travail est vain ;
Il faut un esprit plus qu'humain
Pour bien raconter vos merveilles ;
Et ce grand excès de bonté,
Charmant les yeux et les oreilles,
Excède mon pouvoir et non ma volonté.

(Novembre 1638.)

A MONSEIGNEUR L'ÉMINENTISSIME CARDINAL DUC DE RICHELIEU.

ÉPIGRAMME.

Je me plaignais du sort, ô duc incomparable !
Qui semblait interdire à mes yeux de vous voir,
Et pour rendre mon sort doublement misérable,
M'en donnait l'espérance et non pas le pouvoir.

Mais depuis l'heureux jour où mon âme ravie,
Dans le bien de vous voir contentant son envie,
Goûta plus de plaisirs qu'on n'en peut espérer,
Je bénis sa clémence avec ma destinée,
Qui m'avait réservé dedans une journée
Tout le bien que jamais j'eusse pu désirer.

(Mai 1639.)

A MADAME LA DUCHESSE D'ÉGUILLON.

SONNET.

Toi, divin Apollon, de qui l'art admirable
Passe l'esprit humain, donne-moi ton savoir
Pour louer des vertus qu'on ne peut concevoir :
Cette duchesse enfin qu'on voit incomparable.
Mais j'ai beau t'invoquer, tu m'es inexorable,
Et m'ôtes l'espérance ainsi que le pouvoir
De jamais satisfaire à ce juste devoir
Qui ferait que mon heur n'aurait point de semblable.
Mais non, sage Apollon, je ne te blâme plus
De rendre mon travail et mes vœux superflus,
En ne m'accordant pas cette faveur extrême.
Je reconnais ma faute, et je vois à présent
Que tu n'es pas injuste en me le refusant,
Puisque c'est un pouvoir que tu n'as pas toi-même.

(Janvier 1640.)

SONNET DE DÉVOTION.

Grand et parfait auteur de la terre et de l'onde,
Créateur et soutien du moindre des mortels,
Je viens avec respect, au pied de tes autels,
Implorer ta bonté qui maintient tout le monde.

  C'est là qu'avec raison tout mon espoir se fonde,

Et c'est là qu'attendant les décrets éternels,
Je brave les démons et leurs desseins cruels,
Et que j'entends sans peur le tonnerre qui gronde.

Mais la force du mal qui m'accable les sens
Rend mon cœur abattu, mes desseins impuissants,
Et modère le feu qui ranimait mon zèle.

Grand Dieu ! si je finis dans ces froides langueurs,
Conserve pour le moins mes sincères ardeurs,
Et fais que mon amour ne puisse être mortelle !

(Février 1640.)

A SAINTE CÉCILE.

ÉPIGRAMME.

Noble fille du ciel, quand ton cœur généreux,
Après avoir franchi mille pas dangereux,
Se sentit consumé d'une divine flamme,
Ton esprit transporté trouva son feu si doux,
Qu'à l'instant tu voulus en brûler ton époux ;
Tu lui fis bonne part des ardeurs de ton âme,
Et toutefois ton zèle allait toujours croissant.
Mais cessons d'admirer cette sainte aventure :
Le feu qui te brûlait est de telle nature,
Que plus on le prodigue et plus il se ressent[1].

(Novembre 1640.)

SUR LA CONCEPTION DE LA VIERGE,

POUR LES PALINODS DE L'ANNÉE 1640, QUI EMPORTÈRENT LE PRIX
DE LA TOUR.

STANCES.

Exécrables auteurs d'une fausse créance,
Dont le sein hypocrite enclôt un cœur de fiel,

---

[1] Édit. V. C. : « ... de cette nature... » « ... plus on le ressent. »

Jetez vos faibles yeux sur l'arche d'alliance,
Vous la verrez semblable à la reine du ciel.

Comparez leurs beautés et leurs effets étranges,
Et puis vous confessez avec soumission
Que la mère de Dieu, cette reine des anges,
Ne peut être que pure en sa conception.

L'une tient en son flanc le bonheur de nos pères,
Et l'autre dans le sien notre espoir le plus cher ;
L'une par son pouvoir divertit leurs misères,
Et l'autre par le sien nous garde de pécher.

Si l'une a fait gagner plusieurs fois des batailles,
Parce que dans son sein un trésor est caché ;
L'autre ne fait pas moins, ayant en ses entrailles
De quoi nous faire vaincre et dompter le péché.

L'arche sainte, conduite en un lieu plein de vice,
Dès l'abord qu'elle y vient, renverse les faux dieux ;
Elle en fuit la demeure, et répute à supplice
D'habiter dans un lieu si peu chéri des cieux.

Si donc une arche simple et bien moins nécessaire
Ne saurait habiter dans un profane lieu,
Comment penseriez-vous que cette sainte mère,
Etant un temple impur, fût le temple de Dieu [1] ?

(Décembre 1640.)

---

[1] *Remerciment fait sur-le-champ par M. de Corneille lorsque le prix fut adjugé aux stances précédentes.*

Prince, je prendrai soin de vous remercier,
   Pour une jeune muse absente ;
Et son âge et son sexe ont de quoi convier

REMERCIMENT

POUR LE PRIX DES STANCES, L'ANNÉE SUIVANTE.

Prince dont la bonté s'égalant au mérite,
Au plus chétif objet rencontre des appas,
Recevant un bonheur que je n'espérais pas,
Trouvez bon que ma muse en revanche s'excite.
Je sens son mouvement ; mais dans cette fureur
Ma faiblesse ne peut exprimer ma ferveur,
Ni jusques à quel point cette faveur me touche ;
Et toutefois je veux qu'on sache par ma bouche
Les sentiments que j'ai du don que j'ai reçu.
Pour vous, dans cet honneur dont mes vers sont indignes,
Vous imitez Jésus dont les bontés insignes
Obligent les mortels qui ne l'ont jamais vu.
(Décembre 1641.)

CONTRE L'AMOUR.

STANCES.

Imprudent ennemi, vainqueur des faibles âmes,
Qui n'as pour nous dompter que d'impuissantes flammes,
Déité sans pouvoir comme sans jugement,

 A porter jusqu'au ciel sa gloire encor naissante.
 De nos poetes fameux les plus hardis projets
 Ont manqué bien souvent d'assez justes sujets,
  Pour voir leurs muses couronnées.
  Mais c'en est un beau qu'aujourd'hui
  Une fille de douze années
 A seule de son sexe eu des prix sur ce puy (a).

(a) Voy. Appendice, n° IV, une note qui explique ce qu'étaient le *puy*, les *palinods* et aussi le prince auquel Corneille adresse son remercîment. Ce personnage que l'*Edit. V. C.* prend assez plaisamment au sérieux en l'appelant *le prince* ***, n'était que le *prince* (*ou chef*) *de la confrérie de la Conception*.

Amour, quitte cet arc dont tu nous veux combattre :
Son usage inutile, en ton aveuglement,
Ne peut blesser que ceux qui se laissent abattre.

Tes feux sont sans effet et tes flèches sans force,
Quand le cœur a goûté d'une plus douce amorce,
Et lorsque la vertu se le peut asservir ;
C'est là le beau rempart qui doit garder une âme,
Et c'est le seul moyen dont on se doit servir
Pour garantir un cœur du venin de ta flamme.

C'est ce bel ennemi dont l'éclat te surmonte,
Dont la beauté sans fard te chasse et te fait honte,
A l'abord seulement qu'il s'empare d'un cœur ;
Et c'est le seul lien qui retient ma franchise
Libre de ton servage et de cette rigueur [1]
Qui fait que la raison te fuit et te méprise.

L'esprit le moins subtil est vainqueur de tes charmes ;
Il méprise tes feux sans redouter tes armes,
Alors que la raison ternit tes faux attraits [2].
Qui veut te résister est aussitôt le maître,
Et si peu de puissance accompagne tes traits,
Que qui n'est pas vainqueur veut bien ne le pas être.

(Février 1642.)

SUITE DES STANCES CONTRE L'AMOUR.

A Mlle DE BEUVRON, EN LUI ENVOYANT LES VERS CONTRE L'AMOUR.

Ce n'est pas que par là je veuille faire entendre
Qu'il ne soit point d'objet capable de nous prendre ;

---

[1] *Edit. V. C.* : « ... cette *vigueur*... »
[2] Id. : ... *les* faux attraits... »

Que tous également nous soient indifférents :
Les beaux yeux de Beuvron nous servent d'assurance
Qu'il s'en peut rencontrer qui, sans être tyrans,
Donnent des sentiments hors de l'indifférence.

Il est vrai que ces yeux sont partout redoutables ;
Il est vrai que leurs coups, toujours inévitables,
N'ont rien vu dans les cœurs qui leur pût résister.
Mais ne te vante point, Amour, de cette gloire :
Ces yeux, quoique assez beaux pour pouvoir tout dompter,
Doivent à sa vertu l'honneur de leur victoire.

Ainsi les traits divins dont ils blessent les âmes
Ne tiennent rien, Amour, des gênes ni des flammes
Où tu fais succomber tes faibles partisans.
Avec eux la raison conserve son usage,
Et c'est par ses conseils que les moins complaisants
Ont pour eux des respects qui vont jusqu'à l'hommage.

Cesse donc de prétendre à l'empire du monde :
C'est à cette beauté, qui n'a point de seconde,
Qu'est réservé l'honneur de vaincre l'univers.
Ne combats point du sort les ordres infaillibles,
Et pense qu'en cédant à tant d'appas divers,
On cède à la vertu qui les rend invincibles.

(1646.)

SUR LA GUÉRISON APPARENTE DU ROI.

SONNET.

Enfin, vaines grandeurs, vous êtes impuissantes ;
Et ce nombre infini de tant de courtisans
Ne pouvait empêcher que la mort triomphante
Ne portât au cercueil le plus beau de mes ans.

Ces petits rejetons, dont la vertu naissante
Porte déjà l'effroi jusqu'aux lieux plus puissants,
Ne servaient qu'à pleurer cette mort apparente
Et rendre, en les quittant, mes ennuis plus cuisants.

Mais quoiqu'en ces douleurs mon âme fût ravie,
Pour le bien de l'État je demandais la vie,
Quand le Ciel entendit un si juste dessein.

Pour amoindrir mon mal, il fallait des miracles [1],
Et si je fus guéri malgré tous ces obstacles,
C'est ma seule vertu qui fut mon médecin.

(Avril 1643.)

A LA REINE. SUR LA RÉGENCE.

SONNET.

Commencez, grande reine, un règne de merveilles ;
Puisque notre bonheur ne dépend que de vous,
Semez par l'univers vos vertus sans pareilles,
Rendez de vos beaux faits les plus grands rois jaloux.

Continuez les soins de vos divines veilles,
Et que votre bonté fasse connaître à tous
Qu'en vain mille terreurs ont frappé nos oreilles [2]
Pour un gouvernement que vous rendez si doux.

Politique indiscret, parle sans violence ;
Ne dis plus, pour troubler notre heur dans sa naissance,
Qu'une douceur de femme est un faible soutien.

Apprends à respecter ton illustre princesse,
Dont l'esprit tout divin sait joindre avec adresse
La douceur de son sexe à la force du tien.

(Mai 1643.)

---

[1] *Edit. V. C.* : « ... il *fallut*... »
[2] *Edit. V. C.* : « ... *vos* oreilles .. »

POUR UNE DAME

AMOUREUSE D'UN HOMME QUI N'EN SAVAIT RIEN [1].

STANCES.

Imprudente divinité,
Injuste et fâcheuse chimère,
Dont le pouvoir imaginaire
Tourmente une jeune beauté ;
Amour, que ton trait est nuisible,
Et que tu parais insensible
A tant de plaintes et de vœux !
Alors qu'Amarante soupire,
Tirsis est exempt de tes feux
Et ne connaît point ton empire.

---

[1] Il paraît que Jacqueline avait adressé ces stances à Bensserade ; du moins on les trouve imprimées dans les œuvres de Bensserade (a), et à la suite vient immédiatement la pièce suivante :

Réponse aux vers précédents, par M. de Bensserade.

Que ce trait d'un esprit adroit comme le vôtre
    Est délicat et doux !
Et que vous feignez bien de parler pour un autre,
    Quand vous parlez pour vous !

Que vos vers sont ardents ! que leur pompe est brillante,
    Et qu'ils sont radoucis !
Il n'en faut point douter, vous êtes l'Amarante,
    Et je suis le Thyrcis.

Ils sont de vous à moi ces vers que chacun loue,
    Et ne le niez plus.
Pensez à la rougeur qui vous a peint la joue
    Dès que je les ai lus.

(a) Deux vol. in-12, 1697. Tome 1er, p. 77.

Tandis que ses yeux innocents
Enchantent le cœur d'Amarante
Et que cette flamme naissante
A déjà des effets puissants,
Cette belle par une œillade
Montre qu'elle a l'esprit malade
Et qu'elle chérit sa langueur.
Mais ta rigueur incomparable
Rend cet adorable vainqueur
Autant insensible qu'aimable.

La grâce qu'on voit en son port,
Et sa douceur incomparable,

Pendant que je voyais cette œuvre d'importance,
    D'un jugement bien sain,
Vous tâchiez d'observer si mon intelligence
    Allait jusqu'au dessein.

A la fin mon esprit d'ne adresse assez prompte,
    En a trouvé le nœud,
Et j'ai vu dans vos yeux je ne sais quelle honte
    Parmi beaucoup de feu.

Aussi quoique ces vers soient exempts d'infamie
    Pour être trop parfaits,
Il est bon d'assurer que c'est pour une amie
    Que vous les avez faits.

Un semblable prétexte est bon pour peu qu'il vaille,
    Et doit être permis ;
Quand j'écris de votre air, je dis que je travaille
    Pour un de mes amis.

Qu'une fille à treize ans (*a*) d'amour soupire et pleure,
    C'est souvent un défaut ;
Mais pour une qui fait des vers de si bonne heure,
    C'est vivre comme il faut.

(*a*) Les stances de Jacqueline, dans le MS. du P. Guerrier, portent la date de 1643 : Jacqueline avait alors dix-huit ans et non treize.

Est un écueil inévitable
Où sa raison perd son effort.
Son ardeur qui toujours augmente,
Devient enfin si véhémente
Qu'elle ne la peut plus celer.
Chacun de nous la voit paraître,
Et le seul qu'elle veut toucher,
Est seul qui ne la peut connaître.

Peut-être s'il savait un jour
L'ardeur de cette belle flamme,
La pitié ferait en son âme
Ce que n'a jamais pu l'amour.
Mais tant de soupirs qu'elle pousse,
Par une voix plaintive et douce,
Ne découvrent point ses désirs ;

Encore que je tienne à faveur singulière
    L'aveu fait en ce jour ;
J'ai honte qu'une fille ait été la première
    A me parler d'amour.

. . . .
. . . .

Que de fâcheux détours ma passion évite !
    Mon espérance rit
De voir que tout se hâte, et que le cœur va vite
    De même que l'esprit.

Nous sommes l'un pour l'autre, et nos âmes blessées
    Font de pareils soupirs.
Le ciel même en naissant fit rimer vos pensées
    Avecque mes désirs.

Joignons-nous donc enfin d'un lien nécessaire
    A la postérité.
En travaillant tous deux nous ne saurions rien faire
    Que pour l'éternité.

Son Tirsis n'y peut rien comprendre,
Et ne pousse point de soupirs
Puisqu'il ne les sait pas entendre.

    Jeune et capricieux enfant,
Que tu te vas donner de blâme.
Pour avoir pu vaincre une femme,
Crois-tu te voir plus triomphant ?
Non, non ; mais par cette injustice
Tu montres bien que ta malice
Est jointe avec peu de pouvoir.
Si la force suivait tes armes,
Tirsis pourrait s'en émouvoir
Ou du moins connaître leurs charmes.

    Et toi, dont j'ai dépeint l'ardeur,
Aimable et divine Amarante,
Si ton âme n'en est contente
Il faut en blâmer ma froideur.
Si ce qui te rend insensée
Pouvait échauffer ma pensée,
J'y travaillerais plus d'un jour.
Mais ne m'en donne point de blâme,
Puisqu'il faut avoir de l'amour
Pour mieux discourir de ta flamme.

(Septembre 1643.)

SONNET

FAIT APRÈS LES RIMES.

Vos discours rigoureux me donnent de la *peur* ;
Mais malgré vos mépris j'aurai cet *avantage*,
Que votre œil a toujours la douceur en *partage*

Pour adoucir mon mal par un regard *flatteur*.
    Je sers vos doux attraits avecque tant d'*ardeur*
Et trouve tant de charme en leur rendant *hommage*,
Que quand j'y souffrirais un insigne *dommage*,
Je croirais en mourant recevoir de l'*honneur*.

    Mon âme est pour vos coups une illustre *matière* [1]
Qui pour vous contenter se donne tout *entière*
A des traits qui jamais ne furent sans *effet*.
    Je meurs pour satisfaire à votre injuste *envie*;
Mais jetez un soupir, et mon âme *ravie*
Recevra le trépas comme un bonheur *parfait*.

(Octobre 1643.)

CONSOLATION

SUR LA MORT D'UNE HUGUENOTE.

STANCES.

    Filis, apaisez vos douleurs ;
    C'est assez répandre de pleurs
    Pour la perte de votre amie.
    Cessez ce violent transport
    Qui, s'attaquant à votre vie,
    Livrerait la mienne à la mort.

    Finissez tous ces déplaisirs ;
    La mort est sourde à vos soupirs
    Comme elle est aveugle à vos larmes.
    Si le ciel l'eût faite autrement,
    Elle eût respecté tant de charmes
    Qu'elle a détruits en un moment.

---

[1] *Édit. V. C. :* «'... mon *mal*... » Leçon qui ne forme aucun sens.

Mais quoi! rien n'échappe ici-bas,
Et la laideur et les appas
Ressentent ses coups redoutables.
Les heureux, les infortunés,
Les innocents et les coupables
Sont au même but destinés.

Tout est dans l'instabilité :
La plus ferme félicité
Se perd dès qu'elle est découverte,
Et même vous, enfin un jour,
Ferez pleurer pour votre perte
Ceux qui pleurent pour votre amour.

Ce n'est pas que par mon discours,
Je prétende arrêter le cours
D'une tristesse raisonnable ;
Moi-même j'ai part au malheur,
Et par une pitié louable,
J'accompagne votre douleur.

J'excuse votre déplaisir,
En ce qu'il ne pouvait choisir
Une matière plus illustre.
Cloris fut chef-d'œuvre des cieux,
Et c'est en son cinquième lustre
Que le destin l'ôte à nos yeux,

Mais ce qui peut mieux excuser
La douleur que vous peut causer
Sa perte trop inopinée,
C'est qu'en mourant le ciel voulut
Que son hérésie obstinée
Laissât douter de son salut.

Mais non : sans doute qu'à la mort
Son esprit devenu plus fort
Reçut la céleste lumière,
Et qu'étant presque détaché
Du poids de sa masse grossière
Il reconnut d'avoir péché.

Aussi, grand Dieu, si l'amitié
Peut émouvoir quelque pitié
Pour un chef-d'œuvre sans exemple,
Oyez les vœux que désormais
Nous irons faire en votre temple
Pour celle qui n'y fut jamais.

Hélas ! son malheur seulement
Causa son endurcissement
A vivre dans son hérésie ;
Et son zèle la décevait [1],
Recevant pour la mieux choisie
La foi que son père approuvait.

Vous l'enrichîtes, à nos yeux,
De ces dons les plus précieux
Dont vous ornez les belles âmes ;
Et son ardente charité
Brûlait de vos divines flammes
Son cœur rempli de piété.

Sans cesse elle espérait en vous,
Et toujours son soin le plus doux
Était de vous être fidèle.

---

[1] *Edit. V. C.* : « ... son zèle la *dévorait*... » — Leçon évidemment contraire au sens de l'auteur.

Hélas! dans son aveuglement,
Lui donnâtes-vous tant de zèle
Pour la perdre éternellement?

Mon Dieu, je ne pénètre pas
Dans les secrets dont ici-bas
Vous nous ôtez la connaissance;
Mais j'espère en votre équité,
Et crois que votre providence
Suit les lois de votre bonté.

Ainsi, Filis, c'est trop pleurer :
Dieu vous permettant d'espérer,
Défend une douleur plus ample.
Réglez-vous sur ses volontés,
Et suivez en cela l'exemple
De celle que vous regrettez.

(Mai 1645.)

CHANSON.

Sombres déserts, retraite de la nuit,
   Sacré refuge du Silence,
Un malheureux à qui le monde nuit
Ne vient pas par ses cris vous faire violence.
Son tourment est si doux, qu'il n'en veut pas guérir :
Il ne vient pas se plaindre, il ne vient que mourir.

Par son trépas dans les lieux fréquentés
   On saurait les maux de son âme,
Mais dans ces bois toujours inhabités,
Il vient cacher sa mort pour mieux couvrir sa flamme.

Ne craignez pas ses pleurs en le voyant périr :
Il ne vient pas se plaindre ; il ne vient que mourir [1].

(1643.)

SÉRÉNADE [2].

Bannissez le sommeil, belle et chaste Clarice,
Ouvrez, ouvrez les yeux et ne permettez pas
    Que l'on reproche à vos appas
De joindre à leur pouvoir cet excès d'injustice
Qu'au temps où vos rigueurs me forcent de veiller,
    Vous puissiez sommeiller.

Prenez part aux douleurs dont mon âme est atteinte ;
Écoutez mes soupirs, et voyez ma langueur.
    Si vous me refusez le cœur,
Au moins prêtez l'oreille aux accents de ma plainte.
Et puisque vos rigueurs me forcent de veiller,
    Cessez de sommeiller.

VERS SANS INTITULÉ [3].

    A bas, à bas ces fleurs !
    Vous profanez ce verre.
Le fade émail de ces couleurs
N'est bon que pour des pots de terre.
C'est pervertir l'ordre des choses :
    Un métal si divin
    N'est pas fait pour des roses ;
    Il est fait pour du vin.

---

[1] Cette stance manque dans l'*Edit. V. C.*
[2] Même observation pour cette *sérénade.*
[3] Ces vers manquent aussi dans la même édition.

RÉPONSE DE LA PETITE PASCAL

A MADEMOISELLE DE SCUDÉRY [1].

Si j'étais cette Cassandre,
De qui l'éclat sans pareil
Put jadis réduire en cendre
Le cœur même du soleil,
Je ne demanderais à ce dieu du Parnasse
Le don de prophétie; et veux bien avouer
Que s'il me permettait souhaiter quelque grâce,
Je lui demanderais l'art de vous bien louer.

A LA REINE [2].

Madame,

Si l'on a mis au jour quelques copies de ces petits avortons indignes de la lumière, ç'a été sans aucune intention de les faire voir au public, mais parce qu'il eût été autrement très-difficile de satisfaire à la curiosité du trop grand nombre de personnes qui les désirent, sans autre sujet sinon que c'est l'ouvrage d'une fille qui entre [3] dans sa douzième année. Et si

---

[1] Voici les vers que Mlle de Scudéry avait adressés à Jacqueline :

Mademoiselle de Scudéry à la petite Pascal.

    Aimable et jeune Cassandre,
    Une autre de votre nom,
    Voulant tromper Apollon,
    Vit mettre sa ville en cendre.
    Mais vous, sans vouloir quitter
    Ce dieu qui vous fait chanter,
    . . . .
    Par tant d'ouvrages divers,
    Vous enflammez tout le monde
    Du feu qui brille en vos vers.

[2] Anne d'Autriche.

[3] *Edit. V. C.* : « ... qui entre *encore* dans... »

je les offre à Votre Majesté, ce n'est ni pour leur acquérir sa protection, contre l'envie et la trop grande sévérité des critiques, car ils ne méritent ni envie, ni censure, ni protection[1]; mais pour ce qu'ils sont véritablement vôtres, ayant déjà eu l'honneur de les présenter à Votre Majesté; et qu'après Dieu, de qui nous viennent toutes les lumières, il n'y a rien qui m'ait plus puissamment animée à la poésie que le plaisir d'employer le peu d'habitude qu'il lui a plu m'y donner à publier le contentement qu'a reçu toute la France, en la bénédiction dont la divine bonté a voulu combler votre vertueuse et sacrée personne [2]. Ainsi, quand je lui fais ce mauvais présent, je ne fais que lui donner ce qui lui appartient légitimement. C'est, madame, ce qui me fait espérer qu'il sera reçu de Votre Majesté avec la même douceur dont elle a daigné favoriser les originaux, et me donne l'assurance de me dire, Madame,

De Votre Majesté,

La très-humble et très-obéissante servante et sujette,

JACQUELINE PASCAL.

Note du père Guerrier : « J'ai transcrit cette épître sur l'imprimé dont le titre est : *Vers de la petite Pascal*, 1638, sans nom d'imprimeur. Dans ce petit in-4°, j'ai trouvé les pièces suivantes, savoir : 1° Sonnet à la reine sur le sujet de sa grossesse, présenté à S. M. — 2° Epigramme sur le mouvement que la reine a senti de son enfant, présenté aussi à S. M. — 3° Stances à la reine, pour remercier S. M. du bon accueil qu'elle a daigné faire aux vers précédents, présentées de même à S. M. — 4° Epigramme à Mademoiselle, faite sur-le-champ par son commandement. — 5° Autre épigramme à madame d'Autefort faite le même jour sur-le-champ, par le commandement aussi de Mademoiselle. — 6° Stances à madame de Morangis.

« La suite manque. »

[1] *Edit. V. C.* : « ... ils ne méritent *pas* ni... »
[2] *Idem.* : « ... vertueuse et *divine* personne. »

TRADUCTION DE L'HYMNE

JESU, NOSTRA REDEMPTIO [1].

Jésus, digne rançon de l'homme racheté,
Amour de notre cœur et désir de notre âme,
Seul créateur de tout, Dieu dans l'éternité,
Homme à la fin des temps en naissant d'une femme.

Quel excès de clémence a su te surmonter
Que portant les péchés de ton peuple rebelle,
Tu souffris une mort horrible à raconter,
Pour garantir les tiens de la mort éternelle?

Jusqu'au fond des enfers tu fis voir ta splendeur.
Rachetant tes captifs de leur longue misère;
Et par un tel triomphe en glorieux vainqueur
Tu t'assis pour jamais à la droite du Père.

Que la même bonté t'oblige maintenant
A surmonter les maux dont ton peuple est coupable [2].
Remplis ses justes vœux en les lui pardonnant,
Et qu'il jouisse en paix de ta vue ineffable.

Sois notre unique joie, ô Jésus notre roi,
Qui seras pour toujours notre unique salaire!
Que toute notre gloire à jamais soit en toi,
Dans le jour éternel où ta splendeur éclaire!

[1] Voyez *Vie de Jacqueline*, page 67 de ce volume.
[2] *Edit. V. C.* : « ... est *capable*. »

VERS

composés par la sœur jacqueline de sainte-euphémie pascal, religieuse de port-royal, sur le miracle opéré en la personne de mademoiselle perier, sa nièce, le 24 mars 1656.

Gloire à Jésus, au St Sacrement.

Invisible soutien de l'esprit languissant,
Secret consolateur de l'âme qui t'honore,
Espoir de l'affligé, juge de l'innocent,
Dieu caché sous ce voile où l'Église t'adore,
Jésus, de ton autel jette les yeux sur moi ;
Fais-en sortir ce feu qui change tout en soi.
Qu'il vienne heureusement s'allumer dans mon âme,
Afin que cet esprit qui forma l'univers,
Montre, en rejaillissant de mon cœur dans mes vers,
Qu'il donne encor aux siens une langue de flamme.

Au fond de ce désert, en ne vivant qu'à toi,
Je goûte un saint repos exempt d'inquiétude.
Tes merveilles, Seigneur, pénétrant jusqu'à moi,
Ont agréablement troublé ma solitude.
J'apprends que par un coup de ta divine main,
Trompant l'art et l'espoir de tout esprit humain,
Un miracle nouveau signale ta puissance.
Ce miracle étonnant, dans un divin transport,
Me presse de parler par un si saint effort
Que je ne puis sans crime être encor en silence.

Il faut donc que ma voix retentisse en tout lieu
Pour rendre à l'Éternel d'immortelles louanges,
Qui daigne dans nos jours agir vraiment en Dieu,

Tirant des plus grands bien les maux les plus étranges.
Au milieu de l'Auvergne, une enfant de sept ans,
Soit pour son péché propre ou ceux de ses parents,
Ou pour une autre fin sans qu'ils fussent coupables,
Par l'ordre de Celui qui fait vivre et mourir,
Fut surprise d'un mal si pénible à souffrir,
Qu'elle eût touché le cœur des plus impitoyables [1].

[1] Au lieu de cette stance Jacqueline en avait d'abord écrit trois dans lesquelles elle s'étendait longuement sur les mérites de son pays natal et vantait l'intégrité de son beau-frère, M. Perier, père de Marguerite. Un retour d'humilité chrétienne lui fit sans doute supprimer ces trois strophes. Les voici telles qu'on les trouve dans une copie que donne la première partie du MS. *Supplément français,* n° 1485.

    Ce climat si fertile en diverses beautés,
Bien qu'il n'ait d'ornements que ceux de la nature,
Qui sans l'aide de l'art fait voir de tous côtés
Des grandeurs de son Dieu la naïve peinture ;
L'Auvergne, en sa Limagne, étant loin de ces monts
Où de sombres rochers, sans fruits ni sans moissons,
Ne font voir en tout lieu qu'un affreux précipice,
Renferme un petit mont si fertile et si beau,
Et si favorisé du céleste flambeau,
Qu'on le nomme *Clairmont* pour lui faire justice.

    Une ville en ce lieu, féconde en habitants,
Riche en possession et chef de la province,
Dans des troubles divers s'est fait voir en tout temps
Aussi fidèle à Dieu que fidèle à son prince.
Et même lorsqu'Henri, cet invincible roi,
Semblait avec raison, par l'erreur de sa foi,
Soulever contre lui tout le peuple fidèle,
Cette heureuse cité fit voir dans le hasard,
Qu'elle rendait justice à Dieu comme à César,
En conservant sa foi sans devenir rebelle.

    Dieu par sa providence ayant choisi ce lieu
En tira le sujet d'un prodige visible,
Montrant que quand il veut il sait agir en Dieu
Et tirer un grand bien du mal le plus horrible.

Une enfant de sept ans, fille d'un sénateur
Qui depuis fort longtemps s'efforce avec honneur
De rendre en chaque cause un arrêt équitable,
Sur l'ordre de Celui qui fait vivre et mourir,
Fut surprise d'un mal si pénible à souffrir
Qu'elle eut touché le cœur le plus impitoyable.

L'œil de cette petite en imminent danger,
Jetant incessamment une liqueur impure,
Obligeait ses parents à ne rien négliger
Pour arrêter le cours de cette pourriture.
Paris où tous les arts se savent signaler,
Les voit venir chez elle ou plutôt y voler
Pour trouver un remède à ce mal qui s'obstine.
Mais n'étant pas un mal facile à secourir
L'avis des médecins est qu'il ne peut guérir,
Sans appliquer le feu jusque dans la racine.

Cet arrêt si sensible à l'amour maternel,
Affligeant dans l'excès sa mère désolée,
Elle craint pour l'enfant le remède cruel
Et pense que sa mort l'aurait mieux consolée.
Sur cela l'on propose un remède plus lent,
Mais de beaucoup moins sûr comme moins violent,
Dont on a vu, dit-on, quelque cure admirable.
Lors cette bonne mère en fait bientôt le choix,
Quoique les médecins assurent d'une voix
Qu'à tout, sinon au feu, ce mal est incurable.

Par un ordre secret des volontés de Dieu,
On renferme l'enfant dans un saint monastère
Pour user de cette eau qui doit sauver du feu,
Faisant le même effet par un moyen contraire.
Le Port-Royal s'en charge et veut bien prendre soin
D'assister cet enfant dans un si grand besoin,

Par un zèle obligeant autant que charitable.
Mais tandis qu'on se sert de cette eau vainement,
Dix-huit mois écoulés font voir bien clairement,
Que le premier avis n'est que trop véritable.

   C'est ici, mon Sauveur, qu'il faut hausser ma voix
Pour faire entendre à tous un mystère admirable,
Adorant tes desseins sur ceux dont tu fais choix
Pour signaler en eux ton pouvoir redoutable.
Ce mal invétéré faisant un grand progrès,
Sans que l'on pénétrât dans tes divins secrets,
Obligea de quitter ce remède inutile.
Après quoi, s'augmentant avec beaucoup d'excès,
Tu fis voir clairement, par ce triste succès,
Combien la guérison en était difficile.

   Une enflure apparente, à l'entour de son œil,
Commençant au-dessous, atteignait la paupière ;
Et son âpre douleur, s'opposant au sommeil,
La laissait sans dormir presque la nuit entière.
Que si pour lui donner quelque soulagement,
On pressait la tumeur quelque peu seulement,
Il sortait trois ruisseaux de cette source impure.
Le visage en dehors s'en trouvait tout gâté :
Et même le dedans en était infecté,
Ce mal en l'os pourri s'étant fait ouverture.

   L'horrible infection de cette étrange humeur
Jetant de toutes parts une odeur empestée,
On ne pouvait juger sans beaucoup de ferveur
Que cette puanteur pût être supportée.
Cependant, mon Sauveur, tu sais qu'en même temps
Les vierges qu'on emploie à servir les enfants

Disputaient saintement pour lui rendre service;
Et ses compagnes même, imitant leur bonté,
Souffraient si doucement cette incommodité
Qu'on ne peut l'oublier sans leur faire injustice.

Son tein défiguré, son œil horrible à voir,
Son odorat perdu, sa parole affaiblie,
Faisaient à son abord aisément concevoir
La grandeur du péril qui menaçait sa vie.
Même les médecins, consultés de nouveau,
Souhaitaient par pitié de la voir au tombeau,
N'espérant presque plus en l'industrie humaine.
Il lui fallait neuf fois faire sentir le feu,
Sans peut-être pouvoir empêcher que dans peu
Ce mal ne la rongeât ainsi qu'une cangrène.

Cependant la rigueur d'une triste saison
Nous tenant dans le froid d'un hiver assez rude,
On n'osait travailler à cette guérison,
Attendant le beau temps avec inquiétude.
Mais lorsque le soleil, se rapprochant de nous,
Nous rendit au printemps un air tranquille et doux,
On résolut tenter cette cure incertaine.
Son père ayant voulu qu'on l'en fît avertir,
Des lettres coup sur coup le pressent de partir,
Car l'amour paternel veut qu'il ait cette peine.

Dans ce mois que Jésus, mourant pour notre amour,
A voulu consacrer de son sang adorable,
A l'heure de midi de ce céleste jour
Que son dernier festin nous rend si mémorable,
Alors ce mal funeste, ou plutôt bien heureux
Puisqu'il devait avoir un succès glorieux,

Semblant prendre à toute heure une vigueur nouvelle,
Pour la dernière fois on mande à ses parents
Que sans rien consulter ni perdre plus de temps
Il faut enfin tenter cette cure cruelle.

O merveille qu'un Dieu pouvait seul opérer!
Sa sainte Providence, en cette conjoncture,
Voulut ce même jour hautement déclarer
Qu'il est le souverain de toute la nature.
A l'heure où ce Sauveur daigna mourir pour nous,
Après avoir senti les injures des clous,
Les efforts de l'enfer et toutes leurs machines,
Et qu'un peuple inventif en son impiété,
Comme pour couronner toute sa cruauté,
Outrageant son saint chef l'eût couronné d'épines.

Donc, en cette même heure et dans un jour pareil [1],
Un reste précieux de ce sanglant mystère [2],
Avec un plus dévot que superbe appareil,
Ayant été porté dans ce saint monastère,
Les vierges du Seigneur qui, dans un si saint lieu,
S'occupant nuit et jour des louanges de Dieu,
Imitent dans leurs chants les cantiques des anges,
Allèrent tour à tour chacune l'adorer;
Et sans autre dessein que de le révérer,
Priaient avec ferveur en chantant ses louanges.

L'état de la malade était toujours égal.
Elle approche à son tour du sacré reliquaire,
L'adorant simplement sans penser à son mal,
Sans mouvement secret, sans dessein, sans prière.

---

[1] Ce fut un vendredi, 24 de mars, que la Sainte-Epine fut apportée céans. (*Note de Jacqueline.*)

[2] *Edit. V. C.*: « ... *c'est* en cette... » » « *qu'un* reste... » »

Toutefois sa maîtresse, ayant avec douleur
Considéré cet œil qui donnait tant d'horreur,
Fut dans le même temps saintement inspirée,
Et sans faire pour l'heure autre réflexion,
Par le seul mouvement de sa compassion,
Fit toucher à son mal la relique sacrée.

Ici, Seigneur, ici j'ai besoin de secours.
Le courage me manque avecque le discours;
Je n'ai point de couleurs pour peindre tes merveilles :
Mille pensers divers s'efforcent à la fois
D'emprunter pour sortir les accents de ma voix.
Et leur foule sans ordre étouffe ma parole.
Je ne puis concevoir tout ce que j'aperçois ;
Je ne distingue rien de ce que je conçois ;
Une idée en naissant fait que l'autre s'envole [1].

O mortels ! écoutez avec un juste effroi
L'effet miraculeux d'une vertu divine,
Et jugez du pouvoir de votre divin roi,
Par celui que reçoit une petite épine.
Cet œil défiguré, cet os demi-pourri,
Ce mal que le feu même à peine aurait guéri,
Ce mal qui surpassait tout ce qu'on en peut croire,
Par le pouvoir secret d'un saint attouchement
Se trouve anéanti dans le même moment,
Sans qu'il en reste rien que la seule mémoire.

Qui n'a senti, Seigneur, dans cet événement,
Cette sainte frayeur qu'excite ta présence ?

---

[1] Cette stance, dans notre MS. comme dans la copie plus haut citée, n'a que neuf vers au lieu de dix, et la rime du troisième vers n'a pas de correspondante.

Qui s'est pu garantir d'un secret tremblement,
Te voyant dans l'effet de ta toute-puissance?
Que s'il est vrai qu'ici dans l'ombre de la foi,
Ta présence secrète imprime tant d'effroi,
Lorsque tu ne parais que pour être propice,
Que sera-ce, Seigneur, alors qu'au dernier jour,
Couvrant de ta fureur l'excès de ton amour,
Tu ne te feras voir que pour faire justice.

Cette épreuve, Seigneur, me fait voir clairement
La raison qui te porte, en des choses pareilles,
Comme pour prévenir ce juste étonnement,
De faire quelquefois pressentir tes merveilles.
Ainsi, malgré l'hiver d'une rude saison,
Un arbre fleurissant dans ta sainte maison [1],
Nous y fit voir l'espoir d'une chose étonnante.
Ainsi, quand le sommeil tenait tout en repos,
Par des songes de nuit qui n'ont rien que de faux,
La vérité parut à ton humble servante [2] :

Cette âme en qui le ciel a paru s'épuiser
De tous les dons divins de grâce et de nature,
Mais dont l'humilité, qui les sait déguiser,
Interdit à mes vers d'en faire la peinture,
Avant ce grand miracle, au milieu du sommeil,
Pensait voir dans l'Eglise un superbe appareil,
Sans savoir le sujet de sa magnificence,
Et qu'un peuple dévot avec empressement
Cherchait mille moyens, quoiqu'inutilement,
De témoigner son zèle et sa reconnaissance.

[1] L'hiver précédent, un arbre fleurit dans le jardin de Port-Royal de Paris. (*Note de Jacqueline.*)
[2] La nuit précédant le miracle, la mère C 4 (Agnès) fit ce songe. (*Idem.*)

Je me trouve, Seigneur, dans ce pénible état,
Je suis dans cette heureuse et sainte inquiétude.
Mon cœur veut témoigner qu'il ne t'est pas ingrat;
Mais mon peu de pouvoir trahit ma gratitude.
Mille autres comme moi dans ce trouble nouveau,
Se trouvant accablés sous un heureux fardeau,
Succombent sous le faix de ces grâces visibles,
Et l'ardeur qui les rend saintement insensés,
Sachant que le discours ne saurait dire assez,
Invite à te bénir les choses insensibles [1].

En vain, pour satisfaire à ce juste devoir,
Le prélat a rendu sa sentence publique,
Et par l'autorité d'un suprême pouvoir,
Décerné des honneurs à la sainte Relique.
En vain le peuple en foule avecque mille vœux
S'efforce d'élever sa gloire jusqu'aux cieux;
En vain tout l'Univers voudrait lui rendre hommage :
Rien ne peut satisfaire un cœur reconnaissant.
Tout zèle est froid pour lui, tout discours languissant;
Et quoi qu'on puisse faire, il en veut davantage.

J'ai satisfait, Seigneur, l'impétuosité
D'un zèle dont l'ardeur condamne le silence.
Je n'ai point captivé ta sainte vérité :
J'ai suivi le transport de ma reconnaissance,
J'ai dit ce que l'esprit a daigné m'inspirer.
Et maintenant, Seigneur, si je puis espérer,
Selon que tu promets, grâce pour cette grâce,
Pour salaire, ô mon tout ! fais-moi cette faveur,
De rentrer dans mon centre avec plus de ferveur,
Et de ne plus sortir du secret de ta face.

[1] *Edit. V. C.* : « ... *imite* à te bénir... »

ÉCRIT

DE MADEMOISELLE JACQUELINE PASCAL,

SUR LE MYSTÈRE DE LA MORT DE NOTRE-SEIGNEUR J.-C.

Il fut fait en conséquence d'un billet de chaque mois que la mère Agnès lui avait envoyé selon l'usage de Port-Royal [1].

(1651.)

I. Jésus est mort par amour envers son Père éternel, parce qu'il est mort pour réparer, par une offrande infinie, l'offense infinie [2] qui lui avait été faite. Il est aussi mort par amour envers nous, parce qu'il a satisfait par sa mort à nos dettes [3]; en sorte que le peu que nous pouvons, et que nous ne pouvons sans lui, suffit pour les payer toutes.

J'apprends de là que je dois mourir au monde par amour envers Dieu, pour lui rendre ce que je lui dois, en lui donnant tout mon cœur sans aucun partage, et satisfaisant pour tous mes péchés par la pénitence, qui est enfermée dans cette mort, et par amour envers moi-même de la même sorte.

II. Jésus n'est pas mort pour ne plus vivre, mais pour ne plus être dans la souffrance, dans la faiblesse et les autres infirmités de cette vie humaine; pour vivre éternellement d'une vie exempte de toutes ces misères, toute spirituelle, toute céleste [4], toute divine.

---

[1] IIe Recueil MS. du P. Guerrier, page 265.
[2] L'*Edit. V. C.* omet *infinie.* — [3] *Idem* : « ... satisfait *par amour* à nos dettes... » Leçon évidemment vicieuse. — [4] *Idem* omet: *toute céleste.*

J'apprends de là qu'après que je serai séparée, par ma mort au monde, de toutes les appartenances de la corruption de la nature, il faut que dès lors je vive en Dieu seul, et que je ne vive plus à rien de ce qui appartient à la première vie.

III. Jésus est mort réellement, et non pas en figure, ou en désir seulement.

Cela m'apprend qu'il faut mourir effectivement au monde, et ne pas me contenter en cela d'imaginations et de belles spéculations.

IV. La mort de Jésus n'a rien eu d'extraordinaire, c'est-à-dire que son corps a été privé de vie [1] comme tous les autres, et il s'est tenu mort dans la posture et la manière qui était propre à cet état.

Cela m'apprend qu'encore qu'il faille [2] faire mourir effectivement en moi la chair et tous ses désirs, il ne faut pas, néanmoins, qu'il paraisse rien d'extraordinaire ni de singulier dans mes actions ; mais que je fasse simplement et uniquement celles qui seront conformes à mon état et à ma condition présente.

V. Jésus est mort au regard de soi-même, en ce que réellement sa sainte âme et son corps ont été séparés, et qu'ensuite il a souffert toutes les privations que cause la mort, de la vue, de l'ouïe, de l'entendement, de tout mouvement ; en sorte qu'on l'emporte dans le sépulcre : il ne s'y conduit pas soi-même, et a bien voulu se priver de toutes ces choses [3], quoiqu'elles fussent fort saintes en lui.

---

[1] *Edit. V. C.* : « ... privé *d'une* vie *humaine*... »
[2] *Idem* : « ... qu'il *faut*... » — [3] *Idem* : « ... voulu *être privé* de... »

Cela m'apprend à mourir à moi-même en toutes choses, même dans les plus innocentes ; en sorte que je ne produise plus par moi-même aucune action, mais que tout ce que j'espérerai soit tellement produit par l'obéissance que je dois aux maximes du christianisme et aux supérieurs que Dieu m'a donnés, que l'on puisse dire véritablement que mon esprit n'est plus en moi, et qu'il est de telle sorte séparé de mon corps que ce n'est nullement lui qui le fait agir [1].

VI. Jésus est mort non-seulement au regard de soi-même, mais encore au regard de sa sainte [2] Mère, de ses parents et de ses amis, les privant de la consolation de sa présence et se privant soi-même de la leur.

Cela m'apprend à ne pas mourir seulement à ce qui ne touche que ma personne, mais aussi à tous les intérêts de la chair et du sang, et de l'amitié humaine ; c'est-à-dire à oublier tout ce qui ne regarde point le salut de mes amis, ne plus m'empresser dans leurs affaires temporelles [3].

VII. Jésus est mort au regard de tout le monde ; en sorte que le monde entier est privé de sa présence visible et du fruit de ses exhortations, y laissant seulement les disciples, qui étaient des copies de sa sainte vie qu'ils imitaient.

Cela m'apprend que lorsqu'on est mort au monde, il ne faut plus s'y produire, et qu'il faut se contenter de

---

[1] *Edit. V. C.* : « ... que ce *ne soit plus le corps* qui le fait agir. » Leçon contraire au sens de l'auteur.

[2] *Idem* omet : *sainte.* — [3] *Idem* : « ... le salut *des âmes...* » « ... *les* affaires temporelles. » Sens qui n'est pas celui de l'auteur.

fructifier par le bon exemple et la bonne odeur que cette vie de mort pourra répandre.

VIII. Jésus n'a pas attendu à mourir de vieillesse, mais a comme prévenu la mort en mourant dans la plus forte jeunesse.

Cela m'apprend à ne pas attendre la défaillance de ma vie pour mourir au monde, mais à prévenir ma mort réelle par la mystique.

IX. Jésus est mort de mort violente, et non pas naturelle.

J'apprends de là qu'encore que la nature répugne à cette mort violente, et que toutes les choses humaines qui sont en moi me portent à la fuir, je dois faire violence à tout cela pour mourir vraiment au monde.

X. Jésus est mort à la croix, élevé au-dessus de tout le monde, ayant sous ses pieds tout, et sa sainte Mère même.

J'apprends de là que mon cœur doit être au-dessus de toutes les choses de la terre, et que par cet élèvement[1] d'esprit, qui n'est pas orgueilleux mais céleste, je dois regarder comme au-dessous de moi tout ce qu'elle a de plus grand et de plus aimable, parce que, comme je ne me dois glorifier qu'en la croix de mon Sauveur, je ne dois aussi rien estimer qu'elle.

XI. Jésus a voulu tellement être séparé de la terre en mourant, qu'il n'y tenait que par l'instrument de son supplice, par où il y était nécessairement joint.

Cela m'apprend à regarder comme des supplices tout

---

[1] *Edit. V. C.:* « ... cette *élévation* d'esprit... »

ce qui me contraint de prendre quelque part aux choses de la terre, et qu'il faut que la haine véritable que je conserverai dans mon cœur pour ces choses, en m'y soumettant néanmoins, fasse qu'elles me soient vraiment une rude croix, afin que mourant au monde je ne tienne plus à la terre, comme mon Sauveur, que par l'instrument de mon supplice [1].

XII. Jésus est mort tout environné de douleurs et de plaies horribles, et néanmoins la pensée de plusieurs est que ce ne sont pas les douleurs qui l'ont fait mourir, n'ayant pu le faire si tôt [2].

Cela m'apprend qu'encore que je fusse environnée et accablée de maux dans le monde, ils ne doivent pas être le motif de ma mort au monde, et que comme il ne m'est pas commandé d'y vivre pour y souffrir plus longtemps, il ne m'est pas permis d'y mourir seulement pour les éviter.

XIII. Jésus est mort hors la ville. — Cela m'apprend que la première chose qu'il faut faire est de sortir du milieu du monde, pour mourir au monde.

XIV. Quoique Jésus mourut hors de la ville, il fut néanmoins accompagné de beaucoup de monde.

Cela m'apprend qu'encore que je ne puisse pas m'en séparer entièrement, ni quitter tout à fait les lieux où il habite, je ne dois pas laisser d'y mourir généreusement.

XV. Il est mort publiquement devant tous ceux qui l'ont voulu voir.

---

[1] *Edit. V. C. :* « ... *notre* sauveur... » « ... *notre* supplice. »
[2] *En marge :* Sur ces paroles : *il rendit l'esprit*, qui marquent l'action de la volonté et non la contrainte de la nécessité; et sur l'étonnement de Pilate quand on lui rapporta qu'il était déjà mort.

J'apprends de là qu'encore que ma condition m'expose aux yeux de tout le monde, cela ne me doit pas empêcher d'y mourir.

XVI. Jésus meurt tout nu. — Cela m'apprend à me dépouiller de toutes choses.

XVII. Encore que Jésus ait bien voulu souffrir ce dépouillement, il ne s'est pas néanmoins dépouillé soi-même.

Cela m'apprend non-seulement à me dépouiller de toutes choses, mais à souffrir que Dieu m'en dépouille par quelque voie que ce soit.

XVIII. La mort de Jésus l'a rendu méprisable aux méchants : elle leur a été un voile pour cacher à leurs yeux la Divinité[1], et leur a fourni une horrible matière de blasphémer ; mais elle a été pour les bons une matière de la reconnaître et de la confesser publiquement. [2] Elle a été un sujet de scandale pour les uns, et de componction pour les autres [3].

Cela m'apprend à me préparer à cette honte, étant sans doute que les hommes charnels me mépriseront, et attribueront à faiblesse, à stupidité et à folie mon renoncement au monde, que de plus spirituels pourront attribuer au mouvement de l'esprit de Dieu, en être touchés et l'en glorifier.

---

[1] *Edit. V. C. :* « .... elle leur a été *utile* pour cacher à leurs yeux *sa* divinité... »

[2] *Idem* omet : *Elle a été un sujet de scandale pour les uns et de componction pour les autres.*

[3] *En marge :* Il a sauvé les autres et ne se peut sauver soi-même. — Véritablement cet homme était fils de Dieu.

XIX. Jésus-Christ, comme il le dit par la bouche du prophète, a été l'opprobre des hommes et l'objet du mépris de son peuple. — Ainsi, sa mort ayant été honteuse à l'égard du monde [1], j'apprends de là à supporter avec joie le mépris que le monde fera de moi en cet état.

XX. Jésus est mort dans l'insensibilité de tous les maux, quoique son corps soit tout environné de plaies.

Cela m'apprend à être insensible à tous les événements fâcheux.

XXI. Jésus est insensible à tous les événements bons et mauvais, et ainsi dans une parfaite tranquillité.

Cela m'apprend l'égalité avec laquelle je dois recevoir toutes les agitations du monde, bonnes ou mauvaises selon son jugement, pour être par ce moyen dans un parfait repos.

XXII. Jésus est mort, non-seulement dans l'insensibilité, mais aussi dans la privation de tous les plaisirs de la vie.

Cela m'apprend que je dois, non-seulement ne retenir aucune véritable indifférence, mais aussi me priver actuellement de tous les plaisirs du monde.

XXIII. Jésus étant mort est effectivement dans une insensibilité parfaite au regard de toutes les choses du monde, de ses biens et de ses maux, etc.; mais la Divinité demeurant unie à ce corps insensible [2], le Saint-Esprit

---

[1] *Edit. V. C.* omet: *Ainsi sa mort ayant été honteuse à l'égard du monde.*

[2] *Edit. V. C.*: « .... à ce corps *sensible*... »

résidant en lui y a ses désirs, ses sensibilités et ses passions, pour ainsi dire, de sorte que ce corps insensible étant pénétré de la Divinité, et rien que de la Divinité[1], n'a plus aucun sentiment pour les choses de la terre ; et tout ce qui est sensible en lui ne l'est que par le sentiment unique de l'esprit de Dieu, puisque ce n'est autre chose que lui-même.

J'apprends de là que l'insensibilité qui me doit rendre immobile à tous les événements du monde, bons ou mauvais, ne doit pas me rendre incapable de sentir plus aucune joie ou tristesse, mais seulement de celles du monde, me rendant d'autant plus sensible aux choses qui regardent Dieu, que n'étant nullement occupée de celles de la terre, je n'aurai à penser qu'à celles-là, parce qu'ayant fait une abnégation entière de mon esprit propre, je ne dois plus agir que par le mouvement de l'esprit de Dieu.

XXIV. Encore que Jésus dans tout le temps de sa mort n'ait aucunement de vie, néanmoins ses pieds et ses mains par leurs plaies, sa bouche même et sa langue par l'attouchement du fiel, et enfin toutes les blessures de son corps étaient autant de langues et de voix qui, par un langage très-intelligible autant qu'elles en étaient capables sans sortir de leur état[2], publiaient les grandeurs de Dieu qui avait exigé une telle satisfaction, et reprochaient aux hommes les péchés qui avaient eu

---

[1] *Edit. V. C.* omet ces mots : *pour ainsi dire*, et ceux-ci : *et rien que la divinité.*
[2] *Idem* : « ... de *son* état... »

besoin d'une telle réparation, et prêchaient sans cesse aux chrétiens la grandeur de leurs devoirs; et parmi tout cela sa bouche a effectivement gardé le silence.

Cela m'apprend qu'encore que je ne dois point me taire sur toutes ces choses, autant que je puis, dans la condition où il a plu à Dieu de me placer ; je dois néanmoins les publier plus par mes actions que par mes paroles et que, me taisant de paroles et de voix, mes actions ne se doivent pas taire.

XXV. Jésus mort, quoique sans mouvement, est pourtant agité quand il le faut : il est détaché de la croix, et de là porté dans le tombeau ; mais il n'a point de part à tout cela, ne le faisant point par lui-même.

Cela m'apprend que je dois agir toutes les fois qu'il le faudra ; mais que je ne dois jamais faire aucune action par mon propre esprit.

XXVI. Jésus est encore quelque temps attaché à la croix après la mort, et lors même qu'il en est descendu, son corps ne laisse pas d'être environné de toutes ses plaies ; il est toujours dans la pauvreté et dans l'opprobre, et par conséquent dans la privation des biens contraires à ces maux, en sorte que si, par un miracle qu'il n'a pas voulu faire, son âme fût retournée dans ce corps pour le rendre encore passible, il eût en même temps senti toutes les pointes de la douleur universelle qu'il sentait lors de la Passion.

Cela m'apprend qu'encore que la possession de tous les biens du monde et la souffrance de tout ce qu'il évite avec plus de soin, ne soient pas capables de me toucher, parce qu'étant morte au monde je suis devenue insensible à tout ce qu'il a et à tout ce qu'il est; je ne dois pas laisser de fuir les uns et de rechercher les autres avec ardeur, afin que si, par une punition qui ne serait que trop juste, Dieu permettait à cet esprit du monde de revivre en moi pour m'y faire revivre, me voyant environnée de tout ce qu'il appelle maux et de tout ce qu'il nomme biens, je commençasse à sentir la douleur qu'un tel état cause aux personnes qui sont sensibles à tous ses événements; et que cette douleur que je me serais volontairement procurée me tînt lieu de peines satisfactoires pour être sauvée comme par le feu. Mais j'espère que, comme mon Sauveur n'a plus voulu être passible depuis sa mort, il empêchera aussi par la toute-puissance de sa grâce ceux qui l'imitent dans sa mort, de le redevenir à l'égard des choses du monde.

XXVII. Jésus eut après la mort le côté percé d'un coup de lance, et il en sortit de l'eau et du sang qui était resté liquide par miracle, et cette plaie est toujours demeurée ouverte, depuis même sa résurrection.

J'apprends de là qu'après avoir fait mourir en moi[1] la chair, et avec elle toutes les passions qui font sa vie comme la charité est la vie de l'âme, il faut encore persécuter surtout la principale, et celle où résidait plus particulièrement cette vie de la chair, quoique je ne sente plus qu'elle ait aucune vie; et que je dois par des mortifications continuelles tâcher de l'étouffer, comme si elle ne l'était pas déjà, afin que pratiquant tout ce

---

[1] *Édit. V. C.* omet les mots : *en moi.*

qui lui est le plus contraire, je forme moyennant la grâce de Dieu une habitude qui passant en naturel [1] soit la mort véritable à mon égard, et soit comme la plaie du cœur de mon Sauveur après laquelle il ne pouvait plus vivre naturellement : afin que par cette plaie sortent tous les restes de la faiblesse et de la force humaine, qui ne servent qu'à me rendre incapable du bien et capable du mal lequel résidait dans ce cœur et qui, par un prodige funeste, reste encore en nous après être morts au monde. Et il faut sans cesse rouvrir cette plaie, afin qu'elle ne se referme jamais tout à fait.

XXVIII. Je vois Jésus mort en trois lieux différents : à la croix, à la vue de tout le monde ; descendu de la croix au milieu de ses amis, et dans le tombeau dans une entière solitude ; et en ces trois lieux il est également mort.

Cela m'apprend qu'en quelque état que je me puisse trouver, de conversation ou de solitude, je dois toujours être morte au monde, aussi bien en l'un comme en l'autre.

XXIX. Lorsque Jésus est sur la croix environné du peuple, je lui vois les mains pleines de clous qui l'y attachent, et il les a vides lorsque les siens l'ont ôté de la croix, et aussi lorsqu'il est seul dans le sépulcre.

Cela m'apprend que si la divine Providence me donne en maniement des choses temporelles, je m'y dois soumettre, quoique ce soit des liens qui me tiennent attachée aux choses de la terre ; et qu'il faut en même temps

---

[1] *Edit. V. C.* : « .... en *naturelle*... »

que l'aversion que j'aurai pour toutes les attaches fasse qu'elles me tiennent lieu des clous de mon Sauveur, qui lui faisaient de cruelles plaies, en même temps qu'ils tenaient son corps attaché à la croix, et par la croix à la terre qui la soutenait.

Et j'apprends du temps où il a eu les mains vides, qu'en quelqu'état que je sois, de commerce avec les hommes ou de retraite, je puisse avoir les mains vides de tout maniement et de toute affaire, s'il plaît à Dieu de m'en décharger.

XXX. On revêt Jésus-Christ, après sa mort, d'ornements convenables aux morts.

J'apprends de là à témoigner par mes habits que je suis morte pour le monde.

XXXI. Encore que Jésus fut revêtu des ornements, néanmoins ils étaient conformes à son état, parce qu'il était effectivement mort.

Cela m'apprend qu'encore qu'il soit vrai que je doive témoigner par mes habits que je suis morte au siècle, je n'y dois rien avoir de singulier et d'extraordinaire ; mais simplement conforme à mon état présent.

XXXII. Le drap dans quoi on ensevelit Jésus n'était pas à lui[1].

J'apprends de là à ne me pas attacher aux choses qui sont les plus proches de moi et qui me sont les plus utiles, et à ne les pas regarder comme m'étant propres, mais étrangères.

XXXIII. Jésus fait paraître qu'il est mort, non-seu-

---

[1] *En marge :* « Saint Joseph d'Arimathie l'acheta. »

lement par ses habits qui ne sont pas autres que ceux des morts, et par la maison qu'il habite, qui est le sépulcre[1], mais aussi par toutes les postures de son saint corps.

Cela m'apprend qu'il faut témoigner au monde que je suis morte pour lui, non-seulement par mes habits et par ma maison, mais aussi par toutes mes actions.

XXXIV. Incontinent après la mort de Jésus, son corps est dérobé aux yeux des hommes pour être enfermé dans le sépulcre, et depuis ce moment personne ne l'a plus vu, même après sa résurrection; car il n'est apparu qu'à ses disciples[2].

Cela m'apprend qu'après être morte au monde, je dois me cacher de lui en sorte qu'il ne me revoie jamais; et que si je ne puis m'y rendre entièrement invisible, et que la charité m'oblige à me manifester encore à quelqu'un, il faut que ce ne soit qu'à des véritables disciples de Jésus-Christ. C'est ce que saint Paul m'apprend quand il dit aux chrétiens : Vous êtes morts, et votre vie est cachée, etc. Il ne dit pas : Que votre vie soit cachée; ce qu'on aurait pu prendre pour un conseil de perfection, mais il dit positivement : Votre vie est cachée; marquant par là que c'est l'état naturel des chrétiens.

XXXV. Jésus a voulu qu'on l'embaumât peu de

---

[1] *Edit. V. C.* omet : *et par la maison qu'il habite, qui est le sépulcre.*

[2] *En marge :* « Ils ne sont point du monde, comme je ne suis point du monde. »

temps après sa mort, sans qu'il en eût besoin pour empêcher la corruption de son saint corps.

J'apprends de là à ne pas me contenter de mourir au monde, mais, quelque vertu que j'aie par la grâce de mon Dieu, à user de toutes les précautions nécessaires pour empêcher que je ne vienne enfin à me corrompre ; ce qui arrivera en moi très-facilement, si je ne suis toujours armée de myrrhe et d'aloës, c'est-à-dire de la mortification et de l'oraison.

XXXVI. Jésus, après sa mort, a été renfermé dans le sépulcre de pierre, comme en un lieu de retraite, dans lequel il a ôté à ses yeux le moyen de voir naturellement tout ce qui était au dehors ; et non-seulement cela, mais il a voulu avoir les yeux fermés par la mort, étant ainsi privé de la vue même du lieu où il était renfermé.

Cela m'apprend qu'il ne suffit pas, pour imiter mon Seigneur en ce point, de m'éloigner par affection, ni même par effort, du commerce et de la vue du monde ; mais qu'il faut que je me dégage autant des choses [1] domestiques les plus proches et les plus intimes, et inséparables de ma condition, sans me complaire dans la vue et jouissance de ces choses.

XXXVII. Jésus est enfermé seul dans ce sépulcre, étant ainsi même séparé de ceux qui étaient morts avec

---

[1] *Edit. V. C.* : « ... que je me *décharge* autant *que je pourrai* des choses... » Leçon vicieuse, introduite par le second copiste qui a changé le sens primitif de l'auteur en voulant l'éclaircir. — Ce sens est qu'il faut se dégager autant des choses domestiques que de celles du monde.

lui[1], et autant du bon larron que du méchant, quoique d'ailleurs le bon fût uni à l'âme de Jésus-Christ dès le moment de sa mort[2].

Cela m'apprend à me séparer, autant que je pourrai, des personnes qui ont renoncé au monde comme moi, et même des parfaits, afin de m'établir dans une solitude véritable et réelle. Mais, en même temps, je m'y dois tenir unie par une affection toute spirituelle pour jouir ensemble, par une parfaite union de cœurs formée par la charité, d'une béatitude parfaite autant qu'elle la peut être en cette vie.

XXXVIII. Jésus n'est enfermé dans le sépulcre qu'après qu'il est entièrement mort et qu'on en est assuré[3].

Cela m'apprend à ne pas sortir entièrement du monde, qu'après que je serai certaine d'être effectivement morte au monde.

XXXIX. En cet état, Jésus est privé de la jouissance de tous les objets qui frappent les sens ; non-seulement parce qu'étant enveloppé d'un drap et d'un suaire et enfermé dans un rocher impénétrable, il était comme à l'abri de toutes les choses les plus sensibles, mais aussi parce que n'ayant plus de vie, il n'avait plus le principe du sentiment, et qu'ainsi il s'était ôté la faculté de sentir, quand même il eût été exposé à toutes choses.

[1] *Edit. V. C.* : « ... étant *aussi* séparé de ceux *mêmes* qui... »
[2] *En marge* : Je te dis en vérité : Tu seras aujourd'hui avec moi en Paradis.
[3] *En marge* : Pilate le voulut savoir absolument, avant que de permettre de l'ensevelir.

Cela m'apprend que pour imiter parfaitement mon Sauveur en ce point, il faut non-seulement s'enfermer dans des murailles et s'ensevelir sous des voiles, mais aussi que[1] des résolutions inviolables ou même des vœux solennels nous ôtant le pouvoir de toutes les choses du siècle, nous en rendent l'usage impossible et nous préservent ainsi contre elles, quand même nous y serions exposées.

XL. Jésus a été enfermé dans un lieu de retraite, mais il a voulu qu'il ne fût pas sien[2].

Cela m'apprend qu'il ne suffit pas de me séparer de cœur d'avec le monde et me dérober même à ses yeux, mais qu'il faut que je sois aussi dégagée de l'affection du lieu de ma retraite, et que je la dois considérer comme un lieu d'emprunt.

XLI. Tant que Jésus est dans le tombeau, il y demeure paisiblement, et en sort néanmoins dans le temps ordonné.

J'apprends de là à n'avoir ni amour ni attache pour le lieu de ma retraite.

XLII. Jésus mort est dans une parfaite solitude au regard de toutes les choses créées, mais il est toujours accompagné de la divinité.

Cela m'apprend qu'il faut qu'un entier dégagement, pour le moins du cœur, me mette dans une vraie solitude; mais il faut en même temps que je sois remplie de l'esprit de Dieu.

XLIII. La mort de Jésus n'a point séparé son corps

---

[1] *Edit. V. C.* : « ... mais aussi *parce* que des... »
[2] *Idem* : « ... qu'il ne fut pas *bien*. » Non-sens.

ni son âme de la Divinité ; au contraire, elle l'a séparé de toutes choses excepté de la Divinité, et ils ont été unis d'une manière bien plus admirable, en ce qu'il est bien plus difficile de concevoir qu'un corps mortel soit uni au Dieu vivant, et que la même Divinité soit unie personnellement à deux choses entièrement séparées.

J'apprends de là qu'il faut que ma mort au monde accroisse et augmente mon union avec Dieu, et me remplisse d'une plus grande charité pour lui et pour le prochain.

XLIV. La mort de Jésus n'a pas détruit son corps, qui est demeuré entier dans le sépulcre ; car Dieu n'a point souffert que son saint corps ait senti la corruption, et la mort n'a rien fait paraître de nouveau que le repos au lieu du mouvement et de l'agitation.

Cela m'apprend que pour mourir au siècle, il n'est pas question de détruire et de ruiner son corps [1] ; mais seulement de faire cesser le trouble et les agitations du cœur par un saint repos établi sur la ruine du principe de ces agitations, qui n'est autre que les passions.

XLV. Tant que Jésus demeure mort, son saint corps demeure toujours dans la terre ; mais en sorte néanmoins qu'il est séparé de tout le commerce des hommes.

Cela m'apprend qu'encore que je sois morte au monde, je ne dois pas laisser de demeurer dans la terre ; mais que je dois vivre dans l'éloignement de tout le commerce du monde.

---

[1] *Edit. V. C.* omet ces mots : *et de ruiner.*

XLVI. Jésus n'est pas oisif dans la mort, car il va délivrer les âmes des saints Pères.

Cela m'apprend qu'il ne faut pas que ma mort au monde me fasse mener une vie oisive ; mais que je dois travailler sans cesse à des œuvres de charité, surtout spirituelles, et autant envers moi qu'envers le prochain, travaillant à rendre la liberté à mes bons désirs.

XLVII. Jésus n'est pas entré triomphant dans le ciel au moment que la mort l'a séparé du monde, mais il a attendu plusieurs jours après.

Cela m'apprend à souffrir en patience la privation des consolations célestes, où les personnes mêmes qui sont mortes au monde se rencontrent souvent, et à attendre avec quiétude [1] le temps ordonné de Dieu pour me faire entrer dans la possession sensible de la grâce, qui est la gloire commencée, et ensuite l'heure arrêtée de toute éternité pour me donner entrée dans la gloire consommée.

XLVIII. Jésus est mort, et en mourant il n'a point laissé les siens orphelins ; mais il leur a envoyé son Saint-Esprit, qui est son divin amour, pour les assister, et lui-même y demeure invisiblement jusqu'à la fin du monde [2].

J'apprends de là à me séparer des miens en quelque manière que ce soit ; j'y dois néanmoins toujours demeurer par une affection qui naisse purement de Dieu, et les assister de mes prières.

---

[1] *Edit. V. C.* : « ... avec *patience*... »
[2] *En marge* : Je prierai le Père, et il vous enverra un consolateur.

XLIX. Jésus, après sa mort, a été environné de ses ennemis plus que de ses amis, qui eussent aussi volontiers empêché les merveilles de sa nouvelle vie comme ils tâchèrent d'en cacher la vérité ; mais ils ne firent ni l'un ni l'autre [1].

Cela m'apprend que, quoique le nombre de mes ennemis soit plus grand que celui de mes vrais amis, et que j'en sois sans cesse environnée même après ma mort au monde [2], je ne dois pas laisser de continuer cette mort par la nouvelle vie que je dois mener malgré tous leurs efforts.

L. C'est proprement par la mort du corps naturel de Jésus qu'il a donné la vie à son corps angélique, qui est l'Église.

Cela m'apprend qu'il faut que ma mort au monde soit le principe de ma vie en Dieu.

LI. Le mystère de la mort de Jésus renferme tous les autres qui l'ont précédé, puisqu'ils se devaient tous terminer à cette mort, qui devait seule opérer la rédemption du monde.

Ce qui nous apprend que, dans une âme, tous les bons mouvements, tous les bons désirs, les bonnes actions que Dieu lui fait faire, n'ont leur perfection et ne contribuent point à son salut [3], jusques à ce qu'ils soient arrivés à ce point d'opérer la mort de la volonté qui s'anéantit [4] heureusement dans celle de Dieu ; après

---

[1] *En marge* : Les gardes du sépulcre.
[2] *Edit. V. C.* : » ... *cependant* après ma mort... »
[3] *Edit. V. C.* : « ... *leur* salut... »
[4] *Idem* : « ... qui *l'anéantit*... »

quoi la résurrection ne peut manquer de suivre, qui donne une vie nouvelle à ces âmes lesquelles ont renoncé au principe de la mort spirituelle, qui est la propre volonté. *Amen.*

RELATION

DE LA SOEUR JACQUELINE DE S^{TE} EUPHÉMIE,

ADRESSÉE PAR ELLE A LA MÈRE PRIEURE DE PORT-ROYAL DES CHAMPS [1].

Gloire à Jésus, au très-saint-sacrement.

A Port-Royal, ce 10 juin 1653.

Ma très-chère mère,

Je ne puis douter que votre charité ne vous ait fait prendre part à l'affliction très-sensible que Dieu m'a envoyée dans le temps de ma profession, peut-être pour servir de contre-poids à l'extrême joie que j'en avais; c'est ce qui m'oblige, par une juste reconnaissance, de vous faire participer à la consolation que j'y ai reçue.

C'est à ce dessein que je me donne l'honneur de vous écrire ; mais parce qu'il est nécessaire, pour vous en donner l'intelligence, que vous soyez informée de mon aventure, j'ai cru que je devais vous en faire un petit abrégé qui servira en même temps pour vous en donner l'éclaircissement et pour satisfaire à l'obligation que j'ai de publier, au moins entre nous puisqu'il m'est interdit de le porter plus loin, ce que j'ai reconnu par une notable expérience du désintéressement de cette

---

[1] MSS. de la Bibl. Roy. *Supplément français*, nº 1389. — Cette relation est adressée à la mère Dorothée (Leconte) de l'incarnation.

maison, de la grande charité de nos mères et de la pureté de leurs intentions et de leur conduite, qui a tellement paru dans mes affaires qu'il ne faut point d'autres preuves pour reconnaître qu'elles ne regardent jamais que Dieu en toutes les choses où elles sont obligées d'agir.

Ma conscience me presse, ma chère mère, de rendre à la vérité que je connais ce témoignage, qui est d'autant plus digne de foi qu'il est volontaire et que même je n'ose le rendre public, parce que la modestie de notre mère ne pourrait jamais le souffrir et m'empêche d'oser tenter ce que la gratitude et la justice demandent de moi, de peur que l'obéissance ne m'interdît ensuite le peu qui m'est encore permis, puisqu'on ne me l'a pas défendu : qui est de vous en laisser un petit mémorial qui conservera, à la faveur du silence et du secret que nous garderons entre nous, la mémoire de ce qui s'est passé, que nous serions autrement contraintes de laisser périr ; et sera le monument de ma reconnaissance et le fidèle témoin du souvenir qui me reste de la grâce que j'ai reçue, puisque je ne puis rien de plus.

Vous saurez donc, ma chère mère, qu'aussitôt que j'eus mes voix pour la profession, je l'écrivis à mes parents, pour mettre la dernière main à mes affaires et pour leur donner avis de la disposition que je désirais faire du peu de bien que Dieu m'avait donné, avec beaucoup de liberté et de franchise, leur déclarant que je désirais le lui rendre, puisque je m'en dépouillais, parce que je croyais avoir tout sujet de m'assurer qu'ils **approuveraient tous mes desseins ;** et que, connaissant

le fond de mes intentions et la disposition de mon cœur
à leur égard, j'avais la vanité de présumer qu'il ne m'aurait jamais été possible de les fâcher, quoique je fisse;
et vous savez que j'avais quelque raison de vivre dans
cette confiance, vu l'union et l'amitié que nous avions
toujours eues ensemble. Cependant ils s'offensèrent au
vif de mes desseins, et crurent que je leur faisais une
sensible injure de les vouloir déshériter en faveur de
personnes étrangères que je leur préférais, disaient-ils,
sans qu'ils m'eussent jamais désobligée. Enfin, ma chère
mère, ils prirent les choses dans un esprit tout séculier,
comme auraient pu faire des personnes tout du monde
qui n'auraient pas même connu le nom de la charité, et
regardèrent celle que j'avais dessein de faire à quelques
personnes dont ils n'ignorent pas les besoins, pour des
marques d'amitié envers eux à leur préjudice, sans vouloir reconnaître le motif qui m'y poussait; et Dieu le
permit ainsi, sans doute pour nous humilier l'un par
l'autre et nous faire connaître de plus en plus combien
peu on doit faire de fondement sur l'amitié des créatures. Car je ne puis attribuer cet aveuglement, si le
respect que je leur dois me permet de le nommer ainsi,
à une autre cause qu'à un secret jugement de Dieu sur
nous : étant certain qu'ils ont tous trop de lumière dans
les choses de Dieu pour s'attendre à les trouver encore
si humains dans une affaire de piété et qui, d'ailleurs,
était de si petite conséquence et les intéressait si peu,
que je n'avais pas cru devoir hésiter un moment à leur
proposer ce prétendu déshéritement, en ne désirant le
faire que pour Dieu, parce que je me tenais assurée

non-seulement qu'ils l'approuveraient, mais qu'ils seraient bien aises de participer par leur consentement à ces petites charités que j'avais dans l'esprit, vu qu'eux-mêmes en font souvent qu'on peut appeler considérables.

Mais, ma chère mère, vous n'avez que faire de tout cela ; il faut seulement vous dire, pour la suite de l'histoire, que ce prétendu manque d'amitié de ma part leur donna beau jeu de raisonner sur l'inconstance de l'esprit humain et l'instabilité de son affection. Mais à la bonne heure s'ils en fussent demeurés là : ils auraient exercé leur esprit sans troubler le mien ; mais ils ne le firent pas. Car ils m'écrivirent chacun à part de même style et, sans me dire qu'ils fussent choqués, ils me traitèrent néanmoins comme l'étant beaucoup, et pour toute réponse à mes propositions ils me firent une déduction de mes affaires à la rigueur, par où ils me déclaraient que la nature de mon bien était telle que je n'en pouvais disposer en façon quelconque, ni en faveur de qui que ce soit, tant à cause que par nos partages on était demeuré d'accord que nos lots répondraient solidairement l'un à l'autre de toutes les parties qui viendraient à manquer pendant un long temps, que pour d'autres raisons de chicane qui vous ennuieraient à redire et qui n'eussent pas été telles, sans doute, s'ils n'eussent été en mauvaise humeur, quoique je sache bien qu'à la rigueur elles étaient véritables, mais nous n'avions pas accoutumé d'en user ensemble ; ajoutant que si nonobstant cela je disposais de quelque chose, je les mettrais en procès entre eux, et eux contre tous ceux à qui je l'aurais donné : ce qu'ils assuraient être inévitable, à cause de quelque formalité de justice qu'il fallait garder, et que pour éviter ce mal, ils allaient donner ordre à ce qu'il me fût interdit de disposer de mon bien, comme n'en ayant pas le pouvoir : me réduisant ainsi pour toutes choses à une petite somme d'argent que j'avais fait venir avant ma vêture, et qu'ils ne savaient pas que j'avais employée par avance à quelques charités.

Jugez, je vous supplie, ma chère mère, de l'état où me mirent ces lettres d'un style si différent de notre manière ordinaire d'agir, et qui d'ailleurs m'imposaient une nécessité inévitable ou de différer ma profession de quatre ans pour retirer mon bien de l'engagement où il était pour la garantie des autres lots de nos partages, sans même savoir si après cela il serait entièrement libre d'ailleurs; ou de recevoir la confusion d'être reçue gratuitement et d'avoir le déplaisir de faire cette injustice à la maison. Aussi la douleur que je ressentis fut si violente, que je ne puis assez m'étonner de n'y avoir pas succombé.

Aussitôt que la mère Agnès sut que j'étais affligée, elle m'envoya quérir, et ayant appris de moi que ce qui me touchait le plus sensiblement était cette nécessité où je me voyais réduite, ou de différer ce que je souhaitais depuis plusieurs années avec tant de passion, ou de le faire à des conditions qui m'étaient si pénibles, elle me dit plusieurs choses pour me consoler sur ce qu'on ne doit être touché que de ce qui est éternel ; que tout ce qui n'est que temporel n'est jamais irréparable et ne mérite pas d'être pleuré; qu'il faut réserver les larmes pour les péchés qui sont les seuls malheurs véritables ; que tout le reste n'est rien, et que quand il en arrive il faut regarder aux moyens d'en sortir au lieu de perdre du temps à s'en affliger ; ajoutant avec sa bonté ordinaire que si les choses se gouvernaient par son avis, elles seraient bientôt et bien aisément terminées : qu'elle voudrait que je laissasse toutes mes affaires comme elles étaient, pour ne penser plus qu'à faire profession sans m'inquiéter de rien. Elle ajouta plusieurs autres belles choses, et me parlant ensuite avec plus de gaieté pour ne rien oublier de ce qui pouvait adoucir l'amertume où j'étais, elle disait qu'il serait honteux à la maison, et incroyable à ceux qui la connaissent, s'il était dit qu'une novice, prête à y faire profession, fût capable d'être affligée de quoi que ce soit ; mais beaucoup plus si on savait que c'est de se voir réduite à être reçue pour rien. Et ensuite elle s'efforça de me faire comprendre comme quoi c'était le plus grand avantage qui pût m'arriver, et que notre mère n'eût rien tant désiré que d'avoir été libre de faire ce qu'elle aurait voulu en se faisant professe, afin d'avoir pu donner tout son bien aux pauvres et puis être reçue par charité dans une maison inconnue. Et pour ne laisser aucun prétexte de justice à ma tristesse, elle essaya de me faire voir comment c'était aussi non-seulement le plus honorable, mais même le plus avantageux et le plus utile à la maison ; et que si la charité que nous devons au prochain ne permet pas de souhaiter qu'il nous fasse des injustices, celle que nous devons à nous-mêmes nous doit donner de la joie quand il nous en fait ; et qu'il n'y a point d'avantage temporel qui puisse être comparé à celui-là, parce qu'il n'y a rien de plus profitable à la religion que la vraie pauvreté ; qu'il n'est pas toujours permis de se la procurer, mais qu'il est toujours bon de la désirer, de l'aimer et de se réjouir de tout ce qui y peut contribuer ; qu'on doit trembler et souvent s'affliger beaucoup quand on reçoit des biens, en les regardant comme un piége et comme l'ennemi de la vertu et de l'esprit de pauvreté, et se réjouir non-seulement quand on ne reçoit pas celui qu'on pouvait prétendre, mais aussi quand on nous ravit celui que nous avions déjà, parce qu'au moins nous n'en sommes plus responsables.

Enfin, ma chère mère, elle se servit de tant de moyens, qu'elle me réduisit presqu'à me réjouir de tout ce qui m'avait le plus affligée, et à n'oser plus avoir de douleur que par la compassion de ceux qui m'en donnaient sujet ; et si je fusse demeurée dans cette insensibilité, j'aurais été telle qu'elle me demandait. Mais j'étais trop faible et trop touchée pour être capable de tant de vertu, et j'avoue à ma honte qu'un moment après je rentrai dans ma première faiblesse et dans mes premiers sentiments.

Ensuite elle me fit parler à M. Singlin, à qui je fis le récit de tout ce qui se passait, tandis qu'elle prit la peine de l'aller faire à notre mère, et revenant aussitôt, lui dit de sa part que son sentiment était que je devais abandonner tout mon bien à mes parents, sans m'en mêler non plus que s'il ne m'appartenait pas ; les laisser gouverner le tout sans m'en mettre en peine, et ne penser qu'à faire profession sans me charger d'aucun autre soin.

M. Singlin ne se rendit pas d'abord à cette pensée, craignant qu'il y eût peut-être trop de générosité et pas assez d'humilité dans cette action ; sur quoi il nous dit avec beaucoup de force qu'après avoir surmonté la cupidité insatiable du bien qui règne presque partout, il faut beaucoup craindre de tomber dans l'autre extrémité, qui est la cupidité de l'honneur qui en revient, la vanité qu'on peut tirer des actions qu'on fait ensuite, le mépris de tous ceux qu'on y voit encore attachés, et l'ostentation de cette vertu ; et qu'après avoir établi son honneur à être au-dessus de l'amour des richesses, comme les autres à en posséder beaucoup, si on n'y prend bien garde on fait des actions qui sont, à la vérité, tout opposées, mais par le même principe et la même ambition qui fait que les uns disputent leur droit avec trop de chaleur, et fait que les autres le cèdent avec trop de facilité ; qu'il faut en toutes choses se rendre neutre en se dépouillant de tout intérêt pour ne regarder que ce que la justice demande de part et d'autre ; que si les personnes à qui nous avons affaire s'égarent et s'emportent à quelque injustice contre nous, la charité nous oblige à les aider, par tout moyen, à se reconnaître et à rentrer dans leur devoir à notre égard, comme nous leur serions redevables d'un pareil secours s'il s'agissait de l'intérêt d'un autre, pourvu qu'on ne se trompe pas soi-même en cela, et qu'on n'y agisse pas par une cupidité secrète qui pourrait se couvrir du prétexte de charité, mais par un désir hors de tout intérêt de voir la justice gardée en tout.

Toutefois, après y avoir un peu pensé, il entra dans le sentiment de notre mère, craignant que cette opposition que mes parents formaient si hors de propos ne fût une marque qu'ils avaient quelque attache à ce bien qu'ils avaient peut-être regardé comme une chose qui leur était toute acquise, et que cela étant ce ne serait que les choquer sans leur profiter si on les obligeait à souffrir que les choses allassent autrement qu'ils ne voulaient, et qu'on ne ferait que les aigrir au lieu de les rappeler. Et voyant que j'y résistais de tout mon pouvoir, ne pouvant souffrir qu'on laissât aller les choses de cette manière, il me dit qu'il les connaissait tous, et qu'il était bien assuré qu'ils étaient raisonnables et qu'il fallait infailliblement qu'il y eût quelque malentendu qui les rendait déraisonnables en cette rencontre ; et qu'ainsi il fallait espérer que lorsque nous pourrions nous voir et nous éclaircir de tout, ils feraient justice à eux-mêmes et à moi de leur propre mouvement ; ce qui étant, je n'avais que faire de me mettre en peine, ou que si après nous être vus ils ne le faisaient pas, ce me serait une preuve du tort que je leur ferais en le leur faisant faire par force dès à présent, et que je ne ferais que les irriter et les aigrir ; et pour conclusion, il me dit absolument qu'il fallait se rendre à ce conseil qui était de tous ceux que l'on pouvait prendre, le plus conforme à la charité et à l'exemple que nous leur devions.

Je ne puis dire avec vérité, ma chère mère, si cette

résolution, qui fut prise avec tant de fermeté qu'elle ne me laissa plus lieu de résister, me donna plus de confusion de la charité qu'on me faisait que de joie de ce que ma profession ne serait point différée; car il me semble qu'elles me partagèrent si également que je ne pouvais me résoudre ni à l'un ni à l'autre. Il fallut néanmoins me déterminer à ce qui m'était ordonné et qui flattait si bien mon désir que je ne crois pas que j'eusse pu me résoudre à le refuser; mais en acceptant cette confusion si peu attendue, tout ce que je pus faire pour me consoler fut de le supplier instamment, puisqu'on voulait me recevoir gratuitement, qu'on me reçût en qualité de sœur converse. C'était le seul milieu que j'avais pu imaginer pour donner quelque remède à mon mal; et cette pensée ne m'était point sortie de l'esprit du moment que je m'étais vue réduite à la nécessité ou de différer ma profession ou d'être à charge à la maison : parce que le premier paraissant impossible à mon désir, il me semblait que je ne pouvais moins faire que de témoigner aux sœurs, par l'humble service que je leur eusse rendu toute ma vie, ma reconnaissance de la double grâce qu'elles me feraient en me recevant gratuitement, si leur charité voulait bien favoriser mon impatience; et que, m'en reconnaissant si indigne, je ne pouvais souffrir qu'on ne connût pas assez la gratitude que j'en conservais, et de ne pas m'efforcer de suppléer, par le peu de travail dont je serais capable, ce qui me manquait d'ailleurs.

M. Singlin n'improuva pas d'abord cette proposition, reconnaissant qu'il n'y avait rien dans la maison de plus utile pour moi. Mais parce que Dieu qui sonde les cœurs savait que je n'étais pas digne d'un état qui est si élevé en sa présence, et que mon orgueil présent et passé méritait une punition et non pas une récompense, il lui ôta du cœur d'y consentir, et permit qu'après l'avoir examinée il jugea qu'il ne devait pas y condescendre, à cause qu'il ne trouvait pas que j'eusse des forces suffisantes pour cette condition. Ce qui, obligeant par nécessité à me soulager plus que mes compagnes, eût été capable de les affaiblir, en leur donnant lieu de penser qu'on le ferait peut-être pour d'autres considérations, et qu'il semblerait que ce fût une acceptation des personnes qui est toujours odieuse, parce qu'elle offense la charité et l'esprit de religion qui ne permet aucune distinction entre des sœurs. Et ainsi il se détermina à refuser absolument la prière que je lui faisais, si bien que je me vis réduite à laisser les choses dans les termes que notre mère avait proposés.

J'écrivis à l'heure même cette résolution à mes parents, selon l'ordre que M. Singlin m'en donna et dans le style qu'il voulut lui-même me prescrire de crainte que je m'emportasse à témoigner trop de chaleur. Il approuva néanmoins que je leur fisse connaître un peu fortement leur injustice et le déplaisir qu'ils m'avaient donné, parce qu'il leur était utile de les aider à se faire justice à eux-mêmes en les guérissant de l'opinion qu'il était clair qu'ils avaient d'être offensés, qui leur faisait croire que c'était me faire assez de grâce de ne me pas témoigner leur colère par des effets plus signalés, et qu'ils n'étaient plus obligés à rien qu'à me pardonner dans leur cœur. Mais il m'avertit, en même temps, d'y mêler beaucoup de marques de douceur et d'affection, et même de tendresse, sans faire paraître aucune aigreur, puisque Dieu me faisait la grâce de n'en point avoir, afin que si l'une leur pouvait faire apercevoir ce petit égarement, l'autre servît à les en rappeler ; et il m'ordonna surtout de leur faire savoir avec tant de discrétion la charité qu'on avait de me faire professe sans y apporter aucun retardement, non pas même pour voir s'il n'y aurait pas quelque ordre à mettre à mes affaires, qu'il ne parût en cela aucune animosité et qu'il ne semblât point que ce fût un effet de dépit ou de courage, ou une bravade qu'on voulût leur faire, ou une invention pour les piquer d'honneur ; mais que j'exprimasse naïvement et nument les sentiments de la maison et les miens, qui n'étaient rien moins que toutes ces choses ; et que je leur fisse seulement voir qu'on n'estimait pas assez un petit avantage temporel pour le juger digne de faire différer une chose aussi importante pour une âme qu'est la consécration totale et solennelle qu'elle veut faire à Dieu de soi-même.

Cette lettre, qui ne pouvait pas être courte, m'ayant occupée jusqu'au soir, je ne pus voir notre mère ce jour-là ; mais le lendemain elle fit assembler tout le noviciat pour la voir, comme vous savez qu'elle a coutume de faire lorsqu'elle arrive de Port-Royal[1]. Je m'y trouvai comme les autres, et la saluant à mon tour, je ne pus m'empêcher de lui dire que j'étais la seule qui fût triste parmi

---

[1] Port-Royal de Paris.

toutes nos sœurs qui avaient grande joie de son retour. « Quoi! me dit-elle, ma fille, est-il possible que vous soyez encore triste? N'étiez-vous pas préparée à tout ce que vous voyez? Ne saviez-vous pas il y a longtemps qu'il ne faut jamais s'assurer sur l'amitié des créatures, et que le monde n'aime que ce qui est sien? N'êtes-vous pas bien heureuse que Dieu vous fasse connaître clairement cela en la personne de ceux dont vous le deviez moins attendre, pour vous ôter tout sujet d'en douter avant que vous le quittiez tout à fait, afin que vous fassiez cette action avec plus de courage pour vous en faire une espèce de nécessité qui vous rende inébranlable dans la résolution que vous en avez prise; puisque vous pouvez dire en quelque sorte que vous n'avez plus personne dans le monde. » Je lui répondis en pleurant qu'il me semblait que j'en étais déjà si détachée, que je n'avais pas besoin de cette expérience. « Dieu vous veut faire voir, me dit-elle, que vous vous trompez dans cette pensée; car si cela était, vous regarderiez avec indifférence tout ce qui est arrivé, bien loin de vous en affliger comme vous faites. C'est pourquoi vous devez reconnaître que c'est une grande grâce que Dieu vous fait, et en bien profiter. » Elle me dit encore plusieurs autres choses sur la vanité de toute l'affection des hommes, en me tenant toujours embrassée avec beaucoup de tendresse jusqu'à ce qu'il fallût la quitter pour laisser approcher les autres.

Le lendemain, ayant remarqué pendant prime une tristesse extraordinaire sur mon visage, elle sortit du chœur avant le commencement de la messe, et m'ayant fait appeler elle fit tous ses efforts pour donner quelque soulagement à ma douleur. Mais parce que cet espace était trop bref pour satisfaire sa charité, aussitôt après la messe elle me fit signe de la suivre et, me faisant mettre auprès d'elle, elle me tint une heure entière la tête appuyée sur son sein, en m'embrassant avec la tendresse d'une vraie mère. Hélas ! je puis dire avec vérité qu'elle n'oublia rien de tout ce qui était en son pouvoir pour charmer mon déplaisir.

Plût à Dieu, ma chère mère, que j'eusse eu assez de liberté d'esprit et assez de mémoire pour n'avoir laissé rien perdre de cette précieuse liqueur qu'elle s'efforça de faire entrer dans mon cœur pour adoucir l'amertume qu'il ressentait : j'estimerais avoir beaucoup gagné par mon affliction, et j'ose dire que je vous ferais un rare présent. Mais je n'ai pas eu assez de bonheur et de capacité; et au lieu de tout conserver, comme il eût été à souhaiter, tout ce que j'ai pu a été de ne pas laisser tout perdre, et c'est particulièrement pour conserver le peu qui m'en est resté, que je vous le mets en main par cette lettre, comme une relique qui ne laisse pas d'être bien précieuse quoiqu'elle ne soit qu'une petite parcelle d'un grand tout.

Elle me dit d'abord avec une sévérité toute pleine de douceur : « Je ne puis assez m'étonner, ma fille, de vous voir dans la faiblesse où vous êtes pour une chose de rien. Vous me surprîtes tellement hier, quand vous me dites que vous étiez triste, que je ne savais assez vous le dire ; car je croyais assurément que vous aviez déjà oublié tout ce qui s'est passé, puisque les choses étant demeurées aux termes où elles sont, vous n'avez plus rien à faire. Je vous assure que je ne savais ce que vous vouliez dire ; il me fallut un peu de temps pour le deviner et pour me remettre toute cette affaire dans l'esprit. »

L'abattement où j'étais ne fut pas assez grand pour m'empêcher d'admirer en moi-même un si prompt oubli ; car il vous souvient bien, ma mère, que cette histoire était si récente qu'elle n'avait été sue et terminée que le jour précédent ; cependant elle n'y pensait déjà plus, pour faire voir combien elle tenait tout cela dans une véritable indifférence, et avec quelle sincérité elle avait voulu que je me démisse de toutes choses, regardant cette affaire comme une chose conclue par ce moyen, à quoi il n'était plus besoin de penser. Mais moi qui étais bien éloignée d'une vertu si rare, je ne lui pus répondre que par mes larmes ; de quoi s'apercevant, elle me dit en prévenant l'excuse que j'eusse pu apporter : « Pourquoi pleurez-vous de cela ? Ou bien pourquoi ne pleurez-vous pas autant de tous les péchés du monde ? Si vous ne regardez que Dieu là dedans et l'intérêt de la conscience de vos proches, pourquoi, lorsque vous en avez vu quelques-uns tomber dans des fautes plus considérables et dans des infidélités beaucoup plus importantes au regard de Dieu, n'avez-vous pas autant pleuré qu'à cette heure où ils n'ont manqué proprement qu'à l'amitié qu'ils vous devaient. »

Je lui répondis, comme je le croyais véritable, que je n'étais touchée que de l'injustice qu'on rendait à la maison, et que pour ce qui ne regardait que moi je ne sentais aucun mouvement d'aigreur ni de douleur, et qu'il me semblait être insensible de ce côté-là. « Vous vous trompez, ma fille, me dit-elle, il n'y a rien qui touche plus ni qui soit plus outrageant que l'amitié blessée. Vous en avez eu, me dit-elle, une véritable pour eux, et vous voyez que la leur n'a pas été pareille (car encore qu'il soit vrai qu'ils vous aiment beaucoup, voyez-vous, ils sont encore du monde, et toutes les grâces particulières que Dieu leur a faites en leur donnant plus de lumières dans les choses de Dieu qu'à beaucoup d'autres, n'empêchent pas qu'on n'agisse au monde comme au monde, c'est-à-dire que le propre intérêt marche toujours le premier), et c'est de là que vous êtes choquée sans y penser, car il est vrai que vous n'avez pas fait de même ; mais c'est aussi que vous n'étiez plus du monde, encore que vous n'en fussiez pas sortie. Et pour preuve que c'est plus vous-même que vous regardez là dedans que l'injustice que la maison souffre, comme vous pensez (quoique je sache pourtant bien que c'est ce qui vous touche le plus, mais d'une manière qui vous regarde, car l'amour-propre se mêle partout), c'est que vous n'êtes pas émue de la même sorte de toutes celles qu'on nous fait. »

Sur cela, elle eut la bonté de me raconter fort en détail plusieurs histoires de même nature, sans néanmoins faire connaître les personnes ; ce qu'elle fit à mon sens, tant pour me donner cette espèce de consolation qui se rencontre dans la société de plusieurs affligés, que pour me faire connaître qu'on ne prend jamais si à cœur l'intérêt de la justice lorsqu'on n'a nul intérêt à l'injustice qui se commet, que lorsqu'on y a quelque part ; et après avoir tiré de moi cet aveu, elle ajouta de la plénitude de son cœur :

« C'est une des raisons qui me font avoir une grande joie que cela soit arrivé, mais je dis une joie sensible et véritable ; et je ne voudrais pas pour le double du bien que vous n'eussiez eu cette épreuve avant votre profession, car vous n'aviez pas été assez éprouvée pendant votre noviciat. Voyez-vous, ma sœur, vous avez renoncé au monde avec beaucoup de facilité, Dieu vous ayant fait la grâce de reconnaître la vanité et le peu de solidité de tous les divertissements et de tous les amusements du monde, qui charment les autres filles et les ravissent ; vous n'en êtes pas meilleure pour cela, car c'est Dieu qui vous en a fait la grâce. Il est certain que vous en étiez fort détachée ; mais il vous restait encore deux choses dont il fallait vous dépouiller, et vous n'y pensiez point. L'une est qu'encore que selon le monde vous n'eussiez pas de grands biens, néanmoins pour la religion on peut dire que vous en aviez abondamment parce qu'il ne faut presque rien au prix ; et l'autre, c'est que la principale richesse de votre maison, c'était l'amitié et l'union si étroite qui rendait toutes choses communes entre vous, et dans laquelle vous vous reposiez sans y penser ; et Dieu vous a voulu dépouiller de l'une et de l'autre pour vous rendre vraiment pauvre de toute façon, et plus encore de l'amitié que du bien ; car vous étiez prête à le quitter entièrement, et vous avez fait quelques aumônes qui peuvent suppléer en quelque sorte à celles que vous désiriez faire à la maison. C'est pourquoi vous devez être satisfaite de ce côté, et votre dénûment n'en est pas moins grand quoique la chose n'aille pas selon votre intention. Mais vous ne songiez point à vous défaire de cette affection et de cette estime que vous aviez pour vos proches, parce qu'il ne vous y paraissait rien que d'innocent; et en effet tout cela était en soi fort permis et fort légitime. Cependant vous voyez que Dieu demande en vous plus de détachement, et c'est pour cela qu'il a voulu vous faire connaître quels sentiments ils ont pour vous. C'est pourquoi je ne puis me lasser de vous dire que j'ai une grande joie de ce qui est arrivé, car ils n'eussent pas laissé d'être toujours dans la même disposition à votre égard; mais vous n'en eussiez rien su et vous vous fussiez toujours flattée dans la pensée qu'ils étaient pour vous comme vous pour eux. Et, en effet, il y avait tout sujet de le penser; mais, croyez-moi, cela est bien rare, car les personnes qui se donnent à Dieu font toutes choses dans la vue de Dieu avec franchise et sincérité, sans mélange d'intérêt. Mais ceux qui sont encore du monde ne peuvent s'empêcher d'avoir toujours quelque vue humaine dans les choses même les plus saintes; et au lieu que les uns traitent les choses séculières par l'esprit de Dieu, les autres traitent les choses de Dieu par l'esprit du siècle : et il ne faut pas s'en étonner, il n'est presque pas possible de faire autrement, tant qu'on vit dans le monde, si ce n'est par une grâce de Dieu très-particulière; parce que tous ceux avec qui on converse en font tout autant, et que personne ne conseille ni ne juge des choses que selon l'esprit du monde et par la raison humaine; de sorte qu'on ne sait pas même regarder les choses en la vue de Dieu : cela passerait pour une simplicité. Jugez vous-même s'il n'est pas vrai que tout le monde dirait qu'une personne serait bien bête si elle ne faisait pas tout son possible pour conserver le droit qu'elle a de prétendre à une succession, et qu'elle en laissât disposer en faveur de quelque autre? Et je vous dis qu'il est très-rare d'en trouver qui ne soient point dans ce sentiment-là, quelque pitié qu'ils aient; car on est tellement prévenu de son propre intérêt, qu'on ne considère que cela ; et s'il y a quelque charité à faire, on aime toujours mieux qu'elle se fasse par ses mains que par celles des autres, encore que cela ne soit pas fort ordinaire ; car, croyez-moi, les gens du monde ne sont guère portés à faire la charité, parce qu'ils ne savent ce que c'est que nécessité ; ils ne l'éprouvent jamais, car ils ne se laissent manquer de rien. C'est pourquoi, si j'eusse été ici et que vous m'eussiez parlé de tout cela avant que de faire cette proposition à vos proches, je vous aurais prédit à point nommé tout ce que vous voyez, car j'en ai vu de toute manière.

« Voyez-vous, ma sœur, quand une personne est hors du monde on considère tous les plaisirs qu'on lui fait comme une chose perdue. Il n'y avait que deux motifs qui leur pussent faire agréer votre dessein : ou la charité en entrant dans vos sentiments, ou l'amitié en voulant vous obliger. Or, vous saviez bien que celui[1] qui a le plus d'intérêt à cette affaire est encore trop du monde,

---

[1] Il s'agit ici de Pascal, à qui Jacqueline avait abandonné une partie de ses biens, et qui était alors livré au monde.

et même dans la vanité et les amusements du monde, pour préférer les aumônes que vous vouliez faire à sa commodité particulière, et de croire qu'il aurait assez d'amitié pour le faire à votre considération. C'était espérer une chose inouïe et impossible ; cela ne se pouvait faire sans miracle, je dis un miracle de nature et d'affection, car il n'y avait pas lieu d'attendre un miracle de grâce en une personne comme lui ; et vous savez bien qu'il ne faut jamais s'attendre aux miracles. »

Je ne pus m'empêcher d'interrompre pour lui dire qu'encore que j'eusse fait cette réflexion, je n'en eusse néanmoins peut-être pas été détournée de la confiance que j'avais en eux ; parce que j'aurais cru avoir droit d'espérer un de ces miracles, puisqu'il y en avait des exemples dans notre famille plus extraordinaires que celui-là, et de feu mon père même envers un de mes oncles, qui lui était déjà assez obligé d'ailleurs.

« Je crois bien cela, me dit-elle ; mais M. votre oncle était un homme engagé dans le monde. N'avez-vous jamais ouï dire une petite histoire de la vie des Pères, qui a bien du rapport à ce que vous dites, encore qu'il ne le semble pas d'abord ? Un homme du monde étant venu voir un de ses frères qui, après avoir vécu très-saintement dans le monde, s'était retiré dans la solitude, s'étonna beaucoup de le trouver mangeant à l'heure de none, parce qu'avant sa retraite il ne dînait jamais qu'à l'heure de vêpres, de quoi le solitaire s'apercevant, il lui dit : « Ne vous en étonnez pas, mon frère ; ce n'est pas un relâchement, mais une nécessité. Quand j'étais dans le monde, je n'en avais pas besoin, parce que mes oreilles me repaissaient : les louanges qu'on donnait à mes austérités satisfaisaient si bien mon esprit, que le corps en était fortifié et animé à les redoubler même s'il eût été besoin ; mais ici où personne ne me dit mot, où l'amour-propre n'a rien qui le contente, je suis obligé malgré moi de donner cette satisfaction à la nature, parce qu'elle en est absolument dépourvue d'ailleurs. »

« Voyez-vous, ma fille, me dit-elle ensuite, il en est tout de même de ce que vous parlez. Un honnête homme dans le monde se sent porté à obliger, et même au préjudice de son intérêt propre, une personne qui demeure dans le monde comme lui parce que c'est un témoin toujours présent et une trompette qui publie son action par sa seule vue, et que la gratitude de cet homme et les louanges qu'il lui procure le récompensent de son bienfait autant de fois qu'il y a des complaisants qui l'en congratulent; mais les services que l'on rend à une personne qui est hors du monde n'ont rien de tout cela. Comme c'est une action purement de charité, qui est plus utile à celui qui donne qu'à celui qui reçoit, personne ne s'avise de vous en louer : celle qui a reçu le bienfait ne peut pas le publier, parce qu'elle n'y est pas; ceux qui le peuvent savoir et l'approuver l'oublient aisément, parce qu'ils n'y ont point d'intérêt, et personne n'est payé pour les en faire ressouvenir ; et de là vient qu'on tient pour perdu tout ce qui se fait aux religieuses, parce qu'on n'y rencontre ni honneur, ni avantage temporel qui tienne lieu de récompense. Et tenez cela pour une maxime indubitable, sur quoi il ne faut jamais manquer de faire fondement, autrement vous serez toujours trompée. J'en ai tant d'expérience, que je n'en saurais plus douter ; mais la raison même le fait voir, car c'est proprement le monde et sa manière d'agir ; il a toujours été fait comme cela et le sera toujours, et s'il était autrement fait, il ne serait plus monde. C'est pourquoi faites état que vous n'avez plus aucun ami dans le monde du moment que vous en êtes sortie. Il n'y en a plus aucun de qui vous deviez attendre de grands témoignages d'amitié, si ce n'est de ceux qui le feraient par esprit de charité ; mais, en ce cas, ce ne sera pas vous qu'ils regarderont, et ils en feraient autant pour la plus étrangère. »

Sur cela, elle rapporta plusieurs histoires semblables à la mienne qu'elle-même avait vues ; et entre autres, que les parents d'une fille de condition, qu'elle avait fait professe, avaient contre toute apparence manqué à la parole qu'ils lui avaient donnée touchant sa dot qui devait être très-considérable, en un temps où le monastère en avait un très-notable besoin, et après avoir fait profession de tout temps d'une affection toute particulière envers leur parente. « Je vous assure, me dit-elle, que cette injustice me surprit et me toucha beaucoup, car j'avais tenu cela pour sûr, de la manière qu'ils avaient toujours agi avec nous. Cependant feu M. de Saint-Cyran me conseilla de supporter cette dureté, car c'en était une véritable, avec tant de douceur et de paix qu'il ne voulait pas même que je leur en parlasse ni leur témoignasse en aucune sorte d'en être blessée, mais que je fisse tout de même que si je l'avais oubliée. Et il m'assura avec beaucoup de confiance en la Providence, que si je le faisais, Dieu saurait bien récompenser cette perte et pourvoir à nos besoins par d'autres voies. » Puis elle ajouta : « Dieu me fit la grâce de le croire et de suivre son conseil, car je n'ai jamais cru qu'il me fût permis de rien faire contre sa lumière, et j'ai connu depuis, par des expériences continuelles, la vérité de cette promesse, comme vous le voyez vous-même. C'est pourquoi, ma fille, au nom de Dieu, ne vous emportez point contre vos parents, ne leur témoignez aucun ressentiment et que cela n'aliène aucunement votre union. Car, enfin, de quoi s'agit-il? d'un peu de bien, voilà tout. N'est-ce pas moins que rien? S'il est vrai que le bien est nécessaire à la vie, on ne peut pas s'en passer entièrement ; mais, dans la vérité, il arrive rarement qu'on en manque assez pour tomber dans une véritable nécessité, et c'est cupidité que d'en demander pour le superflu. Quand Dieu en envoie par des voies légitimes, on le peut recevoir parce qu'il est nécessaire d'en avoir pour vivre ; mais quand cela n'est pas, ou même quand il permet qu'on nous en ôte du nôtre, en vérité il s'en faut réjouir. Feu M. de Saint-Cyran disait que les richesses sont dans le monde comme les humeurs peccantes du corps, qui se jettent toujours avec plus d'abondance dans la partie la plus faible et la plus susceptible de mal ; c'est pourquoi c'est un mauvais préjugé pour quelqu'un quand on voit que le bien lui vient en abondance de tous côtés ; de sorte qu'au lieu de vous réjouir quand vous voyez qu'on nous donne, vous n'avez rien tant à craindre pour cette maison que de voir qu'elle s'enrichisse beaucoup, et souvenez-vous-en bien, s'il vous plaît : vous êtes jeune, et vous pouvez voir quelque jour arriver des choses semblables à ce qui se passe maintenant en votre personne et en vos affaires. Cela me donne grande joie de tout ce qui a été fait, car au moins, si jamais on se servait de votre conseil en une pareille rencontre, vous apprendriez à faire aux autres ce qu'on vous a fait. Écrivez donc encore à vos parents, ajouta-t-elle, et surtout à cette personne que vous savez qui a le plus de tendresse pour vous, et leur témoignez toute l'amitié possible avec une grande ouverture de cœur, afin qu'ils reconnaissent que c'est avec une entière sincérité, et seulement de peur de les blesser, que vous vous êtes démise de la disposition de votre bien, et que vous ne pensez plus à tout cela ; et quand celui [1] qui doit arriver bientôt sera venu, parlez-lui de la même sorte sans lui faire le moindre reproche, et non pas seulement le moindre mauvais visage de tout ce qui s'est passé, pour témoigner que vous l'avez oublié. Et, en effet, vous devriez déjà l'avoir fait ; et pour moi j'eusse attendu cela de vous, et je suis tout étonnée de vous trouver si faible en une chose si peu importante. »

Elle fit sur cela un peu de silence, qui me donna lieu de lui dire qu'une des choses qui m'affligeaient le plus en cela était le scrupule où j'étais d'avoir mal employé mon bien, lorsqu'il était à ma disposition, en ayant donné une bonne partie à des personnes, que j'aurais pu distribuer avec plus de charité ; et quoique je pensasse alors avoir suffisamment pour cela et pour le reste que

---

[1] Son frère, Pascal.

je me proposais de faire, je craignais néanmoins beaucoup d'être coupable, au moins de précipitation.

« N'ayez nulle peine de cela, me dit-elle après y avoir un peu pensé ; car je ne crois pas que quand les choses seraient encore en votre disposition, vous puissiez, en conscience, vous dispenser de faire ce que vous avez fait dans les circonstances où vous avez vu les choses. Vous savez bien que vous avez regardé Dieu en cela et le bien de cette personne qui vous doit être plus chère que tout l'or du monde ; et que ce n'a pas été par ambition pour le faire grand et lui donner de l'éclat dans le monde : cela ne lui en donne pas le moyen, puisqu'avec tout ce que vous lui avez donné, vous voyez qu'il ne lui reste pas encore assez pour vivre comme les autres de sa condition [1]. Sur quoi donc fondez-vous la crainte que vous avez de l'avoir mal employé ? Que pouviez-vous faire de moins ? Mais je vous dirai plus : car quand il serait vrai que ce que vous lui avez donné ne servirait à présent qu'à l'entretenir dans la vanité, je crois que vous n'auriez pas été moins obligée, selon Dieu, de faire ce que vous avez fait, puisqu'à moins de cela vous l'eussiez choqué et lui eussiez fait grand tort, je dis à sa conscience, d'en user autrement ; et afin que vous ne croyiez pas que je vous dise une chose sans fondement pour vous consoler, il faut que je vous dise sur cela une chose qui vous étonnera. Feu M. de Saint-Cyran qui était à Dieu, comme vous savez, avait un frère qui était

---

[1] Voy. notre édition des *Pensées, fragments et lettres de Pascal*, Introduction, page LXI.

du monde autant qu'on y peut être, et même il est mort là dedans. Je vous donne à penser combien cela l'a fâché. Et néanmoins, quoiqu'il le connût bien tel qu'il était, il ne laissa pas de lui donner une terre considérable qu'il avait et dont il voulut se défaire pour ne posséder que le moins qu'il pourrait des biens de la terre. Vous ne doutez pas qu'il ne sût bien qu'il y avait moyen de le mieux employer, c'est-à-dire qu'il eût pu en faire beaucoup de charités; mais cependant il ne le fit pas; il la donna à son frère qui ne la devait employer qu'à sa vanité, et cela par un autre motif de charité qui n'est pas moindre que la première, car il le fit pour conserver l'amitié de cette personne et ne la pas éloigner de lui, comme il aurait fait infailliblement s'il ne lui eût pas donné; parce que c'eût été lui témoigner qu'il avait si mauvaise opinion de son état, qu'il tenait pour mal employé ou pour perdu le bien qu'on lui donnerait; et par là il eût perdu toute l'espérance qui lui restait de le pouvoir servir en la manière qu'il désirait. Car, comme il savait bien mettre le prix aux choses, il ne faisait point de difficulté de prodiguer et même de perdre un peu de bien temporel pour lui pouvoir procurer les biens véritables. C'est pour vous dire, ma fille, que vous n'avez pas mal fait d'en faire autant, puisque vous l'avez fait pour la même raison.

« Mais afin de vous ôter tout scrupule, il faut que vous sachiez, ajouta-t-elle par un mouvement de charité admirable, que quand il serait vrai que vous auriez fait une faute en cela et une dissipation, ce qui n'est pas comme je vous ai déjà dit, et que ce serait une pure perte de votre bien, vous la devez regarder comme une des moindres de toutes celles qu'on peut faire. Je dis, en vérité, une des moindres : voyez-vous, ma sœur, toutes les choses extérieures et périssables ne sont rien ; la perte que l'on fait de la plus petite grâce de Dieu est mille fois plus considérable devant lui que celle de tous les biens de la terre, quelque usage qu'on en pût faire. Dieu considère fort peu tout cela ; il n'a que faire de nos biens, il les estime comme rien en comparaison des vertus qu'il met en nous. C'est là les biens véritables, et il faut s'examiner souvent sur l'usage qu'on en fait pour son profit particulier et pour celui des autres. Cependant on ne songe point à cela ; on est fort peu ou point touché quand on vient à déchoir de son humilité accoutumée, de sa douceur ou de quelque autre vertu. Et on entre en scrupule si on a mal employé un peu d'argent, qui est le moindre de tous les biens dont Dieu nous demandera compte parce qu'il ne peut tout au plus servir qu'à soulager quelques misères temporelles ou à quelque autre œuvre qui passera avec le temps, au lieu que les grâces de Dieu et les vertus qu'il nous donne sont des trésors qui doivent servir éternellement à notre propre âme et à celle des autres, si nous avons soin de les bien ménager et de ne les pas laisser perdre. Et puis, enfin, c'est une chose faite ; vous n'avez plus à y penser. Je dis que c'est une tentation pour vous qui vous détourne de ce que vous avez à faire ; ne songez donc plus à tout cela, pensez seulement à rendre grâce à Dieu de ce qu'après vous avoir fait la miséricorde de vous donner la pensée de sortir du monde, il vous donne la connaissance de cette maison et l'estime que vous en avez conçue qui vous la fait préférer à toutes les autres ; car, sans cela, vous auriez été sans doute dans les ***[1] qui sont à présent si en vogue et en si grande réputation de sainteté, et avec raison, car il est vrai que ce sont des filles aussi saintes qu'on le saurait désirer, dans des austérités prodigieuses et dans une si exacte observance de toutes leurs règles, qu'elles ne voudraient pas y avoir manqué d'un iota. Mais pour le regard du bien il n'y a point de quartier, et vous êtes bien assurée que vos affaires étant comme elles sont, on vous ferait faire querelle avec tous vos proches et rompre avec tout le monde plutôt que de rabattre un point de ce qu'elles auraient eu lieu d'espérer de vous.

« C'est une chose qui doit nous faire grande pitié et en même temps nous couvrir de confusion ; car ce sont des personnes si saintes et des âmes si fidèles à tout le bien qu'elles connaissent, qu'il est visible qu'elles ne font cela que manque d'une instruction qui leur fasse connaître que c'est un mal, et un très-grand mal. Et on a tout sujet de croire, et je dis même qu'il est indubitable, que si elles avaient là dedans la lumière dont Dieu nous a favorisées, elles y seraient bien plus fidèles que nous sans comparaison. C'est pourquoi nous devons davantage admirer la miséricorde de Dieu, qui est si rare et qu'il nous a faite, quoique nous la méritions si peu, et cela seul nous devrait donner tant de joie qu'elle vous devrait faire oublier tout le reste. Car si vous étiez

---

[1] Les carmélites.

là dedans, vous croiriez ne pouvoir mieux faire que de suivre l'ordre de vos supérieurs, comme vous faites ici. Cependant où en seriez-vous ? N'êtes-vous donc pas bien heureuse d'être tombée entre les mains de personnes qui vous conduisent par les pures règles de la charité, comme s'ils n'y avaient aucun intérêt. »

Je ne pus m'empêcher de la supplier de considérer que c'était cela même qui me donnait un plus juste sujet de douleur, parce que l'injustice qu'on faisait était d'autant plus blâmable que la maison est plus désintéressée.

« Voilà, me dit-elle, un sentiment qui fait bien voir que vous n'êtes pas encore entièrement de la maison ; c'est-à-dire que vous n'êtes pas encore désaccoutumée de vous regarder comme appartenant plus à votre famille qu'à celle-ci, puisque vous êtes jalouse de leur honneur et de leur avantage au préjudice du nôtre. » Et puis rentrant dans le sérieux : « Voyez-vous, dit-elle, ma fille, il est certain que la charité que vous devez à vos proches vous oblige à désirer beaucoup qu'ils se rendent à la raison, mais il faut que vous le souhaitiez en toutes choses, et non pas seulement en ce qui nous regarde ; autrement, ce ne serait pas charité ; mais une véritable cupidité. Et au contraire s'il était nécessaire qu'ils fissent injustice à quelqu'un, désirez plutôt de bon cœur que ce soit à nous qu'à d'autres ; car vous ne savez pas comme ils le prendraient, et vous êtes assurée que nous ne nous en mettrions guère en peine, et puis qu'il est certain qu'encore que, par la grâce de Dieu, nous ne soyons pas riches, aussi ne sommes-nous pas assez en nécessité pour ne nous pouvoir passer de cela. Vous voyez qu'il ne nous manque rien ; nous ne souffrons aucun besoin véritable ; c'est de là dont nous devons avoir une vraie confusion devant Dieu, nous qui faisons profession de pauvreté. Mais, outre tout cela, c'est que notre avantage à nous, c'est d'être maltraitées en toutes choses ; qu'on nous méprise, qu'on nous rebute, qu'on nous calomnie, qu'on nous fasse des injustices ; ce n'est pas que nous souhaitions que tout cela nous arrive, ni que nous dussions le procurer quand il serait en notre pouvoir, parce que ce serait manquer de charité envers ceux qui le feraient, puisqu'il y aurait du péché de leur part. Mais quant à nous, c'est un bonheur très-grand ; de sorte que lorsque Dieu permet qu'il nous arrive sans y avoir contribué, nous devons beaucoup nous en réjouir, mais je dis d'une véritable joie : c'est notre plus grand avantage, et nous le devons croire ainsi et agir suivant cela ; autrement nous manquerions de fidélité aux lumières que Dieu nous donne, et nous n'aurions ni pauvreté ni désintéressement ; car en quoi consisterait-il, si nous ne le faisions paraître dans les occasions ? Ce ne serait donc que des discours et des mines pour nous faire estimer du monde ? »

Elle me dit ces paroles avec tant de force, qu'il semblait qu'elle doutât en quelque sorte que je fusse capable de les pratiquer à la rigueur, et qu'elle me les voulait imprimer dans le cœur ; mais comme si elle eût vu ma pensée, elle y répondit aussitôt en s'adoucissant un peu, et me dit en souriant : « Je ne doute point du tout que vous ne soyez dans les mêmes sentiments, et je suis fort assurée que si on vous demandait conseil dans une affaire pareille qui regarderait des personnes indifférentes, vous seriez bien fâchée qu'on en usât autrement qu'on ne fait ; et je suis certaine que vous n'en auriez ni déplaisir ni peine contre ces gens-là, et que vous ne voudriez pas leur en faire la moindre mine ni le moindre reproche ; j'en mettrais la main au feu. Mais cela vous doit faire connaître qu'il vous reste encore bien de l'amour-propre et que, quelque croyance que vous ayez, ce n'est proprement ni la maison ni la justice que vous considérez le plus dans tout ce qui s'est passé, mais vous-même et la peine que vous avez de ne pouvoir faire aller les choses comme vous le voudriez.

« S'il était venu céans des voleurs cette nuit, et qu'ils eussent emporté ce que nous avons d'argent, en pleureriez-vous et vous en affligeriez-vous comme vous faites ? Il est sans doute que non ; car encore qu'on soit fâché de ces choses-là et qu'on les empêcherait si l'on pouvait, on n'en a pourtant point une véritable affliction : il faudrait être bien attachée au bien. Cependant ce serait une injustice et un tort qui auraient été faits à la maison. Vous voyez donc bien qu'il ne faut point se flatter, et que c'est pour soi-même et pour son intérêt particulier qu'on se fâche.

« Oubliez donc tout ce qui s'est passé, et usez envers vos proches en la manière que je vous ai dit. Je vous en prie, parlez-leur et leur écrivez comme si rien n'était arrivé, sinon que vous confirmerez la démission que vous avez faite ; mais souvenez-vous qu'en tout cela vous devez écrire et parler sincèrement. Car il faut éviter d'un côté de le faire par orgueil et par courage, en disant : nous aurons plus de générosité que vous. Si nous ne le faisions par ce principe-là, nous ne ferions rien du tout ; il faut qu'il n'y ait que la seule charité qui nous y oblige, autrement c'est comme si nous ne faisions rien. Et de l'autre, il faut bien se garder aussi de vouloir par là les piquer d'amitié afin de les obliger à faire ce que vous voulez, car ce serait reprendre d'un côté ce que vous laissez de l'autre ; mais il faut que ce soit le seul désir de les mettre tous en paix, et surtout votre parente que vous savez qui est fort tendre et qui serait bien touchée si elle venait à penser que vous fussiez fâchée contre elle, que cela serait capable de redoubler dangereusement l'indisposition où elle est à présent[1]. »

Je vous raconte tout ce petit particulier, ma chère mère, peut-être avec plus de liberté que de raison, et même contre la civilité qui ne veut pas qu'on importune les autres de ce qui ne touche que nous, et moins encore des personnes à qui on doit beaucoup de respect. Mais je n'ai point cru que cette maxime eût lieu ici, parce qu'il me semble que chacun doit être aussi touché que moi de voir ce soin et cette charité de notre mère, et de remarquer par une preuve irréprochable comment lorsque cette vertu divine est aussi fortement enracinée dans une âme qu'elle est dans la sienne, c'est elle qui y règle tout ; elle y opère tout, elle produit jusqu'au moindre de ses mouvements et de ses pensées, et

---

[1] Probablement il s'agit ici de madame Perier qui était alors dangereusement malade. (Voy. ci-après la lettre de Jacqueline, du 31 juillet 1653.)

donne en toutes rencontres des preuves de l'heureux empire qu'elle y exerce, et cela dans les actions les plus naturelles et les moins délibérées, parce qu'elle lui tient lieu d'une seconde nature, après s'être rendue maîtresse de la première. Vous savez que cela paraît clairement dans la conduite de nos mères ; mais je puis dire avec vérité que je ne l'ai jamais mieux remarqué qu'en cette rencontre. Je ne sais si cela vient de ce que je ne les ai vues en affaire que cette seule fois, ou de ce que nous sommes toujours plus affectées de ce qui nous touche.

Il me semble, ma chère mère, que j'ai le bien d'être assez connue de vous pour vous figurer combien, au milieu de toute ma douleur, je sentais de joie me voyant confirmée avec tant de certitude dans les sentiments que j'avais du désintéressement de la maison et de la pureté de sa conduite. Et néanmoins j'avais tant d'orgueil, car je n'ose plus l'appeler justice, que je ne pouvais en tout me résoudre à laisser les choses comme notre mère voulait ; de sorte que je la suppliai de considérer qu'en différant ma profession de quatre ans, je pourrais espérer d'être maîtresse de mes affaires, en ajoutant même au principal de mon bien l'épargne d'une pension considérable que mes parents me devaient faire, en considération de quelque gratification que je leur avais faite, et dont la rigueur qu'ils me tenaient semblait me dispenser bien légitimement de les quitter à l'avenir comme j'avais fait jusqu'alors. Et que cela étant ainsi, quelque grand que fût le désir que j'avais d'être bientôt professe, qui allait en vérité au delà de toute l'expression que j'en puis faire, je croyais néanmoins être obligée en conscience, et tout intérêt ôté, de faire ce dilaiement pour me mettre en état de faire justice à la maison.

« Non, me dit-elle, ma fille ; au contraire, vous êtes obligée en conscience de ne le pas faire, car ne voyez-vous pas bien qu'encore que vous eussiez tout pouvoir d'exécuter vos desseins, il n'est pourtant pas en votre pouvoir de faire qu'ils les agréent. Je n'ai jamais douté de cela ; je sais bien qu'à la rigueur personne ne vous peut empêcher de faire ce que vous voulez de votre bien ; mais je n'ai point eu égard à ce que vous pouvez, je ne regarde qu'à ce que vous devez faire. Voilà toute la question, et je ne fais point de doute que vous ne soyez obligée, mais je dis indispensablement, à procurer le pain de leur esprit autant que vous le pourrez et à ne rien faire qui les choque. Lorsque vous pensiez que toutes choses fussent en votre pleine disposition, sans y prévoir aucune difficulté, vous avez néanmoins voulu avoir leur aveu pour faire ce que vous désiriez, et vous avez dû le faire ; autrement vous leur eussiez donné sujet de s'offenser, et en effet c'est pour cela que vous l'avez fait. Jugez donc combien ils le seraient, si vous le faisiez malgré eux et par une espèce de violence : s'il se doit faire quelque chose, il faut que ce soit eux-mêmes qui le fassent de leur propre mouvement, sans qu'il y ait rien du vôtre. »

Ne pouvant répondre à ces raisons ni résister à sa volonté, je la suppliai au moins de me permettre de les en menacer pour voir l'effet que cela produirait ; mais elle n'y consentit pas plus qu'au reste. « Non, me dit-elle, ma fille, gardez-vous-en bien ; ne voyez-vous pas bien que vous détruiriez par là tout ce que vous voulez faire par votre démission? Croyez-moi, laissez toutes choses comme elles sont, et souvenez-vous que vous êtes obligée sur toutes choses de préférer le repos de leur esprit et la paix qui doit être entre vous à tout intérêt, pour ne pas faire céans ce qu'on vous ferait faire dans les lieux dont nous parlions tantôt; et celui-là vous doit être si précieux, que si vous aviez deux millions de bien, je vous conseillerais de les donner sans hésiter, pour procurer que la charité ne fût point refroidie entre vous. N'en parlez donc plus et n'y pensez plus ; quand vous les verrez, ne leur en dites rien du tout : s'ils vous en parlent, vous leur direz qu'ils savent bien que vous vous êtes démise de toutes choses entre leurs mains, et que comme vous n'avez plus rien à voir à tout cela, vous n'y pensez plus. » Sur cela, elle me congédia sans vouloir plus de réplique, et cette conférence se termina de la sorte.

A peu de jours de là, celui de mes parents qui avait plus d'intérêt en cette affaire étant arrivé en cette ville, je tâchai de traiter avec lui selon l'intention de notre mère ; mais quelque effort que je pusse faire, il me fut impossible de cacher entièrement la tristesse qui me restait encore, après toutes les peines qu'elle avait prises pour la faire cesser. Cela m'est si peu ordinaire, qu'il s'en aperçut aussitôt, et il n'eut pas besoin d'interprète pour en apprendre la cause ; car encore que je lui fisse le meilleur visage que je pus, je m'assure qu'il jugea aisément que son procédé m'avait mise en cet état. Il voulut, néanmoins, se plaindre le premier, et ce fut lors que j'appris qu'ils se tenaient si offensés du mien ; mais il ne continua guère, voyant que je ne faisais aucune plainte de mon côté, quoique d'ailleurs je détruisisse par une seule parole toutes leurs raisons, et qu'au contraire je lui déclarais avec toute la gaieté que mon état présent le pouvait permettre, que puisque la maison voulait bien me faire la charité de me recevoir gratuitement et que ma profession n'en serait point différée, je n'étais plus en peine de rien que de la bien faire et d'attirer la grâce dont j'avais besoin pour être vraie religieuse.

Si tout ce colloque était aussi digne d'être recueilli que le précédent, j'eusse pris peine à le retenir, et je ne plaindrais nullement le temps que j'emploierais à l'écrire ; mais parce qu'il n'est pas entièrement ni si beau ni si utile, comme je m'assure que vous le croyez aisément, sans qu'il soit besoin que je l'affirme davantage, il vaut mieux le passer sous silence que de perdre du temps à vous ennuyer, et dire en un mot qu'il fut touché de compassion [1], et que de son propre mouvement il résolut de mettre ordre à cette affaire, s'offrant de prendre sur lui toutes les charges et les risques du bien, et de faire en son nom, pour la maison, ce qu'il voyait bien qu'on ne pouvait omettre avec justice.

J'achève, ma chère mère, de vous raconter cette histoire, quoique ce n'ait pas été mon dessein de vous la faire savoir, elle n'en vaut pas la peine, mais seule-

---

[1] Le mot *confusion* est écrit en surcharge.

ment de conserver la mémoire des obligations que j'ai à nos mères et les instructions si profitables que j'ai reçues en cette rencontre, et c'est pourquoi je me vois obligée d'achever, parce que l'un et l'autre a continué jusqu'à la fin.

Lors donc qu'il m'eut quittée, j'allai rendre compte à nos mères de cette entrevue, pour savoir d'elles si je devais lui régler ce qu'il devait faire pour la maison, comme il semblait s'y attendre; mais elles me défendirent absolument de lui taxer aucune chose, m'ordonnant expressément de me satisfaire de ce qu'il voudrait donner, sans lui rien prescrire ni lui rien repartir, en ne faisant que suivre son intention. Toutefois, ayant su la nature de son bien, elles approuvèrent que je lui proposasse de prendre ce qu'il voudrait donner sur certaine partie, qui était pour son propre accommodement. Voilà toute la liberté que je pus obtenir, et l'affaire fut ainsi terminée. Car il ne fallut point de temps pour le faire résoudre à faire plus qu'il n'eût voulu, puisque j'avais ordre exprès de prendre sa première volonté pour loi; mais si expressément et par une autorité si absolue, que je n'ai non plus osé agir dans toute cette affaire, que si elle ne m'eût point regardée, sinon quelquefois par promptitude et dans des premiers mouvements; mais il m'en restait toujours de grands scrupules, parce que les commandements que je recevais sur ce sujet étaient appuyés d'un si grand nombre de raisons puisées dans les principes de la suprême raison, qu'encore que je ne pusse m'y rendre, j'étais contrainte d'avouer que je n'y pouvais répondre et de reconnaître, lorsque j'y contrevenais, que je n'agissais pas moins contre ma conscience que contre l'obéissance. Cette affaire ne put néanmoins être terminée entièrement qu'après trois ou quatre entrevues qui me furent merveilleusement favorables ; car tandis que j'en allais rendre compte à nos mères, j'avais lieu de reconnaître le soin continuel où elles étaient pour faire en sorte que tout cela se passât selon Dieu et selon les règles de la parfaite charité. Je ne puis assez vous dire, ma chère mère, combien cela paraissait en toute occasion. Je prie Dieu de ne pas permettre que je l'oublie jamais, car je puis dire, avec vérité que j'ai plus été instruite de leur procédé que de beaucoup des meilleurs sermons que j'ai ouïs sur ces matières.

Mais ce qui était admirable, c'était de voir la diversité de la conduite que le même Esprit saint qui les animait tous leur inspirait ; car notre mère, prenant avec raison l'intérêt de la maison, faisait paraître que son intention principale était d'empêcher qu'il ne se mêlât en toute cette affaire la moindre ombre d'intérêt, d'avarice ou de lâcheté, et enfin elle ne tendait qu'à faire qu'on souffrît plutôt toute sorte d'injustice que de faire la moindre chose tant soit peu contraire au véritable esprit de religion. M. Singlin, comme père commun et de la maison et de mes proches, dont quelques-uns sont entièrement sous sa conduite, et les autres l'honorent infiniment et ont pour lui une affection extrême, était de telle sorte animé du zèle de notre mère au regard de la maison, qu'il était aussi touché de compassion pour eux, et ne s'affligeait pas moins de l'injustice de leur procédé qu'il se réjouissait de l'avantage qu'il estimait en revenir au monastère.

La mère Agnès semblait se décharger sur eux deux de ces deux intérêts, et ne s'occupait principalement qu'à faire profiter sa novice de tout ce qui se passait ; car à chaque fois que je la voyais, elle examinait soigneusement ce que je lui rapportais pour me faire remarquer tout ce qu'il y avait eu d'humain dans mon procédé ou qui sentait l'esprit du monde. Et par une charité infatigable, elle ne cessait de faire tous ses efforts pour prévenir par ses avis les fautes où je pouvais tomber, pour m'en relever quand ses précautions se trouvaient inutiles, et pour faire que je ne perdisse aucune des occasions qui s'offraient de pratiquer ou la patience, ou la tolérance, ou l'humilité, ou quelque autre de ces vertus qui ne plaisent guère aux imparfaites.

Ce n'est pas que notre mère ne s'y appliquât aussi ; mais étant en quelque sorte plus chargée de la conduite générale de la maison que de celle de ma personne en particulier, elle ne s'informait pas si souvent de ce qui ne concernait que moi ; et son premier soin, toutes les fois que ma vue la faisait ressouvenir de ce qui se passait, était de me défendre absolument de faire aucun effort pour faire réussir les choses comme je le désirais, et jamais elle ne manquait, à chaque fois qu'elle me parlait, de me recommander d'être ferme à ne rien exiger de mes proches, m'exhortant sans cesse à entrer dans l'intérêt de la maison en cette manière-là. Et voyant une fois, par le rapport que je lui en faisais, que j'avais parlé avec un peu de chaleur du peu que cette personne se proposait de faire, elle m'en reprit sévèrement et me dit, de cette manière ferme qui donne tant de force aux paroles de feu qui sortent si souvent de sa bouche, que ce ne pouvait être que l'orgueil ou l'avarice qui me faisaient parler de la sorte, ou peut-être tous les deux ensemble, en désirant en même temps d'accroître le bien de la maison et d'avoir l'avantage d'y avoir beaucoup porté ; et me représenta si fortement les sentiments que l'esprit de pauvreté devait m'inspirer en cette occasion, qu'il eût fallu être tout à fait endurcie pour ne concevoir pas de scrupule d'agir autrement.

A la fin, toutes choses étant conclues, la surveille de ma profession, dont le jour était pris il y avait longtemps, sans avoir égard en quel état était l'affaire, et ne restant plus qu'à signer de part et d'autre, je suppliai notre mère de se rendre au parloir pour cet effet ; mais elle ne le put, étant ce jour-là fort indisposée, ce qui est bien remarquable, parce qu'elle en fut ravie, « afin, me dit-elle, que tout cela se diffère après votre profession, et que votre parent ne fasse rien qu'avec une entière liberté et par un pur esprit de charité ; car, voyez-vous, ma fille, il faut être ferme dans les principes. Nous savons que tout ce qui n'est point fait par l'esprit de Dieu et par charité est fait par cupidité, et que tout ce qui est fait par cupidité est péché ; c'est pour cela que je vous ai tant exhortée à ne le point piquer ni d'honneur ni d'amitié ; car j'aimerais beaucoup mieux qu'il ne vous donnât rien du tout que de donner beaucoup par un principe tout humain. S'il le fait par lui-même, nous ne pouvons pas y remédier ; tout ce que nous pouvons, vous et moi, c'est de l'exhorter à ne le pas faire, car nous n'avons pas sa conscience à gouverner pour voir par quel motif il agit, c'est à lui à s'examiner, mais de contribuer par nos discours ou par nos mines, ou quelque manière que ce soit, à lui en faire prendre un mauvais, ce serait non-seulement participer à son péché, mais en être cause. C'est pourquoi, ma fille, au nom de Dieu, gardez-vous bien de l'exciter à faire ce que vous ne voudriez vous-même. Car si c'était à vous à gouverner, vous ne voudriez pas faire une aumône à la maison par considération humaine ; pourquoi donc tâcherez-vous à (la) lui faire faire ? S'il n'est pas disposé à la faire par un bon motif, il vaut beaucoup mieux qu'il n'en fasse point du tout ; peut-être qu'en un autre temps Dieu le touchera : mais quand cela ne serait pas, il ne faut point vous en mettre en peine, c'est l'avantage de la maison. Allez donc encore lui dire tout à cette heure, mais de bonne sorte, qu'il sonde son cœur pour voir ce qui le porte à faire cette aumône, et qu'il ne fasse rien avec précipitation, et qu'il sera toujours temps après votre profession, puisque je ne suis pas en état de pouvoir faire ce qu'il faut pour l'accepter; aussi bien vous savez qu'on ne parle jamais céans de dot d'une fille qu'après sa profession. »

Je m'acquittai le plus fidèlement que je pus de cet ordre, et je lui fis le récit de ce petit discours mot à mot comme à vous, dont il ne fut pas peu surpris, quoiqu'il fût informé depuis longtemps de la manière dont on traite ici ces affaires ; mais il avait avec lui des hommes d'affaires qui en furent si étonnés, qu'ils ne pouvaient se lasser d'admirer ce procédé ; et tous d'un accord disaient qu'ils n'avaient jamais vu agir de la sorte et que ce n'était pas là une conduite ordinaire, et beaucoup plus que cela : mais cela ne fait rien à notre discours. Il ne voulut pas néanmoins différer davantage, et pour témoigner de son côté qu'il faisait de bon cœur le peu qui était en son pouvoir, et me persuader ce qu'il me protestait souvent, qu'il avait grand regret de n'être pas en état de faire plus, il ne manqua pas de revenir le jour suivant, et me dit, au retour de l'entrevue qu'il avait eue avec notre mère, dont elle n'avait pu se dispenser étant en meilleur état, qu'elle lui avait dit d'abord avec une merveilleuse force qu'elle ne savait si j'avais agi avec lui en la manière qu'on m'avait sans cesse recommandée : « C'est pourquoi, monsieur, dit-elle, de peur qu'elle y ait manqué, je suis obligée de vous dire que je vous conjure, au nom de Dieu, de ne rien faire par considération humaine, et que si vous ne vous sentez point disposé à faire cette aumône par esprit d'aumône, vous ne la fassiez point du tout. Voyez-vous, monsieur, nous avons appris de M. de Saint-Cyran à ne rien recevoir pour la maison de Dieu qui ne vienne de Dieu ; tout ce qui est fait par un autre motif que la charité n'est point un fruit de l'esprit de Dieu, et par conséquent nous ne devons point le recevoir. » Il lui répondit avec protestation tout ce que la civilité sait dire en ces rencontres, sans vouloir aucunement différer ; et l'affaire fut ainsi terminée.

Notre mère m'ayant rencontrée ensuite, elle me dit que je n'avais plus à me tourmenter et que tout était achevé ; puis, me tirant à part, elle me dit fort sérieusement qu'elle était en grande peine de m'avoir vue si inquiétée pour faire que cette personne agît avec libéralité, et trop fâchée quand j'avais cru qu'il ne le faisait pas. « Je crains tout à fait, ma fille, me dit-elle avec une admirable charité, que vous n'ayez offensé Dieu là dedans ; je vous prie, pensez-y sérieusement ; et outre cela, considérez que vous n'avez en vérité aucun sujet de peine contre votre parent, car il est certain qu'il donne largement à proportion de son bien, principalement si on le compare presqu'à tous les autres. Je voudrais que vous sussiez comme la plupart usent du désintéressement qu'on leur témoigne : cela n'est pas croyable. Mais nous ne devons pas laisser pour cela de faire notre devoir : on dit que les séculiers sont si avares et si injustes, qu'il ne faut s'étonner si les religieux le sont aussi, et qu'ils leur en donnent l'exemple ; mais voyez-vous, ma fille, nous ne voulons pas les imiter dans leurs autres vices, pourquoi les imiterions-nous dans celui-là ? Ils aiment les divertissements, les jeux et les beaux habits ; ils se vengent quand on les offense et font plusieurs autres choses semblables, faut-il que nous les fassions aussi ? Personne ne sera assez fou pour le dire ; pourquoi donc veut-on que nous les imitions dans leur avarice ? N'est-ce pas un péché aussi grand que ceux-là ? Mais c'est que quand on est avare, on est bien aise de s'excuser en disant que chacun en fait autant ; il ne faut pas se tromper en cela, il faut connaître le mal tel qu'il est et où il est. »

Voilà, ma chère mère, les dernières paroles qui me

furent dites sur ce sujet, et la conclusion de toute cette affaire, que la gratitude ne m'a pas permis de tenir plus longtemps secrète, quoique le peu de loisir que me laisse l'obéissance où je suis semblât m'en ôter tous moyens ; mais un grand désir ne trouve point d'obstacle. C'est ce qui me fait surmonter celui-là aussi bien que tous les autres qui pouvaient s'offrir, entre lesquels vous ne doutez pas que la confusion de m'en acquitter si mal n'ait été un des plus grands ; mais il a fallu que toutes choses aient cédé à mon devoir, et puis je n'ai pas prétendu bien faire, mais seulement à faire ce que je pouvais. Si ma mémoire avait été assez fidèle pour me rapporter toujours les mêmes termes de notre mère, je n'aurais pas besoin de vous faire d'excuse ; mais, parce que je crains qu'elle ne l'ait pas fait en beaucoup de lieux, bien que je sois certaine qu'elle ne m'a point trompé pour le sens, je me sens obligée de vous supplier de n'avoir aucun égard à ce que j'aurai pu gâter, et de le séparer du reste par l'habitude que vous avez d'entendre notre mère, qui vous fait connaître son style.

Je vous conjure aussi, ma chère mère, de me pardonner si cette lettre est si mal en ordre, si pleine de ratures, de pâtés, d'additions et de tant d'autres désordres. Je l'aurais volontiers copiée pour satisfaire au respect que je vous dois, mais j'ai si peu de loisir, que je ne sais quand j'aurais pu m'en promettre la fin, et puis je ne sais pas si j'eusse fait moins de fautes en la récrivant ; car, outre que les espaces où je le puis sont si courts que le plus long ne me laisse pas assez de temps pour écrire deux douzaines de lignes, et les ordinaires cinq ou six, c'est que je suis si souvent interrompue pour des demandes ou des réponses qui ne sont de nulle importance, mais très-fréquentes, qu'il n'en faut pas davantage à un si petit cerveau que le mien pour le troubler et le faire brouiller tout ce qu'il fait, comme vous voyez qu'il m'est arrivé; et de plus j'ai si peur que notre mère m'en trouve saisie, que j'ai une merveilleuse hâte de m'en défaire. Toutes ces raisons font que j'espère de votre bonté une pleine abolition ; mais je désire quelque chose de plus, et vous conjure de tout mon cœur, ma chère mère, de prier Notre-Seigneur qu'il me pardonne toutes les fautes que j'ai commises dans cette affaire et le peu d'usage que j'ai fait de tant de salutaires avis. Ce n'a pas été mon dessein en vous écrivant, mais puisque Dieu m'en offre l'occasion, je crois ne la devoir pas négliger. J'espère cet effet de votre charité, que j'ai tant de fois éprouvée, et que, sans avoir égard à ce que je suis, vous ne me refuserez pas les secours dont j'ai besoin pour devenir ce que je ne suis pas, afin que ce ne soit plus en vain que j'aie reçu l'avantage incomparable d'être associée à une si sainte famille, soumise à une conduite si sage et si remplie de l'esprit de Dieu et fille de telles mères ; et enfin je vous conjure d'offrir à la divine majesté tous ceux qui sont renfermés dans ma vocation à cette maison, afin qu'il me fasse la grâce d'éviter désormais cette sorte d'ingratitude, qui se rencontre dans le peu d'usage qu'on fait des grandes faveurs. Vous voyez, par ce petit récit, combien, outre les générales, j'en ai reçu de particulières dont il me faudra rendre compte ; je l'appréhende beaucoup, et c'est pour cela que j'implore de tout mon cœur le secours de vos prières et celles des autres, qui le pourront voir quelque jour, pour obtenir de Dieu cette miséricorde dont j'ai si grand besoin, de vivre et de mourir en vraie religieuse du Saint-Sacrement et de la maison de Port-Royal (ces deux titres comprennent tout ce que je pourrais dire); de peur qu'après avoir reçu tant de grâces pour mon salut, elles ne servent à ma condamnation, et que les mêmes consolations dont sa bonté a daigné essuyer mes larmes ne soient les accusateurs de mon infidélité. J'ai quelque droit d'attendre cela de vous, puisque parmi celles-là se trouve nécessairement l'heureuse obligation d'être toute ma vie et de tout mon cœur,

   Ma très-chère mère,
    Votre très-humble et très-obéissante
     servante et fille.

 Sœur Jacqueline de Sainte-Euphémie R.-J.

Je pensais, ma chère mère, qu'il ne me restait plus d'excuse à vous faire, mais je me souviens que j'ai oublié de vous descandaliser du papier doré que j'ai employé ici : je l'ai trouvé dans une cassette qu'on m'avait laissée, et comme il ne me restait plus que cela du monde, au moins dans l'extérieur, j'ai cru en devoir faire un sacrifice à Dieu, et il m'a semblé que l'or ne pouvait être mieux employé qu'à reconnaître la charité puisqu'il en est l'image. C'est ainsi que je ne puis rendre que l'ombre à la vérité de celle qu'on a pour moi, qui méritait mieux à mon sens des caractères de sang que du papier doré pour en conserver la mémoire.

RELATION

DE LA SŒUR JACQUELINE DE SAINTE EUPHÉMIE PASCAL,
CONCERNANT LA MÈRE MARIE ANGÉLIQUE [1].

Parlant une fois à la mère Angélique d'une personne dont le père avait exercé la vocation de faire jouer, elle me dit avec sa force ordinaire que le bien de cette personne était plus mal acquis et plus sujet à restitution que celui des voleurs de grands chemins; et la raison en est que les voleurs ne sont auteurs que du mal qu'ils font aux passants, mais les brelandiers sont auteurs des péchés innombrables que font ceux qui jouent : des blasphèmes, des tromperies, de la ruine des familles et de tous les désordres qui s'en suivent, des querelles, des meurtres, souvent enfin d'une infinité de crimes. Ils sont cause de tout cela, et si cette personne ne s'humilie d'avoir un tel père, elle est aussi coupable que lui, et doit être regardée comme lui; car il est vrai que les enfants ne doivent pas porter l'iniquité de leurs pères, mais c'est pourvu qu'ils en aient de l'aversion, car s'ils ne s'en humilient, s'ils ne la condamnent dans leur cœur, s'ils n'en ont une extrême confusion, cela leur sera imputé comme au père même.

[1] MSS. de la Bibl. roy. *Supplément français*, n° 1307.

C'est une chose terrible que les jugements de Dieu ; on n'y pense point assez ; on ne les redoute point assez, et c'est pour cela qu'on ne tâche point de les éviter. Voyez-vous, ma fille, il n'y a point d'autre moyen pour les éviter que de s'humilier, mais profondément devant Dieu, pour toutes choses, mais principalement pour les taches qui sont dans sa famille ; et au lieu de cela, combien s'en élève-t-on ? On ne devrait penser qu'à ce qui peut nous humilier, soit dans la nature, ou dans la fortune, ou dans la grâce; et au lieu de cela, s'il y a quelque petite chose un peu considérable, on sait fort bien prendre son temps pour le dire et pour le faire savoir ; et au contraire, s'il y a quelque chose qui fasse honte, comme il y en a toujours, on sait fort bien s'en taire, et souvent même le déguiser; et les plus stupides ont assez d'esprit pour cela. Qu'est-ce que cela ? N'est-ce pas un fonds d'orgueil insupportable ? Ce n'est pas qu'il faille décrier sa maison, personne n'est obligé à cela, personne n'est obligé de le dire; mais aussi ne faut-il pas vouloir publier le peu de bien qu'il y a, en cachant le mal : il faut s'en taire tout à fait, mais s'en taire de telle sorte qu'on ne le fasse pas à cause de la confusion qu'on aurait à dire ce qui en est, et comme n'osant en parler autrement ; on penserait faire grande chose en ne disant rien du tout, au lieu que ce n'est rien faire que son devoir tout simplement.

Une fois, parlant d'une personne qui était prévenue d'une fausse dévotion, dont il serait difficile de la détromper, la mère Angélique me dit : Il n'est pas seulement difficile, il est tout à fait impossible si Dieu même ne le fait, et il ne le fera que dans ses temps et dans ses moments. Ce n'est pas qu'on ne doive faire ce qu'on peut, parce qu'on ne sait pas s'il ne voudra point se servir de ces moyens-là pour exécuter ce qu'il a résolu ; mais de s'empresser de s'ingérer par soi-même, de vouloir faire comprendre les vérités aux âmes qui ne sont pas encore mûres, c'est vouloir faire luire le soleil à une heure indue au milieu de la nuit. Tous les princes et tous les plus puissants rois de la terre, joints ensemble, n'ont pas le pouvoir de faire lever le soleil une heure plus matin qu'il ne doit, et tous les hommes ensemble, avec toute l'éloquence et toutes les persuasions qu'on se peut imaginer, ne sauraient faire voir la vérité à une personne qui n'est pas encore éclairée de Dieu.

Une personne ayant dit, en sa présence, qu'elle ne voulait point prendre connaissance d'une affaire qui se présentait, où une personne affligée, mais qui était suspecte de défauts notables, demandait qu'on la retirât ; elle releva beaucoup cette parole, et dit qu'elle ne voyait presque personne qui ne se délivrât autant qu'il pouvait du soin des choses où il y avait quelque péril à courir, et qu'excepté M. Singlin, elle en voyait fort peu qui n'en fît autant que cette personne. Quelqu'un lui dit qu'il fallait qu'elle s'exceptât aussi elle-même, puisque jamais il ne lui arrivait de refuser d'entendre ni de soulager personne. Non, dit-elle, pour moi je ne suis qu'une misérable qui ne fait jamais aucun bien. Mais il est vrai que dans ces occasions-là je me représente que si une personne que nous aimassions beaucoup était perdue, qu'on ne sût si elle est morte ou vivante, ni en quel lieu elle est, par exemple ma sœur Catherine de saint Jean : voyez, je vous prie, quand il viendrait comme cela une personne inconnue et misérable nous demander, si nous ne courerions pas là pour la voir, et si nous ne dirions pas : Hélas ! mon Dieu, c'est peut-être ma pauvre sœur ; mais avec quelle affection, avec quel empressement, j'en suis seulement toute émue d'y penser ; eh bien ! si c'est une personne qui est à Dieu, et qui est persécutée injustement, n'est-ce point une chose qui nous doit autant toucher que si c'était notre sœur ; et que savons-nous si ce n'est point une de nos sœurs que J.-C. nous envoie, c'est-à-dire une personne pour qui il veut que nous ayons de la charité, et que nous assistions en ce que nous pourrons : c'est pourquoi il ne faut jamais refuser de voir et de s'instruire des choses. Ce n'est pas que cela fasse faire des folies, et se charger de tout le monde sans distinction ; car si notre sœur était perdue, nous ne prendrions pas pour cela la première venue pour elle ; mais nous aurions grand empressement pour voir si ce ne la serait point, et c'est ce que je demande qu'on ait désir et affection de savoir et de connaître si ce n'est point quelque personne que Dieu nous envoie, et non pas qu'on s'y engage inconsidérément.

On lui fit entendre que la personne qui avait témoigné ne vouloir point prendre part à cette affaire ne le faisait pas par dureté, mais qu'elle s'en déchargeait sur elle, et que, ne s'y croyant point nécessaire, elle fuyait de s'y entremettre pour éviter les affaires superflues. La mère l'approuva beaucoup, et dit qu'il était très-bon de le faire par ce motif-là, pourvu qu'on fût tout prêt de s'y engager au cas qu'il fût nécessaire, comme elle savait que c'était l'esprit dans lequel elle le faisait.

Une sœur ayant tiré dans l'Évangile une parole qui l'effrayait, la mère lui dit, pour la consoler : Toutes les fois que Dieu menace, c'est à dessein que l'on s'humilie ; et lorsqu'on le fait, on évite toujours ses menaces, jusqu'aux plus méchants ; cela se voit par les Ninivites qui reçurent le pardon de Dieu et l'empêchèrent d'exécuter ses menaces, parce qu'ils firent pénitence. Il est vrai que ce fut un pardon temporel ; mais ils ne désiraient pas autre chose. Dieu vous menace, humiliez-vous, et priez-le qu'il vous donne des grâces qui soient éternelles, il vous l'accordera.

RÉGLEMENT

POUR LES ENFANTS[1].

Gloire à Jésus, au très-saint Sacrement.

17 avril 1657.

Mon très-cher et très-honoré père[2],

Je vous demande très-humblement pardon, si j'ai mis si longtemps à vous rendre compte de la manière dont j'agis avec les enfants. Ce qui m'a empêché de le faire dès la première parole que vous m'en avez dite, a été que je croyais que vous me demandiez que je misse

---

[1] Nous publions le *Règlement pour les enfants* d'après une copie écrite toute entière de la main de Mme Perier. Cette copie, qui forme un cahier in-4° de 76 pages, se trouve à la suite du IIe Recueil MS. du P. Guerrier.
Ce règlement fut imprimé à la fin des *Constitutions* de Port-Royal, plusieurs années après la mort de Jacqueline, mais avec quelques changements ; on y introduisit surtout plusieurs additions, par exemple des prières. Voy. page 257, ci-après. Le texte que nous donnons aujourd'hui est le seul qu'on puisse regarder comme authentique ; il eût été trop minutieux d'indiquer au bas de chaque page les nombreuses variantes qu'il présente. Le lecteur, s'il en est curieux, les retrouvera en comparant ce texte avec celui qui est imprimé soit dans les *Constitutions de Port-Royal*, soit dans l'*Édit. V. C.*

[2] Jacqueline s'adresse à son père spirituel, à son directeur, très-probablement à l'abbé Singlin.

RÉGLEMENT POUR LES ENFANTS.

par écrit la manière dont il les fallait conduire : ce que je ne jugeais pas pouvoir entreprendre, sans une très-grande témérité, ayant si peu de lumière pour un emploi si difficile. Car je vous puis assurer qu'il n'y a que la seule obéissance qui soit capable de m'y faire faire la moindre chose; et que si je n'y gâte pas tout, cela se peut attribuer à l'efficace des paroles de notre Mère, qui me dit, en m'en donnant le soin, que je ne me misse en peine de rien, et que Dieu seul ferait tout : ce qui apaisa tellement le trouble dans lequel mon impuissance m'avait mise, que je demeurai pleine de confiance et avec un aussi grand repos, que si Dieu même m'avait fait cette promesse. Et j'avoue, à ma confusion, que quand je me regarde moi-même, et que j'entre dans le découragement, comme vous savez que je fais assez souvent, ces seules paroles, *Dieu fera tout*, prononcées avec confiance, rendent la paix à mon âme. Mais ce qui m'a ôté de peine, c'est que vous m'avez dit depuis, que vous ne me demandiez pas que j'écrivisse comme il les fallait conduire, mais seulement comme je les conduisais, afin de remarquer les fautes que j'y commets, qui ne détruisent pas seulement ce que Dieu y fait par moi, mais apportent même de grands obstacles aux grâces qu'il met dans ces âmes.

Pour garder donc quelque ordre dans cette reddition de compte, je commencerai premièrement à vous dire comment j'ai distribué les heures de la journée, et en second lieu ce que je fais pour leur conduite spirituelle et corporelle.

RÈGLEMENT DE LA JOURNÉE.

Du lever des Enfants.

1. Les plus grandes se lèvent à quatre heures : celles qui les suivent, à quatre heures et demie : les moyennes, à cinq heures : et les plus petites, selon leurs besoins et leurs forces. Car vous savez que nous en avons de tous âges, depuis quatre ans jusqu'à dix-sept et dix-huit.

2. En les réveillant on dit *Jésus* : et elles répondent *Maria*, ou *Deo gratias*.

3. Elles se doivent lever promptement, sans prendre du temps pour se réveiller, de peur de donner lieu à la paresse. Si elles se trouvent mal, elles doivent en avertir celle qui les réveille, afin qu'on les laisse encore reposer. S'il y en avait quelqu'une des grandes qui eût ordinairement besoin de plus de repos que l'heure marquée, on lui en donne ce qu'elle a besoin, afin que l'heure qu'on lui aura prescrite étant venue, elle se lève avec promptitude, étant dangereux de s'accoutumer à la paresse à la première heure de la journée.

4. En s'éveillant elles disent une petite prière qui leur est propre pour cette heure-là.

5. Aussitôt qu'elles sont levées, elles adorent Dieu et baisent la terre ; et puis viennent toutes dans la chambre destinée pour s'habiller, et adorent Dieu encore une fois devant leur oratoire à deux genoux, et tout haut, de crainte que quelqu'une ne l'eût oublié.

6. Les grandes se peignent l'une l'autre, et elles doi-

vent faire cette action dans un parfait silence, étant bien raisonnable que leurs premières paroles soient de prières et d'actions de grâces à Dieu ; et si quelques-unes, par nécessité, ont quelque chose à dire, elles doivent s'adresser à leur maîtresse, afin qu'elle-même puisse demander ce qu'elles auront besoin à celle qui en a le soin, pour éviter toutes les paroles qu'elles se pourraient dire les unes aux autres pendant un si grand silence que celui du matin, et pour empêcher aussi que, comme il faut parler fort bas durant ce temps-là, elles ne prennent occasion de dire quelque autre chose que le nécessaire, qui ne pourrait être entendu de personne, ce qui leur pourrait être une occasion de faire un mensonge, si on venait à leur demander ce qu'elles auraient dit. Cet étroit silence dure jusqu'au *Pretiosa* de Prime, et il se garde aussi depuis l'*Angelus* du soir, même en été, quand elles se promènent au jardin.

Du temps que les Enfants s'habillent.

1. On les exhorte à se peigner et s'habiller le plus promptement qu'elles peuvent, pour s'accoutumer à donner le moins de temps que l'on peut pour orner un corps qui doit servir de pâture aux vers : et pour réparer les inutilités des femmes du siècle à s'habiller et à se coiffer.

2. Aussitôt que les grandes sont habillées, elles peignent et habillent les petites avec la même promptitude et le même silence. On fait en sorte que le tout

soit achevé au plus tard à six heures et un quart, qui est environ le temps où on sonne la première messe.

3. Chaque grande a soin de faire répéter les prières aux petites, en les peignant et coiffant.

Des prières du matin.

1. Au dernier coup de Prime, ou au plus tard au *Pretiosa*, elles se mettent à genoux pour commencer les prières aussitôt que le signal a été donné par la maîtresse, qui y assiste toujours, ou la sœur qui lui est donnée pour compagne. L'on commence par les prières qui leur sont destinées, et puis on dit de suite les Primes du grand office. On nomme toutes les semaines une enfant qui commence toutes les prières qui se disent à la chambre. C'est pourquoi je l'appellerai ensuite la semainière.

2. Les Primes et les Complies se disent d'un ton médiocre, ni trop haut, ni trop bas, faisant de légères méditations. Elles sont toutes debout pendant toutes les Primes et les Complies.

3. On les avertit qu'elles demeurent toutes en cette posture pour témoigner à Dieu qu'elles sont toutes prêtes à accomplir ses saintes volontés.

4. Toutes les prières générales que l'on fait dans la chambre, sont dites lentement, distinctement et avec de bonnes poses.

5. A la fin de Prime elles sont un petit espace de temps, environ de deux *Miserere*, pour considérer devant Dieu ce qu'elles ont à faire le long de la journée,

et les fautes principales qu'elles auraient pu commettre le jour précédent, afin de lui demander sa sainte grâce pour prévoir et éviter les occasions qui les y font tomber.

Des lits et du déjeuner des Enfants.

1. A la fin des prières, elles vont toutes ensemble faire leurs lits et ceux des petites, les faisant deux à deux selon qu'on les a destinées : et personne ne sort d'une chambre que toutes n'ayent entièrement fait, si ce n'est que la sœur qui les accompagne ne permît à quelques-unes d'aller en commencer d'autres dans la chambre prochaine, croyant les pouvoir voir en se mettant en lieu d'où elle puisse voir les deux chambres en même temps. Et encore prend-on garde quelles enfants on envoie, et que ce soient celles dont on est le plus assuré de la sagesse et de la fidélité.

2. Pendant qu'elles font leurs lits, il y en a une qui apprête le déjeuner et ce qui est nécessaire pour laver les mains, et du vin et de l'eau pour laver la bouche.

3. Les lits étant faits, elles vont laver leurs mains et ensuite déjeuner, pendant lequel une d'elles fait une lecture du Martyrologe du jour, afin qu'elles sachent de quel saint l'Eglise fait particulière mémoire en ce jour, et qu'elles les honorent et se mettent sous leur protection.

Du travail.

1. A la fin du déjeuner, qui est environ à sept heures

et demie pour le plus tard, toutes se retirent à la chambre destinée pour le travail, où elles doivent employer leur temps avec fidélité, gardant le silence très-exactement. S'il est besoin de parler, il faut que ce soit tout bas, afin de ne point interrompre celles qui sont en âge de s'entretenir avec Dieu.

2. On accoutume aussi les petites à ne point parler, quoiqu'on leur permette de se jouer après qu'elles ont été fidèles à travailler et à se taire : mais on observe que dans ces petits temps où on leur permet de jouer, elles le fassent seule à seule, pour éviter le bruit ; et j'ai trouvé que cela ne leur fait point de peine, et que quand elles y sont accoutumées, elles ne laissent pas de se divertir fort gaiement.

3. On instruit les enfants à ne pas rendre leur travail inutile, mais à l'offrir à Dieu, le faisant pour son amour. On leur donne des sujets pour se tenir en la présence de Dieu, selon les temps et les fêtes ; et de temps en temps, quand la maîtresse est avec elles, elle leur dit quelque parole de Dieu pour se fortifier l'esprit, et les empêcher de penser à toutes sortes d'inutilités et de distractions. On prend garde néanmoins d'éviter l'excès, et de ne pas vouloir les rendre trop spirituelles, étant si jeunes, à moins que l'on reconnût que cela vient de Dieu, de crainte de deux inconvénients ; l'un qu'elles se peinent trop, et ne se fatiguent l'esprit et l'imagination, au lieu d'unir leur cœur à Dieu ; l'autre qu'elles ne se découragent en voyant qu'elles ne pourraient atteindre à la perfection que l'on leur demanderait.

4. On tâche d'accoutumer les enfants à se mortifier, et à ne point suivre leurs inclinations en s'attachant plutôt à un ouvrage qu'à un autre. C'est pourquoi on leur représente que le travail qu'elles font plaira d'autant plus à Dieu, qu'il leur plaira moins; et qu'ainsi elles doivent faire avec plus de diligence et avec plus de gaieté celui qui leur déplaît davantage, et s'accoutumer à travailler avec un esprit de pénitence. On ne laisse pas néanmoins d'en avoir pitié, et de s'accommoder à elles le plus que l'on peut, mais sans qu'elles connaissent qu'on a cette condescendance.

5. Elles ne doivent point travailler deux ensemble, si ce n'est en cas de nécessité; et alors en choisit une qui soit fort bonne avec une plus imparfaite, afin que le fort supporte le faible.

6. On les exhorte à n'être point trop attachées à leur ouvrage, le quittant aussitôt que la cloche sonne, soit pour aller à l'office, ou pour le dire en son particulier, car il faut qu'elles soient toujours prêtes de rendre à Dieu leurs devoirs, ne s'attachant qu'à cela.

7. Quand la maîtresse est à la chambre, elle peut prendre ce temps pour leur faire entendre comme elles ont entendu la sainte Messe, afin de prendre ce temps de leur expliquer plus particulièrement l'exercice de la sainte Messe, et leur montrer comment elles s'en doivent servir.

8. Dans les occasions où quelqu'une ferait quelque faute, on l'en reprend devant toutes, et on prend de là occasion de leur représenter l'horreur du vice, et la beauté de la vertu. J'ai trouvé qu'il n'y a rien qui leur

serve tant, et qu'elles retiennent bien mieux cela que de grandes instructions qu'on leur fait de suite.

9. On évite de leur en dire trop de peur de leur accabler l'esprit; et j'ai éprouvé que les instructions leur profitent bien davantage quand elles n'en sont point lasses.

C'est pourquoi je crois qu'il est bon quelquefois de passer quelques jours sans leur en donner, et les laisser comme affamées de cette nourriture : ce qui fait qu'elles reçoivent mieux ce qu'on leur dit.

10. On veille à ce qu'elles ne soient point mal soigneuses, malpropres et négligentes; qu'elles aient soin de tout serrer, de ne rien perdre, et d'être propres et diligentes à ce qu'elles font.

11. On les accoutume aussi à aimer beaucoup l'ouvrage, et à porter partout de quoi travailler, afin de ne point perdre de temps dans de certaines rencontres que l'on n'aurait point prévues. Elles travaillent aussi aux récréations, au moins celles qui sont un peu grandes, sans que néanmoins on les y oblige. On les exhorte seulement à prendre cette bonne habitude de n'être point oiseuse : quand elles l'ont une fois prise, cela ne leur est plus une charge; au contraire, cela leur tient lieu de divertissement, comme je le vois par la grâce de Dieu parmi les nôtres qui ne trouvent rien si long présentement que les récréations des fêtes. J'ai trouvé qu'il était bon, pour leur faire prendre cette coutume, de réserver quelque ouvrage auquel elles eussent affection, qu'elles ne pussent faire qu'à cette heure-là. J'ai appris aux nôtres à faire des gants d'estame, et comme

elles n'ont que le temps des récréations pour y travailler, elles y sont fort âpres.

12. A toutes les heures de la journée, une d'elles dit tout haut à genoux, une prière selon la saison et le temps auquel on est, comme en carême sur la Passion, etc. Toutes demeurent assises ; il n'y a que celle qui est en la charge qui se met à genoux aussitôt que la cloche sonne.

13. On prend garde qu'elles soient civiles à recevoir ou demander ce qu'elles auront de besoin pour leurs ouvrages ; qu'elles se tiennent droites et de bonne grâce ; qu'elles fassent la révérence en sortant et en entrant. C'est pourquoi, encore qu'elles portent un voile, elles ne font point la révérence en religieuses, que lorsqu'elles sont devant le très-saint Sacrement.

14. En cet espace depuis le déjeuner jusqu'à huit heures, celles des grandes qui ont quelques chambres à balayer, ou leurs cellules à faire, le font en ce temps-là avec diligence et silence. On a soin qu'elles ne soient jamais deux ensemble à faire ce qu'elles ont à faire, si ce n'était avec quelques-unes de la sagesse desquelles on fût entièrement assuré.

15. A huit heures, toutes celles qui sont employées parmi les chambres, comme il a été dit, doivent tout quitter, et revenir à la chambre, pour entendre une lecture que la maîtresse y fait jusqu'à Tierce, qui se dit à huit heures et demie. Cette lecture est prise du sujet dont l'Église fait l'office en ce temps : comme durant l'Avent, du mystère de l'Incarnation ; depuis Noël jusqu'à la Purification, de la naissance de Notre-Seigneur

et de l'Adoration des rois : en Carême, de la Passion, et ainsi le reste de l'année selon le temps et les fêtes. Et durant ce même temps, quand il arrive quelque saint remarquable, on prend son sujet sur la vie du saint. Cette lecture doit servir d'entretien particulier le long de la journée. On leur dit toujours quelque chose quand on leur fait une lecture, ou pour la leur appliquer à elles-mêmes, ou pour les instruire, et leur faire mieux comprendre ce qu'on leur lit.

De l'office.

1. Aussitôt que Tierce sonne, elles se mettent à genoux pour demander la bénédiction à Notre-Seigneur, en disant : *Benedicat nos Deus Deus noster, benedicat nos Deus, et metuant eum omnes fines terræ* : ce qu'elles font toutes les fois qu'elles sortent pour aller à l'église, afin d'obtenir de Dieu la grâce de n'y être point distraites, et de se comporter comme il faut parmi le monastère.

2. On permet d'ordinaire à celles qui ont quatorze ans, et qui sont fort saines, d'aller à tout l'office les grandes fêtes; et même à Matines à celles qui le demandent avec instance, et qui méritent qu'on le leur permette. Elles vont à l'office de Tierce et à Vêpres les jours que l'on fait double et semi-double, et tous les octaves des principales fêtes; les fêtes fêtées et les dimanches on leur permet aussi d'aller à Prime; et toutes généralement, grandes et petites, vont à Tierce et à Vêpres, les

fêtes fêtées et les dimanches. Elles y vont encore les jeudis et quelques fêtes des saints docteurs et autres auxquels elles ont dévotion encore qu'elles ne soient point fêtées.

3. Néanmoins, ce règlement d'aller à l'office tous ces jours, ne s'observe point comme une coutume. Il faut que toutes le demandent selon leur dévotion, et on ne le leur accorde que comme une très-grande grâce. On les exhorte de n'y point aller si elles n'en ont dévotion : car il faut toujours qu'elles soient dans le désir d'y aller plus souvent qu'on ne le leur permet, afin qu'on ait droit de ne les y point souffrir indévotes.

4. On prend garde qu'elles s'y tiennent dans une grande modestie, ne souffrant point qu'elles lèvent la vue pour regarder de côté et d'autre ; qu'elles y chantent continuellement quand elles le peuvent ; qu'elles aient toujours un livre, quand elles sauraient tout leur office par cœur ; qu'elles fassent leurs inclinations profondes, et qu'elles se tiennent droites.

5. Celles à qui on fait la grâce de leur faire dire quelque chose au chœur, doivent mettre leur dévotion à s'en bien acquitter, se souvenant qu'elles font l'office des anges, et qu'on leur fait une très-grande faveur de se servir d'elles. Il faut qu'elles sachent parfaitement ce qu'elles doivent dire seules ; et si elles font des fautes, on leur en fait faire pénitence, et dire au réfectoire ce qu'elles ont manqué, et quelquefois même plusieurs jours de suite, si c'est par timidité qu'elles faillent, afin de les corriger de cette faiblesse.

6. Il demeure toujours une sœur à la chambre pour

garder celles qui ne vont point à l'office, quand il n'y en aurait que deux.

7. Toutes les fois qu'elles vont parmi le monastère, elles y vont en rang comme à la procession, encore qu'elles fussent peu, et on prend garde de ne pas mettre ensemble celles que l'on juge se pouvoir parler. Elles sont toujours accompagnées partout.

8. Elles ne vont d'ordinaire jamais seules parmi le monastère, et encore moins deux ou trois ensemble; s'il arrive néanmoins quelque nécessité de faire faire quelque voyage parmi le monastère, on prend une des plus sages et des moins curieuses, et cela même fort rarement.

De la sainte messe.

1. Ensuite de Tierce, toutes vont à la sainte messe, si ce n'est de fort petites, ou quelques-unes qui seraient encore légères et badines, et en ce cas il demeure une sœur pour les garder, et leur faire entendre la sainte messe dans le même respect qu'à l'église.

On les accoutume de jeunesse à entendre la sainte messe à genoux; l'on a éprouvé que cette posture n'est pas si difficile quand on y est accoutumé de bonne heure.

2. On a jugé qu'il vaut beaucoup mieux, quand les enfants sont petites ou trop légères, de les retenir à la chambre, lorsqu'il n'y a pas d'obligation d'aller à l'église, que de leur laisser prendre une mauvaise habitude d'y parler ou d'y badiner.

3. Au commencement du *Sub tuum præsidium*, etc.,

qui est une antienne de la sainte Vierge qu'on chante immédiatement devant la sainte messe, elles se mettent toutes à genoux deux à deux au milieu du cœur, un peu éloignées les unes des autres, les mains jointes dessus leur scapulaire, et sans gants tout le long de la messe. Elles s'y doivent tenir dans un grand respect et application à Dieu : c'est pourquoi on tâche de les bien instruire sur toutes les cérémonies et parties du saint sacrifice. Elles se servent pour cela de la pratique et des Explications de M. de Saint-Cyran sur la sainte messe, et on les instruit à recevoir de Dieu les prières qu'il faut qu'elles fassent, en leur apprenant qu'elles n'en sauraient faire qui soient agréables à Dieu, si le Saint-Esprit ne les forme en elles; parce que c'est lui qui gémit et qui prie en nous.

4. Je ne puis m'empêcher de dire ici que l'on ne saurait trop recommander aux enfants le respect à l'église, et particulièrement pendant la sainte messe; et qu'il faut punir avec force les fautes qui s'y commettent, et même les priver d'entrer en l'église hors les jours de fête, autant de temps que l'on jugerait cette privation nécessaire pour leur bien, quand ce serait les plus grandes. Car si elles sont plus âgées, elles doivent être plus sages.

De l'écriture.

1. Au sortir de la sainte messe, elles écrivent toutes dans un même lieu, après avoir fait une courte prière pour obtenir de Dieu la grâce de bien faire cette action,

et on tâche de même de leur imprimer doucement dans l'esprit une sainte habitude de ne faire aucune action un peu notable sans la commencer et la finir par la prière. Elles font ces prières selon leur dévotion, et comme Dieu leur inspire. On dit aux plus petites de dire un *Ave Marta,* au commencement et à la fin de tout ce qu'elles font d'un peu considérable.

2. Elles doivent redoubler leur silence pendant l'écriture, et il ne leur est point permis de se montrer l'une à l'autre leurs papiers, n'y d'écrire selon leur fantaisie. Elles écrivent simplement leur exemple, ou elles transcrivent quelque chose quand elles sont bien savantes, et qu'on le leur a permis.

3. Elles ne s'écrivent point l'une à l'autre ni lettre, ni billets, ni sentences, sans en obtenir permission de leur maîtresse; et quand elles ont écrit ce qu'on leur aurait permis d'écrire, elles le remettent entre les mains de leur maîtresse, pour le donner à celle pour qui elles l'ont écrit. L'écriture dure trois quarts d'heure.

4. Le temps qui reste jusques à sexte, s'emploie à apprendre à chanter en notes, avec silence et grand respect.

De la prière avant le dîner.

1. Quand on sonne sexte, une d'elles, savoir la semainière, se met à genoux au milieu de la chambre, pour leur faire renouveler leur attention à Dieu, afin

qu'elles assistent en esprit à cette heure d'office qui se va dire au chœur.

2. Encore que toute la journée le silence se garde parmi les petites sœurs, hors le temps des conférences, il y a néanmoins deux temps particuliers où il est encore plus exactement gardé. Le premier est celui du soir et du matin, dont j'ai déjà parlé, et le second est celui de pendant l'office et les messes qui se disent dans le monastère, lorsqu'elles n'y assistent pas. Elles doivent avoir mis ordre et pourvu à ce qu'elles ont de besoin, pour, pendant ces deux temps, n'avoir rien à demander, à leurs maîtresses de ce qui regarde leur ouvrage, ni même aucune permission, si cela se peut, afin de s'entretenir avec Dieu, et aussi pour donner le temps à leurs maîtresses de dire leur office. Aux autres temps, elles peuvent demander ce qu'elles ont besoin avec plus d'étendue.

3. Si un de leurs exercices, comme le chant ou la répétition de leur catéchisme, arrive pendant une heure d'office, on ne le quitte pas ; mais ce que nous leur demandons, c'est que cet exercice soit fait avec plus de silence qu'à l'ordinaire, et que la petite prière se dise toujours au commencement de chaque office que l'on dit au chœur, quand il faudrait interrompre l'exercice que l'on commence. Cela fait ressouvenir de se renouveler dans l'attention à Dieu.

4. A onze heures, elles font l'examen toutes ensemble, après avoir dit *Confiteor* jusqu'à *mea culpa*.

5. Quelquefois, pendant l'examen du soir et du matin, on les fait ressouvenir d'examiner, et demander

pardon à Dieu, de quelque faute que l'on croit qu'elles n'auraient pas remarquée, et qui aurait été commise devant toutes, pour les accoutumer doucement à se bien examiner.

6. A la fin de l'examen, elles disent toutes ensemble le reste du *Confiteor* tout haut; et puis la semainière demande pardon à Dieu des fautes commises, et la grâce de mieux employer le reste de la journée.

7. A la fin de l'examen, quelques-unes disent leur sexte en particulier : on le permet aux plus grandes, à qui on reconnaît assez de piété pour se bien acquitter de l'office. On leur permet de dire depuis Laudes jusques à complies.

Du réfectoire.

1. Le réfectoire sonne pour l'ordinaire ensuite de sexte, et elles y vont toutes avec la même modestie qu'à l'église. Y étant arrivées, elles font leur révérence deux à deux au milieu du réfectoire, et en passant devant quelque sœur. Elles se tiennent modestement à leur place sans se parler, en attendant que l'on dise le *Benedicite*, qu'elles disent tout haut avec les sœurs bien modestement, les manches abattues sur leurs mains.

2. Après le *Benedicite*, elles se mettent à table, non point selon leur rang, mais comme on le juge mieux, entremêlant les plus sages avec de celles qui ne le sont pas tant, pour empêcher qu'elles ne se parlent.

3. On a grand soin de ne les pas entretenir dans la

délicatesse : les exhortant de manger de tout indifféremment; de commencer par celle de leurs portions qu'elles aiment le moins, par esprit de pénitence, et de se nourrir suffisamment pour ne se pas laisser affaiblir. C'est pourquoi on prend bien garde si elles ont mangé.

4. Elles doivent toujours avoir les yeux baissés sans regarder de côté ni d'autre, écoutant paisiblement la lecture; et puis, elles disent grâces avec les sœurs, et sortent au même ordre qu'elles sont entrées.

De la récréation.

1. Au sortir du réfectoire, on fait la récréation où les petites sont toujours séparées d'avec les grandes, afin de donner lieu aux grandes de s'entretenir plus doucement et plus sagement : ce qui ne se peut quand les petits enfants y sont, leur âge leur permettant de jouer à des jeux qui ennuieraient les grandes.

2. Si la récréation se fait à la chambre, les grandes s'arrangent tout en rond autour de leur maîtresse, s'entretenant modestement et familièrement selon leur portée.

3. Il ne faut pas leur demander des discours si sérieux, ni qu'elles parlent toujours de Dieu : ce n'est pas qu'avec discrétion on ne puisse jeter quelques bons discours à la traverse, et si l'on voit qu'elles y prennent goût, on les continue.

4. On les peut laisser jouer à quelques petits jeux innocents, comme à des osselets, volants, ou quelques

autres. Ce n'est pas que cela se fasse parmi nous présentement ; car, hors les plus petites, qui jouent toujours, toutes travaillent sans perdre leur temps ; et elles y ont pris une si bonne habitude, qu'il n'y a rien qui les ennuie tant que les récréations des fêtes, comme je l'ai déjà dit.

5. On ne leur permet point d'être séparées les unes des autres, quand ce serait dans la même chambre, et encore moins d'être deux ou trois ensemble, ni de se parler en sorte que l'on ne les entende point. Tout ce qu'elles disent doit être entendu de leur maîtresse, et on entretient toujours la coutume que l'on a prise, qui est qu'en quelque lieu que ce soit, on leur fasse dire tout haut ce qu'elles ont dit bas, à moins qu'elles disent humblement qu'elles supplient qu'on leur permette de ne le dire qu'en particulier à leurs maîtresses ; car il pourrait arriver que ce serait quelque chose qui porterait grand dommage d'être entendu de toutes. Pour cette raison, elles sont instruites dans le particulier de ne dire jamais tout haut ce qu'elles auraient dit bas qui serait mauvais, et qui pourrait mal édifier ou blesser la charité et il leur serait autant imputé à faute de l'avoir dit haut, que si elles avaient célé ce qui devrait être dit.

6. Quoique la discrétion se trouve peu dans la jeunesse, on les y accoutume beaucoup à toute heure et à toute rencontre, mais particulièrement à la récréation où il semble qu'elles ont droit de dire beaucoup de choses pour se divertir et se récréer. C'est pourquoi leurs maîtresses ont soin de leur parler et de s'entrete-

nir avec elles, afin de les aider à dire des choses raisonnables qui leur ouvrent l'esprit.

7. On ne souffre point qu'elles parlent de ce qu'on leur a dit dans la confession ni dans le particulier, quand ce qu'elles voudraient dire serait de grande édification. Car il se pourrait faire qu'il y en aurait quelqu'une à qui on n'aurait jamais rien dit de semblable, et cela leur donnerait de la jalousie.

8. Elles ne parlent point du chant des sœurs, en disant qu'une sœur chante mieux que l'autre, ni des fautes qui auraient été faites au chœur, ni des communions des sœurs ; et on a soin de les accoutumer à ne point faire de discernement pour cela, et à ne point croire plus saintes celles qu'elles verraient communier plus souvent, ni plus imparfaites celles qui le feraient moins. On leur dit dans les rencontres que chacune suit le don de Dieu, et ce qui lui est commandé par sa supérieure ; et qu'il ne faut pas louer celles qui le font souvent, ni condamner celles qui le font rarement, mais laisser le tout au jugement de Notre-Seigneur.

9. Elles ne parlent point aussi de ce qui se fait au réfectoire, comme si quelque sœur avait fait quelque pénitence, ni même de celles qu'elles auraient faites elles-mêmes ou leurs compagnes.

10. On leur défend aussi de parler des pénitences qu'elles demandent en général quand on les instruit, de peur qu'elles n'en fassent un jeu ou qu'elles s'intimident l'une l'autre.

11. Il ne leur est point non plus permis de raconter

les songes qu'elles auraient faits la nuit, quelque beaux ou saints qu'ils puissent être.

12. Elles ne doivent rien dire de ce qu'elles auraient appris au parloir. S'il y a quelque chose qui soit d'édification, et qui puisse être dit à toutes, la maîtresse ne manquera point de le dire, afin de leur ôter le désir qu'elles pourraient avoir que cela fût su.

13. On leur fait quelquefois part de quelques nouvelles que l'on sait, et qui sont indifférentes, comme est la vêture de quelques sœurs, ou le contenu de quelque billet que l'on saurait mis au chœur pour recommander aux prières quelque personne, ou quelque affaire de piété, ou chose semblable, afin de leur ôter le désir d'en apprendre par des voies illicites.

14. On ne les reprend jamais, si l'on peut, pendant leur récréation ; on ne prend pas aussi ce temps-là pour leur parler de quelques réglements qu'on aurait à faire dans la chambre, de peur que cette heure-là ne leur donnât lieu d'en dire plus librement leur sentiment, et puis on serait obligé de les reprendre ; ce qu'il faut toujours éviter autant que l'on peut.

15. Ce n'est pas que si elles faisaient des fautes de conséquence pendant la récréation, on le souffrît ; au contraire, on les en reprendrait avec autant et plus de force qu'en une autre heure, de peur de leur donner lieu de ne pas craindre et de suivre leurs passions avec trop de liberté, sous prétexte de se divertir. Je dis seulement qu'on garde les petites fautes pour une autre occasion, et qu'on n'y parle jamais des fautes d'un autre temps.

16. On les exhorte de ne pas parler toutes ensemble,

pour éviter le grand bruit, mais de s'écouter parler ; et quand une aura commencé quelque chose, de ne l'interrompre pas; ce qu'on leur fait voir être une assez grande incivilité.

17. On leur ordonne sur toutes choses de ne rien dire contre la charité, et d'éviter les plus petites paroles qu'elles croiraient que leurs sœurs ne trouveraient pas bon que l'on dît d'elles, quand ce qu'elles diraient ne serait pas mauvais en soi, parce qu'il leur doit suffire pour se taire qu'elles sachent que quelques-unes d'elles aimeraient mieux que l'on parlât d'autre chose.

18. On leur inspire aussi de se prévenir d'honneur l'une l'autre par une sainte civilité qui ne soit produite que par la charité.

19. Elles évitent toutes sortes de familiarités les unes envers les autres, comme de se caresser, baiser ou toucher, sous quelque prétexte que ce puisse être; les grandes même n'usent point de cette familiarité envers les petites. Si l'on défend toutes ces choses à la récréation, à plus forte raison elles ne doivent jamais être faites ni dites en un autre temps, où jamais elles ne se doivent parler qu'en présence de leurs maîtresses, et par quelque besoin.

20. La récréation finit par une oraison à la sainte Vierge, pour demander à Jésus-Christ, par l'intercession de sa sainte Mère, qu'il leur fasse la grâce de passer saintement le reste de la journée.

De l'instruction.

1. A la fin de la récréation, s'étant rangées en deux rangs au milieu de leur chambre, pour se disposer à recevoir l'instruction, elles se mettent à genoux en disant le *Veni, Sancte Spiritus*, toutes ensemble ; et leur maîtresse, qui les doit instruire, dit l'oraison et le petit verset.

2. Ensuite de la prière, toutes se mettent sur leurs siéges, et celle qui a dévotion de dire quelqu'une de ses fautes tout haut le peut faire, mais on n'y force personne ; au contraire, on leur fait voir que cela est permis par grâce, mais non pas commandé. Elles ont néanmoins accoutumé de le faire de bon cœur.

3. Elles doivent écouter avec grand respect les avertissements qu'on leur donne, qui doivent toujours être fort charitables. Car il faut qu'elles soient convaincues qu'on ne les reprend que pour leur bien, et que l'on n'épargne point les unes plus que les autres.

4. Il faut qu'elles reconnaissent que l'on n'y agit par aucun mouvement déréglé, soit de passion ou de propre intérêt ; ce qui n'empêche pas qu'on ne les reprenne avec force, afin qu'elles soient véritablement humiliées et confuses ; car si elles faisaient cela par accoutumance, ou afin que l'on crût qu'elles sont bien fidèles à dire leurs fautes, cela se tournerait en jeu et en hyprocrisie, ce qu'il faut éviter sur toutes choses. C'est pourquoi on leur donne pénitence de toutes les fautes considérables

dont elles s'accusent ; ce que je n'ai pas reconnu leur avoir ôté la liberté de les dire.

5. Elles ne disent jamais leurs fautes de cette sorte, c'est-à-dire devant leurs sœurs, les fêtes et les dimanches.

6. Aussitôt que toutes les fautes sont dites, ce qui dure toujours plus d'un quart d'heure, on emploie le reste de l'heure à les instruire et à répéter ce qu'on leur a dit la veille. Cette répétition consiste à faire dire à trois ou quatre enfants ce qu'on leur a dit le jour précédent. On s'adresse tantôt à l'une et tantôt à l'autre, et on ne le fait pas à toutes, parce que cela tiendrait trop de temps. Que si les fautes avaient employé toute la demi-heure, on demeure encore trois quarts d'heure, ayant besoin d'un quart d'heure pour les répétitions.

7. Les jours où il y a Évangile propre, comme le Carême, les Quatre-Temps et les samedis pour les dimanches, toutes se lèvent debout et, ayant les mains jointes, elles écoutent l'Épître et l'Évangile avec respect.

8. Après la lecture de l'Évangile, on le leur explique le plus simplement que l'on peut ; les autres jours où il n'y a point d'Évangile propre, on les instruit sur l'explication du catéchisme ou sur les vertus chrétiennes. On leur apprend aussi la manière de se confesser, communier, faire son examen et bien prier Dieu. On ne passe pas si légèrement d'un sujet à un autre, afin de leur donner du temps pour bien comprendre ce qu'on leur dit.

9. Quand on leur explique le catéchisme, cela doit durer longtemps ; car on commence par le signe de la S^{te} croix, et ensuite les articles de notre foi, et les com-

mandements de Dieu et de l'Église ; les principaux mystères sont réservés pour l'approche des jours auxquels ils sont solennisés en l'Église.

10. Je vous dirai comme je me suis comportée depuis quatre ans. La première année, je leur ai parlé sur le symbole, sur le signe de la croix, l'eau bénite, les commandements de Dieu ; la seconde année, j'ai tâché de leur faire bien entendre l'explication de la sainte messe, qui est dans le chœur nouveau ; car encore que cela soit tout expliqué, elles n'y entendaient rien, parce qu'elles le lisaient par routine, sans y faire assez de réflexion, au moins la plus grande partie, et particulièrement les dernières venues.

11. J'ai fait la même chose pour les prières du soir et du matin, l'examen et les autres devoirs d'une bonne chrétienne. Depuis, je leur ai parlé des vertus, me servant pour cela de saint Jean Climaque [1].

12. Pour cette dernière année où nous sommes, je l'ai toute employée à la pénitence, en me servant de la Tradition de l'Église. J'ai maintenant dessein, moyennant la grâce de Dieu, de leur expliquer fort particulièrement le Catéchisme de M. de Saint-Cyran, afin de les instruire sur ce qu'elles doivent à Dieu et au prochain, et sur les mœurs.

13. On finit leur instruction par la prière *Confirma hoc Deus*, etc. Cet exercice est fini environ à deux heures et demie. Elles travaillent pendant cette instruction,

---

[1] C'est l'ouvrage qui a pour titre : *L'Echelle sainte, ou les degrés pour monter au ciel*. Arnauld d'Andilly en avait donné une traduction du grec en français. La deuxième édition est de 1661.

pourvu qu'elles n'aient rien à demander à personne ; car si quelqu'une a besoin de quelque chose, elle ne fait rien, plutôt que de se distraire ou de distraire les autres.

EMPLOI DU TEMPS DEPUIS NONES JUSQUES A VÊPRES.

Collation.

1. Depuis nones jusques à vêpres, on fait répéter une leçon du catéchisme, l'une demandant un jour, et sa compagne répondant, et celle qui a demandé le premier jour répondant le lendemain ; et à la fin elles répètent une hymne en latin ou en français. Ces répétitions n'incommodent point et ne font pas perdre de temps, car cela se fait chacune étant à sa place et sans quitter son ouvrage.

2. Il faut beaucoup exercer la mémoire des enfants ; cela leur ouvre l'esprit, les occupe et les empêche de penser à malice.

3. Ce qui reste de temps depuis l'instruction jusques à vêpres, s'emploie à travailler dans un entier silence. On fait seulement à cette même heure, et dans tous les intervalles, lire quelques-unes des moyennes, qui ont besoin de se former à bien lire. Celles que l'on fait lire dans la chambre doivent savoir lire raisonnablement, afin que toutes profitent de ce qui sera lu.

4. Pour les petites, nous avons expérimenté qu'elles apprennent bien mieux à lire quand elles sont seules ; c'est pourquoi celle des grandes qui sera destinée pour les faire lire, le fait, à tous les intervalles de la journée, dans

une chambre à part. On ne se sert pour cela que d'une des grandes qui a dessein d'être religieuse; et encore faut-il prendre garde qu'elle soit sage, discrète et douce, et qu'elle le fasse de bon cœur et pour l'amour de Dieu.

5. Environ à trois heures et demie, on fait faire collation à toutes les petites et moyennes. On en exempte facilement les grandes quand elles le demandent, ce repas n'étant pas beaucoup nécessaire aux plus grandes, à cause que l'on dîne tard et soupe tôt; et l'on voit que celles qui ne le font pas s'en portent mieux. Dès quatorze ans, on leur peut permettre de ne le point faire, à moins qu'il y en eût quelqu'une à qui l'on jugeât que ce repas fût nécessaire; car lors on les obligerait de prendre quelque peu de nourriture. On se rend difficile d'en exempter les plus jeunes, encore qu'elles en prient, de peur qu'elles ne demandent cette permission pour faire les grandes filles ou par hypocrisie.

6. A cette même heure, quand celles des grandes qui sont les plus sages souhaitent d'aller prier Dieu, on les y mène, et on demeure avec elles jusqu'à la fin de leurs prières.

7. On ne permet cette prière qu'à celles que l'on voit, autant qu'on en peut juger, poussées à le demander par un pur motif de plaire à Dieu, et qui en font profit.

De l'heure de vêpres et de l'emploi du temps jusques au réfectoire.

1. A quatre heures, les plus grandes vont à vêpres, si elles méritent qu'on leur fasse cette grâce.

2. Pendant ce même temps, on instruit les plus petites enfants ; car encore qu'elles soient présentes à tout ce qu'on dit à la chambre pour les instruire, elles n'y entendent rien ; et si on ne s'adresse à chacune d'elles en particulier, elles n'y comprennent rien.

3. A la fin de vêpres jusqu'au réfectoire, une des grandes fait une lecture. Il faut, autant que cela se peut, que leur principale maîtresse y soit présente. On fait cette lecture jusques à ce que le réfectoire sonne, où elles vont dans le même ordre que le matin.

De la récréation du soir, des prières et du coucher.

1. Ensuite se fait la récréation, tout de même que le matin, si ce n'est que l'été on va au jardin le soir, et l'hiver le matin.

2. Les enfants sont séparées aussi bien le soir que le matin. On fait ce que l'on peut pour être deux religieuses avec les grandes, quand il y en a de moins bien disposées ; afin qu'une des religieuses marchant derrière elles, elle puisse découvrir celles qui, sous quelque prétexte d'être incommodées, marcheraient plus doucement, afin de se parler bas les unes aux autres.

3. Cette récréation du soir dure jusqu'au premier coup de complies ; si ce n'est aux grandes chaleurs de l'été, où on la finira plus tard, selon leur besoin et avec discrétion, afin de les faire promener à la fraîcheur. L'on ne passera pourtant jamais sept heures et demie sans la finir, pour commencer les prières du soir,

qu'elles peuvent dire au jardin durant les grandes chaleurs, se mettant à genoux en quelque lieu écarté, où ensuite elles disent complies du même ton qu'elles ont dit prime le matin. Elles peuvent marcher en disant les psaumes, pourvu qu'elles s'arrêtent pour faire toutes les cérémonies de l'office.

4. Quand les chaleurs ne sont pas si grandes, elles commencent à prier Dieu au premier coup de complies, afin qu'elles puissent avoir fait pour le *Salve*, à quoi elles assistent au chœur avec fidélité tout le long de l'année, hormis trois mois des plus grandes chaleurs, qui sont depuis l'octave du saint-sacrement jusques à la fin du mois d'août, et cela pour ne pas interrompre la promenade que l'on juge leur être utile à cette heure-là.

5. Au sortir du *Salve* ou du jardin, elles montent tout droit dans leurs chambres, où elles se déshabillent en grand silence et avec promptitude, tellement que l'hiver et l'été il faut qu'elles soient toutes couchées à huit heures et un quart, et toutes dans un lit à part, sans qu'on en dispense jamais pour quelque prétexte que ce soit.

6. Aussitôt qu'elles sont couchées, elles sont fidèlement visitées, non-seulement celles des cellules, mais aussi celles des chambres, qu'il faut visiter dans chaque lit en particulier, pour voir si elles sont couchées avec la modestie requise, et aussi pour voir si elles sont bien couvertes en hiver.

7. Après on éteint toutes les lumières, à la réserve d'une lampe qu'on laisse allumée toute la nuit dans une

RÉGLEMENT POUR LES ENFANTS.   257

de leurs chambres pour les besoins qui peuvent survenir la nuit.

8. Il couche une sœur dans chaque chambre, ou une grande en qui l'on a une parfaite confiance.

9. Voilà l'ordre qui se garde toute la journée ; ce n'est pas que l'on ne change quelquefois les heures de certains exercices pour les besoins particuliers, comme les jours de jeûne de l'Église et le carême, où la matinée est bien plus longue que l'après-dînée [1].

RÉGLEMENT POUR LES JOURS DE FÊTES.

1. Les jours de fêtes, on remplit toute la journée de petits exercices, en sorte qu'elles ne perdent point de temps pour éviter l'ennui ou la badinerie qui suivraient infailliblement si on ne les occupait, les enfants n'ayant pas la force de consacrer toutes les heures de la journée au service de Dieu.

2. Elles se lèvent et habillent toutes à la même heure que les jours de travail.

3. A six heures, si les petites sont presque habillées, les plus grandes qui auraient dévotion d'aller à prime peuvent y aller, pourvu qu'elles en demandent permis-

---

[1] Ici viennent dans le texte imprimé (*Constitutions de P.-R.* Paris, 1721, pages 415 et suiv.) les *Prières pour le matin* et *pour le soir*, qu'on avait coutume de faire dire aux enfants. Mme Perier n'a pas transcrit ces prières, soit parce qu'elles n'étaient pas dans le MS. de sa sœur, soit parce qu'elles n'avaient pas été composées par Jacqueline.

sion, laquelle on ne leur donne que lorsqu'on reconnaît qu'elles le demandent par un pur motif de plaire à Dieu et d'aller chanter ses louanges. Ceci soit dit pour toutes les heures de l'office. Ensuite on dit la première messe, où toutes assistent, grandes et petites.

4. Au sortir de la messe, elles vont faire leurs lits et déjeuner ; cela dure environ jusques à huit heures, qu'elles se rangent toutes dans la chambre pour écouter la lecture qui s'y fait comme les jours de travail.

5. A huit heures et demie, elles vont presque toutes à tierce, et toutes à la grande messe.

6. Au sortir de la grande messe jusques à sexte, il y a environ trois quarts d'heure d'espace, qu'elles emploient à apprendre par cœur ce qu'elles doivent savoir, qui est toute la théologie familière, l'exercice de la sainte messe, le traité de la confirmation. Après cela, elles apprennent toutes les hymnes en français qui sont dans leurs Heures, et puis toutes les latines du Bréviaire ; et quand elles sont venues jeunes dans le monastère, il y en a beaucoup qui apprennent leur Psautier entier. Elles n'y ont pas grande difficulté, pourvu qu'elles y soient exhortées et un peu poussées.

7. A sexte, elles font leur examen, et ensuite celles qui ont permission de dire leur office disent sexte.

8. A la fin de sexte, le réfectoire, et ensuite la récréation jusques à une heure.

9. Depuis une jusques à deux, les plus grandes apprennent l'arithmétique, et cependant les plus jeunes écrivent leur exemple, et les petits enfants répètent leur catéchisme.

10. Depuis deux jusques à la demie, les plus grandes apprennent l'arithmétique aux plus jeunes, et à deux heures et demie elles disent nones dans le particulier jusques à trois heures.

11. A toutes heures, les plus grandes répètent leur chant en notes, et une d'elles le montre aux plus jeunes ; quand elles ne devraient que dire leurs notes, cela emploie le temps, et les empêche de s'ennuyer, et elles ne laissent pas peu à peu d'apprendre à chanter.

12. A quatre heures, toutes vont à vêpres et à l'adoration qui se fait de suite.

13. A la fin de vêpres, celle des plus grandes qui seraient portées d'une grande dévotion, et à qui on l'aura permis, demeurent à prier Dieu, jusques au réfectoire ; s'il y a moins d'une demi-heure d'espace, on ramène à la chambre toutes les autres, qui emploient ce temps-là à leur dévotion, ou à faire quelque lecture dans leur Imitation de Jésus-Christ, ou à répéter ce qu'elles savent par cœur.

14. Le reste de la journée s'emploie comme les jours de travail.

SECONDE PARTIE DU RÉGLEMENT DES ENFANTS.

Après vous avoir rendu compte comme nous réglons les heures de la journée des enfants, il me reste de passer à la seconde chose que vous m'avez ordonné de vous marquer : qui est la manière dont je me conduis envers elles dans tous leurs besoins spirituels et corporels.

Quand je représenterai ce que je dois faire, ce n'est pas que j'y manque très-souvent; mais cela vous obligera de prier Dieu qu'il me rende telle que je dois être pour le bien de ces âmes qu'il a commises à une personne si incapable de les servir. Il y a beaucoup de choses que je ne pourrai pas dire comme par reddition de compte, ne trouvant pas de termes pour m'exprimer : mais l'obéissance me fera passer par-dessus la peine que j'en avais, puisque vous m'avez obligée non-seulement de vous marquer ce que je fais, mais aussi ce que je crois qu'il faut faire pour leur éducation.

I.

Dans quel esprit nous devons rendre service aux enfants. Union des maîtresses. Quelques avis généraux pour leur conduite, et principalement envers les petits enfants.

1. Je crois donc que pour servir utilement les enfants, nous ne devons jamais leur parler, ni agir pour leur bien sans regarder Dieu, et lui demander sa sainte grâce, désirant prendre en lui tout ce qui leur est nécessaire pour les instruire en sa crainte.

2. Nous devons avoir beaucoup de charité et de tendresse pour elles, ne les négligeant en quoi que ce soit pour l'intérieur et l'extérieur, leur faisant paraître en toutes sortes d'occasions, que nous n'avons aucune borne pour leur service, et que nous le faisons avec affection, et de tout notre cœur, parce qu'elles sont

enfants de Dieu, et que nous nous sentons obligées de ne rien épargner, pour les rendre dignes de cette sainte dignité.

3. Il est très-nécessaire que nous nous donnions toutes à elles sans aucune réserve, et que sans une nécessité inévitable nous ne sortions point de leur quartier, pour être toujours présentes dans la chambre où elles travaillent ; si ce n'est que nous soyons occupées à leur parler, ou à les visiter quand elles sont malades, ou employées à d'autres besoins qui les regardent.

4. On ne doit point avoir de peine d'y perdre l'office, si ce n'est quand les plus grandes y assistent ; et il est de telle importance de garder toujours les enfants, que nous devons préférer cette obligation à toutes les autres, quand l'obéissance nous en charge, et bien plus à nos satisfactions particulières, quand elles regarderaient même les choses spirituelles. La charité avec laquelle on leur rendra tous les services qui leur seront utiles, couvrira non-seulement beaucoup de nos défauts, mais nous tiendra lieu de beaucoup de choses que nous croirions nous devoir être utiles pour notre perfection.

5. On aura une sœur sur qui on se reposera, sans nullement se décharger de son obligation. Il faut, s'il se peut, que cette sœur qui nous sera donnée, soit attachée le plus qu'elle pourra à la chambre. C'est pourquoi il serait à souhaiter d'en avoir deux qui fussent portées d'un même zèle et d'un même esprit pour les enfants, et qui le plus souvent fussent ensemble dans la chambre, en présence même de la première maîtresse,

afin que voyant le respect avec lequel les enfants se tiennent devant elles, elles aient droit l'une et l'autre de leur demander en son absence le même respect que celui qu'elles ont en sa présence.

6. Nous devons faire en sorte que les enfants remarquent un grand rapport et une parfaite union et confiance avec la sœur qui nous est donnée pour compagne. C'est pourquoi il ne la faut point dédire de ce qu'elle aura fait ou ordonné, quand ce qu'elle aurait ordonné ne serait pas bien, afin que les enfants ne remarquent jamais aucune contrariété; mais le réserver à l'en avertir dans le particulier. Car il est important et presque nécessaire, pour bien conduire les enfants, que la sœur qui est donnée pour aide, soit en disposition de trouver bon tout ce qu'on lui dit. Que si cela n'était pas, il en faudrait avertir la supérieure. Que si ce qu'elle aurait de contraire à nous, choquait seulement notre humeur, et ne faisait point de tort aux enfants, il faudrait demander à Dieu la grâce de nous réjouir de ce que nous aurions une occasion d'être contrariées.

7. Il faut prier beaucoup Dieu qu'il donne aux enfants un grand respect pour les sœurs qui sont avec nous. Nous devons aussi leur donner une grande autorité, mais particulièrement à celle qui y est après nous. C'est pourquoi il est bon de témoigner aux enfants, et même leur dire dans les occasions, qu'elle a grande charité pour elles, qu'elle les aime, et que c'est nous qui l'obligeons de nous rendre compte de tout ce qui se passe à la chambre. Lui dire à elle-même devant les enfants, qu'elle est obligée, par devoir et par charité, de

nous dire non-seulement toutes leurs fautes de conséquence, mais même leurs plus légers défauts, afin de les aider à s'en corriger.

8. Nous prenons quelque sorte de confiance aux sœurs qui nous aident, pour leur dire les inclinations des enfants, surtout celles des petites, et celles aussi des grandes qui pourraient causer quelque dérèglement, afin qu'elles puissent mieux les veiller. Il ne faut pas pourtant être si facile à leur dire les choses que les enfants nous disent dans le particulier, si nous n'y reconnaissons quelque nécessité pour leur bien, de crainte que sans y penser elles leur en fassent connaître quelque chose. Je vois qu'il est d'une très-grande importance que les enfants nous croient secrètes, encore que ce qu'elles nous disent ne fussent pas des choses de grande importance pour lors, parce qu'il peut arriver qu'elles en auront d'importance dans un autre temps, surtout quand elles avancent en âge, lesquelles elles auraient peine à nous dire, si elles avaient reconnu que nous ne leur eussions pas été fidèles dans les petites choses.

9. Comme il est fort important que nous ayons une grande union et parfaite intelligence avec les sœurs qui nous sont données pour aides, il l'est encore plus que ces sœurs n'agissent que par l'ordre qu'elles trouveront et verront établi, et qu'elles soient tellement conformes à tous les sentiments de la première, qu'elles ne parlent que par sa bouche, et ne voient que par ses yeux ; afin que les enfants ne puissent rien remarquer qui ne soit parfaitement conforme entre elles. Que si

les sœurs trouvaient à redire à la conduite de la première maîtresse, elles devraient lui dire, si elles avaient assez de confiance en elle, et qu'elles en eussent permission des supérieures. Si Dieu ne leur donne pas cette confiance, elles doivent en avertir la mère, de crainte que sans le vouloir elles n'en témoignent quelque chose devant les enfants.

10. Quand on est deux religieuses dans la chambre aux heures que l'office sonne, on le peut dire l'une après l'autre, afin qu'il y en ait une qui jette la vue sur les enfants ; mais elle ne dira rien des fautes qu'elle leur verra faire, si elles n'étaient importantes, jusqu'à ce que sa compagne ait fini son office, afin de leur donner un très-grand respect quand elles voient que l'on prie Dieu. Mais aussi-tôt que l'office est dit (qui est assez court quand on le dit bas), il les faut punir selon la grandeur de la faute, et avec plus de sévérité que quand on ne prie pas Dieu.

11. Quand on est seule, il ne faut point faire de difficulté de jeter la vue sur elles, mais il ne leur faut rien dire que l'on n'ait entièrement achevé son office. Nous avons vu par expérience le profit que cela leur fait, et quand on est exacte à ne leur point parler, ni à les reprendre pendant la prière, cela les rend elles-mêmes bien plus respectueuses lorsqu'elles prient, et bien plus craintives de nous interrompre. Nous ne saurions trop inspirer à la jeunesse le respect pour Dieu, tant par notre exemple que par nos paroles. C'est pourquoi nous serons très-exactes à dire notre office aux heures que l'on le dit au chœur, en quittant tout ce que nous fai-

sons au second coup de l'office, et ne nous laissant jamais emporter à achever quelque chose par attache. Ce n'est pas que s'il se présentait un besoin nécessaire de rendre quelque service aux enfants, nous ne le dussions préférer à notre office ; mais il est bon que les enfants et notre propre conscience soient convaincues que nous n'agissons que pour Dieu : notre exemple étant la plus grande instruction que nous leur puissions donner. Car le diable leur donne de la mémoire pour les faire ressouvenir de nos moindres défauts, et il la leur ôte pour empêcher qu'elles ne se souviennent du peu de bien que nous faisons.

12. C'est pourquoi nous ne saurions trop prier Dieu, trop nous humilier, et trop veiller sur nous-mêmes, pour nous acquitter de ce que nous devons aux enfants, puisque l'obéissance nous y engage ; et je vois que c'est l'une des plus importantes obéissances de la maison, et nous ne saurions trop trembler en nous en acquittant, quoiqu'il ne faille pas être trop pusillanimes, mais mettre toute notre confiance en Dieu, et le forcer par nos gémissements à nous accorder ce que nous ne méritons pas par nous-mêmes, mais ce que nous lui demandons par le sang de son Fils, répandu pour ces âmes innocentes qu'il nous a mises entre les mains. Car nous devons toujours regarder ces petites âmes comme de sacrés dépôts qu'il nous a confiés, et dont il nous fera rendre compte. C'est pourquoi il faut moins parler à elles qu'à Dieu pour elles.

13. Et comme nous sommes obligées d'être toujours parmi elles, il se faut comporter en sorte qu'elles ne

puissent pas remarquer d'inégalité dans notre humeur, en les traitant quelquefois avec trop de mollesse, et d'autres fois trop sévèrement. Ce sont deux défauts qui se suivent d'ordinaire : car quand on se laisse emporter à leur faire tant de petites caresses et flatteries, leur laissant la liberté de s'épandre autant que leur humeur et inclination les y porte, il faut infailliblement que la répréhension suive, et c'est ce qui fait l'inégalité, qui est beaucoup plus pénible aux enfants que de les maintenir toujours dans leur devoir.

14. Il ne nous faut jamais trop familiariser avec elles, ni leur témoigner une trop grande confiance, encore qu'elles fussent grandes ; mais il faut leur témoigner une vraie charité, et une très-grande douceur dans tout ce qu'elles auront besoin et même les prévenir.

15. Il les faut traiter fort civilement, et ne leur parler qu'avec respect, et leur céder en tout ce que l'on peut. Cela les gagne beaucoup. Il est bon d'user quelquefois de condescendance dans des choses qui de soi seraient indifférentes, afin de leur gagner le cœur.

16. Quand il est nécessaire de les reprendre de leurs légèretés et mauvaise grâce, il ne faut jamais les contrefaire ni les pousser en les rudoyant, quoiqu'elles fussent de mauvaise humeur; au contraire il leur faut parler avec très-grande douceur, et leur dire de bonnes raisons pour les convaincre. Ce qui empêchera qu'elles ne s'aigrissent, et fera qu'elles recevront bien ce qu'on leur dit.

17. Il faut beaucoup prier Dieu qu'il rende les enfants simples, et y travailler de son côté, en les éloi-

gnant de tous détours et finesses ; mais il faut faire cela même si simplement, qu'on ne les rende pas fines en les exhortant à être simples. C'est pourquoi je crois qu'il ne faut pas leur faire paraître qu'elles ont tant de finesse. Car quelquefois, à force de leur dire qu'il ne faut pas qu'elles soient fines, on fait qu'elles le deviennent, et qu'elles se servent de tout ce qui leur a été dit dans le temps qu'elles ne l'étaient pas, dans un autre temps où elles ont besoin d'user de finesse pour cacher quelques fautes qu'elles ne veulent pas que l'on sache

18. C'est pourquoi il faut veiller parfaitement les enfants, ne les laissant jamais seules en quelque lieu que ce soit, saines ni malades, sans leur montrer qu'on le fait si exactement afin de ne les pas nourrir dans un esprit défiant et qui soit continuellement sur ses gardes ; car cela les accoutume à faire de petites malices en cachette, particulièrement les petites. Ainsi je crois qu'il faut que notre garde continuelle soit faite avec douceur et une certaine confiance qui leur fasse plutôt croire qu'on les aime, et que ce n'est que pour les accompagner que l'on est avec elles. Cela fait qu'elles aiment cette veille plutôt qu'elles ne la craignent.

19. Pour les petits enfants, il faut encore plus que toutes les autres les accoutumer et nourrir, s'il se peut, comme de petites colombes. Il leur faut dire peu de paroles quand elles ont fait une faute notable et qui mérite châtiment ; mais quand on en est parfaitement assuré, il les faut châtier sans leur dire une seule parole, ni pourquoi on les châtie, qu'après l'avoir fait. Encore est-il bon de leur demander, avant que de leur

rien dire, si elles ne savent pas pourquoi elles ont été châtiées ; car d'ordinaire elles ne manquent pas de l'avoir reconnu. Ce châtiment, fait promptement et sans paroles, les empêche de faire des mensonges pour trouver des excuses sur leurs fautes, à quoi les petits enfants sont fort sujets ; et je trouve qu'elles s'en corrigent bien mieux de leurs défauts, parce qu'elles craignent toujours d'être surprises.

20. Je crois aussi que dans tous les autres défauts plus légers, on les doit peu avertir ; car insensiblement elles s'accoutument à toujours entendre parler. C'est pourquoi de trois ou quatre fautes l'une, il ne faut pas faire semblant de les voir ; mais après les avoir considérées quelque temps, il faut les surprendre et leur en faire faire satisfaction tout sur l'heure. Cela les corrige bien plus que beaucoup de paroles.

21. Quand il y en a de petites entièrement obstinées et rebelles, il faut trois ou quatre fois les obliger aux mêmes petites satisfactions. Cela les dompte entièrement quand elles voient que l'on ne se lasse pas. Mais quand on le fait un jour, et qu'on leur pardonne l'autre ou qu'on les néglige, cela ne fait aucune impression sur leur esprit, et il se trouve qu'il faut en venir à des moyens plus forts que ceux que l'on aurait employés avec quelque sorte de continuation.

22. Le mensonge est fort ordinaire aux petits enfants. C'est pourquoi il faut faire tout ce que l'on peut pour les accoutumer à ne prendre pas cette mauvaise habitude ; et pour cela, il me semble qu'il faut les prévenir avec une grande douceur pour leur faire confes-

ser leurs fautes, disant que l'on voit bien tout ce qu'elles ont fait ; et quand elles confessent d'elles-mêmes, il leur faut pardonner ou leur amoindrir la pénitence.

23. Encore que les enfants soient fort jeunes, comme de quatre ou cinq ans, il ne faut pas les laisser sans rien faire tout le jour ; mais partager leur petit temps, les faisant lire un quart d'heure, et puis jouer un autre, et puis travailler un autre petit temps. Ces changements les divertissent et les empêchent de prendre une mauvaise habitude, à quoi les enfants sont fort sujets, qui est de tenir leur livre et jouer avec, ou avec leur ouvrage, se tenir de travers et toujours tourner la tête. Mais quand on leur demande de bien employer un quart d'heure ou une demi-heure, et qu'on leur promet que si elles sont fidèles à leur leçon ou à leur travail on les laissera jouer, elles font vite et bien ce petit temps, pour être récompensées après. Et quand on leur a fait cette promesse avant leur travail, quoiqu'elles jouent cependant, il ne leur faut rien dire ; mais à la fin, quand le temps est passé et qu'elles pensent aller jouer, il leur faut faire reprendre un autre temps pour le travail, leur remontrant que l'on ne désire pas toujours parler, mais que puisqu'elles n'ont fait que badiner, il faut qu'elles recommencent. Cela les surprend et fait qu'elles se tiennent une autre fois sur leurs gardes.

II.

A quoi nous les portons dans les entretiens généraux et dans les rencontres où elles donnent sujet qu'on leur parle et les avertisse.

1. On leur fait comprendre que la perfection ne consiste pas à faire beaucoup de choses qui soient particulières, mais à bien faire ce qu'elles font en commun ; c'est-à-dire de bon cœur et pour l'amour de Dieu, avec un grand désir de lui plaire et de faire toujours sa sainte volonté avec joie.

2. On leur donne estime des petites occasions que Dieu leur envoie de souffrir quelque chose pour l'amour de lui, comme quelques petits mépris de leurs sœurs, quelque accusation que l'on fera contre elles sans raison, quelques privations de leurs désirs et inclinations, quelque sujet de renoncer à leur propre volonté, qui leur sera donné par leurs maîtresses ou par quelque autre rencontre. On les prie de recevoir cela comme des dons de Dieu et un témoignage de son plus grand amour, et du soin qu'il a de leur envoyer des occasions de se perfectionner tous les jours.

3. On leur doit parler souvent du plaisir et de la satisfaction qu'il y a d'être tout à Dieu, et de le servir en vérité et simplicité, sans vouloir avoir aucune réserve pour lui ; que rien n'est pénible quand nous faisons tout

par amour ; que la fidèle correspondance aux mouvements de Dieu attire continuellement sur nous de nouvelles grâces ; que les uns gagneront le ciel, et les autres ne mériteront que châtiment par une même action, selon le mouvement de leur cœur et la pureté ou l'impureté de leur intention. Il est bon de leur faire comprendre cela par quelques petites comparaisons, comme par exemple qu'une bonne action qui serait faite avec amour de Dieu, désir de lui plaire et d'accomplir sa sainte volonté, nous conduit au ciel ; et que tout au contraire si l'on faisait la même action par esprit d'hypocrisie, de vanité, et seulement avec désir d'être estimée des créatures, cela ne mériterait que punition : car n'ayant rien fait pour Dieu, nous n'en devons point attendre de récompense, mais seulement des châtiments pour payement de notre hypocrisie.

4. On doit fort exhorter les enfants à se connaître elles-mêmes, leurs inclinations, leurs vices et leurs passions, et sonder jusques à la racine de leurs défauts. Il est bon aussi qu'elles connaissent à quoi leur naturel les porte, afin de retrancher en elles ce qui peut déplaire à Dieu, et changer leurs inclinations naturelles en spirituelles. Leur dire, par exemple, que si elles sont d'une humeur affective, elles doivent changer l'amour qu'elles ont pour elles-mêmes et pour les créatures à aimer Dieu de tout leur cœur, et ainsi des autres inclinations.

5. On leur peut faire voir quelquefois qu'un des plus grands défauts de la jeunesse est l'indocilité, et que cela leur est comme naturel ; que si elles n'y prennent garde,

ce vice les perdra, les rendant incapables de toute sorte d'avertissement, et que ce défaut n'est jamais que dans un esprit superbe. C'est pourquoi on leur dira souvent qu'il faut qu'elles aiment à être traitées fortement, et qu'elles témoignent, par la douceur avec laquelle elles recevront les avertissements qui leur seront donnés, qu'elles agréent que l'on détruise en elles tout ce qui peut déplaire à Dieu.

6. Nous les exhortons à n'avoir point de honte à faire le bien ; car quelquefois celles qui ont été déréglées ont honte de faire le bien devant celles qui les ont vues dans leurs dérèglements. Il leur faut dire qu'elles prient Dieu qu'il les fortifie à faire le bien librement, et que quand, dans le commencement, elles retomberaient souvent, il faut qu'elles se relèvent encore plus souvent et plus généreusement. Il faut donner ces instructions dans le général, et même dans le temps où il n'y en a point de déréglées, afin que cela serve pour un autre temps, et que celles qui seraient mieux réglées puissent se l'appliquer dans leurs besoins.

7. Nous leur disons que leurs difficultés dans la vertu viennent de ce que tout aussitôt qu'il se présente quelque vice à combattre ou quelque vertu à acquérir, elles se retournent vers elles-mêmes pour consulter leur humeur, leur inclination, leur amour-propre, leur faiblesse et la peine qu'elles ont à se vaincre ; mais qu'au lieu de s'affaiblir par toutes ces vues humaines, il faut qu'elles se retournent vers Dieu, en qui elles trouveront toutes leurs forces dans leur faiblesse même ; que c'est manquer de confiance en sa bonté, que de ne pas espérer

qu'il les délivrera par la puissance de sa sainte grâce, et que si on leur disait de sortir par elles-mêmes de leurs misères et de leurs faiblesses, elles auraient grand sujet de se décourager ; mais que puisqu'on leur dit que Dieu lèvera lui-même toutes leurs difficultés, elles n'ont qu'à prier, espérer et se réjouir en Dieu de qui elles doivent attendre tout leur secours.

8. Il les faut porter à aimer et vouloir bien qu'on les aide à surmonter les faiblesses de leur nature corrompue, en n'y adhérant point, mais les portant doucement à vouloir bien souffrir quelques petites confusions et répréhensions publiques, afin de s'accoutumer peu à peu à n'être pas si délicates, et dire quelquefois leurs petits défauts publiquement, pour s'accoutumer à la pénitence et à l'humiliation.

9. Nous tâchons de leur imprimer dans l'esprit que la vertu par acte qui se forme simplement dans l'esprit, n'est rien devant Dieu si la pratique ne suit lorsque les occasions s'en présentent ; et que peu nous servira, à l'heure de la mort, d'avoir passé notre vie dans beaucoup de désirs si nous ne les avons mis en exécution, et que bien loin d'en être récompensées, nous en serons justement punies de Dieu.

10. Nous ne devons pas les prévenir touchant la religion [1], surtout dans le général, ni leur témoigner tout ce que nous croyons du peu de personnes qui se sauvent dans le monde ; c'est assez de leur témoigner qu'il y a beaucoup de difficulté à s'y sauver, et leur faire voir à

---

[1] *Religion* signifie ici : *Vie religieuse* ou *monastique*.

quoi elles sont obligées comme chrétiennes, et quelles sont les promesses qu'elles ont faites dans le baptême. Il leur faut aussi montrer tout ce qu'elles doivent éviter, si elles retournent au monde. On peut bien quelquefois leur dire quelque chose des sentiments que l'on a pour soi-même, et il est bon de ne leur pas cacher notre joie, notre contentement et notre repos.

11. Si elles entrent d'elles-mêmes en discours sur le sujet de la religion pour en dire leurs sentiments, on peut bien se servir de l'occasion pour leur dire quelque chose du bonheur d'une bonne religieuse qui vit vraiment selon sa vocation, sa consolation continuelle de penser aux grands moyens que Dieu lui donne de l'aimer et de se rendre éternellement bien heureuse par l'obéissance et l'humilité, n'y ayant point d'autre chemin du ciel que celui-là pour tous les chrétiens, mais en particulier pour les religieuses ; leur faire entendre que la vie religieuse n'est point une charge, mais un des plus grands dons de Dieu et un soulagement pour ceux qui veulent vivre en observant les vœux du baptême ; que Dieu ne fait pas cette grâce de la religion à tout le monde, ni même à tous ceux qui le désirent ; et que d'autant plus qu'elle est excellente, nous la devons demander à Dieu avec humilité et nous préparer à la recevoir par de bonnes actions.

12. Il est bon de leur témoigner quelquefois qu'on les aime pour Dieu, et que c'est cette tendresse qui fait que leurs défauts nous sont si sensibles et si pénibles à supporter, et que c'est l'ardeur de cet amour qui fait que les paroles dont nous nous servons pour les repren-

dre sont quelquefois fortes. Nous les assurerons en même temps que, de quelque manière que nous agissions, nous ne sommes poussées que par l'affection que nous leur portons et par le désir de les rendre telles que Dieu les veut ; que notre cœur demeure toujours dans la douceur pour elles ; que notre force n'agit que sur leurs défauts, et que nous nous faisons pour cela une extrême violence, ayant bien plus d'inclination à les traiter doucement que fortement.

III.

Comme on doit parler aux enfants dans le particulier.

1. Ce qui facilite le plus la conduite des enfants est la coutume que l'on a de leur parler dans le particulier. C'est dans ces entretiens qu'on les soulage dans leurs peines, qu'on entre dans leur esprit pour leur faire entreprendre la guerre à leurs défauts, qu'on leur fait voir leurs vices et leurs passions jusques dans la racine. Et je puis dire que quand Dieu leur donne une parfaite confiance en leur maîtresse, on doit beaucoup espérer ; car je n'en ai point vu qui l'ait eue parfaite qui n'ait réussi.

2. Il faut que les entretiens qu'on a avec elles soient fort sérieux, et qu'on leur témoigne grande charité, mais nulle familiarité ; et s'il y en avait quelqu'une en qui on reconnût qu'elle recherchât de parler par amusement, il la faudrait traiter (moins) doucement que les autres. C'est pourquoi on a besoin d'user de beaucoup de discrétion, non-seulement dans l'entretien

même, mais aussi dans les temps qu'on prend pour le faire. Je crois que c'est assez d'environ tous les quinze jours, à moins de quelques besoins particuliers, à quoi on ne peut donner de règles.

3. Il faut beaucoup prendre garde de ne se pas laisser tromper ; et c'est un grand bien quand elles sont prévenues qu'on connaît toutes les finesses des enfants. Cela fait qu'elles s'en départent, et entrent insensiblement dans la simplicité et sincérité, sans laquelle il est impossible de les servir utilement.

4. Il est donc extrêmement nécessaire de ne se pas laisser surprendre, et c'est ce que nous ne pouvons éviter sans une continuelle assistance de Dieu. C'est pourquoi nous ne leur parlerons jamais sans avoir prié Dieu, et prévu, même en sa présence, ce que nous croyons qu'elles nous doivent dire et ce que nous croyons qu'il veut que nous leur répondions. Nous conjurerons avec larmes et gémissements sa divine majesté qu'elle illumine nos ténèbres, et que la lumière de sa grâce nous fasse découvrir ce que les enfants nous voudraient cacher ; et si en leur parlant elles nous disent quelque chose, et que nous ne soyons pas parfaitement instruites de la vérité, nous leur dirons que nous prendrons du temps pour prier Dieu avant que leur répondre, et que, de leur côté, elles prieront Dieu, afin qu'il les dispose à recevoir, avec un cœur entièrement dégagé de tout intérêt humain, tout ce que nous leur dirons de sa part pour leur bien. Nous userons encore de ce retardement aussitôt que nous reconnaîtrons qu'elles auront l'esprit aigri de ce que nous leur pourrions dire, ou qu'elles ne

recevraient pas bien quelque avertissement que nous leur donnerions. Nous leur pourrons dire que nous voyons bien qu'elles ne sont pas bien disposées pour nous écouter, ou que peut-être nous ne sommes pas bien éclairées, et qu'en priant Dieu l'une et l'autre, si nous le faisons avec humilité, il aura sans doute pitié de nous. Cette petite condescendance et toutes ces choses ne doivent pas être dites à toutes, mais cela sert beaucoup aux plus grandes et à celles qui ont de l'esprit. Il est besoin d'une grande discrétion pour leur parler en temps et lieu. C'est pourquoi je répète ici ce que je ne puis trop dire, et que je ne fais pas assez, qui est de plus prier que parler ; et je crois qu'il faut avoir continuellement le cœur et l'esprit élevé au ciel pour recevoir de Dieu toutes les paroles que nous leur devons dire.

5. Il faut une continuelle vigilance pour les considérer et reconnaître leur humeur et leur inclination, afin d'apprendre en les considérant ce qu'elles n'auraient pas la force de nous découvrir. Il est bon de les prévenir quand on voit qu'elles sont honteuses de dire leurs déréglements, et pour leur donner plus de liberté de les découvrir, il est bon de leur cacher à elles-mêmes dans le commencement beaucoup de vérités que nous croirions être trop fortes pour leur état imparfait.

6. A mesure que Dieu leur ouvre le cœur pour nous parler avec quelque sorte de sincérité, nous leur pourrons parler plus fortement et leur montrer l'engagement qu'elles ont de faire pénitence, au cas que nous vissions qu'elles en eussent besoin. Il leur faut aussi représenter combien la voie qui mène au ciel est étroite,

et leur dire qu'il n'y a que les généreux et les violents qui ravissent le ciel.

7. Si elles demandaient beaucoup de choses à faire qui fussent particulières, on ne leur en accordera que très-peu ou point du tout, leur remontrant que ce n'est point par là qu'elles plairont à Dieu, si cela ne sort d'un cœur véritablement touché de son amour, et d'un désir sincère de lui plaire et de faire pénitence ; que pour nous, nous ne les jugerons pas par ces actions, mais par la fidélité qu'elles apporteront dans les moindres règlements de la chambre, par le support qu'elles auront pour leurs sœurs, par la charité avec laquelle elles les serviront en leurs besoins, par le soin qu'elles auront de mortifier leurs défauts ; que ce seront ces choses-là qui nous feront croire qu'elles veulent servir Dieu, mais non pas une multiplicité de choses particulières ; et qu'ainsi elles ne doivent pas trouver mauvais si nous ne les leur permettons pas, parce que nous voulons leur bien et non pas les aider à se tromper elles-mêmes.

8. Nous leur dirons ces choses, quoique quelquefois nous ne laissions pas de leur accorder en quelques rencontres ce qu'elles nous demandent, sans faire semblant de rien et sans en tenir aucun compte ; au contraire, pendant ce temps qu'elles demandent quelque chose d'extraordinaire, nous ferons semblant de ne nous pas appliquer à elles, ne laissant pas de remarquer, bien plus qu'en un autre temps, toutes leurs actions, pour les leur faire voir après dans les occasions. En se conduisant ainsi envers elles, on découvrira bientôt si elles ne demandent ces choses que par hypocrisie ; car alors,

ne l'ayant fait que pour être considérées, si elles voient qu'on ne s'applique pas à elles, elles les laisseront là petit à petit et n'en demanderont plus. Il faut aussi, pour la même raison, être fort exacte à leur faire accomplir ce qu'elles ont demandé, dissimulant entièrement ce que nous reconnaissons de leurs dispositions jusques à un autre temps où nous les trouverions mieux disposées ; et alors nous leur ferions voir leur état et le danger qu'il y a de vouloir faire des choses extraordinaires par un esprit tout humain.

9. S'il y en avait quelques-unes qui fussent déréglées, et que pour de bonnes raisons les supérieures jugeassent qu'on les devrait garder, dans leur meilleur temps nous les prierions d'agréer que l'on ne souffre point leurs imperfections, leur remontrant, avec le plus de charité et de douceur que l'on pourra, les obligations qu'elles ont de vivre chrétiennement ; mais si on voit que ces avertissements ne leur profitent point, on leur fera entendre qu'on ne souffrira point ces défauts en elles, et qu'encore que nous reconnaissions bien que tout ce qu'on leur fait et leur dit ne leur serve de rien, nous ne laisserons pas pour la décharge de notre conscience de les avertir et les obliger de satisfaire à leurs fautes par quelque pénitence, pour ne les pas laisser s'accoutumer à prendre de mauvaises habitudes, outre que Dieu veut que nous leur fassions réparer devant leurs sœurs les mauvais exemples qu'elles leur ont donnés, afin que leurs imperfections ne nuisent pas aux autres. Il est bon de leur montrer que nous sommes obligées en conscience d'agir de la sorte.

IV.

Des pénitences qu'on leur peut imposer dans le général et dans le particulier.

1. Il leur faut faire demander pardon à celles des sœurs ou de leurs compagnes à qui elles auraient parlé mal gracieusement ou donné quelque mécontentement ou mauvais exemple.

2. Ce pardon se peut demander en plusieurs manières, selon la grandeur de la faute, ou dans le général ou dans le particulier, au réfectoire ou pendant les instructions. On peut aussi leur ordonner de baiser les pieds à celles de leurs compagnes qu'elles auraient offensées. Sur toutes choses, il faut prendre garde que si la faute n'a été vue que de deux, ou trois, ou quatre personnes, on ne leur en fasse faire satisfaction que dans le particulier, à moins que la faute fût de peu de conséquence, étant très-dangereux de mal édifier celles qui n'auraient point vu les fautes des autres. Je dis le même des fautes de quelques particulières qui seraient un peu notables; quand il y en aurait une bonne partie qui y seraient tombées, il faudrait attendre de les reprendre chacune en particulier, ou toutes les coupables ensemble, pour ne point mal édifier les faibles.

3. On leur peut faire porter un manteau gris, aller

sans voile ou sans scapulaire au réfectoire, et demeurer même à la porte de l'église en cet état.

4. On les doit aussi quelquefois priver d'aller à l'église pour un ou plusieurs jours, selon la grandeur de la faute, ou les faire tenir à la porte de l'église, ou en quelque endroit séparé des autres. Il faut surtout prendre garde que la privation d'aller à l'église ne leur soit pas indifférente.

5. On peut faire porter aux petites et aux moyennes des billets qui expriment leur faute, et que cela soit écrit en fort gros caractères; pourvu qu'il y ait un mot ou deux, c'est assez; comme : paresseuse, négligente, menteuse, etc. On peut aussi leur faire porter une langue rouge.

6. Leur faire prier leurs sœurs au réfectoire qu'elles prient pour elles, exprimant la faute dans laquelle elles sont tombées ou la vertu qui leur manque.

7. Pour les plus grandes, on les doit faire craindre pour l'amour de Dieu et par la crainte de ses jugements; et dans les rencontres on leur peut imposer quelqu'une des pénitences que l'on fait aux moins âgées, comme de les faire aller sans voile ou demander les prières des sœurs au réfectoire ; mais il faut bien regarder si cela leur servira, et ne leur nuira point en ne faisant que les aigrir. Ce qui nous oblige à beaucoup prier Dieu qu'il nous éclaire et nous conduise en tout pour sa gloire, et le salut de ces âmes dont il nous a donné le soin.

V.

De la confession.

1. Nous parlons le plus souvent que nous pouvons aux enfants, tant dans le général que dans le particulier, de l'extrême importance de faire de bonnes confessions qui soient sincères et sans déguisement ; parce que les enfants sont fort sujettes à en faire de mauvaises, ne disant pas toutes leurs fautes ou les déguisant si fort qu'on ne comprend pas leur état.

2. C'est pourquoi on les exhortera de demander à Dieu un esprit vraiment contrit et humilié qui leur fasse avouer leurs fautes humblement, étant bien aises de recevoir de la confusion et d'être traitées comme elles le méritent.

3. Leur dire souvent qu'elles doivent dire les fautes qui les humilient le plus et les circonstances qui les rendent plus grandes, sans avoir égard à leur répugnance. C'est pourquoi il est bon de leur représenter souvent l'horrible état où se trouve une âme à l'heure de la mort, lorsqu'elle se voit séparée de Dieu, et dans une confusion éternelle, pour en avoir voulu éviter une petite et passagère qui ne dure qu'un moment ; que la confusion qu'elles recevront alors sera vue de tout le monde, et que celle qu'elles croient recevoir dans la confession n'est qu'à l'égard d'une personne, et dans le secret, et pour un peu de temps.

4. Quand on les verra un peu plus fortes et plus courageuses, on les exhortera de ne rien épargner pour recouvrer l'amitié de Dieu, si elles l'avaient perdue ; on les portera doucement à la pénitence intérieure et extérieure, mais particulièrement à l'intérieure. Il est bon de leur dire qu'une marque d'une bonne confession, c'est quand on voit du changement dans les mœurs, et que c'est un très-grand mal d'aller toujours à confesse et de retomber tous les jours dans les mêmes défauts ; que c'est une marque qu'elles ne se confessent pas comme il faut et qu'elles n'ont pas un véritable regret d'avoir offensé Dieu.

5. Quand on voit des enfants qui se laissent emporter à faire des fautes dans toutes les rencontres qui se présentent, nous leur dirons qu'au jugement de Dieu elles sont plus coupables qu'elles ne pensent, et qu'il leur imputera tous les desseins qu'elles ont formés dans leur cœur et qu'elles ont communiqués aux autres, quoiqu'ils n'aient pas été exécutés. On leur dira qu'elles se doivent confesser de toutes ces choses, et développer tous les retours de leur conscience, afin de ne rien céler à celui qui tient la place de Jésus-Christ. On leur peut dire qu'elles peuvent bien tromper les hommes, mais qu'on ne peut point tromper Dieu, et que le sang de Jésus-Christ ne s'applique qu'à ceux qui s'accusent véritablement et sincèrement de leurs péchés. Et ainsi on leur fait comprendre que c'est elles seules qu'elles trompent.

6. Il est bon qu'elles ne fassent point tant de discernement des grands péchés d'avec les plus petits pour en

avoir moins d'horreur, et par ce moyen s'y laisser aller plus facilement. C'est pourquoi on leur doit dire, qu'à une âme qui aime Dieu il n'y a rien de petite conséquence; que tout y est grand et que nous devons éviter sans aucune réserve tout ce que nous croyons lui déplaire, à lui qui n'a pas épargné le sang de son Fils pour nous laver de nos péchés.

7. On ne fera point aller si tôt ni si souvent les plus jeunes à confesse. On attendra pour les moins âgées à les y faire aller, qu'elles soient raisonnables et qu'elles témoignent vouloir se corriger de leurs petits défauts, n'y ayant rien tant à craindre que d'y faire aller les enfants si jeunes sans y voir quelque changement; et on doit au moins attendre qu'elles aient persévéré quelque temps à mieux faire.

8. Il faut petit à petit, quand elles sont fort jeunes, les accoutumer à nous dire toutes leurs fautes, afin de les instruire à se bien accuser, ne contant point des histoires et n'accusant point leurs sœurs. Nous les faisons ressouvenir de toutes les principales fautes dont elles ne se souviendraient pas, et nous leur disons la manière dont elles se doivent accuser.

9. Nous prenons bien garde si les enfants font profit de la confession; avant que de leur permettre d'y retourner, et quand elles ont fait quelques fautes considérables, nous les exhortons d'y satisfaire auparavant, et si elles ont la confiance de nous les dire, ce qui est le plus utile, nous leur proposons de faire quelques satisfactions selon la grandeur de leur faute, mais particulièrement des choses qui les mortifient et qui soient

opposées à leur faute. Comme, par exemple, si elles avaient blessé la charité qu'elles doivent à leurs sœurs, on fera qu'elles les servent et leur rendent tous les devoirs de charité avec plus d'onction et de douceur, et si cela avait paru, on leur fait demander pardon, et à celle qui aurait été offensée et à celles qui l'ont vue ; on leur fait aussi faire quelques prières pour celle qu'elles ont offensée. On fera en sorte qu'elles ne retournent point à confesse que leur cœur ne soit véritablement humilié, et qu'elles n'aient regret d'avoir offensé Dieu ; on fera ainsi sur tous les défauts principaux que les enfants commettent, afin qu'elles ne fassent pas leurs confessions par routine, ce qui est fort à craindre pour toutes sortes de personnes, mais particulièrement pour les enfants.

10. Nous leur disons que ce n'est pas assez de dire cinq ou six fautes au plus, mais qu'il faut qu'elles disent leur état et disposition depuis leur dernière confession, et que des fautes dites seules et séparées de leur état ne donnent presque aucune connaissance d'elles ; comme par exemple, si elles sont sujettes à l'orgueil, à la paresse, etc., on leur dira qu'elles ont besoin, pour se faire bien connaître, de dire si elles croient y être plus portées depuis leur dernière confession, et combien de jours ou d'heures elles ont été dans le sentiment de ces fautes, en particularisant celles qu'elles ont faites.

11. Il est bon de ne les rendre pas si délicates à ne vouloir pas nommer celles avec qui elles ont failli, puisqu'elles sont toutes confessées par un même confesseur qui doit avoir une entière connaissance de tous les enfants.

Cela lui fait mieux connaître leurs dispositions et la grandeur de leurs fautes; et cette connaissance lui est entièrement nécessaire pour les servir comme il faut [1].

12. Nous présupposons ici ce qui doit être absolument, qui est que la maîtresse instruise parfaitement le confesseur de tout l'état des enfants, toutes les fois qu'elles vont à confesse, afin qu'il voie si elles s'accusent comme il faut [2].

Il faut qu'il y ait une grande conformité entre le confesseur et la maîtresse, pour réussir en leur conduite, et que la maîtresse ne permette rien de considérable, comme la sainte communion, des pénitences et des prières, sans avoir pris l'avis du confesseur; et aussi que le confesseur avertisse la maîtresse de ce qu'il croit être utile pour le bien des enfants, afin qu'elle ne dise ni ne fasse rien, que ce que le confesseur trouvera bon. Il faut que les enfants ne trouvent aucune différence dans la conduite que le confesseur et la maîtresse tiendront sur elles.

13. S'il y en avait quelqu'une qui eut quelque peine de se confesser à celui qui lui a été présenté, on ne souffrira pas qu'elle en parle à ses compagnons, mais on lui permettra de représenter sa répugnance à sa maîtresse qui y donnera ordre avec la permission de la supérieure, en cas qu'elle crût que la peine fût raisonnable et que ce ne fût pas une badinerie.

14. Nous ne touchons pas ici toutes les dispositions

---

[1] Ce paragraphe ne se trouve pas dans le texte imprimé. (Voyez *Constitutions*, etc., pag. 462.)
[2] *Idem.*

requises pour la confession, et nous ne le ferons pas aussi pour la sainte communion et autres exercices, parce que nous n'avons le dessein que de remarquer ce qui peut être utile en particulier pour la conduite des enfants.

VI.

De la sainte communion.

1. Nous devons beaucoup prier Dieu qu'il nous fasse la grâce de donner aux enfants une grande crainte de faire des communions indignes et infructueuses, et le conjurer que lui-même leur donne cette crainte sans laquelle tout ce que nous leur disons ne servira de rien. Nous tâchons de leur faire concevoir qu'une seule communion doit opérer dans leur cœur quelque changement, et que même cela doit paraître dans leur extérieur, et que celles qui sont nourries du corps du Fils de Dieu doivent être reconnues entre toutes par leurs paroles et par toutes leurs actions, et qu'elles doivent particulièrement garder leur langue qui a le bonheur de recevoir la première ce pain du ciel. Il faut aussi leur représenter qu'elles doivent mener une vie toute différente de celle qu'elles menaient avant que d'avoir reçu cette grâce, et qu'étant nourries solidement, elles doivent être plus fortes dans la mortification de leurs inclinations, et dans la pratique de la vertu.

2. On remarque leurs progrès pour régler le temps

de leur communion, et on la permettra rarement à celles qui auraient de l'arrêt et de l'attache à quelque défaut particulier, et qui ne recevraient pas bien les avertissements qu'on leur donnerait pour s'en corriger. On prendra garde surtout si elles ont de la crainte et de l'amour de Dieu, pour ne pas communier indifféremment et seulement pour imiter les autres. Il s'en pourrait même trouver qui le feraient par orgueil, et afin que l'on crût qu'elles seraient mieux que les autres et pour faire les grandes filles. Tous ces défauts et bien d'autres se rencontrent dans les enfants, si on n'y prend bien garde. C'est pourquoi il est bon de leur donner quelque crainte par des paroles fortes, pour leur montrer le danger qu'il y a de communier en cet état, et que c'est où l'on reçoit ou la vie ou la mort et que l'on ne saurait trop appréhender. On leur doit dire ces choses dans le général à toutes, et les répéter dans le particulier à celles en qui on reconnaîtrait de ces défauts.

3. S'il s'en trouve parmi elles quelqu'une trop timide et trop scrupuleuse, ce qui est assez rare parmi les enfants, on la consolera et fortifiera dans le particulier selon son besoin.

4. Encore qu'on en vît quelqu'une fort dévote et exacte à se corriger, on ne lui doit point permettre de communier plus souvent qu'à celles qui font le mieux dans la chambre et qui suivent le train ordinaire. Car il est fort à craindre que cette vertu apparente ne soit une tromperie, et on ne peut manquer à la tenir dans le train commun, afin qu'elle ne s'aperçoive pas que

l'on remarque cette vertu. Il ne faut jamais souffrir qu'elles se louent entre elles pour quoi que soit, mais particulièrement sur leurs communions. Il est même bon de ne les pas louer l'une devant l'autre, ni dans le particulier, ni dans le général, quand ce serait sous prétexte de les bien édifier ou de leur donner de l'émulation au bien, à moins que ce fût de petits enfants de deux à trois ans : si elles s'apercevaient que l'on fît quelque cas de leur vertu, il y en aurait qui feraient bien pour être louées et estimées, et afin qu'on leur permît plus souvent la sainte communion par ce même motif.

5. Il faut bien prendre garde qu'il y a des enfants qui, avant que les jours approchent auxquels on leur permet d'ordinaire la sainte communion, se règlent mieux et témoignent d'y penser : ce qui n'est pas assez, si on reconnaît qu'après la sainte communion elles retournent comme auparavant dans leurs fautes et légèretés. C'est pourquoi on leur imprimera dans l'esprit le plus qu'on pourra, qu'il ne suffit pas qu'elles aient témoigné y penser quelques jours avant les bonnes fêtes, et que l'on ne se réglera pas même pour leur permettre la sainte communion sur ce qu'il y a longtemps qu'elles ne l'ont faite, mais seulement par la suite d'une bonne vie et d'un bon réglement dans toutes leurs actions.

6. Il faut bien remarquer par quel esprit elles sont poussées quand elles font leurs satisfactions. Car il s'en trouve qui les font fort facilement, et à qui rien ne paraît difficile, par orgueil et pour éviter l'humiliation ;

mais si on les veille et examine de fort près et dans toutes les rencontres, on verra bientôt qu'elles ne le font pas du cœur. Quand cela est reconnu, il leur faut rarement accorder une aussi grande grâce qu'est la sainte communion.

7. Quand on juge à propos de les en priver, il faut bien prendre garde que cela ne leur passe point pour indifférent; au contraire, il leur faut faire ressouvenir de la perte qu'elles ont faite, et leur montrer qu'elles doivent être dans un continuel gémissement pour obtenir de Dieu la grâce de recouvrer ce qu'elles ont perdu, ou d'avoir ce qui leur manque pour rentrer dans la participation du très-saint sacrement.

8. On ne fera point communier les enfants si jeunes, et particulièrement celles qui sont badines, légères, et attachées à quelque défaut considérable. Il faut attendre que Dieu ait fait en elles quelque changement, et il est bon de prendre un temps notable, comme un an ou au moins six mois, pour voir si leurs actions ont de la suite. Car je n'ai jamais eu regret d'avoir fait reculer les enfants. Cela a toujours servi à faire avancer en vertu celles qui étaient bien disposées, et à faire reconnaître le peu de disposition qu'il y avait dans les autres qui ne l'étaient pas encore. On ne saurait apporter trop de précautions pour la première communion ; car toutes les autres dépendent souvent de celle-là.

9. Après la sainte communion, il les faut exhorter de ne pas oublier Dieu, qui s'est donné à elles, mais de s'occuper à lui rendre grâces, l'adorer et le prier souvent. Qu'elles doivent veiller continuellement sur elles

pour ne rien faire d'indigne de sa sainte présence, et qu'elles s'assurent que Dieu demeurera autant de temps dans leur cœur, qu'il ne verra rien en elles qui lui déplaise, et qu'il ne se sépare point de nous jusqu'à ce que nous nous séparions de lui les premiers en l'offensant. Il est bon de les observer le jour de la sainte communion, pour voir si elles sentent Dieu, et lui parlent intérieurement, et si elles se tiennent plus recueillies.

VII [1].

De la prière.

1. Comme dans tous les endroits de ces exercices nous avons toujours parlé de la prière, je n'en puis rien dire ici qu'en général. On tâche de leur donner un grand désir de recourir à Dieu dans tous leurs besoins, et particulièrement dans leur faiblesse et tentations. On leur fait entendre qu'un seul regard vers Dieu avec confiance, humilité et persévérance, les soutiendra bien plus que toutes les grandes résolutions qu'elles pourraient faire par elles-mêmes, et qu'elles leur seront inutiles si la bonté de Dieu ne les forme dans leur cœur par la puissance de sa sainte grâce ; enfin que nous ne sommes capables que de nous perdre et que Dieu seul nous peut sauver.

2. Nous ne les surchargeons pas d'un grand nombre

---

[1] Dans le texte imprimé (*Constitutions*, page 468), il y a entre le § de la *Communion* et celui de la *Prière*, un § intitulé *de la Confirmation*, qui n'est pas dans le MS. de madame Perier.

de prières vocales ou mentales, mais nous tâchons de leur imprimer au cœur un véritable désir de la sainte présence de Dieu, afin qu'elles le regardent en tous lieux et en toutes leurs occupations, l'adorant et le louant partout, puisque les créatures mêmes inanimées le louent toutes en leur manière.

3. Nous leur faisons voir que toutes leurs fautes viennent de ce qu'elles ne prient pas Dieu comme il faut; et qu'elles ne pricront pas comme il faut, tant qu'elles auront leur cœur attaché à elles-mêmes, à leurs inclinations et à quelque créature telle qu'elle soit et pour sainte qu'elle soit.

4. On aura grand soin que les prières du matin et du soir soient faites comme il faut; et si elles s'en acquittaient avec négligence et tiédeur, on ne les devrait point faire aller à la sainte messe pour quelques jours. Il faut leur dire qu'on ne peut pas leur donner des sentiments de piété, mais qu'on peut et qu'on doit les obliger de se tenir avec respect et crainte en la présence de Dieu. On leur fera entendre qu'il y a des pénitences pour les légères et badines, et effectivement il leur en faut donner; comme d'être retirées à part et même ne leur permettre que de dire un *Pater* ou un *Ave Maria*, leur disant que quand on les verra plus dévotes on leur permettra davantage.

5. Celles à qui l'on permet d'aller prier Dieu demi-heure, comme nous avons marqué dans la première partie de ce réglement, doivent être reconnues affectionnées à la prière; et pour celles-là on doit les instruire dans le particulier de la manière dont elles

se doivent comporter. Si on voit que ce temps qu'on leur donne ne les rende pas humbles, plus charitables et plus silencieuses, on le leur doit ôter; et quand même elles en feraient profit, on doit de temps en temps les empêcher d'y aller, afin de voir comme elles prendront cette privation, et si elles seront aussi prêtes à demeurer qu'à aller.

6. Nous recommandons beaucoup aux enfants de prendre la sainte Vierge pour leur mère et leur médiatrice dans tous leurs besoins et dans toutes les difficultés qui leur pourraient arriver. On leur dit qu'elle a été dans le temple dès son enfance, comme elles sont dans des maisons consacrées à Dieu pour y apprendre à être bonnes chrétiennes. Que la maison où elles vivent est consacrée à la sainte Vierge, et se nomme Notre-Dame-de-Port-Royal ; qu'elle leur doit servir de modèle dans la prière, l'humilité, le silence, la modestie, le travail, et enfin dans toutes leurs actions. On les exhorte de bien solenniser ses fêtes, qui sont toutes fort honorées dans l'ordre de Cîteaux : de dire souvent son chapelet, et tous les jours ses litanies.

7. Nous leur recommandons aussi la dévotion aux saints anges, et particulièrement à leur saint ange gardien, leur disant qu'il leur est donné de Dieu pour les garder des embûches du diable, du monde et de la chair, et qu'il veille continuellement sur elles, et sur tous leurs besoins spirituels et même corporels, et qu'il porte au ciel avec joie leurs bonnes œuvres; et qu'au contraire, si les anges bien-heureux étaient capables de tristesse, il en aurait quand elles font mal et quand elles

se laissent emporter à quelque action mal-séante et indigne d'une chrétienne.

8. Nous leur disons aussi que les saints nous sont donnés de Dieu pour être nos intercesseurs envers lui. C'est pourquoi nous leur apprenons à s'adresser à eux pour les prier d'obtenir de sa divine bonté les grâces dont elles ont besoin, et que chaque jour elles doivent se recommander à saint Joseph, à saint Augustin, à saint Benoît et à saint Bernard, les patrons de la maison, aux saints dont elles portent le nom, aux saints qui leur sont échus pour patrons de l'année et du mois, et à celui dont on fait l'office ou la fête.

VIII.

Des lectures.

1. Les livres dont on se sert pour l'instruction des enfants sont : la Tradition de l'Église ; les Lettres de M. de Saint-Cyran ; l'Imitation de Jésus-Christ ; Grenade ; la Philotée ; saint Jean Climaque ; la Théologie familière ; les Maximes chrétiennes, qui sont dans les Heures ; la Lettre d'un P. Chartreux, traduite depuis peu ; les Méditations de sainte Thérèse, sur le *Pater*, et autres livres qui ont pour but de former une vie vraiment chrétienne.

2. Pour les lectures du matin à huit heures, je l'ai marqué dans le réglement de la journée.

3. Pour la lecture qu'une d'elles fait après vêpres, on peut se servir d'autres livres, comme de quelques Lettres de saint Jérôme : de l'Aumône chrétienne : de

quelques endroits du Chemin de perfection, de sainte Thérèse, comme aussi des Fondations en ce qui regarde l'histoire des Vies des Pères du désert, et d'autres Vies des saints et saintes qui sont dans des livres particuliers.

4. Nous faisons nous-mêmes toutes les lectures qui se font en général, hormis celle d'après vêpres, mais nous y sommes toujours présentes, pour leur expliquer ce qu'on leur lit, et leur parler dessus. On doit avoir pour but de les accoutumer à ne point entendre les lectures dans un esprit de divertissement, ni de curiosité, mais avec désir de se les appliquer; et il faut pour cela que la manière de les leur faire comprendre aille bien plus à les rendre bonnes chrétiennes, et à les porter à se corriger de leurs défauts, qu'à les rendre savantes. Il faut les prier de demander à Dieu la grâce de bien profiter des lectures qu'on leur fait, et aussi qu'il nous mette au cœur ce qui leur est plus utile pour les faire avancer de jour en jour dans la perfection.

5. Aux lectures que nous ne faisons pas nous-mêmes, nous leur marquons ce qu'elles doivent lire, et il ne leur est pas permis de changer ni d'endroit ni de livre. Car il se rencontre peu de livres où il n'y ait quelque chose à faire passer.

6. A la lecture d'après vêpres, il leur est permis et même ordonné de faire de continuelles questions sur tout ce qu'elles n'entendent pas, pourvu que ce soit avec respect et humilité; et on leur apprendra, en leur répondant, la manière de s'appliquer cette lecture pour la correction de leurs mœurs. Si en lisant on voyait

qu'elles ne fissent point de demandes sur quelque chose que l'on croit que la plupart n'entendent pas, on leur demandera si elles l'entendent, et si on voit qu'elles ne peuvent répondre, elles seront reprises de demeurer dans l'ignorance, puisqu'on leur a ordonné de se faire instruire sur tout ce qu'elles ignorent.

7. Aussitôt que la lecture est finie, on reprend le livre. Car nous ne leur laissons point d'autres livres dans le particulier que leurs Heures, la Théologie familière, les paroles de Notre-Seigneur, une Imitation de Jésus-Christ et un Pseautier latin et français. Tous les autres livres sont entre les mains de leur maîtresse, ce qu'elles trouvent fort bon, ayant elles-mêmes reconnu que cela leur est plus profitable, et que les lectures les plus saintes ne leur servent de rien quand elles se font par curiosité ; ce qui arrive presque toujours quand elles ont leurs livres en particulier et à leur disposition.

8. Il ne leur est jamais permis d'ouvrir un livre qui n'est pas à elles, ni de les emprunter les unes aux autres sans la permission de leur maîtresse, qui se donne rarement, pour éviter beaucoup de petits désordres que causent ces emprunts.

IX.

Des malades et de leurs besoins corporels.

1. Il faut avoir un très-grand soin de celles qui tombent malades, les faisant servir nettement et exactement aux heures précises ; les faire voir au médecin, si

la maladie le mérite, et faire ponctuellement tout ce qu'il ordonnera pour le soulagement du mal.

2. Nous faisons tout ce que nous pouvons pour être toujours présentes quand le médecin les vient visiter, et il est bon de lui parler toujours avant qu'il visite les malades, pour lui rendre compte de la maladie et de la manière dont elles se comportent dans la prise des remèdes et de la nourriture : et le prier de dire peu de choses devant elles, de peur de les attrister ou de leur donner lieu de s'attendrir sur leur mal. Après que le médecin les a visitées, l'on apprendra de lui ce que l'on doit faire pour leur soulagement.

3. On les accoutume à ne point faire de façons pour la prise des remèdes les plus fâcheux. Nous y sommes toujours présentes, afin de leur dire quelque parole de Dieu pour les encourager et leur faire offrir leur mal à Dieu.

4. On les exhorte à ne jamais trouver à redire aux ordonnances du médecin, parce qu'il tient à leur égard la place de Dieu dans leur maladie. C'est pourquoi elles lui doivent obéir comme à Dieu même, en abandonnant leur vie, leur santé, ou leur maladie à l'ordre de la providence divine qui se sert pour notre bien du bon ou du mauvais succès des remèdes. C'est pourquoi, en tout ce qui peut y arriver de fâcheux, il n'en faut jamais jeter la faute ni sur le médecin, ni sur les remèdes, mais adorer avec silence et humilité l'ordre que la bonté divine tient sur nous, et pour donner plus de lieu aux malades d'entrer dans cette disposition, je présuppose que l'on aura toujours, si cela se peut, des médecins bons chrétiens et bons médecins.

5. Il y aura toujours une chambre destinée pour mettre les malades, où on ne permettra pas que les autres enfants entrent, si ce n'est pour une très-grande nécessité et avec permission de leur maîtresse. Durant les heures de récréation, on pourra y en envoyer quelqu'une des plus sages pour les divertir. Il faut que celle des sœurs qui les assiste ne les quitte point, si ce n'est qu'on eût de grands enfants, comme de celles qui sont prêtes d'entrer au noviciat, sur qui on se fierait entièrement, qui pourraient les garder, et même les servir, si la maladie n'était pas considérable.

6. Quand il y a beaucoup de malades, on y met une sœur, outre celle qui les sert en santé, et il faut que ces sœurs soient sages et douces ; sages pour les tenir dans leur devoir, de peur que dans la maladie elles ne perdent tout ce qu'elles auraient acquis avec beaucoup de travail dans la **santé** et aussi pour ne les pas flatter dans leurs inclinations ou la répugnance qu'elles auraient à prendre les remèdes qu'on leur ordonne, et à l'abstinence qu'elles doivent garder de certaines nourritures qui leur seroient nuisibles ; mais il faut aussi qu'elles soient douces, afin d'adoucir par la manière charitable dont elles agiront avec elles, et par de bonnes paroles, tout ce qu'il leur faut refuser pour leur santé.

7. Nous nous assujétissons beaucoup aux malades, quittant plutôt même les saines, tant pour les faire traiter comme il faut, que pour les retenir dans l'ordre, et leur apprendre à être malades en chrétiennes : cela fait qu'elles ne se dérèglent pas si tôt.

8. Outre ce soin et ces visites générales, nous pren-

drons des temps particuliers pour les visiter chacune en particulier, quand il y en a plus d'une malade. Ces visites se font avec la plus grande douceur et cordialité que l'on peut, soit pour les écouter si elles ont quelque chose à nous dire, ou pour les exhorter au bien et à prendre leur mal en patience, et à l'offrir à Dieu en l'honneur et pour l'amour des souffrances de notre seigneur Jésus-Christ ; et quoiqu'il les faille traiter doucement et charitablement, il ne faut pas pourtant les entretenir dans une délicatesse qui les rende difficiles à servir, ou de mauvaise humeur. Il faut au contraire les faire rendre à tout ce que l'on veut par motif de vertu.

9. Quand il arrive que la maladie est dangereuse, il faut prendre avis de la mère abbesse et du médecin pour l'administration des sacrements, selon leur âge et capacité, et de notre côté redoubler tous nos soins et nos assistances spirituelles et corporelles, pour faire en sorte qu'elles soient entièrement contentes, afin de leur dégager l'esprit de l'occupation qu'elles pourraient prendre d'elles-mêmes, et qu'ainsi elles puissent s'occuper de Dieu autant que leur maladie, leur âge et leur vertu, les en rendent capables, sans trop les presser néanmoins ; puisqu'au contraire nous devons avoir un soin particulier que nos entretiens ne leur soient point à charge. C'est pourquoi, quelquefois on viendra les visiter seulement pour les divertir, et selon qu'on les trouvera portées à s'entretenir de Dieu, on pourra mêler quelque parole de piété.

10. Aussitôt que les enfants seront guéries, on les

fera revenir avec les autres, de peur qu'elles ne se dérèglent : ce qui est à craindre dans la jeunesse, qui ne demande le plus souvent que la liberté. Mais quoiqu'elles soient revenues dans la chambre, on aura grand soin de les nourrir et de leur donner du repos autant qu'elles en auront besoin pour le parfait recouvrement de leur santé.

11. Pour les légères incommodités qui leur surviennent, on leur donnera tous leurs besoins, mais on ne les flattera pas trop; car il se trouve des enfants qui font quelquefois semblant d'être malades. J'en ai vu quelques-unes de cette sorte, quoique par la grâce de Dieu, il y a longtemps que cela n'est arrivé parmi les nôtres. Mais quand cela arrive, il ne faut pas faire semblant de croire qu'elles nous veuillent tromper, mais au contraire il faut les plaindre beaucoup, et leur dire qu'il est vrai, et qu'elles sont mal, et aussitôt les mettre au lit dans une chambre à part avec une sœur qui les garde, mais qui ne leur parle point du tout, leur disant que cela leur ferait mal de leur parler et qu'il leur faut du repos. On les met un jour ou deux aux bouillons et aux œufs. Si le mal était effectif, ce régime leur est fort bon, et s'il ne l'est pas, il est sans doute que dès le lendemain elles diront qu'elles n'ont point de mal; et ainsi on les guérit de leur hypocrisie, sans leur donner occasion de murmurer; ce qui arrive quand on leur dit qu'elles n'ont pas le mal dont elles se plaignent, et même les expose à faire des mensonges, et à se feindre encore davantage.

INTERROGATOIRE

DE SŒUR JACQUELINE DE SAINTE-EUPHÉMIE (PASCAL),
SOUS-PRIEURE ET MAÎTRESSE DES NOVICES [1].

Après m'avoir demandé mon nom et fort loué Sainte-Euphémie, il me demanda si, depuis que j'étais dans la maison, je n'avais point vu quelque changement dans la doctrine. Je lui dis qu'il n'y avait pas bien longtemps que j'y étais, mais que tout ce que je pouvais lui dire était que l'on ne m'avait rien dit ici touchant la foi que je n'eusse appris dès mon enfance.

D. Avez-vous appris en votre enfance que Jésus-Christ est mort pour tous les hommes?

R. Je ne me souviens pas que cela fût dans mon catéchisme.

D. Depuis que vous êtes ici, ne vous a-t-on rien enseigné là-dessus?

R. Non.

[1] *Histoire des persécutions des religieuses de Port-Royal*, écrite par elles-mêmes. Villefranche, 1733, in-4°, page 167.

D. Qu'en pensez-vous ?

R. Je n'ai pas accoutumé d'approfondir ces matières, qui ne vont point à la pratique ; néanmoins, il me semble que l'on doit croire que Notre-Seigneur est mort pour tout le monde : car je me souviens de deux vers qui sont dans les Heures que j'avais étant au monde, et que j'ai gardées longtemps depuis que je suis ici, où il y a en parlant à Notre-Seigneur :

> Tu n'as pas dédaigné, pour sauver tout le monde,
> D'entrer dans l'humble sein d'une vierge féconde.

Il sourit un peu à cela, et me dit : Voilà qui est bien. Mais d'où vient donc qu'il y en a tant qui se perdent éternellement ?

R. Je vous avoue, monsieur, que cela me met souvent en peine, et que d'ordinaire quand je suis à la prière, et particulièrement devant un crucifix, cela me vient à l'esprit, et je dis à Notre-Seigneur en moi-même : Mon Dieu, comment se peut-il faire, après tout ce que vous avez fait pour nous, que tant de personnes périssent misérablement? Mais quand ces pensées-là me viennent, je les rejette, parce que je ne crois pas que je doive sonder les secrets de Dieu. C'est pourquoi je me contente de prier pour les pécheurs. Il répliqua : Cela est fort bien, ma fille. Quels livres lisez-vous ?

R. Présentement, ce sont les morales de saint Basile, qui est traduit depuis peu, et le plus souvent ma règle.

D. Quel emploi avez-vous ?

R. Avant qu'on eût fait sortir les novices et les postulantes, j'avais soin de celles qui étaient ici. Mais pour cette heure, il n'y a au noviciat que quelques professes, une novice et quelques sœurs converses.

D. C'a été une rude épreuve pour vous de vous ôter vos novices?—Pour réponse, je m'étendis beaucoup là-dessus, sans pourtant paraître aigrie, mais seulement touchée de la douleur qu'elles avaient eue et du danger où elles étaient dans le monde. Il en parut aussi attendri, et ensuite il me dit : Apprenez-vous aux novices que Notre-Seigneur est mort pour tous les hommes, et pourquoi il y a des bons et des méchants?

R. Comme je ne m'embarrasse point de ces choses-là, je n'ai garde d'en embarrasser les novices. Je tâche, au contraire, de les tenir le plus que je puis dans la simplicité. Il répliqua : Cela est fort bien. Mais ne leur dites-vous pas que quand on pèche c'est par sa faute? Et ne le croyez-vous pas aussi?

R. Oui, monsieur, et je le sens bien par ma propre expérience ; je vous assure que quand je fais des fautes, je ne m'en prends qu'à moi seule, et c'est pourquoi je tâche d'en faire pénitence. Il me dit : Voilà qui est fort bien, Dieu soit béni, car je crois que vous parlez sincèrement.

R. Oui, monsieur, comme devant Dieu. Il ajouta : Je le crois, j'en suis assuré, Dieu en soit béni ; ma fille, demeurez toujours dans cette foi-là, quoi qu'on vous dise, et apprenez bien cela aux novices. Je remercie Dieu de tout mon cœur de vous avoir préservée de toute erreur ; car cela est horrible, qu'il y en a qui disent que Dieu tire les uns de la masse corrompue, et qu'il y laisse périr les autres, selon qu'il lui plaît. Cela est horrible. Mais Dieu soit loué de vous avoir garantie d'une si grande erreur. N'avez-vous point de plaintes à faire?

R. Non, monsieur; par la grâce de Dieu, je suis parfaitement contente. Il me dit : Mais cela est étrange; quand je vais quelquefois voir des religieuses, elles me tiennent des deux heures de suite à me faire des plaintes, et je ne trouve point cela ici.

R. Il est vrai, monsieur, que par la grâce de Dieu nous vivons dans une grande paix et une grande union. Je crois que cela vient de ce que chacune fait son devoir sans se mêler des autres. Il s'écria sur cela : Ah! que cela est bien! Dieu en soit béni, ma fille! Faites-moi venir celle qui vous suit.

LETTRES.

LETTRE DE JACQUELINE PASCAL A SON PÈRE [1].

Monsieur mon père,

Il y a longtemps que je vous ai promis de ne vous point écrire si je ne vous envoyais des vers ; et n'ayant pas eu le loisir d'en faire (à cause de cette comédie dont je vous ai parlé), je ne vous ai point écrit il y a longtemps. A présent que j'en ai fait, je vous écris pour vous les envoyer, et pour vous faire le récit de l'affaire qui se passa hier à l'hôtel de Richelieu, où nous représentâmes *l'Amour tyrannique* [2] devant M. le cardinal. Je m'en vais vous raconter de point en point tout ce qui s'est passé.

Premièrement, M. de Montdory [3] entretint M. le car-

---

[1] Ier Recueil MS. du P. Guerrier, pag. CCCXXXVII.

[2] C'était une mauvaise pièce de Scudéry que le cardinal trouvait divine et préférait aux chefs-d'œuvre de Corneille. (Voy. la *Vie de Corneille*, par Fontenelle.)

[3] Célèbre acteur de ce temps-là. — Marguerite Perier, dans un Mémoire que l'on trouvera ci-après, dit qu'il était de Clermont, et qu'il avait pris le nom d'un homme de condition de cette ville qui était son parrain.

dinal depuis trois heures jusqu'à sept heures, et lui parla presque toujours de vous, de sa part et non pas de la vôtre ; c'est-à-dire qu'il lui dit qu'il vous connaissait, lui **parla** fort avantageusement de votre vertu, de votre science et de vos autres bonnes qualités. Il parla aussi de cette affaire des rentes, et lui dit que les choses ne s'étaient pas passées comme on avait fait croire, et que vous vous étiez seulement trouvé une fois chez M. le chancelier, et encore que c'était pour apaiser le tumulte ; et pour preuve de cela, il lui conta que vous aviez prié M. Fayet d'avertir M...; il lui dit aussi que je lui parlerais après la comédie. Enfin il lui dit tant de choses, qu'il obligea M. le cardinal à lui dire : « Je « vous promets de lui accorder tout ce qu'elle me de- « mandera. » M. de Montdory dit la même chose à madame d'Aiguillon, laquelle lui disait que cela lui faisait grande pitié, et qu'elle y apporterait tout ce qu'elle pourrait de son côté. Voilà tout ce qui se passa devant la comédie. Quant à la représentation, M. le cardinal parut y prendre grand plaisir ; mais principalement lorsque je parlais, il se mettait à rire, comme aussi tout le monde de la salle.

Dès que la comédie fut jouée, je descendis du théâtre avec le dessein de parler à madame d'Aiguillon ; mais M. le cardinal s'en allait, ce qui fut cause que je m'avançai droit à lui, de peur de perdre cette occasion-là en allant faire la révérence à madame d'Aiguillon ; outre cela, M. de Montdory me pressait extrêmement d'aller parler à M. le cardinal. J'y allai donc, et lui récitai les vers que je vous envoie, qu'il reçut avec une **extrême** affection et des caresses si extraordinaires, que cela n'était pas imaginable ; car, premièrement, dès qu'il me vit venir à lui, il s'écria : Voilà la petite Pascal ; puis il m'embrassait et me baisait, et pendant que je disais mes vers, il me tenait toujours entre ses bras et me baisait à tous moments avec une grande satisfaction ; et puis quand je les eus dits, il me dit : « Allez, je vous « accorde tout ce que vous demandez ; écrivez à votre « père qu'il revienne en toute sûreté. » Là-dessus madame d'Aiguillon s'approcha, qui dit à M. le cardinal : « Vraiment, monsieur, il faut que vous fassiez quelque « chose pour cet homme-là ; j'en ai ouï parler ; c'est un « fort honnête homme et fort savant ; c'est dommage « qu'il demeure inutile. Il a son fils[1] qui est fort savant « en mathématiques, et qui n'a pourtant que quinze « ans. » Là-dessus M. le cardinal dit encore une fois que je vous mandasse que vous revinssiez en toute sûreté. Comme je le vis en si bonne humeur, je lui demandai s'il trouverait bon que vous lui fissiez la révérence ; il me dit que vous seriez le bienvenu ; et puis, parmi d'autres discours, il me dit : « Dites à votre père, « quand il sera revenu, qu'il me vienne voir. » Et me répéta cela trois ou quatre fois. Après cela, comme madame d'Aiguillon s'en allait, ma sœur l'alla saluer, à qui elle fit beaucoup de caresses, et lui demanda où était mon frère, et dit qu'elle eût bien voulu le voir. Cela fut cause que ma sœur le lui mena ; elle lui fit encore grands compliments et lui donna beaucoup de

---

[1] *Edit. V. C. :* « ... Il a *un* fils. »

louanges sur sa science. On nous mena ensuite dans une salle où il y eut une collation magnifique de confitures sèches, de fruits, limonade et choses semblables. En cet endroit-là elle me fit des caresses qui ne sont pas croyables. Enfin je ne puis pas vous dire combien j'y ai reçu d'honneur, car je ne vous écris que le plus succinctement qu'il m'est possible de [1]... Je m'en ressens extrêmement obligée à M. de Montdory, qui a pris un soin étrange. Je vous prie de prendre la peine de lui écrire par le premier ordinaire pour le remercier, car il le mérite bien. Pour moi, je m'estime extrêmement heureuse d'avoir aidé en quelque façon à une affaire qui peut vous donner du contentement. C'est ce qu'a toujours souhaité avec une extrême passion, monsieur mon père, votre très-humble et très-obéissante fille et servante,

PASCAL.

De Paris, ce 4 avril 1639.

> Ne vous étonnez point, incomparable Armand,
> Si j'ai mal contenté vos yeux et vos oreilles :
> Mon esprit agité de frayeurs sans pareilles
> Interdit à mon corps et voix et mouvement.
> Mais pour me rendre ici capable de vous plaire,
> Rappelez de l'exil mon misérable père.
> C'est le bien que j'attends d'une insigne bonté ;
> Sauvez cet innocent d'un péril manifeste :
> Ainsi vous me rendrez l'entière liberté
> De l'esprit et du corps, de la voix et du geste.

[1] Quelques mots sont effacés. (*Note du P. Guerrier.*

LETTRE DE JACQUELINE PASCAL A MADAME PERIER [1].

A Paris, ce mercredi 25 septembre 1647.

Ma très-chère sœur,

J'ai différé à t'écrire, parce que je voulais te mander tout au long l'entrevue de M. Descartes et de mon frère, et je n'eus pas le loisir hier [2] de te dire que dimanche au soir, M. Habert vint ici accompagné de M. de Montigny de Bretagne, qui me venait dire (au défaut de mon frère, qui était à l'église) que M. Descartes, son compatriote et intime ami, lui [3] avait fort témoigné avoir envie de voir mon frère, à cause de la grande estime qu'il avait toujours [4] ouï faire de M. mon père et de lui, et que pour cet effet il l'avait prié de venir voir s'il n'incommoderait point mon frère (parce qu'il savait qu'il était malade) en venant céans le lendemain à neuf heures du matin. Quand M. de Montigny me proposa cela, je fus assez empêchée de répondre, à cause que je savais qu'il a peine à se contraindre et à parler particulièrement le matin ; néanmoins, je ne crus pas à propos de le refuser, si bien que nous arrêtâmes qu'il viendrait à dix heures et demie le lendemain : ce qu'il fit avec M. Habert, M. de Montigny, un jeune homme de soutane que je ne connais pas, le fils de M. de Montigny et deux ou trois autres petits garçons. M. de Roberval,

---

[1] IIe Recueil MS. du P. Guerrier, pag. 153.
[2] *Edit. V. C.* omet : *hier.* — [3] *Idem.* omet : *lui.* — [4] *Idem.* omet : *toujours.*

que mon frère en avait averti, s'y trouva ; et là, après quelques civilités, il fut parlé de l'instrument, qui fut fort admiré tandis que M. de Roberval le montrait. Ensuite on se mit sur le vide, et M. Descartes avec un grand sérieux, comme on lui contait une expérience et qu'on lui demanda ce qu'il croyait qui fût entré dans la seringue, dit que c'était de sa matière subtile; sur quoi mon frère lui répondit ce qu'il put, et M. de Roberval, croyant que mon frère avait peine à parler, entreprit avec un peu de chaleur M. Descartes (avec civilité pourtant), qui lui répondit avec un peu d'aigreur qu'il parlerait à mon frère tant que l'on voudrait, parce qu'il parlait avec raison, mais non pas à lui, qui parlait avec préoccupation ; et là-dessus, voyant à sa montre qu'il était midi, il se leva [1], parce qu'il était prié de dîner au faubourg Saint-Germain, et M. de Roberval aussi, si bien que M. Descartes l'emmena [2] dans un carrosse où ils étaient tous deux seuls, et là ils se chantèrent goguettes, mais un peu plus fort que jeu, à ce que nous dit M. de Roberval, qui revint ici l'après-dînée, où il trouva M. d'Alibray. J'avais oublié à te dire que M. Descartes, fâché d'avoir si peu été céans, promit à mon frère de le venir revoir le lendemain à huit heures. M. d'Alibray, à qui on l'avait dit le soir, s'y voulut trouver, et fit ce qu'il put pour y mener M. Lepailleur, que mon frère avait prié d'avertir de sa part ; mais il fut trop paresseux pour y venir ; ils devaient dîner, M. d'Alibray et lui, assez

---

[1] *Edit. V. C.* : « ... il se *lève*... »
[2] *Idem.* : « ..., *l'y mena*... »

proche d'ici. M. Descartes venait ici en partie pour consulter le mal de mon frère, sur quoi il ne lui dit pas pourtant grand'chose ; seulement il lui conseilla de se tenir tous les jours au lit jusques à ce qu'il fût las d'y être, et de prendre force bouillons. Ils parlèrent de bien d'autres choses, car il y fut jusques à onze heures ; mais je ne saurais qu'en dire, car pour hier je n'y étais pas, et je ne le pus savoir, car nous fûmes embarrassés toute la journée à lui faire prendre son premier bain. Il trouva que cela lui faisait un peu mal à la tête, mais c'est qu'il le prit trop chaud. Je crois que sa saignée au pied de dimanche au soir lui fit du bien, car lundi il parla fort toute la journée, le matin à M. Descartes, et l'après-dînée à M. Roberval, contre qui il disputa longtemps touchant[1] beaucoup de choses qui appartiennent autant à la théologie qu'à la physique ; et cependant il n'en eut point d'autre mal que de suer assez la nuit et de fort peu dormir ; mais il n'en eut point les maux de tête que j'attendais après cet effort... Dis à M. Ausoult[2] que, selon sa lettre, mon frère écrivit au Père Mersenne l'autre jour pour savoir de lui quelles raisons M. Descartes apportait contre la colonne d'air, lequel fit réponse assez mal écrite (à cause qu'il a eu l'artère du bras droit coupé en le saignant, dont il sera peut-être estropié). Je lus pourtant que ce n'était pas M. Descartes (car au contraire il la croit fort, mais par une raison que mon frère n'approuve pas), mais M. de Roberval qui était

---

[1] *Edit. V. C.* : « ... *sur* beaucoup... »
[2] Ce M. Auzoult était un des deux jeunes gens avec lesquels Pascal assista aux conférences du frère St.-Ange.

contre. Et là aussi il lui témoignait l'envie [1] que M. Descartes avait de le voir et l'instrument aussi; mais nous prenions tout cela pour civilité... Dis à M. Dumesnil, si tu le vois, qu'une personne qui n'est plus mathématicien et d'autres qui ne l'ont jamais été baisent les mains à un qui l'est tout de nouveau. M. Ausoult t'expliquera tout cela; je n'ai pas le temps ni la patience. Adieu, je suis, ma chère sœur, ta très-humble et obéissante sœur et servante,

J. PASCAL.

Suscription : A mademoiselle Perier, au logis de M. Pascal, conseiller du roi en ses conseils, derrière les murs St.-Ouen, à Rouen.
Copié sur l'original. (*Note du P. Guerrier.*)

LETTRE DE PASCAL ET DE SA SŒUR JACQUELINE A MADAME PERIER, LEUR SŒUR [2].

Ce 1ᵉʳ avril 1648.

Nous ne savons si celle-ci sera sans fin aussi bien que les autres, mais nous savons bien que nous voudrions

---

[1] *Edit. V. C. :* « ... et aussi il lui témoignait *assez* l'envie... »
[2] Iᵉʳ Recueil MS. du P. Guerrier, page CIX.
Cette lettre et celle du 5 novembre (page 323 de ce volume) se trouvent déjà publiées dans notre édition des *Pensées, fragments et lettres* de Pascal, tom. Iᵉʳ, pag. 7. Si nous les reproduisons ici, c'est parce que d'après l'intitulé qu'elles portent dans les MSS. du P. Guerrier, elles sont attribuées à la fois à Jacqueline et à Pascal, et qu'ainsi elles doivent rigoureusement figurer parmi les lettres de la sœur aussi bien que parmi celles du frère.
Cependant, comme nous l'avons déjà fait remarquer dans notre précédente publication, il est démontré pour nous que dans l'une et dans l'autre de ces lettres, Jacqueline n'a fait que tenir la plume.

LETTRES.   513

bien t'écrire sans fin [1]. Nous avons ici la lettre de M. de Saint-Cyran, *de la Vocation,* imprimée depuis peu sans approbation ni privilége, et qui a choqué [2] beaucoup de monde. Nous la lisons ; nous te l'enverrons après. Nous serons bien aise d'en savoir ton sentiment et celui de M. mon père. Elle est fort relevée.

Nous avons plusieurs fois commencé à t'écrire, mais j'en ai été retenu [3] par l'exemple et par les discours, ou, si tu veux, par les rebufades que tu sais ; mais après nous en être éclaircis tant que nous avons pu, je crois que s'il faut [4] y apporter quelque circonspection et s'il y a des occasions où l'on ne doit pas parler de ces choses, nous en sommes dispensés ; car comme nous ne doutons point l'un de l'autre, et que nous sommes comme assurés mutuellement que nous n'avons dans tous ces dis-

Nous voyons dans sa lettre du 19 juin 1648, qu'une de ses principales occupations, pendant qu'elle était avec son frère à Paris, était d'écrire pour lui. Mais pour le fond comme pour le style, ces deux lettres sont bien de Pascal, et on ne peut s'y tromper quand on a l'habitude de sa manière d'écrire : il y a un mélange de dignité et de grandeur, de simplicité et de grâce platonique, une ampleur et une pureté de langage que l'on chercherait en vain dans les lettres de Jacqueline. Enfin on y trouve plus d'une pensée reproduite par Pascal, soit dans son Apologie de la religion, soit ailleurs.

C'est donc à tort, selon nous, que l'*Edit. V. C.* attribue ces deux lettres à Jacqueline et dit qu'elle les écrivit en son nom et au nom de son frère ; même en ne tenant compte que du titre de ces lettres et de leur forme, il faudrait admettre au moins la collaboration de Pascal ; et on ne voit pas comment M. Cousin (page 100) a pu dire qu'elles sont *évidemment* de Jacqueline.

[1] *Edit. V. C. :* « ... bien *écrire* sans fin. »
[2] *Idem. :* « ... *ce qui a* choqué... »
[3] *Edit. V. C.* dit *retenue* tandis qu'il y a dans le MS. *retenu* qui se rapporte à Pascal.
[4] *Idem. :* « ... je crois *qu'il* faut... »

cours que la gloire de Dieu pour objet et presque point de communication hors de nous-mêmes, je ne vois point que nous puissions avoir de scrupule, tant qu'il nous donnera ces sentiments. Si nous ajoutons à ces considérations celle de l'alliance que la nature a faite entre nous, et à cette dernière celle que la grâce y a faite, je crois que bien loin d'y trouver une défense nous y trouverons une obligation ; car je trouve que notre bonheur a été si grand d'être unis de la dernière sorte, que nous nous devons unir pour le reconnaître et pour nous en réjouir[1]. Car il faut avouer que c'est proprement depuis ce temps (que M. de Saint-Cyran veut qu'on appelle le commencement de la vie) que nous devons nous considérer comme véritablement parents, et qu'il a plu à Dieu de nous joindre aussi dans son nouveau monde par l'esprit, comme il avait fait dans le terrestre par la chair.

Nous te prions[2] qu'il n'y ait point de jour où tu ne le repasses en ta mémoire, et de reconnaître souvent la conduite dont Dieu s'est servi en cette rencontre, où il ne nous a pas seulement fait frères les uns des autres, mais encore enfants d'un même père, car tu sais que mon père nous a tous prévenus et comme conçus dans ce dessein[3]. C'est en quoi nous devons admirer que Dieu nous ait donné et la figure et la réalité de cette alliance ; car, comme nous avons souvent dit entre nous, les choses corporelles ne sont qu'une image des spirituel-

---

[1] *Edit V. C.* omet ce membre de phrase : *car je trouve que notre bonheur,* etc.
[2] *Idem* : « ... Nous *le* prions... » — [3] *Idem* : « ... dans *le* dessein. «

les [1], et Dieu a représenté les choses invisibles dans les visibles. Cette pensée est si générale et si utile, qu'on ne doit point laisser passer un espace notable de temps sans y songer avec attention. Nous avons discouru assez particulièrement du rapport de ces deux sortes de choses ; c'est pourquoi nous n'en parlerons pas ici ; car cela est trop long pour l'écrire et trop beau pour ne t'être pas resté dans la mémoire, et qui plus est nécessaire absolument suivant mon avis. Car comme nos péchés nous retiennent enveloppés parmi les choses corporelles et terrestres, et qu'elles ne sont pas seulement la peine de nos péchés, mais encore l'occasion d'en faire de nouveaux et la cause des premiers, il faut que nous nous servions du lieu même où nous sommes tombés pour nous relever de notre chute. C'est pourquoi nous devons bien ménager l'avantage que la bonté de Dieu nous donne de nous laisser toujours devant les yeux une image des biens que nous avons perdus, et de nous environner, dans la captivité même où sa justice nous a réduits, de tant d'objets qui nous servent d'une leçon continuellement présente.

De sorte que nous devons nous considérer comme des criminels dans une prison toute remplie des images de leur libérateur et des instructions nécessaires pour sortir de la servitude ; mais il faut avouer qu'on ne peut apercevoir ces saints caractères sans une lumière surnaturelle ; car comme toutes choses parlent de Dieu à ceux qui le connaissent, et qu'elles le découvrent à tous

---

[1] *Idem* omet : *des spirituelles.*

ceux qui l'aiment, ces mêmes choses le cachent à tous ceux qui ne le connaissent pas [1]. Aussi l'on voit que dans les ténèbres du monde on les suit par un aveuglement brutal, que l'on s'y attache et qu'on en fait la dernière fin de ses désirs, ce qu'on ne peut faire sans sacrilége, car il n'y a que Dieu qui doive être la dernière fin, comme lui seul est le principe. Car quelque ressemblance que la nature créée ait avec son créateur, et encore que les moindres choses, et les plus petites et les plus viles parties du monde représentent au moins par leur unité la parfaite unité qui ne se trouve qu'en Dieu, on ne peut pas légitimement leur porter le souverain respect, parce qu'il n'y a rien de si abominable aux yeux de Dieu et des hommes que l'idolâtrie, à cause qu'on y rend à la créature l'honneur qui n'est dû qu'au créateur. L'Écriture est pleine des vengeances que Dieu a exercées sur ceux qui en ont été coupables, et le premier commandement du Décalogue, qui enferme tous les autres, défend sur toutes choses d'adorer ses images [2]. Mais comme il est beaucoup plus jaloux de nos affections que de nos respects, il est visible qu'il n'y a point de crime qui lui soit plus injurieux ni plus détestable que d'aimer souverainement les créatures, quoiqu'elles le représentent [3].

C'est pourquoi ceux à qui Dieu fait connaître ces

---

[1] Plus tard Pascal a reproduit cette considération dans les matériaux de son grand ouvrage sur la religion. Voy. *Pensées, fragments et lettres de Pascal*, tom. II, pag. 113 et suivantes.
[2] *Edit. V. C.* : « ... *les* images. »
[3] *Idem* : « *quoi qu*'elles représentent... »

grandes vérités doivent user de ces images pour jouir de celui qu'elles représentent, et ne demeurer pas éternellement dans cet aveuglement charnel et judaïque qui fait prendre la figure pour la réalité. Et ceux que Dieu, par la régénération, a retirés [1] gratuitement du péché (qui est le véritable néant parce qu'il est contraire à Dieu, qui est le véritable Être) pour leur donner une place dans son Église, qui est son véritable temple, après les avoir retirés gratuitement du néant au point [2] de leur création, pour leur donner une place dans l'univers, ont une double obligation de le servir et de l'honorer, puisque en tant que créatures ils doivent se tenir dans l'ordre des créatures et ne pas profaner le lieu qu'ils remplissent, et qu'en tant que chrétiens ils doivent sans cesse aspirer à se rendre dignes de faire partie du corps de J.-C. Mais qu'au lieu que les créatures qui composent le monde s'acquittent de leur obligation en se tenant dans une perfection bornée [3], parce que la perfection du monde est aussi bornée, les enfants de Dieu ne doivent point mettre de limites à leur pureté et à leur perfection parce qu'ils font partie d'un corps tout divin et infiniment parfait; comme on voit que J.-C. ne limite point le commandement de la perfection et qu'il nous

---

[1] *Edit V. C.* : « ... a *relevés*... »

[2] *Au point*, c'est-à-dire, *au premier moment*. Le MS. *Suppl. franç.* et, d'après ce MS., l'*édit. V. C.*, remplacent cette belle expression par celle-ci : *au jour de leur création....* »

[3] Pascal a dit ailleurs que « la nature n'a pour objet que de maintenir les animaux dans une perfection bornée, etc. » (Voy. *Préface sur le traité du vide;* page 97 du tome Ier des *Pensées, fragments et lettres.*)

en propose un modèle où elle se trouve infinie quand il dit : « Soyez donc parfaits comme votre père céleste est parfait. » Aussi c'est une erreur bien préjudiciable et bien ordinaire parmi les chrétiens et parmi ceux-là même qui font profession de piété de se persuader qu'il y ait un certain degré de perfection dans lequel on soit en assurance et qu'il ne soit pas nécessaire de passer, puisqu'il n'y en a point qui ne soit mauvais si on s'y arrête, et dont on ne puisse éviter de tomber qu'en montant plus haut.

Ecrite de la main de mademoiselle Pascal. (*Note du P. Guerrier.*)

LETTRE DE JACQUELINE PASCAL, A M. PASCAL, SON PÈRE [1].

A Paris ce vendredi 19 juin 1648.

Monsieur mon père,

Comme l'ingratitude est le plus noir de tous les vices, tout ce qui en approche est si horrible, qu'il ne peut pas seulement tomber dans la pensée d'une personne qui aime tant soit peu la vertu ; et parceque l'oubli des bienfaits qu'on a reçus de quelqu'un (surtout quand ils sont grands et qu'ils ont été presque continuels) en est d'ordinaire un effet et que le manque de confiance en cette même personne ne peut être l'effet que de cet oubli, je croirais faire un crime d'en manquer en cette occasion, encore qu'il soit vrai que je souhaite beau-

[1] Ier Recueil MS. du P. Guerrier, pag. cxii.

coup ce que je vous prie de m'accorder et que ce soit
l'ordinaire de ceux qui souhaitent de craindre aussi.
Avant toutes choses, je vous conjure, mon père, au nom
de Dieu (que nous devons seul considérer en toutes matières, mais particulièrement en celle-ci), de ne vous
point étonner de la prière que je vous vais faire, puisqu'elle ne choque en rien la volonté que vous m'avez
témoigné que vous aviez. Je vous conjure aussi par tout
ce qu'il y a de plus saint, de vous ressouvenir de la
prompte obéissance que je vous ai rendue sur la chose
du monde qui me touche le plus, et dont je souhaite l'ac-
complissement avec plus d'ardeur[1]. Vous n'avez pas
oublié sans doute cette soumission si exacte. Vous en
parûtes trop satisfait pour qu'elle soit si tôt[2] sortie de
votre esprit. Dieu m'est témoin que je crois avoir fait
mon devoir d'en user ainsi, et que ce que je vous en
dis n'est que pour vous faire comprendre que toutes
mes maximes me portent à ne rien entreprendre d'important que par votre consentement, et que jamais il ne
m'arrivera de vous fâcher, s'il m'est possible. Je prie
Dieu de vous l'imprimer aussi bien dans la pensée qu'il
l'est dans mon cœur. Après cela, mon père, je ne doute
plus que vous ne me fassiez l'honneur de me croire et
que vous ne m'accordiez ma demande. L'affection avec
laquelle je la souhaite fait que je n'ose vous la dire
sans des préparations qui vous feront sans doute penser
que c'est quelque chose de conséquence. Elle ne l'est

---

[1] *Edit. V. C.* : « ... avec *autant* d'ardeur. »
[2] *Idem* omet : *sitôt*.

pourtant nullement, et si peu que connaissant en moi le dessein que j'ai de vous obéir en quelque lieu que je sois, avec la même exactitude que j'ai fait jusqu'ici, et que d'ailleurs la chose presse, je crois que sans vous offenser en rien (et je serais bien fâchée d'en avoir seulement eu la pensée), j'eusse pu le faire devant que de vous en parler, n'eût été que vous en eussiez été surpris, et que comme c'est l'image d'un plus grand engagement, cela eût pu vous étonner de l'avoir fait sans votre aveu, et vous l'eussiez peut-être pris pour une image de désobéissance.

Vous saurez donc, mon père, s'il vous plaît, et je crois bien que vous en êtes déjà instruit, que c'est une chose ordinaire parmi les personnes de toutes sortes de conditions engagées dans le monde ou non, lesquelles ont quelque soin d'elles-mêmes, de faire presque à toutes les bonnes fêtes et souvent aussi en d'autres temps (c'est le directeur qui en juge), quinze jours ou trois semaines de retraite dans une maison religieuse où l'on s'enferme par la permission de la supérieure pour ne s'entretenir qu'avec Dieu seul, parmi des personnes qui ne soient qu'à lui; c'est pourquoi ceux qui sont le plus soigneux de leur salut se mettent, quand ils le peuvent, dans les maisons les mieux réglées. Je crois que vous voyez bien mon dessein et que vous pensez avec moi que je ne puis faire un meilleur choix que de jeter les yeux pour cela sur le Port-Royal de Paris, ni prendre un temps plus propre que celui de votre absence, où je ne puis vous rendre aucun service non plus qu'au reste de la maison, à qui je suis entièrement inutile à cette heure; car depuis que vous êtes parti, je n'ai pas écrit un seul mot pour mon frère, qui est la chose pour laquelle il aurait plus besoin de moi; mais il peut s'en passer par le moyen d'une autre personne. Enfin je ne vois rien où je puisse seulement être utile, jusques à votre départ pour Rouen, principalement si l'on compare cette utilité avec la nécessité qu'il y a pour moi de faire cette retraite, surtout en ce lieu-là; car, puisque Dieu me fait la grâce d'augmenter de jour en jour l'effet de la vocation qu'il lui a plu me donner[1] (et que vous m'avez permis de conserver), qui est le désir de l'accomplir aussitôt qu'il m'aura fait connaître sa volonté par la vôtre; puis, dis-je, que ce désir m'augmente de jour en jour, et que je ne vois rien sur la terre qui me pût empêcher de l'accomplir si vous me l'aviez permis[2], cette retraite me servira d'épreuve pour savoir si c'est en ce lieu-là que Dieu me veut. Je pourrai là l'écouter seul à seule, et peut-être par là je trouverai que je ne suis pas[3] née pour ces sortes de lieux; et, s'il est ainsi, je vous prierai franchement de ne plus songer ni vous préparer à ce que je vous avais dit; ou bien, si Dieu me fait entendre que j'y suis propre, je vous promets que je mettrai tout mon soin à attendre sans inquiétude l'heure que vous voudrez choisir pour sa gloire; car je crois que vous ne cherchez que cela; au lieu que je vis à présent dans un désir continuel d'une chose que je ne sais si elle pourrait réussir.

[1] *Edit. V. C.* : « ... plu *de* me donner... »
[2] *Idem* : « ... si vous *le vouliez et que vous me l'eussiez* permis... »
[3] *Idem* omet : *pas*.

quand même vous la souhaiteriez[1]. Si bien que je suis dans un embarras d'esprit qui ne se peut dire. Mais après cette épreuve, je pourrai presque avec certitude vous assurer de l'un ou de l'autre, et attendre avec patience le temps que vous m'ordonnerez.

Ma pensée était de demeurer dans ce lieu-là, au cas que vous le trouvassiez bon, jusques à ce que vous fussiez prêt de retourner à Rouen. Néanmoins, si vous voulez absolument que je retourne devant ce temps-là, je n'ai pas affaire de vous assurer que je le ferai[2] ; car je sais bien que vous n'en doutez pas. Aussi ne manquerai-je pas à vous obéir promptement.

Voilà, monsieur mon père, la très-humble prière que j'avais à vous faire; je ne doute pas que vous ne me l'accordiez, mais je vous prie de prendre la peine de m'y faire faire réponse le plus tôt que vous le pourrez par ma sœur ou par quelque autre ; car je crains que les remèdes vous empêchent de vous donner la peine de la faire par vous-même. Considérez, s'il vous plaît, que je n'ai que ce seul temps-là pour faire cette retraite, si utile et même si nécessaire pour moi principalement à cause des circonstances qui s'y rencontrent. C'est pourquoi je vous conjure, si j'ai jamais été assez heureuse pour vous satisfaire en quelque chose, de m'accorder promptement ce que je vous demande. Ces religieuses ont eu assez de bonté pour me l'accorder de leur part ; M. Perier, mon frère et ma fidèle l'approuvent et en

---

[1] *Edit. V. C.* : « ... si elle pourrait *vous satisfaire* quand vous la souhaiteriez... »

[2] *Idem :* « ... que je le ferai *bien*... »

sont contents, pourvu que vous y consentiez, si bien qu'il ne dépend que de vous seul. J'ai pris la hardiesse de vous prier de peu de chose en ma vie; je vous supplie, autant que je le puis et avec tout le respect possible, de ne me point refuser celle-ci et surtout de ne me point laisser sans réponse, si ce n'est que ces petites retraites étant, comme j'ai dit, des choses fort ordinaires, vous les jugiez si peu importantes que la mienne puisse être faite sans une marque expresse de votre volonté, et qu'ainsi je n'aie pas sujet de croire que vous trouviez mauvais le dessein que j'en ai, à moins que vous me fassiez mander que vous ne le voulez pas. Car comme la poste part souvent et qu'ainsi vous avez grande commodité de faire écrire, et que d'ailleurs le silence est pris pour un consentement, si je ne reçois point de vos nouvelles tout au plus tard de mardi en huit jours (je puis en recevoir devant), je vous prie de ne point trouver mauvais que je me dispose pour aller faire mon petit voyage de dimanche, qui est le 21e, en quinze jours. Auparavant pourtant que de partir, je saurai s'il n'y a point de lettres de vous à la poste; après quoi s'il n'y en a point, je serai entièrement confirmée dans la pensée que vous le souhaitez aussi bien que moi, et ainsi je ne ferai nulle difficulté de passer outre; car je vous assure que si je ne croyais que ce me fût une preuve évidente de votre consentement je n'aurais garde de l'entreprendre.

S'il y avait quelque conjuration plus forte que l'amour de Dieu, pour vous obliger de m'accorder en sa faveur cette petite prière, je l'emploierais en une occasion pour laquelle j'ai tant d'affection et qui me fait vous conjurer, au nom de ce saint amour que Dieu nous porte et que nous lui devons, d'accorder ma demande ou à ma faiblesse, ou à mes raisons, puisque vous devez être certain, plus par la dernière épreuve que vous en avez faite que par toutes les autres, que vos commandements me sont des lois, et que toutes les fois qu'il s'agira de votre satisfaction, au préjudice même du repos de toute ma vie, vous connaîtrez par la promptitude avec laquelle j'y courrai que c'est par reconnaissance et par affection plutôt que par le devoir, et que quand je vous accordai ce que vous me demandiez, c'était par pure affection à votre service (selon Dieu), lequel vous me dites être la cause pourquoi vous me reteniez auprès de vous. J'espère en Dieu qu'il vous fera connaître quelque jour combien plus je vous pourrai servir auprès de lui qu'auprès de vous. Mais en attendant ce temps, je le prie de me conserver toute ma vie dans les sentiments où j'ai toujours été jusqu'ici d'attendre avec patience votre volonté après que j'aurai tâché de découvrir la sienne (pour le regard du lieu que j'ai dans l'esprit), dans ma petite retraite, sur l sujet de laquelle j'attendrai votre réponse avec l'impatience que vous pouvez vous imaginer, mais avec une soumission d'esprit tout entière, quoique avec un désir très-grand de l'obtenir; et quelque chose qu'elle contienne [1] elle ne changera en rien la passion qu'elle trouvera en moi et qui ne me quitte point de vous té-

---

[1] *Edit. V. C.* omet ces mots : *et quelque chose qu'elle contienne.*

moigner de combien je suis plus véritablement par l'affection du cœur que par la nécessité de la nature,

Monsieur mon père,

       Votre très-humble et très-obéissante
         fille et servante,
              J. PASCAL.

M. Perier, mon frère, et ma fidelle vous baisent très-humblement les mains.

LETTRE DE PASCAL ET DE SA SŒUR JACQUELINE
A MADAME PERIER, LEUR SŒUR [1].

A Paris, ce 5 novembre, après-midi 1648.

Ma chère sœur,

Ta lettre nous a fait ressouvenir d'une brouillerie dont on avait perdu la mémoire, tant elle est absolument passée. Les éclaircissements un peu trop grands que nous avons procurés ont fait paraître le sujet général et ancien de nos plaintes, et les satisfactions que nous en avons faites ont adouci l'aigreur que mon père en avait conçue. Nous avons dit ce que tu avais déjà dit, sans savoir que tu l'eusses dit, et ensuite nous avons excusé de bouche ce que tu avais depuis excusé par écrit, sans savoir que tu l'eusses excusé [2] ; et nous n'a-

---

[1] Ier Recueil MS. du P. Guerrier, page cv.
[2] *Edit. V. C.* omet : *Sans savoir que tu l'eusses dit, et ensuite nous avons excusé de bouche ce que tu avais depuis excusé par écrit.*

vous su ce que tu as fait qu'après que nous l'avons eu fait nous-mêmes ; car comme nous n'avions rien caché à mon père, il nous a aussi tout découvert et guéri ensuite tous nos soupçons. Tu sais combien ces embarras troublent la paix de la maison extérieure et intérieure, et combien dans ces rencontres on a besoin des avertissements que tu nous a donnés trop tard.

Nous avons à t'en donner nous-mêmes sur le sujet des tiens. Le premier est sur ce que tu mandes que nous t'avons appris ce que tu nous écris : 1° Je ne me souviens point de t'en avoir parlé, et si peu que cela m'a été très-nouveau. Et, de plus, quand cela serait vrai, je craindrais que tu ne l'eusses retenu humainement, si tu n'avais oublié la personne dont tu l'avais appris pour ne te ressouvenir que de Dieu, qui peut seul te l'avoir véritablement enseigné. Si tu t'en souviens comme d'une bonne chose, tu ne saurais penser le tenir d'aucun autre, puisque ni toi ni les autres ne le peuvent apprendre que de Dieu seul. Car, encore que dans cette sorte de reconnaissance on ne s'arrête pas aux hommes à qui on s'adresse comme s'ils étaient auteurs du bien qu'on a reçu par leur entremise, néanmoins cela ne laisse point de former une petite opposition à la vue de Dieu, et principalement dans les personnes qui ne sont pas entièrement épurées des impressions charnelles qui font considérer comme source de bien les objets qui le communiquent.

Ce n'est pas que nous ne devions reconnaître et nous ressouvenir des personnes dont nous tenons quelques instructions, quand ces personnes ont droit de les faire, comme les pères, les évêques et les directeurs, parce qu'ils sont les maîtres dont les autres sont les disciples. Mais quant à nous, il n'en est pas de même ; car comme l'ange refusa les adorations d'un saint serviteur comme lui, nous te dirons, en te priant de n'user plus de ces termes d'une reconnaissance humaine, que tu te gardes de nous faire de pareils compliments, parce que nous sommes disciples comme toi.

Le second est sur ce que tu dis qu'il n'est pas nécessaire de nous répéter ces choses, puisque nous les savons déjà bien ; ce qui nous fait craindre que tu ne mettes pas assez de différence entre les choses dont tu parles et celles dont le siècle parle [1], puisqu'il est sans doute qu'il suffit d'avoir appris une fois celles-ci et de les avoir bien retenues pour n'avoir plus besoin d'en être instruit, au lieu qu'il ne suffit pas d'avoir une fois compris celles de l'autre sorte [2], et de les avoir connues de la bonne manière, c'est-à-dire par le mouvement intérieur de Dieu, pour en conserver la connaissance de la même sorte, quoique l'on en conserve bien le souvenir. Ce n'est pas qu'on ne s'en puisse souvenir, et qu'on ne retienne aussi facilement une épître de saint Paul qu'un livre de Virgile ; mais les connaissances que nous acquérons de cette façon, aussi bien que leur continuation, ne sont qu'un effet de mémoire [3], au lieu que pour y entendre ce langage secret et étranger à ceux qui le sont du ciel, il faut que la même grâce qui peut seule

---

[1] L'*Edit. V. C.* omet ces mots : *et celles dont le siècle parle*, qui sont cependant indispensables pour le sens.

[2] La même édition dit : *de toutes sortes*, ce qui n'a aucun sens.

[3] *Edit. V. C.* : « ... de *cette* mémoire... »

en donner la première intelligence, la continue et la rende toujours présente, en la retraçant sans cesse dans le cœur des fidèles pour la faire¹ toujours vivre : comme dans les bienheureux, Dieu renouvelle continuellement leur béatitude, qui est un effet et une suite de la grâce; comme aussi l'Église tient que le père produit continuellement le fils et maintient l'éternité de son essence par une effusion de sa substance, qui est sans interruption aussi bien que sans fin.

Ainsi, la continuation de la justice des fidèles n'est autre chose que la continuation de l'infusion de la grâce, et non pas une seule grâce qui subsiste toujours; et c'est ce qui nous apprend parfaitement la dépendance perpétuelle où nous sommes de la miséricorde de Dieu, puisque, s'il en interrompt tant soit peu le cours, la sécheresse survient nécessairement. Dans cette nécessité, il est aisé de voir qu'il faut continuellement faire de nouveaux efforts pour acquérir cette nouveauté continuelle d'esprit, puisqu'on ne peut conserver la grâce ancienne que par l'acquisition d'une nouvelle grâce, et qu'autrement on perdra celle qu'on pensera retenir ², comme ceux qui, voulant renfermer la lumière, n'enferment que les ténèbres. Ainsi, nous devons veiller à purifier sans cesse l'intérieur, qui se salit toujours de nouvelles taches en retenant aussi les anciennes, puisque, sans le renouvellement assidu, on

---

¹ *Edit. V. C. :* « ... *le* faire... »
² *Idem* abrége ainsi : « ... continuelle d'esprit, puisqu'*autrement* on ne peut conserver la grâce et qu'on perdra celle qu'on prétend retenir... »

n'est pas capable de recevoir ce vin nouveau, qui ne sera point mis en vieux vaisseaux.

C'est pourquoi tu ne dois pas craindre de nous remettre devant les yeux les choses que nous avons dans la mémoire et qu'il faut faire rentrer dans le cœur, puisqu'il est sans doute que ton discours en peut mieux servir d'instrument à la grâce, que non pas l'idée qui nous en reste en la mémoire, puisque la grâce est particulièrement accordée à la prière, et que cette charité que tu as eue pour nous est une prière du nombre de celles qu'on ne doit jamais interrompre. C'est ainsi qu'on ne doit jamais refuser de lire ni d'ouïr les choses saintes, si communes et si connues qu'elles soient; car notre mémoire, aussi bien que les instructions qu'elle retient, n'est qu'un corps inanimé et judaïque sans l'esprit qui doit les vivifier. Et il arrive très-souvent que Dieu se sert de ces moyens extérieurs[1] pour les faire comprendre et pour laisser d'autant moins de matière à la vanité des hommes, lorsqu'ils reçoivent ainsi la grâce en eux-mêmes. C'est ainsi qu'un livre et qu'un sermon, si communs qu'ils soient, apportent bien plus de fruit à celui qui s'y applique avec plus de disposition, que non pas l'excellence des discours plus relevés qui apportent d'ordinaire plus de plaisir que d'instruction; et l'on voit quelquefois que ceux qui les écoutent comme il faut, quoique ignorants et presque stupides, sont touchés au seul nom de Dieu et par les seules paroles qui

---

[1] *Edit. V. C.* : « ... de ces moyens extérieurs, *plutôt que des intérieurs...* »

les menacent de l'enfer, quoique ce soit tout ce qu'ils y comprennent et qu'ils le sussent aussi bien auparavant.

Le troisième est sur ce que tu dis que tu n'écris ces choses que pour nous faire entendre que tu es dans ce sentiment; nous avons à te louer et à te remercier également sur ce sujet; nous te louons de ta persévérance et te remercions du témoignage que tu nous en donnes. Nous avions déjà tiré cet aveu de M. Perier, et les choses que nous lui en avions fait dire nous en avaient assurés : nous ne pouvons te dire combien elles nous ont satisfaits qu'en te représentant la joie que tu recevrais si tu entendais dire de nous la même chose.

Nous n'avons rien de particulier à te dire, sinon [1] touchant le dessein de votre maison [2]. Nous savons que M. Perier prend trop à cœur ce qu'il entreprend pour songer pleinement à deux choses à la fois, et que ce dessein entier est si long pour l'achever, il faudrait qu'il fût longtemps sans penser à autre chose. Nous savons bien aussi que son projet n'est que pour une partie du bâtiment; mais, outre qu'elle n'est que trop longue elle seule, elle engage à l'achèvement du reste aussitôt qu'il n'y aura plus d'obstacle, de quelque résolution qu'on se fortifie pour s'en empêcher, principalement s'il emploie à bâtir le temps qu'il faudrait pour se détromper des charmes secrets qui s'y trouvent.

---

[1] *Edit. V. C.* supprime le mot *sinon*, ce qui donne un sens tout contraire au véritable.

[2] Il s'agit de la maison de campagne que M. Perier faisait alors bâtir et qui existe encore aujourd'hui à Bienassis, aux portes de Clermont.

Ainsi nous l'avons conseillé de bâtir bien moins qu'il ne prétendait et rien que le simple nécessaire, quoique sur le même dessein, afin qu'il n'ait pas de quoi s'y engager et qu'il ne s'ôte pas aussi le moyen de le faire. Nous te prions d'y penser sérieusement, de t'en résoudre[1] et de l'en conseiller, de peur qu'il arrive qu'il ait bien plus de prudence et qu'il donne bien plus de soin et de peine au bâtiment d'une maison qu'il n'est pas obligé de faire qu'à celui de cette tour mystique, dont tu sais que saint Augustin parle dans une de ses lettres, qu'il s'est engagé d'achever dans ses entretiens. Adieu. B. P.—J. P.

Post-scriptum de Jacqueline : J'espère que je t'écrirai en mon particulier de mon affaire, dont je te manderai le détail; cependant prie Dieu pour son issue[2].

Si tu sais quelque bonne âme, fait la prier Dieu pour moi aussi (*a*).

Note du P. Guerrier : Cette lettre est écrite de la main de mademoiselle Jacqueline Pascal. — (*a*) Cette ligne est écrite de la main de M. Pascal.

LETTRE DE JACQUELINE PASCAL A MADAME PERIER,
SA SŒUR [3].

A Paris, ce 24 mars 1649.

Ma chère sœur,

Je reçus hier soir seulement ta lettre du 22 janvier,

---

[1] *Edit. V. C.* : « ... de *l'en* résoudre et de... »
[2] *Idem* omet ce post-scriptum.
[3] Ier Recueil MS. du P. Guerrier, page CXLIII.

mais ce ne fut pas avec une petite consolation. Je me réjouis de tout mon cœur de l'heureuse [1] rencontre que tu m'as mandée. Je la prends pour une grâce pour moi [2] d'autant plus grande, que j'en suis véritablement indigne. Si tu étais mon confesseur, je t'en dirais peut-être davantage; mais cela suffit pour t'obliger à me recommander de tout ton cœur au Fils et à la Mère, afin qu'ils obtiennent pour moi, par les mérites de sa mort, les grâces qui me sont nécessaires. Tu n'y oublieras pas toute notre maison et aussi tout l'Etat [3]; c'est pourquoi je ne t'en parle point. Je te prie seulement qu'un des sujets de tes prières du premier jeudi, soit la manifestation publique ou pour le moins la manifestation particulière à certaines personnes d'une chose de conséquence qui est occulte et dont les effets sont étonnants, disant à Dieu avec J.-C. : « Mon père s'il est possible, c'est-à-dire si c'est pour votre gloire, » et y ajoutant toujours : « Votre volonté soit faite; » afin qu'il plaise à Dieu d'envoyer sa lumière dans les cœurs plutôt que dans les esprits. Ç'a été le sujet d'une grande partie de mes prières depuis quelque temps, j'entends de ces prières qui ne sont qu'un désir du cœur, comme dit M. de Saint-Ciran (*sic*). Je t'en prie derechef, car j'affectionne cela infiniment et pour Dieu seul ce me semble, c'est-à-dire afin qu'il ne se fasse ou pense rien contre son ordre. Si je te voyais, je te dirais tout cela avec joie de pouvoir ouvrir mon cœur. Dieu ne veut pas que

---

[1] *Edit. V. C.* : « *...de cette* heureuse... »
[2] *Idem* omet : *pour moi.*
[3] *Idem* omet : *et aussi tout l'Etat.*

j'aie cette consolation ; qu'il en soit béni : je tâcherai à ne le pas vouloir aussi tant qu'il ne le voudra pas. Les chrétiens ont cet avantage que s'il leur est défendu de s'abandonner aux plaisirs du monde, il leur est aussi défendu de s'attrister des malheurs qui y arrivent ; et même il leur est commandé de s'en réjouir ; et comme les uns sont sans difficulté plus fréquents que les autres, leur joie est bien plus continuelle. Aussi, N.-S. J.-C. dit que personne ne la leur pourra ôter, et en effet il faut dire comme l'apôtre dit sur un autre sujet : Qui pourra affliger celui à qui les maux tiennent lieu de joies ?

Quand je m'aperçois qu'il semble que je te veuille instruire, ce qu'à Dieu ne plaise que j'entreprenne ainsi sans raison ni mission, il me souvient d'avoir ouï dire un beau mot à M. Singlin : Que lorsque nous prions Dieu, ce n'est pas pour le faire ressouvenir de nos besoins qu'il sait tous, comme dit J.-C.[1], mais pour nous en souvenir nous-mêmes. Je te dis la même chose une fois pour toutes, afin que cela te demeure dans l'esprit. Prie Dieu pour moi, mais tout de bon ; rends-lui aussi grâces pour tous et pour mon frère quelques prières et quelques actions de grâces particulières. Je te mande tout ce qui me vient à la pensée. Encore un coup, prie Dieu pour moi : j'en ai besoin. Prie-le qu'il passe l'éponge pour ainsi dire sur tout le temps que j'ai perdu et les occasions que j'ai négligées et les conjonctures favorables que j'ai refusées : elles sont sans nombre.

---

[1] *Edit. V. C.* : « ... de nos besoins, qu'il sait *tout*... »

Prie-le qu'il ait agréable l'obéissance que je rends en me procurant à moi-même des biens dont je suis indigne.

LETTRE DE LA SŒUR J. DE SAINTE-EUPHÉMIE PASCAL
A M. PASCAL, SON FRÈRE [1].

A Port-Royal du St.-Sacrement, 7 mars 1652.

Mon très-cher frère,

Je ne puis mieux vous témoigner le désir que j'ai que vous receviez avec joie et dans un esprit tranquille et fidèle à correspondre aux grâces de Dieu, la nouvelle que j'ai à vous dire, que par le choix que j'ai fait de M. Hobier [2] pour vous la porter. L'estime que vous faites de son mérite, de sa vertu et de l'honneur de son amitié m'ôte tout sujet de craindre que ce qu'il y aura de fâcheux pour vous, qui pourra être adouci par la considération de la satisfaction et de l'avantage qui m'en revient, ne le soit par l'entremise d'une personne qui en est si capable. Il a reçu avec tant de charité cette commission que nous lui en devons être éternellement obligés, vous parce qu'il vous aidera à étouffer les sentiments de la nature qui pourraient s'opposer au sacrifice dont Dieu vous offre une si heureuse occasion dans cette rencontre en ma personne ; et moi, parce qu'il sera l'instrument dont Dieu se servira pour exaucer enfin les

[1] IIe Recueil MS. du P. Guerrier, page 7.
[2] *Edit. V. C.* : « ... M. *Robier*... »

prières et les larmes presque continuelles que je lui offre depuis plus de quatre ans. Car encore que je sois libre, et qu'il ait plu à Dieu qui châtie en favorisant et dont les châtiments sont des faveurs, de lever en la manière que vous savez et que je n'ose nommer [1] pour ne mêler rien de triste parmi ma joie, le seul obstacle légitime qui pouvait s'opposer à l'engagement où je désire d'entrer, je ne laisse pas d'avoir besoin de votre consentement et de votre aveu que je demande de toute l'affection de mon cœur, non pas pour pouvoir accomplir la chose, puisqu'ils n'y sont point nécessaires, mais pour pouvoir l'accomplir avec joie, avec repos d'esprit, avec tranquillité, puisqu'ils y sont nécessaires absolument et que sans cela je ferai la plus grande, la plus glorieuse et la plus heureuse action de ma vie avec une joie extrême mêlée [2] d'une extrême douleur, et dans une agitation d'esprit si indigne d'une telle grâce que je ne crois pas que vous soyez assez insensible pour vous pouvoir résoudre à me causer un si grand mal.

C'est pourquoi je m'adresse à vous comme au maître en quelque façon de ce qui me doit arriver, pour vous dire : Ne m'ôtez point ce que vous n'êtes pas capable de me donner; car encore que Dieu se soit servi de vous pour me procurer le progrès des premiers mouvements de sa grâce, vous savez assez que c'est de lui seul que procède tout l'amour et toute la joie que nous

---

[1] La mort de M. Pascal, leur père. (*Note du P. Guerrier.*)
[2] *Edit. V. C.* : « ... avec une joie *entremêlée* d'une... »

avons [1] pour le bien, et qu'ainsi vous êtes bien capable de troubler la mienne, mais non pas de me la redonner si une fois je viens à la perdre par votre faute. Vous devez connaître et sentir en quelque façon ma tendresse par la vôtre, et juger que si je suis assez forte pour ne laisser pas de passer outre malgré vous, je ne la suis pas assez peut-être pour être à l'épreuve de la douleur que j'en recevrai [2]. Ne me réduisez pas à l'extrémité ou de différer ce que j'ai désiré [3] depuis si longtemps avec tant d'ardeur, et de me mettre ainsi au hasard de perdre ma vocation ou de faire bassement, et avec une langueur qui tiendrait de l'ingratitude, une action qui doit être toute de ferveur, de joie et de charité, pour répondre à celle que Dieu a eue de toute éternité pour nous, en nous choisissant pour ses épouses avant que de nous avoir créées; et de me rendre par ce moyen tout à fait indigne des grâces que je dois attendre dans tout le reste de ma vie, par la lâcheté que j'aurais eue dans ces commencements ; et ne m'obligez pas à vous regarder comme l'obstacle de mon bonheur, si vous êtes capable de différer l'exécution de mon dessein, ou comme l'auteur de mon mal si vous êtes cause que je l'accomplisse avec tiédeur.

Si j'avais moins d'expérience de ce que peut la tendresse naturelle sur ceux de notre famille, j'apporte-

---

[1] *Edit. V. C.* dit : « ... que *vous avez*... »

[2] *Idem* dit : « ... et juger si je suis assez forte pour être à l'épreuve de la douleur que j'en recevrai. » En omettant ces mots : « ... *ne laisser pas de passer outre malgré vous, je ne la suis pas assez peut-être pour...*

Idem : « ..., ce que *je désire*... »

rais moins de précaution à vous faire consentir à une chose toute sainte et toute juste, parce que les grâces naturelles et surnaturelles que Dieu vous a données [1] devraient vous porter même à m'encourager dans mon dessein, si j'étais assez malheureuse pour m'y affaiblir. Je n'ose encore attendre cela de vous, quoique j'eusse droit de l'espérer dans les connaissances que vous avez; mais j'attends que vous ferez un effort sur vous-même pour ne pas vous mettre en état de me faire perdre les grâces que j'ai reçues et de m'en répondre devant Dieu à qui je proteste que ce sera à vous seul que je m'en prendrai et que je les redemanderai : Dieu nous garde l'un et l'autre de tomber dans ce malheur!

Je sais bien que la nature fait arme de tout en ces rencontres, et que pour éviter ce qu'elle craint toutes choses lui semblent justes [2], et que pour fomenter ce qu'elle vous suggérera tout le monde ne manquera pas en cette occasion [3] d'exercer cette sorte de charité et de ferveur qui lui est ordinaire et qui ne s'oppose qu'au bien. Il n'y a pas assez longtemps que j'en suis sortie pour avoir oublié que l'estime et l'applaudissement qu'il a pour la vertu [4] est un des meilleurs moyens dont notre ennemi se sert pour l'affaiblir insensiblement dans une âme, sous prétexte de la communiquer aux autres; et que ce qu'il voit bien qu'il ne pourra emporter par

---

[1] *Edit. V. C.* : « ... que Dieu *nous* a données... »
[2] *Idem* omet ces mots : *et que pour éviter ce qu'elle craint, toutes choses lui semblent justes.*
[3] *Idem* omet : *en cette occasion.*
[4] *Idem* : « ... pour *sa* vertu... »

violence, il tâche de l'emporter par les caresses que le monde nous fait. Il n'a pas manqué d'inspirer aux tyrans cette sorte de supplice pour ébranler la foi et la constance des martyrs [1], et il ne manque pas de la suggérer aux meilleurs amis dans la paix de l'Eglise pour vaincre la persévérance des fidèles. Résistez courageusement à cette tentation si elle vous arrive ; et lorsque le monde vous témoignera quelque regret de ne me plus voir, assurez-vous que c'est une illusion qui disparaîtrait incontinent, s'il n'était question de s'opposer à un bien ; puisqu'il est impossible qu'il ait une véritable amitié pour une personne qui n'est point à lui, qui n'y veut jamais être, et qui n'a point présentement de plus grand désir que de le détruire à son égard, en l'abandonnant pour jamais, par un vœu solennel et par l'engagement dans une vie toute opposée à ses maximes, et qui donnerait de bon cœur tout ce qu'elle a de plus cher pour imprimer un sentiment pareil dans toutes les âmes qu'elle connaît. Que s'il est vrai qu'il a conservé quelque impression de l'amitié qu'il me témoignait lorsque j'étais sienne, à Dieu ne plaise que cela me puisse détourner de le quitter et vous d'y consentir.

Ce doit être ma gloire et votre joie, et de tous mes amis, d'avoir ce témoignage de la force de la grâce de mon Dieu, que ce n'est point lui qui me quitte, mais moi qui l'abandonne ; et qu'encore que l'effort qu'il fait pour me retenir semble une punition toute visible

---

[1] Ceci semble un souvenir du *Polyeucte* de Corneille.

de la complaisance que j'ai eue autrefois pour lui, il plaise à Dieu me donner la force d'y résister, et que tous ses efforts ne servent qu'à faire éclater la victoire qu'il a daigné remporter dans mon cœur sur tous les charmes et les promesses du monde, qui sont si vaines et si bornées qu'il ne faut qu'un peu de raison éclairée de la foi et soutenue par la grâce, pour faire quitter avec joie par avance ce qu'il faudra quitter par nécessité dans quelques moments. Ne vous opposez point à cette lumière divine ; n'empêchez pas ceux qui font bien et faites bien vous-même, ou, si vous n'avez pas la force de me suivre, au moins ne me retenez pas. Ne vous rendez pas ingrat envers Dieu de la grâce qu'il fait[1] à une personne que vous aimez : plus elle doit vous être chère, plus les faveurs qu'elle reçoit vous doivent être sensibles.

S'il nous est recommandé de ne point négliger les châtiments du Seigneur, combien moins ses grâces[2] et la plus grande et la plus rare de ses grâces[3]. Je parle de l'extérieure par laquelle il me permet d'être admise au nombre de ces anges visibles qui ne sont au monde que pour l'adorer, et qui n'ont d'autre occupation extérieure, ni d'autre désir dans le cœur que de le servir dans toute l'étendue que peuvent des créatures mortelles ; car pour l'intérieure qui me rendrait un ange en cette manière, si elle trouvait en moi une matière disposée, je reconnais que j'en ai très-peu, quoique ce

---

[1] *Edit. V. C. :* « ... qu'il *a faite*... »
[2] *Idem :* « ... *les* grâces... »
[3] *Idem :* « ... *ces* grâces... »

peu surpasse infiniment mon mérite. C'est ce qui doit augmenter notre reconnaissance et notre admiration de cette faveur infinie et incompréhensible de notre Dieu envers une créature qui s'en est rendue si indigne. Je suis tellement touchée de cette pensée à l'heure que j'écris, que si j'osais, je crois que je ferais une confession de toute ma vie pour nous faire mieux comprendre quelle est la miséricorde de Dieu envers moi; mais elle ne sera point nécessaire si vous voulez un peu rappeler votre mémoire pour vous ressouvenir des temps où j'aimais le monde, et où la connaissance et l'amour que j'avais pour mon Dieu me rendaient d'autant plus coupable, que je partageais mon cœur entre ces deux maîtres avec une inégalité qui me couvre de confusion, surtout quand il me ressouvient que les exhortations fréquentes que vous me fesiez sur ce sujet ne pouvaient me faire concevoir que je ne pusse allier deux choses aussi contraires que sont l'esprit du monde et celui de la piété. Voilà un solide fondement pour rendre notre reconnaissance éternelle envers Dieu de ce qu'il daigne non-seulement me retirer de ce dangereux aveuglement, mais aussi m'établir dans un lieu et dans une condition où je n'ai plus sujet de craindre d'y retomber.

Je finis tout court, parce que j'aurais tant de choses à dire sur le sujet des obligations que je vous ai (lesquelles je vous prie de ne pas détruire et de m'aider à les conserver, comme je ferai malgré vous-même et tout ce qui s'y pourrait opposer, afin de les augmenter en les conservant, et de ne pas détruire ce que vous avez édifié); sur les avantages [1] inconcevables de la profession que j'embrasse et de la maison où je suis; sur ce que vous et moi devons à Dieu, non-seulement en général comme ses créatures [2], mais aussi en particulier; et sur plusieurs autres choses que si je m'y étendais, je ferais plutôt un livre qu'une lettre [3].

Je suis dans l'impatience de savoir en quelle manière vous aurez reçu cette nouvelle [4], quoiqu'il me semble que ce serait vous faire tort [5] de douter que vous ne l'eussiez bien reçue, si on ne pardonnait à la nature toutes les agitations qu'elle aura pu vous [6] causer; mais il ne faut pas qu'elle soit maîtresse. Surmontez-la par mon exemple, ou plutôt par celui des apôtres qui reçoivent avec une sainte joie la séparation de Notre-Seigneur; sur quoi il y aurait encore beaucoup de choses à dire. Fais par vertu ce qu'il faut que tu fasses par nécessité. Donne à Dieu ce qu'il te demande en le prenant : car il veut que nous lui donnions ce qu'il nous ôte comme nous faisons véritablement [7] ce qu'il fait en nous. Je suis ravie que vous ayez cette occasion de mériter, et j'espère que cette offrande nécessaire vous disposera et méritera la volontaire que je souhaite de tout mon cœur, et qui va être presque

[1] *Edit. V. C.* : « sur *ces* avantages... »
[2] *Idem* : « ... comme *les* créatures... »
[3] *Edit. V. C.* : « ... *ce serait* plutôt... »
[4] *Idem* : « ... Je suis dans l'impatience *d'apprendre comment vous...* »
[5] *Edit V. C.* : « ... *du* tort... »
[6] *Idem* omet: *vous.*
[7] *Edit. V. C.* : « ... comme *si* nous *faisions...* »

tout mon souhait à cette heure que j'ai obtenu ce que je désirais pour mon regard.

Contentez-vous que c'est pour votre considération que je ne suis pas céans il y a plus de six mois, et que j'aurais déjà [1] l'habit sans vous; car nos mères ont reçu le noviciat de quatre années que j'ai fait dans le monde pour toute épreuve, et la volonté que j'ai de bien faire en me laissant conduire avec simplicité, pour toute perfection. Si bien que la seule peur que j'ai eue de fâcher ceux que j'aime a différé jusques ici mon bonheur. Il n'est pas raisonnable que je préfère plus longtemps les autres à moi, et il est juste qu'ils se fassent un peu de violence pour me payer de celle que je me suis faite depuis quatre ans. J'attends ce témoignage d'amitié de toi principalement, et te prie pour mes fiançailles qui se feront, Dieu aidant, le jour de la Sainte-Trinité. Je prie Dieu qu'il nous envoie son Saint-Esprit pour nous y disposer. N'est-ce pas une chose étrange que vous vous feriez un grand scrupule et que tout le monde vous voudrait mal, si pour quelque intérêt que ce fût vous vouliez m'empêcher d'épouser un prince, encore que je dusse le suivre en un lieu fort éloigné de vous; faites vous-même l'application et mettez toutes les différences; car cette lettre est déjà trop longue pour l'amplifier encore.

J'écris à ma fidèle; je vous supplie [2] de la consoler si elle en a besoin et de l'encourager. Je lui mande que

---

[1] *Edit. V. C.* omet : *déjà.*
[2] *Idem* : « je vous prie... »

si elle s'y sent disposée et qu'elle croie que je la pourrai encore davantage fortifier, je serai ravie de la voir; mais que si elle vient pour me combattre, je l'avertis qu'elle perdra son temps. Je vous en dis de même et à tous ceux qui voudraient l'entreprendre, pour vous épargner à tous une peine inutile. Je n'ai que trop patienté. Dieu veuille que le déchet que cela m'a causé se répare par la pénitence que je désire d'en faire. Je prie Dieu de tout mon cœur qu'il n'impute point à ceux qui se sont opposés à moi depuis quatre ans le péché qu'ils ont commis en cela, et qu'il le leur pardonne à cause que véritablement ils ne savaient ce qu'ils faisaient.

Ce n'est que par forme que je t'ai prié de te trouver à la cérémonie; car je ne crois pas que tu aies la pensée d'y manquer. Vous êtes assuré que je vous renonce si vous le faites. Adieu, je suis de tout mon cœur.

Faites de bonne grâce ce qu'il faut que vous fassiez, c'est-à-dire en esprit de charité et ne me donnez point de déplaisir, car il me semble que je ne vous en ai point donné de sujet.

Mon très-cher frère,

Votre très-humble et très-obéissante sœur et servante.

S. J. D. Sainte-Euphémie.

EXTRAIT D'UNE LETTRE DE MADEMOISELLE JACQUELINE
PASCAL A MADAME PERIER SA SŒUR [1].

A Port-Royal du Saint-Sacrement, ce 10 mai 1652.

... Il n'y a qu'affliction partout, excepté moi qui suis dans la joie; car le jour est arrêté pour ma vêture qui sera, Dieu aidant, comme je l'espère, le jour de la Sainte-Trinité. J'aurai pour compagnes dans cette action ou plutôt pour modèles, mademoiselle de Lusancy qui est mon ancienne de deux mois, et une autre bonne sœur que vous ne connaissez pas, qui recevront aussi le saint habit. Il me semble que c'est un songe de m'en voir si proche après tant d'oppositions. J'aurai toujours peur que ce ne soit une illusion, jusqu'à ce que toute la cérémonie soit faite. Je ne perdrai point le temps à vous raconter ma joie [2], car vous n'en doutez. Il suffit que la persévérance dans ma résolution témoigne que je n'ai point été trompée dans mon attente et que je puis dire comme David : *Sicut audivimus sic vidimus in civitate Dei nostri.*

Je fis porter cette nouvelle à mon frère, le jour de l'Ascension, par M. Hobier [3]. Il vint le lendemain fort outré avec un grand mal de tête que cela lui causait, et néanmoins fort adouci, car au lieu de deux ans qu'il me demandait la dernière fois, il ne voulait plus me faire attendre que jusqu'à la Toussaint ; mais me

---

[1] IIe Recueil MS. du P. Guerrier.
[2] *Edit. V. C.* : « ... *exprimer* ma joie... »
[3] *Idem* : « ... M. *Gobier*... » et omet ces mots : *le jour de l'Ascension.*

voyant ferme à ne pas attendre et assez complaisante néanmoins pour condescendre à lui donner quelque peu de temps pour se pouvoir résoudre, il s'adoucit entièrement et eut pitié de la peine que cela me faisait de différer encore une chose que je souhaite depuis si longtemps. Il ne se rendit pourtant pas à l'heure; mais M. d'Andilly à ma prière eut la bonté de l'envoyer quérir samedi, et l'entreprit avec tant de chaleur et tant d'adresse qu'il le fit consentir à tout ce que nous voulions. De sorte que nous en demeurâmes là, qu'il me pria de faire mon possible pour gagner sur moi de différer un temps considérable et que si je ne le voulais pas, il aimait autant que ce fût le jour de la Trinité que quinze jours après. De sorte que ce sera pour ce jour-là, s'il ne survient des empêchements qui ne me regardent point, etc.

LETTRE DE LA SŒUR JACQUELINE DE SAINTE EUPHÉMIE PASCAL
A M. PERIER [1].

Gloire à Jésus, au très-saint sacrement.

Ce 31 juillet 1653.

Je vous écris à tous deux, si Dieu veut que cette lettre vous trouve encore tous deux [2] en état de le voir, car le billet du vingt-quatre ne me laisse presque [3] plus au-

---

[1] IIe Recueil MS. du P. Guerrier, p. 182.
[2] Madame Perier était alors fort malade et grosse de Blaise Perier. (*Note du P. Guerrier.*)
[3] *Edit. V. C.* omet : *presque.*

cun lieu d'espérer. Je vous prie de juger de l'état où je suis ; je n'entreprends pas de vous l'exprimer ; et aussi il serait bien inutile. Mais j'ai cru que j'étais obligée de rendre à ma sœur et à vous toute l'assistance qui est à mon pouvoir en cette extrémité. Je le fais devant Dieu le plus souvent que je puis, et nos mères ont eu [1] la bonté de faire ressouvenir plusieurs fois la communauté de prier pour elle. Enfin elle peut bien s'assurer qu'on ne l'oublie point. On a trop de charité pour tout le monde et pour elle en particulier ; mais je crois que la plus efficace de toutes les prières, et celle qui méritera que Dieu daigne écouter toutes celles de nos aïeux, c'est de lui témoigner la fidélité que nous lui devons en cette rencontre si importante. Je vous parle dans le plus sensible de ma douleur, et ce me semble comme n'ayant plus d'espérance, quoique je sente bien souvent que la dernière nouvelle [2] fera tout un autre effet en moi, si Dieu veut nous affliger tout à fait. Cela m'oblige de vous dire qu'il n'y a point d'occasion où nous puissions mieux reconnaître si nous avons une véritable foi ; car enfin Dieu veut, ce me semble, que nous espérions qu'il lui fera miséricorde en ce moment si redoutable, après lui avoir fait la grâce de lui donner un sincère désir de le servir et d'être tout à lui pendant sa santé. Cette seule pensée doit adoucir toute l'amertume de cette affliction ; car il ne faut pas espérer ni même désirer qu'elle [3] étouffe tous les senti-

---

[1] *Edit. V. C.* : « ... *ont* la bonté... »
[2] *Idem* omet : *nouvelle.*
[3] *Idem* : « ... qu'*il* étouffe... »

ments de la nature. Mais je crois qu'elle les doit modérer jusque-là même que de ne demander pas sa vie à Dieu ; je le fais néanmoins en faveur de vous et de ses enfants. Mais quand je me suis ressouvenue que Dieu nous a ôté feu ma mère, beaucoup plus jeune qu'ils ne sont, et dans des circonstances plus fâcheuses que celles qui suivraient cette perte, et que néanmoins il ne nous a point abandonnés, mais qu'il a daigné témoigner en notre personne qu'il est le père des orphelins et le consolateur des affligés, j'ai cru qu'il ne fallait point s'opposer à ses ordres, mais que nous devions nous jeter entre ses bras avec tout ce qui nous tient le plus au cœur [1].

Vos enfants sont à lui plus qu'à nous ; ne craignons pas qu'il les abandonne tant que nous les remettrons entre ses mains ; et pour vous, je crois certainement que si Dieu vous prive d'une si grande consolation, c'est pour vous attirer tout à lui. Car, encore que votre union soit toute légitime et toute sainte, néanmoins il y a encore quelque chose de plus parfait ; et possible Dieu, connaissant par sa sagesse divine que vous n'eussiez pas été disposés à écouter l'inspiration qu'il vous aurait pu donner d'aspirer à un état si pur et de vous résoudre à prévenir, par un divorce saint et tout volontaire, cette dure séparation qui est inévitable tôt ou tard, il veut vous témoigner que tous les prétendus obstacles que l'amour-propre suggère en ces occasions sont levés en un moment quand il lui plaît, et que,

[1] *Edit. V. C.* : « ... le plus à cœur. »

lorsqu'il le veut, il fait faire¹ par nécessité ce qu'on n'a pu faire volontairement. C'est une pensée que m'a donnée le bonheur de ma condition, qui me semblera imparfaite tant que ceux que j'aime comme mon frère et vous deux ne le connaîtront pas assez et n'y participeront point. Il est tel que je ne puis m'empêcher de vous dire que je ne puis faire aucun autre souhait pour qui que ce soit, si ce n'est qu'il plaise à Dieu les mettre dans un plus parfait repos et une plus pleine assurance, en les attirant à lui, qui est la seule fin où l'on tend dans tout ce qu'on fait. S'il lui plaît de faire cette miséricorde à ma chère sœur plutôt qu'à nous, pourquoi nous opposerions-nous à son bonheur? Je n'en vois point d'autre dans le monde qu'une entière retraite et un abandon de toutes choses pour servir Dieu seul; mais celui-là même n'est rien en comparaison de le posséder avec une entière plénitude et une assurance certaine de ne le perdre jamais. Étouffons donc autant qu'il nous sera possible tous les sentiments de la nature, qui s'opposent trop fortement à ceux que la foi et la charité nous doivent donner sur ce sujet; et puisque tous nos efforts et tous nos souhaits seront inutiles contre le décret de Dieu, faisons de bon cœur ce qu'il est nécessaire que nous fassions s'il l'a résolu. Dieu sait que j'aime plus ma sœur, sans comparaison, que je ne faisais lorsque nous étions toutes deux du monde, quoiqu'il ne me semblât² en ce temps que l'on ne pou-

---

¹ *Edit. V. C.* : « ... il *faut* faire... »

² *Idem* : « ... *parce qu'il me semblait* en ce temps *là*... » — Leçon qui fait un contresens.

vait rien ajouter à l'affection que j'avais pour elle ; mais au lieu qu'en ce temps là elle se tournait tout au soin et au désir que j'avais de sa vie, qui m'a été toujours, comme à présent, beaucoup [1] plus chère que la mienne propre, je ne pense à cette heure sur toutes choses qu'à son salut. C'est pourquoi quelque violente que soit ma douleur et la crainte et l'émotion où je suis à toute heure qu'on me vienne porter cette nouvelle, qui fait que dès qu'on me regarde pour me parler il me prend un tremblement tel que je ne puis me soutenir ; néanmoins, quand je rentre en moi-même, et que je considère la misère et les périls de cette vie, surtout pour une personne engagée dans le monde, je ne puis m'empêcher de m'accuser de m'aimer plus qu'elle, en désirant ce qui m'est utile et non pas à elle ; et tout ce que je demande à Dieu de tout mon cœur, et à quoi tendent surtout toutes mes prières, c'est qu'il lui plaise donner la vie de la grâce à l'enfant, et qu'il fasse faire à la mère un bon usage de sa maladie ; qu'il la détache de toutes choses ; qu'il lui fasse oublier tout ce qu'elle laisse pour ne penser plus qu'au bonheur qui l'attend, qui doit emporter toutes ses pensées, et la ravir de telle sorte qu'elle en soit entièrement occupée. Si son mal est trop violent, faisons-le pour elle, je vous en prie : protestons à Dieu du cœur et de la bouche que, comme nous ne désirons que lui pour nous-mêmes, nous ne demandons autre chose pour ceux qui nous sont plus chers que nous-mêmes. C'est encore un des sujets con-

---

[1] *Edit. V. C.* omet : *beaucoup.*

tinuels de la prière que je fais à Dieu dans ma douleur, qu'il lui plaise nous faire la grâce à vous et à moi de lui être entièrement fidèles en cette occasion : elle est unique, mon cher frère ; ne la laissons pas passer sans en tirer tout le fruit que Dieu demande. Je crois qu'il attend de nous plus qu'une résignation ordinaire, et que nous ne pouvons pas, sans être ingrats des faveurs qu'il a faites à la malade depuis plusieurs années, nous contenter de souffrir qu'il reprenne ce qu'il nous avait prêté, si nous ne lui offrons nous-mêmes et si nous ne voulons bien qu'il la récompense des services continuels qu'elle s'est efforcée de lui rendre. Je vous supplie de lui demander cette grâce pour moi, comme je le fais et pour vous ; et comme je sais que Dieu est proche des affligés, et qu'il écoute favorablement leurs prières, j'y joins mon pauvre frère, et je vous supplie d'en faire autant afin que Dieu daigne de se servir de cette affliction pour le faire rentrer dans lui-même et lui ouvrir les yeux sur la vanité de toutes les choses du monde. Ce doit être une consolation bien sensible pour ma chère sœur et pour nous [1] que Dieu lui ait, par sa grâce, donné cette lumière longtemps avant de lui en donner l'expérience, et à nous en sa personne. Je le supplie de ne pas permettre qu'elle et nous nous affaiblissions assez dans notre affliction pour oublier une faveur si particulière ; et si nous l'avons profondément gravée dans la mémoire, de ne pas permettre que nous en soyons ingrats en refusant de donner lieu à l'espé-

---

[1] *Edit. V. C.* : « ... et pour vous... »

rance qu'elle nous permet de concevoir, et par conséquent à la consolation que nous en devons tirer.

Ne vous étonnez pas, je vous prie, de me voir parler comme n'ayant plus d'espérance de sa santé. Je vous l'ai dit dès l'abord ; et quoique je ne sois pas dans la dernière affliction comme si j'étais certaine de mon mal, je n'ose pourtant recevoir aucune espérance de ce côté-là, de peur de tomber d'un coup plus rude. Je prie Dieu qu'il nous fortifie tous dans cette occasion, et qu'il imprime dans nos cœurs les sentiments d'une foi vive qui nous fasse regarder l'absence de ceux que nous aimons comme un voyage pour aller à Dieu, où ils ne nous précèdent que de quelques moments, et où nous devons nous efforcer de les suivre en les imitant. Gardons-nous bien de nous plaindre de ce que Dieu nous ôte ce qui nous est cher ; au lieu de lui rendre grâce de nous l'avoir prêté si longtemps. Je prie ma sœur, en quelque état qu'elle soit, de se ressouvenir de cette belle parole de M. de Saint-Cyran, que « les malades doivent regarder leur lit comme un autel où ils offrent continuellement à Dieu le sacrifice de leur vie pour la lui rendre quand il lui plaira ; » et cette autre, que « les douleurs et les divers accidents de la maladie sont cette clameur qu'on fait à minuit pour avertir les vierges de la venue de l'époux. » Qu'elle espère d'entrer avec lui dans ces bienheureuses noces, puisqu'elle n'a point laissé éteindre sa lampe en quittant la voie de Dieu, depuis le moment qu'elle y est entrée, et qu'elle n'a point acheté d'huile à ceux qui en vendent en voulant être flattée de ses conducteurs, mais qu'elle a conservé dans son cœur celle que Dieu y a répandue par le Saint-Esprit ; et qu'elle se ressouvienne de prier Dieu pour moi dès à présent pour ne cesser plus dans l'éternité, afin qu'il me fasse miséricorde et qu'il me rappelle bientôt de mon exil, si c'est pour sa gloire ; qu'elle prie pour mon frère, pour la sainte Église et pour tout l'Etat; car Dieu écoute les prières des malades, quand ils sont tout à lui, comme je sais qu'elle y est.

Copié sur l'original. (*Note du P. Guerrier.*)

EXTRAIT D'UNE LETTRE DE LA SŒUR JACQUELINE DE SAINTE-EUPHÉMIE, A MADAME PERIER [1].

Ce 8 décembre 1654.

.... Il n'est pas raisonnable que vous ignoriez plus longtemps ce que Dieu opère dans la personne qui nous est si chère ; mais je désire que ce soit lui-même qui vous l'apprenne, afin que vous en puissiez moins douter. Tout ce que je vous puis dire n'ayant pas de temps, c'est qu'il est par la miséricorde de Dieu dans un grand désir d'être tout[2] à lui, sans néanmoins qu'il ait encore déterminé[3] dans quel genre de vie ; et qu'encore qu'il ait depuis plus d'un an un grand mépris du monde et un dégoût presque insupportable de toutes les person-

---

[1] IIe Recueil MS. du P. Guerrier, pag. 11.
[2] *Edit. V. C.* omet : *tout.*
[3] *Idem :* « ... qu'il ait *déjà* déterminé... »

nes qui en sont, ce qui le devrait porter selon son humeur bouillante à de grands excès, il use néanmoins en cela d'une modération qui me fait tout à fait bien espérer..... Il est tout rendu à la conduite de M. S....; et j'espère que ce sera dans une soumission d'enfant, s'il veut de son côté le recevoir, car il ne lui a pas encore accordé ; j'espère néanmoins qu'à la fin il ne nous refusera pas.

Quoiqu'il se trouve plus mal qu'il n'ait fait depuis longtemps, cela ne l'éloigne nullement de son entreprise, ce qui montre que ses raisons d'autrefois n'étaient que des prétextes. Je remarque en lui une humilité et une soumission, même envers moi, qui me surprend. Enfin, je n'ai plus rien à vous dire, sinon qu'il paraît clairement que ce n'est plus son esprit naturel qui agit en lui.....[1] Adieu, que tout cela soit dans le secret, je vous en prie, même à son égard ; je suis toute à vous, Sr EUPHÉMIE, R. Ind."

EXTRAIT D'UNE LETTRE DE LA SŒUR JACQUELINE DE SAINTE-EUPHÉMIE, A M. PASCAL SON FRÈRE [2].

Gloire à Jésus, au très-saint sacrement.

Ce 19 janvier 1655.

Mon très-cher frère,

J'ai autant de joie de vous trouver gai dans la soli-

---

[1] *Edit. V. C.* omet les deux dernières lignes : *Adieu*, etc.
[2] IIe Recueil MS. du P. Guerrier, page 12.

tude, que j'avais de douleur quand je voyais que vous l'étiez dans le monde. Je ne sais néanmoins comment M. de Sacy s'accommode d'un pénitent si réjoui et qui prétend satisfaire aux vaines joies et aux divertissements du monde par des joies un peu plus raisonnables et par des jeux d'esprit plus permis, au lieu de les expier par des larmes continuelles. Pour moi je trouve que c'est une pénitence bien douce, et il n'y a guère de gens qui n'en voulussent faire autant. Je m'en rapporte pourtant bien à sa conduite et en demeure fort en repos ; car je crois lui devoir autant déférer que vous à la mère Agnès. Elle ne m'a rien dit sur l'article où vous vous rapportez à elle ; c'est pourquoi je vous dis, et non pas elle, que vous devez être plus sage à l'avenir, et je crois en cela être animée de son esprit ; plût à Dieu l'être en tout le reste! Et pour vous endoctriner par exemple plus que de parole [1], ce sera ici la fin des niaiseries volontaires de cette lettre. Je loue l'impatience que vous avez eue d'abandonner tout ce qui a encore quelque apparence de grandeur, mais je m'étonne que Dieu vous ait fait cette grâce, car il me semble que vous aviez mérité en bien des manières d'être encore quelque temps importuné de la senteur du bourbier que vous aviez embrassé avec tant d'empressement, et il semble qu'il était bien juste que tout ce qui peut encore ressentir le monde dans le désert, vous retînt captif après avoir eu tant d'éloignement de

---

[1] *Edit..V. C.* : « ... vous endoctriner *plus par l'exemple que par des paroles...* »

tout ce qui vous en pouvait délivrer. Mais Dieu a voulu faire voir en cette rencontre que sa miséricorde surpasse toutes ses autres œuvres ; je le supplie de la continuer sur vous en vous faisant profiter du talent qu'il vous donne.

Il en faut dire de même de la cuiller de bois et de la vaisselle de terre : c'est l'or et les pierres précieuses du christianisme ; il n'y a que les princes qui en doivent avoir à leur table ; il faut être vraiment pauvre pour mériter cet honneur qui doit être absolument dénié à ceux qui sont roturiers, selon M. de Ranty. Mais ce qui me console est que cette sorte de principauté n'est pas héréditaire, et que comme on la peut perdre après l'avoir possédée, on peut aussi l'acquérir après l'avoir longtemps méprisée ; et une des meilleures voies, à mon sens, est de faire comme si on l'avait déjà, non pas par usurpation ou par hypocrisie, mais pour passer de l'appauvrissement à la pauvreté, comme on va de l'humiliation à l'humilité : Dieu nous en fasse la grâce !

J'ai éprouvé la première que la santé dépend plus de Jésus-Christ que d'Hippocrate, et que le régime de l'âme guérit le corps, si ce n'est que Dieu veuille nous éprouver et nous fortifier par nos infirmités. Il est vrai que c'est un grand avantage d'avoir assez de santé pour pouvoir faire tout ce qu'on nous conseille pour guérir notre âme ; mais ce n'en est pas un moindre de recevoir une pénitence de la main de Dieu même. Si nous sommes à lui nous serons toujours bien, soit en vivant soit en mourant. Il n'est pas dit : Si quelqu'un veut venir après moi qu'il fasse des ouvrages bien pénibles, et qui demandent de grandes forces, mais : Qu'il renonce à soi-même. Un malade le peut peut-être mieux faire qu'un homme bien sain, etc.....

LETTRE DE LA SŒUR JACQUELINE DE SAINTE-EUPHÉMIE A MADAME PERIER [1].

Gloire à Dieu, au très-saint sacrement.

A P. R., ce 25 janvier 1655.

Ma très-chère sœur,

Je ne sais si j'ai eu moins d'impatience de vous mander des nouvelles de la personne que vous savez, que vous d'en recevoir ; et néanmoins il me semble que n'ayant point de temps à perdre, je n'ai pas dû vous écrire plus tôt de crainte qu'il ne fallût dédire ce que j'aurais trop tôt dit. Mais à présent les choses sont en un point qu'il faut vous les faire savoir, quelque succès qu'il plaise à Dieu d'y donner.

Je croirais vous faire tort si je ne vous instruisais de l'histoire depuis le commencement qui fut quelques jours devant que je vous en mandasse la première nouvelle, c'est-à-dire environ vers la fin de septembre dernier. Il me vint voir et à cette visite il s'ouvrit à moi d'une manière qui me fit pitié, en m'avouant qu'au milieu de ses occupations qui étaient grandes, et parmi

[1] IIe Recueil MS. du P. Guerrier, page 13.

toutes les choses qui pouvaient contribuer à lui faire aimer le monde, et auxquelles on avait raison de le croire fort attaché, il était de telle sorte sollicité de quitter tout cela, et par une aversion extrême qu'il avait des folies et des amusements du monde, et par le reproche continuel que lui faisait sa conscience, qu'il se trouvait détaché de toutes choses d'une telle manière qu'il ne l'avait jamais été de la sorte ni rien d'approchant; mais que d'ailleurs il était dans un si grand abandonnement [1] du côté de Dieu, qu'il ne sentait aucun attrait de ce côté-là; qu'il s'y portait néanmoins de tout son pouvoir, mais qu'il sentait bien que c'était plus sa raison et son propre esprit qui l'excitait à ce qu'il connaissait le meilleur que non pas le mouvement de celui de Dieu ; et que dans le détachement de toutes choses où il se trouvait, s'il avait les mêmes sentiments de Dieu qu'autrefois, il se croyait en état de pouvoir tout entreprendre; et qu'il fallait qu'il eût eu en ces temps-là d'horribles attaches, pour résister aux grâces que Dieu lui faisait et aux mouvements qu'il lui donnait. Cette confession me surprit autant qu'elle me donna de joie : et dès lors je conçus des espérances que je n'avais jamais eues, et je crus vous en devoir mander quelque chose afin de vous obliger à prier Dieu. Si je racontais [2] toutes les autres visites aussi en particulier il faudrait en faire un volume : car depuis ce temps elles furent si fréquentes et si longues, que je pensais n'avoir plus d'autre ouvrage à faire, je ne fai-

---

[1] *Edit. V. C.* : « ... *en* si grand abandonnement... »
[2] *Idem* : « ... si je racontais *ainsi* toutes... »

sais que le suivre sans user d'aucune sorte de persuasion[1], et je le voyais peu à peu croître de telle sorte que je ne le connaissais plus, et je crois que vous en ferez autant que moi si Dieu continue son ouvrage, et particulièrement en l'humilité, en la soumission, en la défiance et au mépris de soi-même, et au désir[2] d'être anéanti dans l'estime et la mémoire des hommes. Voilà ce qu'il est à cette heure. Il n'y a que Dieu qui sache ce qu'il sera un jour. Enfin, après bien des visites et bien[3] des combats qu'il eut à rendre en lui-même[4] sur la difficulté de choisir un guide, car il ne doutait point qu'il ne lui en fallût un, et quoique celui qu'il lui fallait fut tout trouvé et qu'il ne pût penser à d'autres, néanmoins la défiance qu'il avait de lui-même faisait qu'il craignait de se tromper par trop d'affection, non pas dans les qualités de la personne, mais sur la vocation dont il ne voyait point de marque certaine, n'étant point son pasteur naturel; je vis clairement que ce n'était qu'un reste d'indépendance caché dans le fond du cœur qui faisait arme de tout pour éviter un assujettissement qui ne pouvait être que parfait dans les dispositions où il était. Je ne voulus pas néanmoins faire aucune avance en cela : je me contentai seulement de lui dire que je croyais qu'il fallait faire pour le médecin de l'âme comme pour celui du corps, choisir le meilleur; qu'il est vrai que l'évêque est notre directeur naturel, mais qu'il n'était pas possible à celui de Paris de

---

[1] *Edit. V. C. :* « ... d'aucune sorte de *persécution*... »
[2] *Idem :* « ... *en* mépris... » « ... *en* désir... »
[3] *Idem* omet le mot *bien*. — [4] *Idem :* « ... rendre *à* lui-même... »

l'être de tous ses diocésains, ni même aux curés, ni même aux prêtres des paroisses quand ils seraient capables de l'être de quelqu'un, et qu'une personne sans établissement comme lui, pouvant s'aller loger dans telle paroisse qu'il lui plairait, se rendait aussi bien maître dans le choix de son directeur en prenant son curé, comme en choisissant un prêtre approuvé de son évêque; que lorsque M. de Genève [1] avait conseillé de choisir un directeur entre dix mille, c'est-à-dire tel qu'on le préférerait à dix mille [2], lui qui était évêque et grand zélateur de la hiérarchie n'avait pas prétendu borner le choix de chaque personne dans les prêtres de sa paroisse. Il ne me souvient plus si ce fut cela qui le fit rendre, ou si ce fut la grâce qui croissait dans lui comme à vue d'œil, qui dissipa tous les nuages qui s'opposaient à un si heureux commencement sans se servir de raisons; mais quoi qu'il en soit il fut bientôt résolu. Après cela néanmoins ce ne fut pas fait, car il fallut bien d'autres choses pour faire résoudre M. Singlin qui a une merveilleuse appréhension de s'engager en de pareilles affaires; mais enfin il n'a pas pu résister à tant de raisons [3] qu'il a eues de ne pas laisser périr des mouvements si sincères et qui donnaient tant d'espérance d'une heureuse suite, et il s'est laissé vaincre à mes importunités, en sorte qu'il a bien voulu se charger du soin de sa conduite; mais son infirmité qui continue toujours lui en ôte [4] presque le moyen, parce

[1] François de Sales.
[2] *Edit. V. C.* omet : *c'est-à-dire tel qu'on le préférerait à dix mille.*— [3] *Idem :* « ... *il ne put* résister à de *pareilles* raisons... »
[4] *Edit. V. C.* : « ... lui *en a* ôté... »

qu'il ne saurait presque parler sans se faire un grand
mal. Pendant tout ce temps il s'est passé plusieurs
choses qui seraient trop longues à dire et qui ne sont
point nécessaires ; mais la principale est que notre nouveau converti pensa [1] de son propre mouvement, pour
plusieurs raisons, qu'une retraite quelque temps hors
de chez lui serait fort [2] nécessaire. M. Singlin était
pour lors à Port-Royal des Champs pour prendre quelques remèdes ; de sorte qu'encore qu'il eût [3] une merveilleuse appréhension qu'on sût qu'il eût communication avec autre qu'avec moi dans cette maison, il se
résolut néanmoins de l'aller trouver sous prétexte d'aller faire un voyage aux champs pour quelque affaire,
espérant qu'en changeant son nom et en laissant ses
gens dans quelque village proche, dont il prétendait
venir trouver à pied M. Singlin, il ne serait connu que
de lui, et que personne ne pourrait savoir ses entrevues, et qu'il demeurerait en retraite en cette manière.
Je lui conseillai de ne le pas faire sans l'avis de M. Singlin qui ne le voulut point du tout, parce qu'il n'était
pas encore résolu de se charger de lui : si bien qu'il
fut contraint d'attendre en patience son retour, parce
qu'il ne voulait rien faire contre l'ordre qu'il lui avait
donné par une lettre parfaitement belle qu'il lui écrivit, dans laquelle il me constituait sa directrice en attendant que Dieu fît connaître s'il voulait que ce fût lui
qui le conduisît. Enfin M. Singlin étant de retour, je le

[1] *Edit. V. C.* : « ... pensa *sérieusement*... »
[2] *Idem* omet : *fort*.
[3] *Idem* : « ... *en sorte que quoiqu'il* eût... »

pressai de me décharger de ma dignité, et je fis tant
que j'obtins ce que je désirais, de sorte qu'il le reçut; et
ils jugèrent[1] l'un et l'autre qu'il lui serait bon de faire
un voyage à la campagne pour être plus à soi qu'il n'était
à cause du retour de son bon ami[2] (vous savez qui je veux
dire) qui l'occupait tout entier. Il lui confia ce secret, et
avec son consentement qui ne fut pas donné sans larmes,
il partit le lendemain de la fête des Rois avec M. de Lui-
nes pour aller en l'une de ses maisons, où il a été quelque
temps. Mais, parce qu'il n'était pas là assez seul à son
gré, il a obtenu une chambre ou cellule parmi les solitaires de Port-Royal d'où il m'a écrit avec une extrême
joie de se voir traité et logé en prince, mais en prince
au jugement de saint Bernard, dans un lieu solitaire et
où l'on fait profession de pratiquer la pauvreté en tout
où la discrétion le peut permettre. Il assiste à tout l'office depuis prime jusqu'à complies, sans qu'il sente la
moindre incommodité de se lever à cinq heures du matin; et comme si Dieu voulait qu'il joignît le jeûne à la
veille, pour braver toutes les règles de la médecine qui
lui ont tant défendu l'un et l'autre, le souper commence
à lui faire mal à l'estomac, de sorte que je crois qu'il
le quittera. Il n'a rien perdu à sa directrice, car M. Singlin, qui a demeuré en cette ville pendant tout ce
temps, lui a pourvu d'un directeur dont il n'avait nulle

---

[1] *Edit. V. C..* : « ... ils jugèrent *à propos....* »
[2] M. de Roannez. (*Note du P. Guerrier.*)
Le MS. *Suppl. français*, et, d'après lui, l'*Edit. V. C.* font entrer
cette note dans le texte et suppriment ces mots : *Vous savez qui je
veux dire.*

connaissance, qui est un homme incomparable [1] dont il est tout ravi, aussi est-il de bonne race [2]. Il ne s'ennuyait point là, mais quelques affaires l'ont obligé de revenir contre son gré, et pour ne pas tout perdre, il a demandé une chambre céans, où il demeure depuis jeudi, sans qu'on sache chez lui qu'il est de retour. Il ne dit à personne où il allait lorsqu'il partit qu'à madame Pinel et à Duchesne qu'il menait. On s'en douta [3] néanmoins un peu, mais par pure conjecture. On dit qu'il s'est fait moine, d'autres hermite, d'autres qu'il est à Port-Royal : il le sait et ne s'en soucie guère ; voilà où les choses en sont.

Je l'ai toujours vu jusqu'ici [4] dans une si grande crainte qu'on sut rien de tout cela que je n'avais pas même osé lui proposer de vous en rien mander. Enfin, je lui en écrivis quelques jours devant son retour : il me répondit que si on lui ordonnait de le faire il le ferait, mais que par lui-même il ne s'y pouvait résoudre parce que il se voyait si peu avancé qu'il ne savait du tout que vous dire ; que si je trouvais qu'il y eût matière d'écrire, il consentait volontiers que je vous écrivisse, mais que pour lui il ne voyait rien à mander. Sur cela je commençai cette lettre à mon premier loisir au jour d'où elle est datée, et je ne l'achève qu'aujourd'hui

---

[1] *Edit. V. C.* omet : *dont il n'avait nulle connaissance, qui est un homme incomparable.*

[2] Il s'agit ici de M. de Saci avec lequel Pascal eut l'entretien célèbre sur Epictète et sur Montaigne. (Voy. notre édition des *Pensées, fragments et lettres* de Pascal, tom. I*er*, page 348.)

[3] *Edit. V. C.* : « ... on s'en *doutait*... »

[4] *Idem* omet : *jusqu'ici*.

8ᵉ février¹. Je n'ai du tout su² prendre assez de temps auparavant.

Il est à présent chez lui où ses affaires le retiennent, mais je crois qu'il fera tout son possible pour rentrer bientôt dans sa retraite. Il me dit hier qu'il vous écrira Dieu aidant, et me dit de vous écrire. Il veut faire quelque chose pour ma petite cousine la contrôleuse Pascal ; et comme on a ici beaucoup de charité, j'espérais³ qu'on la prendrait céans en pension, mais je doute si la mère et l'enfant le voudraient ; mandez-le moi au plutôt s'il vous plaît⁴, et comme il s'y faudrait prendre. J'en ai un très-grand désir, car je la considère comme une de nos sœurs, et je ne puis penser à l'état où je la vois, pour l'âme et pour le corps, sans frémir⁵. Enfin elle est nièce de mon père, et je juge des sentiments qu'il aurait pour elle, par ceux que j'ai pour vos enfants.

LETTRE DE LA SŒUR JACQUELINE DE SAINTE-EUPHÉMIE
A MADAME PERIER[6].

Gloire à Jésus, au très-saint sacrement.

A P.-R., ce 25 avril 1655.

Ma très-chère sœur, je prends une grande feuille

---

[1] Au lieu de : 8ᵉ *février*, *l'Edit. V. C.* met : *de faire.*
[2] *Edit. V. C.* : *pu* au lieu de *su.*
[3] *Idem* : *j'espérerais.*
[4] *Idem* : « ... mandez-le moi *aussitôt*, s'il vous plaît... »
[5] *Idem* : « ... sans *gémir*... »
[6] Iᵉʳ Recueil MS. du P. Guerrier, pag. CCCCXXVIII.

parce que je suis en dévotion de vous faire une grande lettre, si Dieu m'en fait la grâce. Après avoir lu votre lettre que mon frère m'apporta, je ne pensais point du tout y répondre; premièrement, parce que je me trouvais très-éloignée de le pouvoir; et outre cela je ne croyais point du tout le devoir, parce qu'il me semble qu'il n'y a rien de plus sauvage que de voir une petite novice, qui à peine commence d'ouvrir les yeux à la vraie lumière, vouloir se mêler d'éclairer les autres et de porter le flambeau devant eux : cela me semble insupportable. Néanmoins, voyant que je ne vous pouvais procurer d'ailleurs le secours que vous me demandiez, parce que l'humilité de nos mères et la maladie de M. Singlin m'en ôtaient tout moyen, j'ai cru que m'étant trouvée autrefois dans la peine où je vous vois, je pourrais vous dire avec liberté les choses que je me suis dites à moi-même [1], puisque comme je le prétends nous ne sommes qu'un cœur et une âme en J.-C.

Comme j'en étais là, il m'est venu en pensée que M. de Rebours aurait peut-être bien la bonté de vouloir vous donner quelques avis. Cela m'a fait interrompre pour le consulter, et c'est par son ordre que je vous écris ce qu'il ne peut vous écrire lui-même présentement, parce qu'il a fort mal aux yeux; et de plus parce que ce n'est pas, dit-il, à lui à donner conduite à personne. C'est M. Singlin qui a mission pour cela et non pas lui, à ce qu'il veut croire.

Il m'a donné charge de vous dire que comme c'est

---

[1] *Édit. V. C.* : « ... ce que je me suis *dit* à moi-même... »

une chose constante qu'une des principales et indispensables obligations d'un chef de famille est le soin qu'il doit prendre de la régler, encore qu'il soit vrai que ce soin doive[1] être divisé, et que celui des hommes regarde principalement le mari et celui des filles la femme, néanmoins cela n'a pas lieu chez nous, M. Perier étant trop occupé pour s'y donner comme il faut, ce qui vous en charge sans pourtant l'en décharger, parce que l'obligation principale doit toujours être préférée; que si pouviez le porter à s'acquitter d'un devoir si important vous en seriez quitte; mais si cela n'est pas, vous en demeurez chargée; ce qui vous oblige (comme vous voulez travailler à leur salut[2] et non pas simplement à vous acquitter extérieurement de cette obligation, ce qui serait assez aisé) à tâcher premièrement de les bien connaître en les éprouvant même en de petites choses qui vous peuvent faire connaître s'ils ont de la piété ou non; s'ils sont hypocrites ou hardis à se faire connaître mauvais; quels vices règnent en eux, et de quel bien ils sont plus susceptibles. Il faudrait aussi tâcher de vous faire aimer d'eux, en ne les reprenant point aigrement quoiqu'il le faille toujours faire sévèrement et fortement; et pour cela il faut autant qu'il est possible laisser passer son émotion avant que de les reprendre, et alors leur faire grande honte de leurs fautes et leur faire entendre qu'on en est beaucoup plus fâché pour le tort qu'ils se font que pour celui qu'on en

---

[1] *Edit. V. C.:* « *... doit être...* »
[2] *Idem :* « *... à votre salut...* » — Contre-sens.

reçoit; et il leur faut souvent répéter cela [1], car c'est une maxime générale que tous les esprits qui ne sont pas fort subtils, comme ceux du peuple et des enfants, ne conçoivent autre idée des personnes qu'ils fréquentent que celle qu'ils leur donnent eux-mêmes, en sorte que pour se rendre aimable à eux il leur faut dire qu'on les aime, qu'on s'y croit obligé et qu'on croirait manquer au plus important de ses devoirs si on manquait d'affection pour eux. Après cela, il serait bien difficile que d'autres leur persuadassent le contraire, pourvu toutefois qu'on ait soin de le leur ramentevoir souvent. C'est pourquoi il ne faut pas se contenter de leur donner à entendre par des mots couverts la tendresse qu'on a pour eux, ou de la leur témoigner en prenant soin d'eux dans leurs maladies, dans leurs afflictions, et dans tous leurs autres besoins qui sont des occasions favorables et qu'il faut bien ménager; mais, outre cela, il le leur faut dire nettement et en plusieurs manières, en leur disant néanmoins aussi clairement que c'est à condition qu'ils demeureront dans leur devoir et qu'ils serviront avec fidélité leur Dieu et leur maître.

Pour ce qui est des temps où il faut employer l'huile ou le vin, la discrétion le doit faire juger. Tout ce qu'on vous peut dire en général, c'est que toutes les fois qu'il ne s'agira que de votre intérêt particulier, il faut endurer patiemment, non pas en le dissimulant, mais en leur témoignant que vous le leur pardonnez, et que s'ils ont à faire des fautes, vous aimez beaucoup

---

[1] *Edit. V. C. :* « .. souvent *dire* cela... »

mieux que ce soit contre vous que contre d'autres. Vous pouvez aussi user de la même indulgence envers les fautes d'inadvertance, comme de perdre, rompre, ou mal faire quelque chose, sinon qu'il y eût une notable négligence. Que s'il n'y en a pas, il leur faut dire qu'on souffrira volontiers de pareils manquements, quoiqu'on y souffre de la perte, pourvu qu'on voie qu'ils soient soigneux à se garder de ceux où Dieu est offensé ; et il ne faut pas manquer de leur faire remarquer là-dessus combien peu il se trouve de maîtres [1] dans ce sentiment ; ce qu'il faut faire néanmoins sans ostentation, en mêlant toujours quelque parole qui tende au mépris de soi-même, et surtout en leur insinuant beaucoup qu'on s'estimerait bien plus heureux d'être en leur condition que dans celle où l'on est : il en faut souvent faire remarquer les avantages et le danger de celles qui sont plus élevées. Mais quand ils feront des fautes contre Dieu, contre leur maître, contre la charité et l'union qu'ils doivent avoir entre eux, c'est alors qu'il faut se rendre sévère jusqu'à être terrible, car il faut savoir que le peuple et les enfants sont comme les juifs qui n'agissent que par menaces ou par promesses, jusqu'à ce que, après avoir réglé [2] par ce moyen comme par force l'extérieur, on attire la miséricorde de Dieu pour leur donner l'esprit intérieur dont cette conduite qu'on tient sur eux dans cette vue est la voie et même sert de mérite pour l'obtenir. Il ne faut rien

---

[1] *Edit. V. C.* : « .. *ils se trouvent* de maîtres... »
[2] *Idem* : « ... *parce qu*'après avoir réglé... »

souffrir en ces rencontres, mais le dire à leur maître et l'exhorter à les en punir sévèrement, sinon qu'on eût sujet de croire qu'ils en sont humiliés et qu'ils n'y retomberont plus. Il est très-bon que la plus grande menace qu'on leur puisse faire soit de les chasser; et pour cela il faut que vous leur procuriez de bons gages et un bon traitement; car c'est par là qu'il les faut captiver d'abord jusqu'à ce que l'affection succède à l'intérêt.

Pour venir à bout d'une partie de ces choses, il faut que vous preniez l'habitude de les appeler de fois à autres[1] dans votre cabinet, une fois toutes les semaines plus ou moins, chacun en particulier, et là leur demander compte de leur créance et de leur manière de prier Dieu; et leur expliquer fort brèvement les principaux articles de la foi et s'arrêter plus sur la morale qu'il en faut tirer : comme de l'unité de Dieu dans la trinité des personnes divines, leur faire entendre comme quoi dans la multiplicité des objets et des affaires de la terre nous ne devons avoir qu'un amour, un désir, et un nécessaire qui doit régler tout le reste. Sur les mystères de l'Incarnation et de l'Eucharistie, leur faire voir l'obligation d'aimer et d'imiter celui que nous adorons[2], etc. Leur faire apprendre[3] les commandements de Dieu et de l'Église, et leur faire entendre qu'ils s'étendent bien plus loin qu'on ne pense d'ordinaire. M. de Rebours est aussi entièrement d'avis

---

[1] *Edit. V. C. :* « ... de *temps* à autre... »
[2] *Idem :* « ... aimer et *estimer* celui que nous adorons.. »
[3] *Idem :* « ... leur apprendre » au lieu de : « *faire* apprendre... »

que vous ne manquiez pas à les faire prier Dieu en commun devant vous, tous les soirs.

EXTRAIT D'UNE LETTRE DE LA MÊME A MADAME PERIER SA SŒUR [1].

Gloire à Jésus, au très-saint sacrement.

Le 23 juin 1655.

Je pensais continuer à répondre à cet article de votre lettre dans le même style que vous l'avez écrite ; mais je n'ai pu me résoudre, parce que je n'ai plus de gaieté, quand il faut venir sur ce chapitre. C'est pourquoi je vous supplie très-humblement de croire tout ce que je vous en dirai à la lettre ; car je parle de mon plus sérieux. Je ne doute point qu'on ne vous ait fait l'emploi que j'ai plus grand qu'il n'est, et c'est une des raisons qui me fait vous en parler sérieusement ; car après tout ce n'est rien du tout, et je crois qu'une autre que moi ne s'en apercevrait presque pas ; mais c'est beaucoup pour moi, qui n'ai cherché qu'à me faire cacher, et qui ne suis capable que de faire quelque ravauderie dans une petite cellule, ou de balayer la maison car je suis devenue fort experte en ce métier, à laver les écuelles et à filer ; voilà ce que j'ai fort bien appris. Vous saurez [2] donc que l'emploi qu'on m'a donné est d'être résidente dans le noviciat, pour avoir l'œil sur les petits manquements que les postulantes nouvelles venues, dont on ne man-

---

[1] IIe Recueil MS. du P. Guerrier, page 16.
[2] *Edit. V. C. :* « ... vous *savez* donc... »

que guère céans, peuvent faire manque de savoir les coutumes et les ordres de la maison, pour les en avertir, et les leur apprendre peu à peu. J'ai soin aussi de la plupart de leurs petits besoins extérieurs, pour les pourvoir de souliers, de chausses, d'épingles, de fil, etc., et parce que la mère Agnès, qui est notre maîtresse, comme vous savez, (car je pense que vous savez aussi que je suis encore du noviciat,) et la sous-maîtresse (qui est une excellente personne dont je n'ai pas pu m'empêcher de vous parler une fois, parce qu'elle était alors la première maîtresse des petits enfants) ont trop d'occupations pour se charger de l'instruction de celles qui sont si ignorantes qu'il leur faut apprendre le premier alphabet de la foi, c'est à moi à qui on a donné ce soin. Et afin que vous n'ayez plus sujet de vous plaindre de mon silence, je vous avoue ingénument qu'on m'a aussi chargée de leur conduite dans ce qui regarde la conscience, en sorte qu'elles n'ont que moi pour conseil dans la maison, car dehors elles ont leur confesseur. Voilà en quoi consiste proprement ma charge, et pourquoi il est besoin, non pas d'un petit mulet [1], comme vous dites, mais de quelque chose de plus que ce que j'ai. Vous voyez bien néanmoins que ce n'est pas grand'chose en soi, puisque je n'ai qu'à recevoir des autres ce que je leur dois donner, et que ma sœur Madelaine,

[1] *Edit. V. C.* : « ... non pas d'un petit *malet*... » Ce mot qui n'a pas de sens n'est qu'une erreur du deuxième copiste, et se trouve, en effet, dans le MS. *Suppl. franç.*, n° 1485.
Sans doute madame Perier avait écrit, en faisant allusion aux occupations de sa sœur, qu'elle lui paraissait *chargée comme un petit mulet*, et c'est à cela que répond ici Jacqueline.

qui est toujours présente, peut me redresser dans les fautes que j'y fais, et a l'œil sur elles comme sur moi, et que les pauvres filles, qui sont si mal pourvues de conductrice, peuvent, quand bon leur semble, s'adresser à elle et même à la mère Agnès [1]. Mais avec tout cela je ne laisse pas de bien trembler, quand je considère que j'ai entre les mains la vocation de cinq ou six filles, s'il faut ainsi dire, et qu'elle dépend en quelque sorte de mon peu de charité et de lumière, qui fait souvent que je préfère mon repos à leurs besoins, faute de les connaître ou de les vouloir soulager.

Je vous dis la vérité : voilà naïvement ce qui en est. Je vous avoue que l'ouverture de cœur qui doit être en nous, m'a souvent donné du scrupule sur le secret que je gardais avec vous en cela, pendant que vous étiez ici, et que vous me demandiez si souvent quel emploi j'avais; et j'avais même écrit sur mon agenda pour savoir de la mère Agnès si je ne vous devais pas cette confidence; mais Dieu a permis que je l'aie toujours oublié. Cela a fait que je n'y ai plus pensé depuis que vous êtes partie. Je n'en ai rien dit non plus à mon frère. S'il le sait, c'est comme vous, par d'autres que par moi. Il y a un grand avantage en cet emploi, en ce que sa principale obligation consiste à faire connaître Dieu aux autres, et à leur inspirer et leur imprimer sa crainte et son amour; mais vous avouerez qu'il y a aussi un grand danger, parce qu'il est bien difficile de parler de Dieu comme de Dieu, et qu'il est bien dangereux de donner aux autres de sa disette, au lieu de

---

[1] *Edit. V. C.* : « ... à elle *ou* à la mère Agnès. »

son abondance. Priez Dieu qu'il regarde mes deux deniers comme les grandes aumônes des riches, et qu'il me fasse la grâce de m'instruire moi-même en instruisant les autres. Adieu, ma chère sœur, je suis toute à vous en Notre-Seigneur.

Sœur Euphémie, religieuse indigne.

LETTRE DE LA SŒUR JACQUELINE DE SAINTE-EUPHÉMIE A M. PASCAL, SON FRÈRE [1].

Gloire à Jésus, au très-saint sacrement.

Ce 26 octobre 1655.

Mon très-cher frère,

L'obéissance et la charité me font rompre le silence avec vous la première, lorsque j'y pensais le moins. Je vous le déclare afin que vous ne vous en scandalisiez pas.

Nos mères m'ont commandé de vous écrire afin que vous me mandiez toutes les circonstances de votre méthode pour apprendre à lire par *be, ce, de,* etc. [2], où il

---

[1] IIe Recueil MS. du P. Guerrier, page 23.
On ne peut lire cette lettre de Jacqueline sans se rappeler le chapitre de la *Grammaire générale et raisonnée de Port-Royal*, intitulé : *D'une nouvelle manière pour apprendre à lire facilement en toutes sortes de langues.* La méthode indiquée dans ce chapitre, et qui est aujourd'hui généralement en usage dans les écoles, n'est autre que celle de Pascal, et sa sœur Jacqueline l'avait, à ce qu'il paraît, introduite dans la pratique de Port-Royal, avant qu'Arnaud et Nicole lui eussent donné place dans leur grammaire générale. Il est probable que Pascal lui-même avait eu occasion d'appliquer sa méthode; car il avait concouru à donner l'instruction à ses deux neveux Etienne et Louis Perier. Ce dernier à qui on ne pouvait rien apprendre, dit Marguerite Perier, fut mis entre les mains de Pascal. (Voy. ci-après, page 419, le mémoire de Marg. Perier.)

[2] *Edit. V. C.* : « à lire par *le B. C. D. E.* où il ne... »

ne faut point que les enfants sachent le nom des lettres. Car je vois bien comme on peut leur apprendre à lire [1], par exemple *Jesu*, en le faisant prononcer *Je, e, ze, u* [2] ; mais je ne vois pas comme on leur peut faire comprendre facilement que les lettres finissantes ne doivent point ajouter d'*e*. Car, naturellement, suivant cette méthode, ils diront *Jésuse*; sinon qu'on leur apprenne qu'il ne faut prononcer l'*e* à la fin que lorsqu'il y est effectivement. Mais je ne vois pas comment leur apprendre [3] à prononcer les consonnes qui suivent les voyelles, par exemple *en* [4], car ils diront *ene* au lieu de prononcer *an*, comme veut souvent le français. De même pour *on*, ils diront *one* [5]; et même en leur faisant manger l'*e* il ne le diront pas de bon accent, si on ne leur apprend à part la prononciation de l'*o* avec l'*n*. Je n'en ai pas d'autres dans l'esprit [6], mais je crois que vous les aurez prévus. Voilà ce qui regarde l'obéissance. Pour la charité, la lettre que je vous envoie vous l'éclaircira [7]. Je pense que le plus tôt fait serait de faire savoir à M. de Bernières le désir de cette bonne fille sans attendre le temps où les autres sortiront. Vous le pouvez faire en lui envoyant cette lettre si vous le jugez à propos, ou par quelque autre voie; il ne m'importe

[1] *Edit. V. C.* : « ... on peut leur apprendre *par A* à lire... »
[2] *Edit. V. C.* : « ... prononcer *Je e zou*... »
[3] *Idem* : « ... comment *pouvoir* leur apprendre... »
[4] *Idem* : « par exemple, *encor* : ils diront... »
[5] *Idem* : « ... De même pour *en*, ils diront *ene*... »
[6] *Idem* : « ... la prononciation de l'*O* avec l'*U, et non pas* d'autre dans l'esprit... » — Toutes ces altérations du texte original forment autant de non-sens.
[7] *Idem* : « ... vous l'éclairera... »

pourvu qu'on tâche à lui procurer quelque retraite, car elle me fait grand compassion. Je ne vous fais point de compliment sur la peine que je vous donne : la charité est elle-même sa récompense.

Si vous m'avez oubliée le 10 de ce mois, qui est le jour de mon baptême, je vous supplie de réparer cette faute aujourd'hui. Tous les 26 du mois me sont chers depuis que Dieu m'a fait la grâce de dépouiller pour jamais l'habit du monde un 26 de mai... J'ai bien intérêt que vous soyez tout à Dieu avec tout ce qui vous appartient, puisque je suis du nombre, par sa grâce autant pour le moins que par la nature [1]. Car, proprement, je suis votre fille : je ne l'oublierai jamais.

Sœur EUPHÉMIE, religieuse indigne.

Mandez-moi, s'il vous plaît, si vous êtes encore Monsieur de Mons [2].

EXTRAIT D'UNE LETTRE DE LA SŒUR EUPHÉMIE
A M. PASCAL, SON FRÈRE [3].

Ce 1er décembre 1655.

On m'a congratulée pour la grande ferveur qui vous élève si fort au-dessus de toutes les manières commu-

[1] *Edit. V. C.* : « ... par sa grâce, autant pour le moins *par sa grâce* que par la nature. »
[2] Pascal, du temps qu'il publiait les Provinciales, avait pris ce nom qui appartenait d'ailleurs à l'une des branches de sa famille. Voy. ci-après le Mémoire de Marg. Perier; pag. 419.
[3] IIIe Recueil MS. du P. Guerrier, page 292.

nes, que vous mettez les balais au rang des meubles superflus... Il est nécessaire que vous soyez, au moins durant quelques mois, aussi propre que vous êtes sale, afin qu'on voie que vous réussissez aussi bien dans l'humble diligence et vigilance sur la personne qui vous sert, que dans l'humble négligence de ce qui vous touche; et, après cela, il vous sera glorieux, et édifiant aux autres, de vous voir dans l'ordure, s'il est vrai toutefois que ce soit le plus parfait, dont je doute beaucoup parce que saint Bernard n'était pas de ce sentiment.

Note du P. Guerrier : « L'original de cette lettre est dans la bibliothèque des PP. de l'Oratoire de Clermont. »

LETTRE DE JACQUELINE PASCAL A MADAME PERIER SA SŒUR [1].

Gloire à Jésus et au très-saint sacrement.

A Port-Royal, ce 29 mars 1656.

Ma très-chère sœur,

Le carême ne peut m'empêcher de vous faire ce petit mot, quoique je vous aie déjà écrit vendredi dernier, parce que je n'ai rien que de bon à vous mander. Je crois que vous savez que nous avons le jubilé qui commença hier pour durer quinze jours, pendant lesquels, entre autres bonnes œuvres, il est ordonné qu'on communiera le dimanche 2 avril. Je vous fais ce préambule pour augmenter la joie que vous aurez d'apprendre

[1] II° Recueil MS. du P. Guerrier, page 17.

que votre fille aînée doit être confirmée et faire sa première communion ce jour. Elle me l'a dit ce matin, en se recommandant à mes prières avec tant de sentiment qu'elle en pleurait.

Voilà une bonne nouvelle. Mais j'en ai encore une autre qui n'est pas en effet meilleure; mais elle est plus étonnante. Pour vous la dire telle quelle est, et sans rien accroître ni diminuer, il faut vous raconter simplement comme [1] la chose s'est passée. Vendredi, 24 mars 1656, M. de La Potterie, l'ecclésiastique, envoya céans un fort beau reliquaire (où est enchâssé, dans un petit soleil de vermeil doré, un éclat d'une épine de la sainte couronne) à nos mères, afin que toute la communauté eût la consolation de le voir. Avant que de le rendre [2], on le mit sur un petit autel dans le chœur, avec beaucoup de respect, et toutes les sœurs l'allèrent baiser à genoux après avoir chanté une antienne en l'honneur de la sainte couronne. Après quoi tous les enfants y allèrent l'une après l'autre. Ma sœur Flavie, leur maîtresse, qui en était tout proche, voyant approcher Margot [3], lui fit signe d'y faire [4] toucher son œil, et elle-même prit la sainte relique et l'y appliqua sans réflexion néanmoins. Chacun étant retiré, on la rendit [5] à M. de La Potterie. Sur le soir, ma sœur Flavie, qui ne pensait plus à ce qu'elle avait fait, entendit Margot

---

[1] *Edit. V. C.* : « ... *comment* la chose... »
[2] *Édit. V. C.* : « ... de le voir avant que de le rendre; on le mit... »
[3] Mademoiselle Marguerite Perier. (*Note du P. Guerrier.*)
[4] *Edit. V. C.* : « ... signe *de* faire toucher... »
[5] *Idem* : « ... on *le* rendit... »

qui disait à une de ses petites sœurs : Mon œil est guéri ;
il ne me fait plus de mal. Ce ne fut pas une petite surprise pour elle. Elle s'approche et trouve que cette enflure du coin de l'œil, qui était le matin grosse comme
le bout du doigt, fort longue et fort dure, n'y était plus
du tout, et que son œil qui faisait peine à voir avant
l'attouchement de la relique, parce qu'il était tout
pleureux, paraissait aussi sain que l'autre, sans qu'il
fût possible d'y remarquer [1] aucune différence. Elle le
presse, et au lieu qu'auparavant il en sortait toujours
de la boue ou au moins de l'eau bien épaisse, il n'en
sortit rien non plus que du sien propre.

Je vous laisse à penser dans quel étonnement cela la
mit. Elle ne s'en promit rien néanmoins, et se contenta
de dire à la mère Agnès ce qui en était, attendant que
le temps fît connaître si la guérison est aussi véritable
qu'elle le paraît. La mère Agnès eut la bonté de me le
dire le lendemain ; et comme on n'osait espérer qu'une
si grande merveille se fût faite en si peu de temps, elle
me dit que si la petite continuait à se bien porter et
qu'il y eût apparence que Dieu la voudrait guérir [2] par
cette voie, elle prierait bien volontiers M. de La Potterie de nous refaire la même faveur pour achever le
miracle ; mais jusqu'ici il n'a pas été nécessaire. Car encore, qu'il y ait huit jours que cela s'est passé, parce
que je ne pus achever cette lettre mardi dernier, il n'y
a pas en elle la moindre trace de son mal, et il faut à
présent, sans comparaison, plus de foi à ceux qui ne

---

[1] *Edit. V. C. :* « ... d'y *marquer*... »
[2] *Idem :* « ... la *voulut* guérir... »

l'ont pas vu pour croire qu'elle ne l'a pas eu, qu'il n'en faut à ceux qui l'ont vu pour croire qu'elle n'en peut avoir été guérie en un moment que par un miracle [1] aussi grand et aussi visible que de rendre la vue à un aveugle. Elle avait outre son œil plusieurs autres incommodités qui en procédaient : elle ne pouvait plus presque dormir de la douleur qu'il lui faisait ; elle avait deux endroits dans la tête où l'on ne l'osait peigner [2] parce que cela répondait là ; et moi-même, il n'y avait que deux jours, en regardant [3] son mal, il me fit venir la larme à l'œil, et je trouvais qu'elle recommençait à sentir mauvais. Présentement il n'y a rien de tout cela, non plus que s'il n'y avait jamais rien eu. Néanmoins, pour ne nous promettre point des grâces si particulières trop légèrement, on a trouvé à propos de la faire voir à M. Dalançay, qui l'a vue il n'y a pas longtemps et beaucoup depuis qu'on a quitté l'eau de M. de Chatillon, et qui la trouva si mal qu'il l'a condamna au feu sans hésiter, et nous fit voir clairement la raison qu'il en avait. Il doit venir aujourd'hui sans faute. Dieu aidant, s'il vient assez tôt, je vous manderai le jugement qu'il aura porté et en même temps les raisons qu'il avait [4] de croire qu'il n'y avait que le feu qui la pût guérir ; sinon, ce sera pour mardi, Dieu aidant.

C'est une double joie d'être favorisé de Dieu lorsqu'on est haï des hommes. Priez Dieu pour nous, afin qu'il

---

[1] *Edit V. C.* omet *que* et dit : « ... en un moment par un miracle... » — Ce qui est un contre-sens.

[2] *Idem.* : « ... où *on ne la pouvait presque plus* peigner... »

[3] *Idem :* « ... *qu'en* regardant... »

[4] *Idem* omet : *qu'il avait.*

nous empêche de nous élever en l'un et de nous abattre en l'autre, et qu'il nous fasse la grâce de les regarder tous deux également comme des effets de sa miséricorde. J'ai une joie particulière de n'avoir nulle part[1] à ce miracle : cela fait que ma joie et ma reconnaissance ne sont traversées d'aucune crainte. J'ai cru prévenir votre désir en vous envoyant l'antienne et l'oraison que l'on chanta[2] devant la sainte relique. Je m'en vas de ce pas demander permission de la dire tous les jours en mémoire de ce bienfait, tant que je serai en état de dire mon office[3]. Je prétends la dire après matines, mais pour vous, si vous avez cette dévotion, vous le pouvez faire à trois heures après midi, qui est l'heure où il a plu à Dieu de l'opérer, comme c'est celle où il a donné par sa mort une si merveilleuse puissance aux instruments de sa passion. Adieu.

Depuis, M. Dalançay a vu Margot et a jugé la guérison pleine et miraculeuse. Il a remis à huit jours pour en assurer ; on n'en dit mot jusque-là.

EXTRAIT D'UNE LETTRE DE JACQUELINE A SA SŒUR MADAME PERIER[4].

Ce vendredi 31 mars après midi 1656.

.... M. Dalançay est venu ce matin. Mais avant que

---

[1] *Edit. V. C.* : « ... *aucune part...* »
[2] *Idem.* : « ... que l'on *chante...* »
[3] *Idem.* : « ... de ce bienfait. Tant que je serai en état de dire mon office, je prétends la dire... »
[4] II⁰ Recueil MS. du P. Guerrier, page 19.

vous dire en quel état il a trouvé la petite, il faut vous dire celui où il l'avait vue, premièrement seul avec quelques-unes de nos sœurs, et ensuite en présence de M. Renaudot et de M. Desmarets qui est de la maison de Bailleul. Tous trois sont témoins qu'elle avait non-seulement le coin de l'œil, mais le dessous et la joue [1] visiblement enflés; surtout le coin de l'œil l'était beaucoup; que quand on le pressait il en sortait de la boue, n'était qu'on l'eût pressé peu auparavant, en quel cas [2] il ne sortait que de l'eau plus ou moins épaisse, en moindre ou plus grande quantité une fois que l'autre, sans règle, mais jamais on ne le pressait [3] sans faire sortir quelque chose, pourvu qu'elle eût demeuré la longueur d'un pater [4] sans le presser. Lorsqu'on l'avait bien pressé, l'enflure ne paraissait plus, mais elle revenait petit à petit en commençant un quart d'heure après, et en deux ou trois heures elle était revenue comme devant; lorsqu'on le pressait bien, il en sortait de la boue par l'œil et par le nez, mais non pas en assez grande quantité pour désemplir cette poche qui ne paraissait plus, car elle était fort grosse; ce qui fit juger à M. Dalançay que sans doute il y avait quelque autre issue [5] par où il s'en déchargeait une partie. Il lui fit ouvrir la bouche, et après avoir bien regardé il connut [6] que l'os du nez était percé et qu'une partie de

---

[1] *Edit. V. C.* : « ... le dessous *de* la joue... »
[2] *Idem* : « ... *auquel* cas... »
[3] *Edit. V. C.* : « ... mais on ne le pressait *point* sans... »
[4] *Idem* : « ... *du* pater... »
[5] *Idem.* : « ... *une* autre issue... »
[6] *Idem.* : « ... et après *l'avoir* bien regardée, il *reconnut*... »

cette ordure entrait dans sa gorge par cette ouverture ; et en effet, sur-le-champ même [1], il en tira de toute espèce avec sa spatule, ce qui faisait qu'on ne lui pressait plus son œil sans horreur parce qu'on savait qu'il en coulait autant dans la gorge qu'il en sortait par l'œil. Outre cela il sortait une très-mauvaise senteur de son œil et de son nez. Voilà ce qu'il avait vu, il y a environ deux mois, et qui lui fit conclure qu'il ne fallait point différer à y mettre le feu ce printemps, parce que cet os percé ne ferait que se pourrir de plus en plus, et pouvait avoir de si mauvaises suites qu'on n'osait quasi me les dire, comme de lui faire tomber le nez et pourrir la moitié du visage. Il ne désespérait pas néanmoins de la guérir par le moyen du feu, mais il n'en assurait point aussi, et assurait qu'il était impossible qu'aucun autre remède humain le pût faire. Voilà l'état auquel il l'avait vue; à quoi il faut ajouter que tout cela était encore beaucoup augmenté depuis ce temps-là, de sorte que sa maîtresse m'a dit aujourd'hui que quand elle la mena baiser la sainte relique, elle n'avait nulle pensée de son œil, mais qu'elle s'en avisa en la voyant approcher à cause de l'horreur qu'il lui fit, tant il était mal ; et que la douleur qu'on lui faisait en la peignant était si grande qu'elle lui faisait beaucoup pleurer les yeux malgré elle.

Ce matin donc M. Dalançay étant venu, on la lui a présentée, sans lui rien dire. Il s'est mis à la regarder de tous côtés sans rien dire ; il lui a pressé l'œil; il a

[1] *Edit. V. C.* omet : *sur-le-champ même.*

fait entrer sa spatule dans le nez, et à tout cela il était bien étonné de ne trouver rien du tout. On lui a demandé s'il ne se souvenait pas du mal qu'il lui avait vu. Il a répondu bien naïvement : « C'est ce que je cherche ; mais je ne le trouve plus. » Je l'ai prié de lui regarder[1] dans la bouche ; il l'a fait, il y a porté sa spatule, et y a si peu trouvé qu'il s'est mis à rire et a dit : « Il n'y a rien du tout. » Sur cela ma sœur Flavie lui a dit ce qui s'était passé. Il l'a fait répéter[2] plus d'une fois, car c'est un homme fort sage et prudent ; et après avoir écouté paisiblement et avoir demandé si cela s'en était allé sur l'heure et que l'enfant même a répondu qu'oui, il a dit qu'il donnerait quand on voudrait son attestation qu'il était impossible que cela se pût faire sans miracle. Il ne veut pas affirmer[3] non plus que nous que le mal ne reviendra point, parce qu'il n'y a que Dieu qui le sache ; mais il assure que pour le présent il n'y en a point du tout et qu'elle est en parfaitement bon état. Voilà ses propres termes[4] ou l'équivalent. Il nous a néanmoins exhortées à n'en faire pas de bruit pour le présent et à renfermer les mouvements de notre reconnaissance dans notre maison autant que cela se pourra, de peur des faux jugements. Il ne s'est pas expliqué davantage ; mais nous avons bien entendu qu'il voulait dire que notre heure n'était pas encore venue, et que c'est à d'autres à qui il faut dire : C'est ici votre

---

[1] *Edit. V. C. :* « ... de regarder... »
[2] *Idem :* « ... Il *lui* a fait répéter.
[3] *Edit. V. C. :* « Il ne veut pas *assurer*... »
[4] *Idem :* « ... *les* propres termes... »

heure. Je désire de tout mon cœur que le reste ne leur convienne pas comme il semble, car on peut bien appeler ténèbres tout ce qui s'oppose à la lumière de la vérité. Sur cela, il a exhorté la petite à profiter d'une si grande grâce, et sa maîtresse nous a dit que rien ne lui ferait mieux croire que c'est un miracle que de voir que Dieu semble la changer et qu'elle est abonie depuis ce temps-là.

Je ne sais plus rien de la visite de M. Dalançay, car, comme j'avais su tout ce que je désirais je les ai quittés et je suis sortie seule pour te le conter bien à la hâte, car je n'ai point de temps. Adieu, priez le Seigneur qu'il me fasse la grâce d'avoir de bons yeux dans le cœur, bien sains, bien purs, bien clairvoyants. Il faut encore que je vous dise que toutes les fois qu'on parlait du mal de Margot devant madame d'Aumont, elle souhaitait qu'elle mourût pour ne pas tant souffrir, et que quand on parlait de miracles peu assurés, elle disait que si ce mal guérissait par l'attouchement de quelques reliques, ce serait vraiment celui-là qui serait un miracle.

Mon frère a reçu votre lettre de change [1].

[1] *Edit. V. C.* omet cette ligne.

LETTRE DE LA SŒUR JACQUELINE DE SAINTE-EUPHÉMIE A MADAME PERIER [1].

Gloire à Jésus au très-saint sacrement.

A Port-Royal du Saint-Sacrement, ce 24 octobre 1656.

Ma très-chère sœur,

Je ne doute point que la joie de mon frère n'ait surmonté sa paresse et qu'il ne m'ait prévenue en vous mandant la conclusion du miracle dont je ne puis vous mander aucunes circonstances, si non qu'il y a huit ou dix jours que la petite fut vue juridiquement par des chirurgiens d'office en présence de M. l'Official, à cause de quoi on la fit sortir avec sa sœur en habit du monde, et que hier ou aujourd'hui il a prononcé la sentence, je ne sais si cela s'appelle d'approbation ou de vérification du miracle, de sorte que nous chanterons vendredi, Dieu aidant, un *te Deum* solennel avec une messe d'actions de grâce. La petite sera dans l'église du Dehors avec un cierge allumé, et ainsi nous nous efforcerons de faire paraître une partie de la reconnaissance que Dieu nous met au cœur [2] pour un si grand prodige, dont l'action de grâces se trouve heureusement pour nous unie à celles que nous rendons à Dieu tous les ans de celle qu'il nous a faite en nous associant à l'institut du saint sacrement, dont on reçut céans l'habit le 24 d'oc-

---

[1] IIe Recueil MS. du P. Guerrier, pag. 20.
[2] *Edit. V. C.* : « ... nous *mit* au cœur... »

tobre 46 ou 47. Et depuis ce temps on en a fait un mémoire solennel tous les ans au jeudi plus proche du 24 de ce mois ¹. Il me semble que ce mélange de la sainte Eucharistie avec un des instruments de la passion, et des actions de grâces à quoi l'un et l'autre nous oblige nous représente de grandes choses... Il n'appartient qu'à Dieu d'agir en Dieu en tirant les plus grands biens des plus grands maux, et la plus grande joie de la croix la plus sensible. Prions-le qu'il nous fasse la grâce de nous laisser toujours ² conduire en aveugle à un guide si ³ assuré.

Tout le monde murmure contre M. Perier de s'en être allé dans le temps où ⁴ il fallait venir : chacun dit qu'il était bien hâté et que cela serait le mieux du monde s'il était présent à la cérémonie; mais la mère Agnès n'est pas de ce sentiment, elle dit que cela est bien mieux ainsi, et que Dieu veut montrer que comme il a bien guéri ⁵ sa fille sans lui, il n'a que faire de lui pour en publier le miracle. Voilà ce qu'il a gagné à n'avoir pas six jours de patience, et outre cela il a perdu l'exercice de sa charge de vérificateur des miracles qui lui en eût donné, à ce que l'on dit, plus que jamais, parce qu'il s'en fait très-souvent. Je n'en sais plus à présent qu'il n'est pas ici sinon un qui arriva environ ⁶ vers la Pentecôte, en la personne d'une petite fille qu'on

---

¹ *Idem :* « ... plus proche *le* 24 de ce mois... »
² *Edit. V. C.* omet : *toujours.* — ³ *Idem* omet : *si.*
⁴ *Idem :* « . . *qu'il* fallait venir... »
⁵ *Edit. V. C. :* « ... est mieux... » « ... a guéri... »
⁶ *Idem* omet *environ.*

nomme Marie Guérin. Elle fut mise il y a quatre ans chez une fille âgée [1], nommée madame de Courbe, paroisse de Saint-Severin, qui prend des pensionnaires. Cet enfant, âgé de cinq ans et demi, avait été placé là par des personnes de condition qui ne veulent pas être nommées, parce qu'elles le font par charité, et cette petite fille ne sait ni qui elle est, ni d'où elle est. Cet enfant, dès lors, avait une très-mauvaise senteur au nez, quoiqu'il ne soit point plat, et elle a toujours augmenté de telle sorte qu'on ne la pouvait plus souffrir à table commune. On la fit voir à un chirurgien dont j'ai oublié le nom, qui n'eut pas la moindre espérance de la guérir, de sorte qu'on ne lui faisait aucun remède que de lui laver la bouche et le nez avec de l'occicrat [2] qu'on lui faisait respirer, jusqu'à ce qu'environ la fête de la Pentecôte dernière [3] madame de Courbe, à la persuasion de mademoiselle Pariseau, sa cousine germaine (qui a été gouvernante de mademoiselle de Liancourt), et je crois de M. Jean le Petit, libraire, son neveu, la mena céans en dévotion à la sainte épine; depuis ce jour-là cette mauvaise odeur cessa si absolument qu'elle n'en avait aucun reste. Environ huit jours après elle revint un peu, sur quoi madame de Courbe prit dessein de la ramener, et incontinent qu'elle l'eut dit à l'enfant, la mauvaise odeur cessa tout à fait et n'a aucunement paru. Depuis elles vinrent céans toutes deux en rendre grâces, et on me les fit voir

---

[1] *Idem* : «... chez une *personne* âgée.... »
[2] *Idem* : de l'*obsécrat*... » — [3] *Idem* : « ... jusqu'environ la fête de la Pentecôte dernière, Madame... »

il y a dix ou douze jours. Madame de Courbe craignant de n'être pas crue parce qu'on ne la connaissait point céans, amena M. le vicaire de Saint-Severin qui voulut bien prendre cette peine pour rendre gloire à Dieu et témoignage à la vérité.

Un jardinier de nos voisins, qui ne nous aimait pas trop, je ne sais pourquoi, se trouvant ces jours passés avec M. de Saint-Gilles, ou quelque autre de ces messieurs, lui dit en son patois, tout en grondant : Je devrais pourtant bien les aimer, car j'ai été guéri dans leur église d'un grand mal d'œil à quoi je ne savais plus que faire ; je suis le second miracle qui s'y est fait.

Il y a aussi une religieuse de Troye, en Champagne, qu'on dit avoir été guérie d'une fistule avec mauvaise odeur comme la petite [1]. J'espère que nous en saurons les particularités, car madame Duplessis Guénegaud y est allée exprès pour le vérifier.

EXTRAIT D'UNE LETTRE DE LA SŒUR JACQUELINE DE SAINTE EUPHÉMIE A MADAME PERIER [2].

Gloire à Jésus, au très-saint sacrement.

A Port-Royal du Saint-Sacrement, ce 30 octobre 1656.

Ma très-chère sœur,

..... Mon frère ne manquera pas de vous envoyer

---

[1] *Edit. V. C.* dit : « ... comme la *peste*, » au lieu de : « comme la *petite*, » c'est-à-dire Marguerite Perier.
[2] IIe Recueil MS. du P. Guerrier, page 22.

des imprimés de la sentence par laquelle, comme vous verrez, monsieur le grand vicaire nous ordonne de chanter une messe d'action, de grâces, le vendredi 27 de ce mois. On nous fit commencer cette solennité dès la veille où nous chantâmes vêpres de la sainte couronne. De quoi nous fîmes office double le vendredi en chantant toutes les heures, et les chantres tenant le chœur comme aux grandes solennités. Ma petite sœur Marguerite (qui ne s'appelle plus Margot) était au chœur parmi les novices, parce que c'était sa fête (car les petites n'y viennent pas d'ordinaire), afin que rien ne manquât à la cérémonie. Le lendemain il se trouva dès le grand matin quantité de monde à l'église quoiqu'il plût beaucoup. On fit dans notre chœur un petit autel, contre la grille qui demeura ouverte, paré de blanc [1] et couvert d'un beau voile de calice, sur quoi notre mère posa le reliquaire de la sainte épine environnée de quantité de lumières, où M. le grand vicaire qui faisait la cérémonie le vint prendre avec la croix accompagné de seize diacres qui tenaient des cierges, et il le porta en cérémonie couvert du dais comme à la procession du saint sacrement jusqu'à l'autel, deux diacres l'encensant continuellement, où il la posa sur un petit tabernacle bien paré qu'on avait fait exprès. Cependant toutes les sœurs, avec leurs grands voiles baissés, chantèrent à genoux devant la grille, l'hymne *Exite Filiæ Sion*, etc., l'antienne *O Corona*, avec des cierges allumés, aussi bien que la petite guérie qui était devant notre chœur

---

[1] *Edit. V. C.* omet ces mots : *paré de blanc*.

devant la grille, habillée en séculière fort proprement, mais fort modestement avec une robe grise et une coiffe, et à genoux sur deux grands carreaux, afin qu'elle pût être [1] assez haute pour être vue d'une foule de peuple qui grimpaient [2] où ils pouvaient pour la voir. Ensuite de quoi on ôta [3] l'autel, et M. le grand vicaire dit la sainte messe, qui fut chantée, de la sainte couronne avec beaucoup de solennité, pendant quoi le milieu de la grille demeura ouvert, afin que le peuple eût la consolation de voir la petite qui était proche sur un priedieu couvert d'un tapis, avec un cierge allumé devant elle, et une chaise pour s'asseoir quand elle en avait besoin. Elle demeura là avec autant d'assurance que si c'eût été sa place ordinaire, se levant et s'agenouillant quand il fallait...., avec autant de modestie que si elle eût été bien dévote, et d'aussi bonne grâce que si on lui eût bien fait étudier. A la préface on l'ôta pour la communion des sœurs qui dura fort longtemps, parce que toutes celles à qui leur santé et leur occupation l'avaient pu permettre, s'étaient réservées pour cette messe qui fut fort solennelle, le célébrant y étant accompagné de ses diacres et de six acolytes avec des cierges allumés. La messe étant achevée, on ouvrit la grille entière, on remit le prie-dieu, et nous descendîmes toutes dans [4] les chaises des novices avec des cierges à la main ; le *Te Deum* fut chanté, pendant quoi le

---

[1] *Edit. V. C.* : « ... afin qu'elle *fût*... »

[2] *Idem* : « qui *y* grimpaient... » — [3] *Idem* : « ... on *ôte*... »

[4] *Edit. V. C.* omet *dans* et dit : « ... nous descendîmes toutes les chaises... » — Ce qui fait un sens assez bizarre.

célébrant, après avoir encensé la sainte épine [1] l'adora le premier, puis la donna à baiser à tous les ministres de l'autel, ensuite de quoi on le supplia de s'aller reposer parce qu'il était plus de midi. Un des prêtres la prit pour la faire baiser au peuple. Nous refermâmes la grille et chantâmes Sexte pour achever la solennité du matin, qui dura jusqu'à l'après-dînée où nous ne fîmes que mémoire des saints apôtres saint Simon, saint Jude, ayant eu ordre de faire vêpres entières de la sainte couronne. Voilà tout ce que je sais, sinon qu'il faut ajouter que le temps étant devenu plus beau pendant la cérémonie, l'église ne désemplit pas tout le matin [2], et qu'on vendit un si grand nombre des sentences de M. le grand vicaire, qu'on estime qu'il y en eut pour 100 francs à un sou la pièce, seulement dans la cour qui est devant la porte de l'église. Je n'ai ni le temps ni le pouvoir de vous dire mes sentiments sur ce sujet : je crois que vous en jugez par les vôtres. Tout ce qui regarde Dieu est ineffable et s'apprend [3] beaucoup mieux par l'expérience que par des paroles. Prions Dieu seulement qu'il nous fasse avoir toujours présente au cœur une si grande merveille, et que le temps ne la fasse point vieillir à notre égard, puisqu'il ne sera pas moins admirable dans dix ans d'ici qu'un si grand mal ait été guéri en un instant que dans l'instant où il le fut [4]. Il faut que je quitte par nécessité, je ne vois plus

---

[1] *Edit. V. C. :* » ... après avoir *adoré* la sainte épine l'adora... »
[2] *Idem :* « ... ne désemplit pas le matin... »
[3] *Edit. V. C. :* « ... *s'entend*... »
[4] *Idem :* « où il *se fit*... »

goutte que pour vous dire que madame Daumont qui a beaucoup de bonté pour nous tous, vous envoie le portrait de ma petite sœur Marguerite en taille douce, ne doutant point que vous n'ayez bien envie de l'avoir. On lui a fait toucher la sainte épine. Adieu, etc.

LETTRE DE LA SŒUR JACQUELINE DE SAINTE EUPHÉMIE A LA MÈRE DE SAINT JEAN, SUR LA MORT DE LA SŒUR ANNE-MARIE DE SAINTE EUGÉNIE [1].

Ma très-chère sœur, vous auriez sujet de vous plaindre de moi si je ne vous allais trouver pour me consoler avec vous de la perte commune de notre pauvre enfant. Je vous puis assurer que peu de choses sont plus capables de me toucher, et que j'ai vivement ressenti les souffrances de sa maladie, et encore plus sa séparation ; quoique je vous avoue que l'un et l'autre sont accompagnés de tant de sujets de consolation, que je ne sais en vérité lequel est le plus grand et le plus juste, de la douleur que je sens en perdant une personne à qui j'étais plus unie, ce me semble, que par la chair et le sang, ou de la joie et de la reconnaissance des grâces que Dieu a faites à une personne à qui j'étais si obligée d'en désirer.

Sa bonne disposition a paru principalement au plus fort de son mal, et il semble que Dieu n'ait soutenu sa

[1] *Mémoires pour servir à l'histoire de Port-Royal, et à la Vie de la M. Angélique.* Utrecht 1742, tome III, page 596. La sœur de Ste Eugénie était la dernière fille d'Arnauld d'Andilly.

vie durant ces derniers huit jours contre toute apparence, que pour nous faire connaître ce qu'il a fait en sa faveur. Elle n'a été pleinement persuadée qu'elle mourrait que deux heures avant sa mort; et cela fait mieux voir que ses bonnes dispositions étaient solides, et qu'elles ne naissaient pas de cette crainte que donne un péril que l'on voit présent. Car elle a toujours espéré d'en revenir, mais elle ne l'a point souhaité; et particulièrement depuis le dernier voyage de M. Singlin, elle a eu plus d'envie que de crainte de la mort.

La pauvre enfant se trouvant fort mal le jour de la Sainte Croix, alla communier comme en viatique, avec un peu de crainte pour le succès d'un mal qui commençait violemment, mais d'ailleurs bien disposée, principalement en ce qu'elle avait de la joie d'être malade comme une pénitente; et sa plus grande crainte, après celle de la mort, était de n'user pas bien de sa maladie et de ne souffrir pas assez patiemment. Dieu lui a fait la grâce dans la suite de lui ôter entièrement la première, et tout le sujet qu'elle avait de l'autre : car elle a été si douce et si bonne malade qu'elle a donné une édification générale à toutes celles qui l'ont servie.

Ce qui nous donne sujet de croire qu'elle ne le faisait que par vertu, et que c'était plus un ouvrage de la grâce que l'effet de l'abattement de la nature, c'est que m'étant aperçue, il y eut lundi huit jours, qu'elle faisait grande difficulté de prendre une tisane à qui, selon les apparences, on doit le reste de sa vie depuis ce jour-là jusqu'aujourd'hui, et qu'au lieu qu'elle buvait son eau ordinaire avec empressement pour se rafraîchir, elle ne prenait celle-ci que goutte à goutte, je lui dis (doucement néanmoins) que puisque Dieu lui avait envoyé cette maladie comme une pénitence, elle devait y contribuer en prenant de bon cœur tous les remèdes qui en étaient les suites nécessaires.

Cela fit tant d'impression sur son esprit que depuis ce temps-là, elle a pris tout ce qu'on lui a présenté ; et Dieu lui a fait la grâce de lui donner un si grand sentiment de pénitence, qu'elle ne pouvait souffrir qu'on la plaignît sans faire violence à la grande difficulté qu'elle avait à parler, pour dire qu'elle ne souffrait rien, et pour comparer son mal à celui de quelques autres qu'elle croyait être plus grand, faisant entendre que le sien n'était rien.

Elle a témoigné jusqu'à la fin une grande reconnaissance des services qu'on lui rendait, et cela par esprit d'humilité et de pénitence : ce qu'elle regardait vraiment comme une chose qui ne lui était pas due. Elle se plaignait souvent de ce que son abattement l'empêchait de s'appliquer à Dieu ; et hier elle me dit avec grand scrupule[1] : « Mais ne dirai-je donc pas une heure d'office ? » Je lui dis que sa maladie lui tenait lieu de tout ; sur quoi elle répondit en soupirant : « Cela serait vrai si je la souffrais « comme il faut, mais j'y fais bien des fautes. » Et sur cela elle me parla de quelque impatience qui n'était rien. Je lui dis que le même mal qui lui faisait faire ces sortes de fautes en était le remède, et que pour son office il suffirait qu'elle fît le signe de la croix quand

[1] *Edit. V. C...* « et *alors* elle me dit avec *un* grand...

elle aurait l'esprit assez présent pour penser qu'il est heure de le dire. Cela la mit en paix, ou plutôt cela la laissa en paix : car par la grâce de Dieu elle ne l'a jamais perdue.

Elle se confessa hier au soir par occasion, car nous ne la croyons pas si proche de sa fin; et je crois qu'elle le fit avec une présence d'esprit toute particulière. Car même la dernière fois qu'elle vit M. Singlin, elle lui parla avec autant d'étendue et de lumière qu'elle ait jamais fait : et ce matin elle en avait tant et parlait si librement, que rien ne m'a plus surprise que lorsqu'on nous a dit, en sortant de la grand'messe, qu'elle commençait à râler. Nous y avons couru et nous l'avons trouvée commençant son agonie, mais avec tant de connaissance que j'en ai eu grand'peur, craignant que la vue et l'approche de la mort ne la troublât. Mais Dieu lui a fait bien plus de grâce que je n'eusse osé l'espérer.

Depuis cela je ne l'ai plus quittée ni la mère prieure aussi : ce qui la consolait beaucoup, parce que nous lui disions de fois à autre quelques paroles pour la faire penser à Dieu. Sur le midi, elle s'est tournée vers moi, connaissant bien que j'étais touchée de son état, et elle m'a dit : « Voilà votre pauvre enfant bien mal. » Je lui répondis : « Il est vrai, elle souffre beaucoup : » Car elle était dans une grande agitation. « Oui, reprit-elle, « mais cela n'est rien, pourvu que je puisse espérer de « satisfaire à Dieu. » J'ai tâché sur cela de lui donner confiance, et un peu après elle m'a dit : « Que je suis consolée de mourir entre vos mains ! » Cela m'ayant fait voir qu'elle connaissait l'état où elle était, je lui dis que la mère supérieure était allée quérir M. de Saci. Elle en a eu grande joie, et quelque temps après elle nous a dit : « M. de Saci ne vient point; » et puis aussitôt elle s'est reprise et nous a dit qu'il ne fallait pas le presser de peur de l'incommoder. Je l'ai pourtant fait venir, voyant qu'elle baissait toujours.

Pendant qu'on était allé avertir M. de Saci, elle m'a dit : Commencez toujours les prières ; ce que j'ai fait. La pauvre enfant y a toujours répondu, baisant toujours la croix qu'elle tenait. Le pouls lui étant revenu plus fort, on a cru que cela pourrait encore durer ; de sorte que M. de Saci et la communauté se sont retirés. Après cela je lui ai demandé si elle n'avait pas grande confiance en la miséricorde de Dieu. Elle m'a répondu avec un grand sentiment : Je ne sais si je suis digne de l'avoir. Je lui ai dit que l'on ne pouvait en avoir trop puisque elle était infinie. Elle l'a bien compris. Je lui ai ensuite demandé si elle n'avait pas grande joie de mourir religieuse, et elle a fait effort pour me témoigner combien elle reconnaissait cette grâce. Peu de temps après la mère prieure a dit aussi auprès d'elle une oraison qu'elle a écoutée fort attentivement.

La voyant en cet état, nous avons cru devoir lui faire recevoir encore une fois le saint viatique, quoiqu'elle l'eût déjà reçu avec l'extrême-onction le quatorzième jour de sa maladie. Elle en a témoigné grand désir, et je crois que ce sont les dernières paroles que celles qu'elle dit à ce sujet. Car aussitôt après, comme on apprêtait la chambre pour cela, elle a tourné à la mort si vite qu'on n'a eu le loisir que d'appeller [1] M. de Saci.et la communauté, qui n'ont pas plutôt été dans la chambre qu'elle a expiré si doucement qu'on ne l'a presque pas aperçu.

Voilà, ma chère sœur, ce me semble, de grands sujets de consolation. Je ne puis vous en dire davantage parce qu'on attend les lettres, etc. De Port-Royal des Champs, ce 7 octobre 1660.

LETTRE DE LA SŒUR JACQUELINE DE SAINTE EUPHÉMIE
A M. PASCAL, SON FRÈRE [1].

Gloire à Jésus, au très-saint sacrement.

Ce 16 novembre 1660.

Bon jour et bon an, mon très-cher frère; vous ne doutez pas que je ne vous l'aie souhaité de bon cœur dès le commencement, quoique je n'aie pu vous le dire qu'à la fin; je m'assure que vous vous étonnez d'être prévenu; mais il était raisonnable que le vœu finît par où il avait commencé, et que je vous assurasse que cette année que j'ai donnée à Dieu de bon cœur ne vous a rien ôté de tout ce que vous pourriez attendre de moi devant lui. Mon Dieu! quand je pense combien cette séparation, qu'il semblait que la nature devait appréhender, s'est passée doucement, et combien cette année a été tôt passée, je ne puis m'empêcher de désirer l'éternité, car en vérité le temps est peu de chose. Mais

---

[1] *Edit. V. C....* « *d'avertir* M. de Saci.. »
[2] IIe Recueil MS. du P. Guerrier, page 47.

je ne veux pas m'engager dans un discours qui nous mènerait bien loin, et où je suis entrée sans y penser, car je ne vous écris ni pour cela ni même pour me donner cette consolation, puisqu'elle serait bien indigne d'une religieuse qui n'en doit chercher qu'en Dieu ; ni aussi pour vous donner quelque satisfaction, car je ne crois pas être digne de cela ; mais c'est seulement et uniquement pour vous congratuler de ce que vous êtes devenu père de famille en une des manières dont Dieu même est notre père [1], et pour vous demander pardon en même temps de la peine que je vous ai donnée en cela, car c'est moi qui vous l'ai procurée, et j'ai bien peur que vous en soyez incommodé. Je l'ai fait dans l'assurance que j'avais que vous en auriez bien de la joie, et que le soin et l'incommodité que vous en auriez ne durerait pas, parce que M. R... serait bientôt en état de reprendre ces enfants ; et, en effet, je crois que vous pouvez les renvoyer quand vous voudrez, pourvu seulement que vous lui en donniez avis. Je vous supplie très-humblement de les saluer de ma part, et M. Dulac aussi. Pour vous, je ne vous dis rien ; vous devez juger de mes sentiments par les vôtres, et vous assurer que je suis toute à vous en celui qui nous a plus unis par sa grâce [2] que par la nature.

[1] *Édit. V. C.* : « ... dont Dieu est notre père... »
[2] *Édit. V. C.* : » ... par *la* grâce... »

LETTRE DE LA SŒUR JACQUELINE DE SAINTE EUPHÉMIE, A MADAME PERIER [1].

Gloire à Jésus, au très-saint sacrement.

A Port-Royal des Champs, ce 24 mars 1661.

La retraite de ce temps peut bien m'empêcher de vous faire une ample lettre [2], ma chère sœur, mais elle ne peut pas me dispenser de vous écrire, puisque je n'ai rien à vous mander que de saint et des effets de la grâce de Dieu dont il nous a donné les arrhes [3] en un tel jour qu'aujourd'hui, car vous savez que la guérison des corps n'est que comme un morceau pour parler ainsi, qui nous promet infiniment plus que ce qu'il vaut [4]. Cela commence à se trouver vrai en deux manières, car au lieu que par cet épouvantable miracle il n'y a eu qu'une de vos filles guérie [5], nous avons sujet d'espérer [6] que toutes les deux seront préservées de la corruption du monde. L'aînée a fort bien parlé à M. de Rebours ; et pour la jeune, elle est si fervente que si cela continue on ne pourra pas se dispenser de la mettre au noviciat devant l'âge, si vous avez tous deux [7] dessein de la donner à Dieu comme je le crois. Elle dit que son miracle est un privilége particulier, et en effet difficilement cela

---

[1] II° Recueil MS. du P. Guerrier, page 24.
[2] *Edit. V. C.* : « ... de faire une ample lettre... »
[3] *Idem* : « ... *des* arrhes.
[4] *Idem* : « ... infiniment plus qu'il ne vaut... »
[5] *Idem* : « ... qu'une de *nos* filles *de* guérie... »
[6] *Idem* : « ... nous avons *lieu* d'espérer... »
[7] *Idem* omet : *tous deux.*

tirera-t-il à conséquence. Et pour votre fils aîné, il a été trouver M. de S.....[1] à qui il a déclaré son cœur, et lui a témoigné qu'il a un éloignement entier du monde et qu'il ne pense qu'à se donner à Dieu. M. S..... fit tout ce qu'il put pour le tenter, jusques à lui dire que M. son père étant si honnête homme et si grand justicier, il avait tout sujet d'espérer qu'il l'imiterait, et que ce n'était pas un service peu agréable à Dieu que de rendre bien la justice, tout cela ne l'ébranla point, et il le fut encore moins après ; car M. S..... le voyant si ferme se mit de son côté, et le confirma autant qu'il put dans son dessein qui est fort bon, car sa vue est de se joindre à M. de Tillemont et à M. du Fossé qui sont deux aussi honnêtes gens qu'il s'en puisse voir[2]. M. S.... m'a ordonné de vous mander cela nonobstant le carême, pour vous réjouir tous deux, et pour vous porter à rendre des grâces[3] à Dieu, etc.

LETTRE DE LA SŒUR JACQUELINE DE SAINTE EUPHÉMIE, A MESDEMOISELLES PERIER, SES NIÈCES[4].

Gloire à Jésus, au très-saint sacrement.

Ce 17 juin 1661.

Mes très-chères sœurs,

Je ne sépare point ma lettre, parce que Dieu me

---

[1] M. Singlin.
[2] *Edit. V. C.* : « ... *que l'on* puisse voir... »
[3] *Idem* : « ... à rendre grâces... »
[4] I*er* Recueil MS. du P. Guerrier, pag. ccccxc.

donne cette consolation, dans ma douleur[1], de vous voir parfaitement unies dans le dessein d'être entièrement à Dieu. Je le supplie de tout mon cœur de vous affermir de plus en plus dans cette disposition ; mais, mes chères sœurs, vos actions et votre fidélité à suivre les lumières que vous avez reçues doivent être les plus efficaces prières de toutes[2], et il est sans doute que sans celles-là les nôtres seront peu écoutées de Dieu. Je sens une joie extraordinaire quand je me souviens des bonnes dispositions qui sont marquées dans vos lettres, et comme je ne souhaite aucuns biens ni aucuns avantages à mes amis que les éternels, j'ai une grande joie quand je les y vois tendre. Mais, mon Dieu, mes chères sœurs, qu'il y a encore peu que vous êtes dans le monde! Je loue Dieu de ce que le peu que vous en avez déjà vu vous déplaît; mais si vous n'y prenez garde, et si vous ne vous armez d'une prière et d'une vigilance continuelle, vous vous trouverez insensiblement déchues des sentiments où vous êtes à présent. C'est pourquoi, mes chères sœurs, séparez-vous du monde le plus qu'il vous sera possible. Vous êtes avec des personnes si remplies de piété et qui sont si affectionnées à saint Bernard, qu'elles ne s'offenseront pas que vous suiviez son conseil. Il avertit les âmes qui veulent être les vraies épouses de Jésus-Christ, de ne pas se contenter de fuir le monde, mais même leurs amis et ceux de la même maison et enfin toutes les créatures, parce

---

[1] Voyez la lettre suivante.
[2] *Edit. V. C.* : « ... les plus efficaces *preuves* de toutes, » — non-sens.

que le fils de Dieu veut nous trouver dans la solitude pour parler à notre cœur. Je n'entends pas néanmoins que vous deveniez farouches et que vous fuyiez tout le monde, mais que vous soyez fidèles à le faire aussitôt que la nécessité absolue ne vous y retiendra plus; et que dans le temps que vous serez dans les compagnies, vous y dérobiez souvent de petits moments pour parler à Dieu, comme il est dit si admirablement dans le *Cœur nouveau*[1]. Je ne m'aperçois pas, mes chères sœurs, que je fais une chose bien étrange de vous donner des avis au lieu où vous êtes; je n'y viens que de penser. Profitez bien des avis et des secours que vous recevrez de monsieur votre hôte; c'est le meilleur que je puisse vous donner, dans le lieu où vous êtes. Priez Dieu pour moi, je vous en supplie, mes chers enfants, et vous assurez que je suis de tout mon cœur toute à vous. La mère prieure vous salue, et vous assure qu'elle ne vous oubliera point devant Dieu. Saluez M. Perier de ma part, je vous en supplie.

Suscription: Pour mes chères sœurs Perier, à Paris.

[1] Ouvrage de M. de Saint-Cyran.

LETTRE DE LA SŒUR JACQUELINE DE SAINTE EUPHÉMIE PASCAL
A LA SŒUR ANGÉLIQUE [1].

Ce 23 juin 1661.

Ma très-chère sœur,

Le peu d'état qu'on a fait jusqu'ici de nos difficultés sur toutes les affaires qui se passent [2], m'empêcherait de les proposer encore à présent, voyant combien peu on s'entend de loin, si la chose pouvait se différer. Je crois être obligée de vous dire que toutes celles que j'écrivis à notre mère ne regardaient que le mandement qui nous était tombé entre les mains par le plus grand hasard du monde, et je dirais par un effet de la providence de Dieu, si on avait quelque égard à nos peines et si cela eût eu quelque effet [3]; car tout le monde se trouve présentement dans le même sentiment, encore que [4] nous entendions fort bien que l'on prétend que notre signature ne nous demande que le respect, c'est-à-dire le silence pour le fait et la croyance pour ce qui

---

[1] IIe Recueil MS. du P. Guerrier, page 193. La lettre était adressée de Port-Royal des Champs à la sœur Angélique de St-Jean, fille d'Arnauld d'Andilly, sousprieure à Port-Royal de Paris.

Cette lettre de Jacqueline se trouve imprimée dans plusieurs recueils, et particulièrement dans l'*Histoire des persécutions des religieuses de Port-Royal*, mais avec toutes sortes d'altérations et de suppressions. M. Cousin a reproduit ce texte altéré dans son livre intitulé *Jacqueline Pascal*, page 401 : nous indiquons au bas des pages, en renvoyant à cette édition, les altérations et suppressions principales.

[2] *Edit. V. C.* : « sur *les affaires présentes*... »

[3] *Idem* : « ... si on avait eu *plus* d'égard à nos peines et *que* cela... »

[4] *Idem* omet : *car tout le monde se trouve présentement dans le même sentiment encore que*. Et recommence un alinéa par : *Nous entendions* etc.

est de la foi ; mais il n'est plus temps[1], et la plupart désiraient de tout leur cœur qu'il fût pire, sachant bien qu'il n'en fallait pas espérer, dans le temps où nous sommes, un meilleur[2], parce que néanmoins on le rejetterait avec une entière liberté ; au lieu que plusieurs seront comme contraints de le recevoir, et qu'une fausse prudence et une véritable lâcheté le fera embrasser à plusieurs autres comme un moyen favorable de mettre aussi bien leur personne que leur conscience en sûreté ; mais pour moi, je suis persuadée que ni l'une ni l'autre n'y sera par ce moyen. Il n'y a que la vérité qui délivre véritablement, et il est sans doute qu'elle ne délivre que ceux qui la mettent elle-même[3] en liberté en la confessant avec tant de fidélité qu'ils méritent d'être confessés eux-mêmes et reconnus pour de vrais enfants de Dieu.

Je ne puis plus dissimuler la douleur qui me perce jusqu'au fond du cœur de voir que les seules personnes à qui Dieu a confié[4] sa vérité lui soient si infidèles, si je l'ose dire, que de n'avoir pas le courage de s'exposer à souffrir, quand ce devrait être la mort même, pour la confesser hautement.

Je sais le respect qui est dû aux puissances[5] de l'Église ; je mourrais d'aussi bon cœur pour le conserver inviolable, comme je suis prête à mourir avec l'aide de

---

[1] *Edit. V. C.* omet : *il n'est plus temps.*

[2] *Idem* omet : *sachant bien qu'il n'en fallait pas espérer, dans le temps où nous sommes, un meilleur.*

[3] *Idem* : « ... la mettent *eux-mêmes* en liberté... »

[4] *Idem* : « ... à qui *il semblait que* Dieu *eût* confié... »

[5] *Idem* : « ... aux *premières* puissances... »

Dieu pour la confession de ma foi dans les affaires présentes ; mais je ne vois rien de plus aisé que d'allier l'un à l'autre. Qui nous empêche et [1] qui empêche tous les ecclésiastiques qui connaissent la vérité, lorsqu'on leur présente le formulaire à signer, de répondre : Je sais le respect que je dois à MM. les évêques, mais ma conscience ne me permet pas de signer qu'une chose est dans un livre où je ne l'ai pas vue, et après cela attendre ce qui en arrivera. Que craignons-nous ? le bannissement et la dispersion pour les religieuses, la saisie du temporel, la prison et la mort, si vous le voulez : mais n'est-ce pas notre gloire et ne doit-ce pas être notre joie ?

Renonçons à l'Évangile, ou suivons les maximes de l'Évangile ; et estimons-nous heureuses de souffrir quelque chose pour la justice. Mais peut-être on nous retranchera de l'Église : mais qui ne sait que personne n'en peut être retranché malgré soi, et que l'esprit de Jésus-Christ étant le lien qui unit [2] ses membres à lui et entre eux, nous pouvons bien être privés des marques, mais non jamais de l'effet de cette union, tant que nous conserverons la charité, sans laquelle nul n'est un membre vivant de ce saint corps. Et ainsi ne voit-on pas que tant que nous n'érigerons point autel contre autel [3], que nous ne serons pas assez malheureuses pour faire une Église séparée [4], et que nous demeu-

---

[1] *Idem* omet ces mots : *Qui nous empêche et.*
[2] *Edit. V. C.* : « ... étant le *seul* qui unit... »
[3] *Idem* : « ... que nous n'*éleverons pas* autel contre autel... »
[4] *Idem* omet : *que nous ne serons pas assez malheureuses pour faire une Église séparée.*

rerons dans les termes du simple gémissement et de la douceur avec laquelle nous porterons notre persécution, la charité qui nous fera embrasser nos ennemis nous attachera inviolablement à l'Église, et qu'il n'y aura qu'eux qui en seront séparés en rompant par la division qu'ils voudront faire le lien de la charité qui les unissait à Jésus-Christ et les rendait membres de son corps. Hélas ! ma chère sœur, que nous devrions avoir de joie si nous avions mérité de souffrir quelque notable confusion pour Jésus-Christ ! Mais on donne trop bon ordre pour l'empêcher, lorsqu'on peint avec tant d'adresse la vérité des couleurs du mensonge qu'elle ne peut être reconnue, et que les plus habiles ont de la peine à la voir [1]. J'admire la subtilité de l'esprit, et je vous avoue qu'il n'y a rien de mieux fait que le mandement. Je crois qu'il est bien difficile de trouver une pièce aussi adroite et faite avec tant d'art [2]. Je louerais très-fort un hérétique en la manière qu'un père de famille louait son dépensier, s'il était aussi finement échappé de la condamnation sans désavouer son erreur, que nous consentons par là au mensonge sans nier la vérité [3]. Mais des fidèles, des gens qui connaissent et qui soutiennent la vérité, l'Église catholique, user de déguisement et biaiser ! Je ne crois pas que cela se soit jamais vu dans les siècles passés, et je prie Dieu de nous

[1] *Edit. V. C.* modifie ainsi cette phrase : « Mais on *a donné* trop bon ordre *à* l'empêcher, lorsqu'on *déguise tellement la vérité* que les plus habiles ont peine à la *reconnaître.* »

[2] *Idem* omet cette phrase.

[3] *Idem* omet : *sans désavouer son erreur, que nous consentons par là au mensonge, sans nier la vérité.*

faire mourir tous aujourd'hui plutôt que de souffrir qu'une telle abomination s'introduise dans l'Église [1]. En vérité, ma chère sœur, j'ai bien de la peine à croire que cette sagesse vienne du Père des lumières, mais plutôt je crois que c'est une révélation de la chair et du sang. Pardonnez-moi, je vous en supplie, ma chère sœur, je parle dans l'excès d'une douleur à quoi je sens bien qu'il faudra que je succombe, si je n'ai la consolation de voir au moins quelques personnes se rendre volontairement victimes de la vérité et protester par une vraie fermeté ou par une fuite de bonne grâce contre tout ce que les autres feront, et conserver la vérité en leur personne. Ce n'est pas que je voulusse, dans l'aigreur et le pouvoir où l'on voit les ennemis de la vérité, que l'on se déclarât trop expressément; car, par parenthèse, je crois que vous ne savez que trop [2] qu'il ne s'agit pas ici seulement de la condamnation d'un saint évêque, mais que sa condamnation enferme formellement celle de la grâce de Jésus-Christ; et qu'ainsi si notre siècle est si malheureux qu'il ne se trouve personne qui ose mourir pour défendre l'honneur d'un juste [3], c'est le comble de ne trouver personne qui le veuille pour la justice même. Je ne voudrais [4] pourtant pas que l'on fît hautement une profession de foi;

---

[1] *Edit. V. C.* : « ... plutôt que *d'introduire une telle conduite dans son* Eglise... »

[2] *Idem* abrége et modifie ce passage comme il suit : « ... les autres feront. Je crois que vous savez assez qu'il ne s'agit... »

[3] *Idem* : « ... qui ose mourir *pour un juste...* »

[4] Tout ce passage, depuis : *Je ne voudrais* jusqu'à la fin de l'alinéa : *dans sa manche,* manque dans l'*Édit. V. C.*

car, en l'état où sont les choses et les personnes que Dieu a livrées à leur sens et à leurs passions, il est indubitable à moins que d'un miracle que la vérité serait condamnée : et plus on se serait clairement expliqué, plus on ferait de tort à ceux qui condamneraient une vérité si claire. Mais je voudrais que, demeurant toujours dans les termes du respect pour ce qui est de ne point dire d'injures ni faire des reproches, on demeurât ferme à ne donner aucun sujet de croire qu'on eût ou condamné ou fait semblant de condamner la vérité : car je vous demande, ma très-chère sœur, au nom de Dieu, dites-moi quelle différence vous trouvez entre ces déguisements et donner de l'encens à une idole sous prétexte d'une croix qu'on a dans sa manche [1] ?

Vous me direz peut-être que cela ne nous regarde point, à cause de notre petit formulaire particulier ; mais je vous dirai deux choses sur cela : l'une, que saint Bernard nous apprend, dans ses manières admirables de parler [2], que la moindre personne de l'Eglise non-seulement peut mais doit [3] crier de toutes ses forces, lorsqu'elle voit les évêques et les pasteurs de l'Eglise dans l'état où nous les voyons, quand il dit : Qui peut trouver mauvais que je crie, moi qui suis une petite brebis, pour tâcher d'éveiller mon pasteur que je vois en-

---

[1] Voy. la V⁰ Provinciale. — Jacqueline retourne ici contre les jansénistes le reproche que Pascal avait adressé aux jésuites d'avoir permis aux chrétiens des Indes et de la Chine l'adoration ostensible des idoles, pourvu que cette adoration fût mentalement rapportée à une image de J.-C., cachée sous leurs habits.

[2] *Edit. V. C. :* « *... avec sa manière admirable* de parler... »

[3] *Idem :* « *... mais qu'elle doit...* »

dormi[1] et prêt à être dévoré par une bête cruelle ? Quand je serais assez ingrate pour ne le pas faire par l'amour que je lui porte et la reconnaissance que je lui dois, ne dois-je pas le faire par la crainte de mon propre péril ? Car, qui me défendra quand mon pasteur sera dévoré ? Ce que je ne dis pas pour nos pères et pour nos amis, je sais qu'ils ont autant d'horreur que moi des déguisements pour eux-mêmes ; mais je le dis pour l'état général où est l'Eglise et pour me justifier envers vous et envers moi-même[2] de l'intérêt que je prends à cela.

L'autre chose que je vous réponds est, que je n'ai pu jusqu'ici approuver entièrement votre formulaire tel qu'il est, et que j'y voudrais quelques changements en deux endroits[3] : le premier est au commencement ; car il semble dur, étant ce que nous sommes, de nous offrir si librement à rendre compte de notre foi. Je le voudrais faire néanmoins, avec un petit préambule qui en ôtât la conséquence et le scandale : car ne doutez pas[4] que le procédé de signature et de déclaration de foi est une usurpation de puissance d'une conséquence très-dangereuse, principalement cela se faisant par l'autorité du roi, à quoi pourtant les particuliers ne doivent, je crois, pas résister ; mais au moins faut-il qu'il y ait quelques marques que l'on ne le fait pas, ne sachant ce que l'on fait ou comme chose due, mais que c'est une

---

[1] *Edit. V. C.* : « ... que je *crois* endormi... »
[2] *Idem* : « ... justifier envers moi-même de... »
[3] *Idem* : « ... qu'il est ; *j'y* voudrais quelques changements en *quelques* endroits... »
[4] *Idem* : « ... car *vous* ne doutez pas... »

violence à quoi on se rend pour éviter le scandale[1]. Le second est sur la fin, où je ne voudrais pas que nous parlassions des décisions[2] du saint-siége; car encore qu'il soit vrai que nous nous soumettions à ces décisions en ce qui regarde la foi, le commun confond tellement par ignorance, et les intéressés veulent tellement confondre par passion le fait et le droit, que vous savez qu'on n'en fait qu'une même chose. Quel est donc l'effet de votre formulaire sinon de faire croire aux ignorants[3] et de donner sujet aux malicieux d'assurer que nous sommes demeurés d'accord de tout, et que nous condamnons la doctrine de Jansénius, qui est clairement condamnée dans la dernière bulle.

Je sais bien que ce n'est pas à des filles à défendre la vérité, quoique l'on peut dire, par une triste rencontre, que, puisque les évêques ont des courages de filles, les filles doivent avoir des courages d'évêques; mais si ce n'est pas à nous à défendre la vérité, c'est à nous à mourir pour la vérité et à souffrir plutôt toutes choses que de l'abandonner[4].

Pour vous expliquer mieux ma pensée sur ces décisions du saint-siége, voici une comparaison qui me vient

---

[1] Cette phrase est modifiée ainsi dans l'*édit. V. C.* : « mais au moins faut-il qu'il y ait quelque marque *qu'on le fait sachant ce que l'on fait, et qu'on ne le fait pas* comme une chose due, mais *comme une violence à laquelle* on se rend *sans vouloir faire de* scandale... »

[2] *Édit. V. C.* « ... que nous parlassions *en tout* des décisions... »

[3] *Édit. V. C.* : « ... Que *fait-il donc* votre formulaire, sinon de faire *craindre* aux ignorants... »

[4] Ce passage depuis : *Je sais bien*, est altéré dans l'*édit. V. C.* Il serait trop long d'indiquer toutes ces altérations en détail.

en l'esprit : Quoique tout le monde sache que le mystère de la Sainte-Trinité est un des principaux points de notre foi et que saint Augustin confesserait sans doute et signerait très-librement, néanmoins si son pays était occupé par un prince infidèle qui voulût faire nier l'unité de Dieu et faire croire la pluralité des dieux, et que quelques-uns des fidèles pour pacifier les troubles que cela exciterait faisant un formulaire de foi sur ce point où il y eût : Je crois qu'il y a plusieurs personnes à qui l'on peut donner le nom de Dieu et leur rendre les adorations, etc., sans autre explication, saint Augustin le signerait-il ? Certainement je ne le crois pas; et je crois encore moins qu'il le dût faire, quoique ce soit une vérité qu'il n'y a point de fidèle qui puisse mettre en doute : mais il ne serait pas le temps de le dire en cette manière. Vous faites aisément l'application de la comparaison. On dira peut-être que notre autorité n'est pas du poids de celle de saint Augustin, et qu'elle est nulle. Je réponds à cela premièrement, que je n'ai parlé de saint Augustin que par réponse à la seule que vous fîtes ces jours passés à toutes mes difficultés, qui était que l'on se riait de nos craintes et que saint Augustin signerait ce que nous craignons. Mais ce que je dis de saint Augustin, je le dis de vous et de moi et des moindres personnes de l'Eglise, car le peu de poids de leur autorité ne les rend pas moins coupables s'ils l'emploient contre la vérité. Chacun sait, et M. de Saint Cyran le dit en mille lieux, que la moindre vérité de la foi doit être défendue avec autant de fidélité que Jésus-Christ. Qui est le fidèle qui n'aurait point d'horreur de soi-même, s'il se pouvait faire qu'il se fût trouvé présent au conseil de Pilate où il aurait été question de condamner Jésus-Christ à la mort, s'il s'était contenté d'une manière d'opiner ambiguë par laquelle on eût pu croire qu'il était de l'avis de ceux qui le condamnèrent, quoiqu'en sa conscience et selon son sens, ses paroles tendissent à le délivrer [1]?

Le péché de saint Pierre n'est-il pas infiniment moindre que ne serait une si extrême timidité ; et, cependant de quelle manière l'a-t-il regardé durant le reste de sa vie? Et ce qui est bien considérable, c'est qu'encore qu'il fût destiné pour être le chef de l'Église, il ne l'était pas encore. Ce n'est donc que le péché d'un simple fidèle qui ne dit pas comme à présent : C'est un méchant, il est digne de mort, crucifiez-le, et qui ne fait pas même semblant de le dire, mais simplement : Je ne connais point cet homme [2]. Poussez la comparaison jusqu'au bout, je vous en supplie. Ma lettre n'est déjà que trop longue. Ainsi, ma chère sœur, voilà ma pensée pour le formulaire que je voudrais clair en ce qu'il contiendra, quoique je voie bien qu'il ne doit pas tout contenir. Comme dans l'ignorance où nous sommes, tout ce qu'on peut désirer de nous pour la signature qu'on nous propose est un témoignage de la sincérité de notre foi et de notre par-

---

[1] Même observation que dans la note précédente, pour cet alinéa, depuis ces mots (page 409) : *Pour vous expliquer*, etc.

[2] Tout ce passage, depuis le commencement de l'alinéa, manque également dans l'*Édit. V. C.*

faite soumission à l'Eglise, au pape qui en est le chef
et à M. l'archevêque de Paris qui est notre supérieur ;
quoique nous ne croyions pas qu'on ait droit de demander en cette matière raison de leur foi à des personnes
qui n'ont jamais donné aucun sujet d'en douter, néanmoins pour éviter le scandale et les soupçons que notre
refus pourrait faire naître, nous témoignons par cet
acte que, n'estimant rien de si précieux que le trésor de
la foi pure et sans mélange que nous voudrions conserver aux dépens de notre vie, nous voulons vivre et
mourir humbles filles de l'Eglise catholique, croyant
tout ce qu'elle croit et étant prêtes de mourir pour la
confession de la moindre de ses vérités. Si on s'en contente, à la bonne heure; sinon, pour moi je ne ferai
jamais autre chose, s'il plaît à Dieu. C'est ce me semble
tout ce que nous pouvons accorder ; du reste arrive ce
qui pourra, la pauvreté, la dispersion, la prison, la
mort, tout cela me semble rien en comparaison de
l'angoisse où je passerais le reste de ma vie, si j'avais
été assez malheureuse pour faire alliance avec la mort
en une si belle occasion de rendre à Dieu les vœux de
fidélité que nos lèvres ont prononcés [1].

Prions Dieu, ma chère sœur, les unes pour les autres [2], qu'il nous fortifie et nous humilie de plus en plus [3],
puisque la force sans humilité et l'humilité sans force
sont aussi pernicieuses [4] l'une que l'autre. C'est ici plus

---

[1] Tout ce passage, depuis : *Si on s'en contente*, est transposé et légèrement altéré dans l'*Édit. V. C.*
[2] *Edit. V. C.* omet : *les unes pour les autres.*
[3] *Idem* omet : *de plus en plus.*
[4] *Idem :* « ... aussi *préjudiciables...* »

que jamais le temps de se souvenir que les timides sont mis au même rang que les parjures et les exécrables.

Ne vous scandalisez pas de mes reproches sur le peu d'état qu'on a fait de nos difficultés. Je n'en ai pas eu la moindre peine ; je suis accoutumée à être traitée en enfant, et Dieu veuille que je le sois toute ma vie. Mais le discours m'y a portée sans dessein et je n'en ai pas été fâchée afin que s'il arrivait jamais quelque chose de semblable on sache qu'on ne nous satisfait pas en disant qu'on se rit de nos difficultés, sans en alléguer aucune raison. Adieu, ma chère sœur, en l'état où est notre chère malade, si la chose ne pressait autant qu'elle le fait, je n'en aurais pas dit un mot [1].

Je crois, ma chère sœur, n'avoir pas besoin de vous dire que je ne m'arrête nullement aux paroles de notre formulaire et qu'il m'est indifférent de quels termes on use, pourvu qu'on ne donne nul sujet de penser que nous condamnons ni la grâce de Jésus-Christ ni celui qui l'a si bien expliquée [2].

C'est pour cela qu'en mettant ces mots *croire tout ce que l'Église croit*, j'ai omis *et condamner tout ce qu'elle condamne*, quoiqu'il soit vrai que je condamne tout ce que l'Eglise condamne; mais je crois qu'il n'est pas le temps de le dire de peur qu'on ne confonde l'Eglise

---

[1] Tout cet alinéa, depuis : *Ne vous scandalisez pas*, manque dans l'*Édit. V. C.*

[2] Cet alinéa, dans l'*Édit. V. C.*, se trouve abrégé et modifié comme il suit : « *Il* m'est indifférent de quels termes on use, pourvu qu'on *n'ait* nul sujet de penser que nous condamnons *ou* la grâce de J.-C., *ou* celui qui l'a si divinement expliquée. »

avec les décisions présentes, comme feu M. de Saint-Cyran dit que les païens ayant mis une idole au même lieu où était la croix de Notre-Seigneur, les fidèles ne l'allaient point adorer de peur qu'il ne semblât qu'ils adoraient l'idole [1].

Note du P. Guerrier : « J'ai transcrit cette lettre sur une copie difficile à déchiffrer. »

LETTRE DE LA SŒUR JACQUELINE DE SAINTE EUPHÉMIE PASCAL A M. *** [2].

Gloire à Jésus, au très-saint sacrement.

Ce 23 au soir (juin 1661).

Mon père,

Selon l'ordre ordinaire de la civilité, je devrais vous faire bien des compliments et vous témoigner ma joie de ce que j'ai une occasion de vous écrire, qui est, comme vous savez, une grâce bien rare; mais, en vérité, l'état de l'Eglise et celui de la chère mère m'en ôtent le courage et puis, mon père, je ferai grand tort à votre charité de penser que vous me puissiez croire changée à votre égard. L'ordre que vous nous avez donné par votre billet qui nous a été rendu ce matin, est venu fort à propos me donner mission pour une chose à quoi je n'en

---

[1] *Edit. V. C. :* « ... qu'ils *allaient adorer* l'idole. »
[2] IIe Recueil MS. du P. Guerrier, page 201. — Cette lettre est adressée à Arnauld.
L'*Edit. V. C.* ne contient pas cette lettre.

avais que par un mouvement intérieur qui n'est pas une chose bien sûre : c'est, mon père, qu'hier, après avoir communié dans une grande amertume de cœur sur tout ce qui se passe, tandis que je faisais mon action de grâces, ou plutôt que je gémissais devant Dieu, il me vint une forte pensée d'écrire toutes mes pensées sur ce sujet ou au moins les principales, car plusieurs mains de papier ne suffiraient pas ; et ne sachant à qui je m'adresserais, je jetai les yeux sur ma sœur Angélique à qui j'écrivis dès le moment cette longue lettre, après avoir invoqué Dieu et son Saint-Esprit pour les personnes qui devaient y répondre, sans, après cela, presque penser à ce que j'avais à dire que j'ai mis tout du cours de la plume. Je l'ai achevée aujourd'hui avec plus d'assurance depuis votre billet et je vous l'envoie, mon père, parce que je n'ai pas pu prendre le temps de la récrire pour vous l'adresser.

Vous verrez qu'elle est écrite en marge. Si vous avez la bonté d'y répondre à chaque article sur la marge même je vous en serai bien obligée ; mais si vous aimez mieux faire une réponse à part, si vous jugez à propos de l'envoyer à ma sœur Angélique quand vous l'aurez vue, je lui mande que je vous en supplie. Si néanmoins vous mettez les réponses sur la lettre même, renvoyez-la moi tout droit à moi-même s'il vous plaît, car je ne désire qu'elle l'ait qu'au cas qu'elle ne soit pas répondue, afin qu'elle y mette ses réponses ; et pour celles que vous me ferez, mon père, soit sur la lettre ou à part, je les lui enverrai si vous me permettez, mais je serais bien aise que nous les voyions les premières. Vous verrez, mon père, bien fulminer contre ce qui a été fait ; il m'a semblé, outre qu'en ces matières chacun abonde en son sens et appuie ses raisons comme il peut, que je le pouvais faire plus librement qu'un autre à cause de celui qui y a eu bonne part[1]. Je suis dans une joie incroyable de son zèle, et je crois, après tout, que c'est Dieu qui le lui a fait faire pour mettre en sûreté la conscience d'une infinité de personnes qui se laissent conduire à la boucherie comme des agneaux ; et que, dans un temps où il ne fallait pas espérer que ceux qui ont l'autorité de l'Eglise de Paris eussent assez de force pour exhorter, par leur exemple, tous leurs diocésains au martyre, ça été une chose digne de leur piété de leur donner moyen, sans même que la plupart d'entre eux le sachent, de ne rien faire directement contraire à la vérité ; et qu'ils ont fait comme un père sage qui émousse le tranchant d'un couteau qu'il donne à son enfant ; enfin, pour dire ma pensée en un mot, on a empêché par cette voie de faire tout le mal qu'on pouvait, et c'est une grande louange puisque l'Église même la donne aux saints : *Qui potest transgredi et non est transgressus.* Mais il me semble, mon père, que ce qui est assez pour les uns, serait un horrible défaut aux autres. A la bonne heure que les choses soient de cette sorte, pourvu que l'on permette à ceux qui en auront le courage d'aller plus avant et que l'on ne prétende pas que nous nous sauverons en voilant la vérité, et en nous contentant de ne la pas condamner en effet, quoique nous semblions la condamner en appa-

---

[1] Sans doute son frère Pascal.

rence. En vérité, mon père, il semble que c'est un peu faire en cette matière comme ceux qui disent qu'on n'est pas obligé d'aimer Dieu, et qu'il suffit qu'on ne le haïsse pas. Mais si je me remets en discours, je n'en sortirai pas aisément : pardonnez-le moi, mon père, et ne croyez-pas, je vous en supplie, quelque forte que je paraisse, que la nature n'appréhende beaucoup toutes les suites[1] ; mais j'espère que la grâce me soutiendra, et il est vrai qu'il me semble quasi que je la sens. Je vous supplie très-humblement, mon père, de la demander pour moi. Je me remets entièrement à votre discrétion pour ces lettres : mon inclination serait qu'elles ne fussent vues que de vous, mon père, et de ma sœur Angélique. Néanmoins, si vous jugez à propos de les faire voir à M. de Gournay, vous le pouvez, mon père. Ma sœur aussi est capable de les voir, et peut-être mon frère s'il se porte bien. Je vous demande vos prières, mon père, au nom de Dieu.

Note du P. Guerrier : « J'ai transcrit cette lettre sur une copie de la même main que la précédente. Je ne sais à qui elle s'adresse. »

---

[1] Peu de temps après, Jacqueline ayant signé le formulaire, contre sa conscience, en éprouva une si grande douleur qu'elle tomba malade et mourut. (Voy. ci-dessus, page 77.)

COPIE

D'UN MÉMOIRE ÉCRIT DE LA MAIN DE MADEMOISELLE MARGUERITE PERIER[1].

Monsieur Pascal, mon grand-père, se nommait Étienne Pascal. Il était fils de Martin Pascal, trésorier de France, et de Marguerite Pascal de Mons, qui était fille de M. Pascal de Mons, sénéchal de Clermont, dont la famille avait été annoblie par le roi Louis XI, en considération des services rendus par Étienne Pascal, maître des requêtes [2].

Etienne Pascal fut envoyé à Paris pour faire ses études de droit, et fut recommandé par Martin Pascal, son père, à M. Arnauld avocat, père de M. d'Andilly et de M. Arnauld. Lorsqu'il eut achevé ses études, il revint à Clermont et acheta une charge d'élu, et ensuite il fut président de la cour des aides.

Il épousa, en 1618, Antoinette Begon.

Il en eut en 1619 un fils qui mourut aussitôt après son baptême.

En 1620 il eut une fille nommée Gilberte Pascal, qui fut mariée en 1641 avec Florin Perier, conseiller à

---

[1] IIIe Recueil MS. du P. Guerrier, p. 271.

[2] J'ai vu les lettres de noblesse qui furent accordées à Étienne Pascal, père du maître des requêtes. C'est le chef de la famille. Il était d'Ambert en Auvergne. (*Note du P. Guerrier.*)

la cour des aides, qui était son cousin issu de germain, sa mère étant cousine germaine d'Étienne Pascal, mon grand-père.

En 1623 Étienne Pascal eut un fils nommé Blaise Pascal, mon oncle.

En 1625 il eut une fille nommée Jacqueline Pascal, qui est morte religieuse de Port-Royal.

En 1628 Antoinette Begon, femme d'Etienne Pascal, mourut âgée de vingt-huit ans.

En 1630 Étienne Pascal vendit sa charge de deuxième président à la cour des aides à son frère Blaise Pascal, et la plus grande partie de ses biens, qu'il mit en rente sur l'hôtel de ville de Paris, où il se retira pour vaquer à l'éducation de ses enfants, et surtout à celle de Blaise Pascal.

[1] En 1636 ou 1637 (a) il y eut beaucoup de bruit à Paris à l'occasion des retranchements que l'on faisait des ren-

(a) *Autre relation de Marg. Perier, extraite d'un MS. provenant de la succession du P. Adry, de l'Oratoire* [2] :

En 1638, mon grand-père étant à Paris, il arriva que l'on fit de grands retranchements des rentes sur l'hôtel de ville; et comme son principal bien était de cette qualité-là, ayant vendu en Auvergne sa charge, sa maison, et tous ses autres biens pour le convertir en cette sorte de bien qu'il trouvait plus commode dans le dessein qu'il avait de demeurer à Paris, et d'y élever sa famille,

[1] Le MS. de Mme Perier la mère porte *au mois de mars* 1638. (*Note du P. Guerrier.*)

Ce MS. de Mme Perier n'est autre que la Vie de Jacqueline; voy. ci-dessus, page 57.

[2] Ce MS. appartient aujourd'hui à M. Aimé Martin qui a bien voulu nous autoriser à en faire usage.

tes sur l'hôtel de ville. Les rentiers allaient souvent chez M. le chancelier Seguier pour y faire leurs remontrances. Il arriva un jour qu'il y eut beaucoup de bruit et de clameurs là-dessus, en sorte que le soir il y eut deux de ces messieurs qui furent conduits à la Bastille. Mon grand-père qui s'y était trouvé ce jour-là eut peur qu'il ne lui en arrivât de même; cela fut cause qu'il vint en Auvergne en attendant que ces troubles fussent passés. Il y demeura quelque temps durant lequel, par une occasion extraordinaire, il fut rappelé par M. le cardinal de Richelieu et par M. le chancelier qui reconnurent en lui du mérite et de la capacité.

du soin de laquelle il était entièrement chargé ayant perdu sa femme, il se trouva donc très-intéressé dans ces affaires. Beaucoup d'autres personnes de Paris étaient dans les mêmes termes, et on faisait sur ce sujet des assemblées chez M. le chancelier Séguier où se trouvaient ces personnes-là. Il arriva un jour, où l'on avait résolu un retranchement très-considérable, que quelques-uns de ces messieurs qui étaient là s'emportèrent très-fort : cela en excita d'autres et causa une émotion générale, et un bruit qui fit de la peine aux ministres. Le jour même quand tout le monde se fut retiré, on avait fort bien remarqué ceux qui y étaient, et on envoya arrêter et mettre à la Bastille deux des amis de mon grand père qui étaient de cette assemblée. Mon grand-père en ayant été averti, craignit pour lui ; et quoiqu'il fût très-assuré de n'avoir rien dit ni rien fait qui pût lui attirer cette disgrâce, comme il n'en était pas capable, car il était très-modéré et très-sage, néanmoins sachant bien que dans ces occasions-là on ne peut guère discerner ceux qui ont tort d'avec ceux qui ne l'ont pas, il crut que le plus sûr était de se retirer en Auvergne, où il jugeait bien qu'on n'irait pas le chercher, et il laissa à Paris ses trois enfants. Ma mère qui était l'aînée pouvait avoir quinze ou seize ans, M. Pascal mon oncle douze ou treize, et ma tante neuf ou dix.

Quelque temps après il arriva que M. le cardinal... (*Voy.* la *suite*, page 441 *ci-après.*)

MÉMOIRE.   421

¹ En 1638 il fut envoyé intendant en Normandie, où il y avait des troubles très-grands. Les bureaux de recette avaient été pillés et des receveurs tués. Le parlement qui n'avait pas fait son devoir fut interdit, et on envoya des officiers du parlement de Paris pour y exercer la justice. On y envoya aussi des troupes sous le commandement de M. le maréchal de Gassion qui partit avec mon grand-père. Le roi mit alors deux intendants en Normandie, l'un pour les gens de guerre, qui était M. de Paris, maître des requêtes, et l'autre pour les tailles qui fut mon grand-père. Il trouva les choses dans un si grand désordre qu'il fut obligé de reformer les rôles de toutes les paroisses de la généralité. Il demeura en Normandie dix ans, et n'en sortit qu'en l'année 1648, lorsque le parlement de Paris durant la guerre, demanda la révocation générale de tous les intendants.

(a) M. Pascal faisait son devoir avec toute la droiture

(a) *Autre relation de Marg. Perier, extraite d'un MS. provenant de la succession du P. Adry, de l'Oratoire* :

... Ce fut donc là ce qui donna lieu à mon grand-père d'entrer dans cet emploi ; et il s'en acquitta d'une manière qui lui a toujours attiré l'estime de toutes les personnes qui l'ont connu. Mais quoiqu'il eût une très-grande probité, beaucoup de capacité et qu'il remplît ses devoirs avec beaucoup d'honneur, on peut dire que tout ce qu'il faisait n'était proprement l'effet que d'une vertu morale, mais point du tout d'une vertu chrétienne ; car il pensait, comme tous les autres gens du monde font, à pousser sa

¹ Le MS. de Mme Perier la mère porte : *sur la fin de* 1639. (*Note du P. Guerrier.*) Voy. ci-dessus, page 60.

et toute l'équité possible. Il ne voulait point souffrir que ses domestiques reçussent des présents, jusque-là que le secrétaire qu'il avait pris d'abord et qu'il avait fait venir de Clermont, parce qu'il était son parent, ayant reçu une fois un louis d'or de quelqu'un, il le renvoya et n'en voulut plus entendre parler.

Il avait de la piété, mais elle n'était pas assez éclairée. Il ne connaissait pas encore toute l'étendue des devoirs de la vie chrétienne. Semblable à ces honnêtes gens selon le monde, il pensait pouvoir allier des vues de fortune avec la pratique de l'Evangile. Mais Dieu qui avait sur lui et sur sa famille des desseins de miséri-

fortune, à établir ses enfants, et à les élever en gens d'honneur, selon leur condition. Il maria ma mère en ce temps-là; il la maria en Normandie, quoique mon père fût de Clermont aussi bien que lui, et ce fut par occasion. Il y eut une commission importante dans l'intendance de Normandie que l'on manda à mon grand-père de remplir d'une personne dont le roi lui fit l'honneur de lui donner le choix; il jeta les yeux sur mon père qui était un jeune homme, déjà conseiller de la cour des aides de Clermont depuis même plusieurs années l'ayant été très-jeune. Il était proche parent de mon grand-père, fils de sa cousine germaine, et mon grand père l'aimait extrêmement, parce qu'il lui avait trouvé dès sa jeunesse un très-grand esprit, et beaucoup d'amour et de disposition pour toutes les sciences. Ayant donc cette occasion de le faire venir auprès de lui, il lui donna cette commission qui n'était que pour quelques années; et lorsqu'il vint chez lui il trouva en lui toutes les qualités qu'il pouvait souhaiter pour en faire son gendre. Ainsi il le maria avec ma mère. Il obtint dispense, car ils étaient cousins issus de germains; et il ne fit pas beaucoup d'attention à la parenté dont il a eu depuis du scrupule, aussi bien que mon père et ma mère, n'y ayant point de nécessité ni de cause pour la demander.

Mais Dieu fit naître une autre occasion par sa Providence, qui

corde, permit qu'il lui arrivât un accident qui fut l'occasion de sa conversion........

Il y avait en Normandie un curé [1] dans un village nommé Rouville, qui était un grand serviteur de Dieu, qui gouvernait sa paroisse avec une piété très-solide, qui y instruisait et faisait des prônes admirables. Tout le voisinage y allait pour l'entendre et pour s'instruire et s'édifier; et il faisait un si grand bien à ceux qui le venaient entendre, que peu après, sa réputation se répandant, les gentilshommes du voisinage et même les officiers de Rouen louaient des chambres dans ce village pour y aller coucher tous les samedis, afin d'assister à ses prônes. Entre ces gentilshommes, il y en eut deux qui étaient assez proches, nommés MM. Deslandes et de La Bouteillerie : ces deux messieurs furent si touchés de ses instructions, qu'ils s'abandonnèrent entièrement à sa conduite, et résolurent de ne plus songer qu'à Dieu, à leur salut, et à la charité pour le prochain. Ils avaient un don naturel pour remettre les membres rompus ou désunis; et comme ils avaient beaucoup d'esprit et d'honneur, ils avaient dès leur jeunesse

---

donna lieu à mon grand-père et à toute sa famille de connaître Dieu et la véritable piété. Il y avait en Normandie un curé, etc. (*Ce passage, sauf trois ou quatre légères variantes, est le même dans les deux MSS.*)

Dans ce temps-là, il arriva qu'on vint avertir un jour mon grand-père qu'il y avait des gentilshommes dans un faubourg de Rouen, qui s'étaient donné un signal pour se battre en duel : mon grand-père en même temps voulut y aller ; mais ne pouvant

---

[1] M. Guillebert, docteur de Sorbonne. (*Note du P. Guerrier.*)

étudié l'anatomie et la médecine, pour ne point hasarder, en se fiant à leur industrie naturelle, de faire quelque faute. Quand ces deux messieurs eurent résolu de se donner entièrement à Dieu, ils firent bâtir chacun un petit hôpital au bout de leur parc, dans leurs terres qui se touchaient. M. Deslandes, qui avait dix enfants, mit dix lits dans son hôpital, et M. de La Bouteillerie, qui n'avait point d'enfants, en mit vingt. Ils recevaient dans ces trente lits tous les pauvres qui se présentaient, et les traitaient charitablement de toutes sortes de maladies, étant bons chirurgiens et bons médecins; mais ils préféraient ceux qui avaient besoin de leurs services pour remettre les membres....... [1]

Etant parti de chez lui pour une affaire de charité,

y aller en carrosse, parce que toute la ville n'était qu'une glace et que ses chevaux n'étaient point ferrés à glace, il hasarda d'aller à pied. En y allant, il tomba et se démit la cuisse. Il se fit apporter chez lui, et en même temps envoya chez M. Deslandes, pour se mettre entre ses mains et de M. son frère. Ces messieurs se trouvèrent absents et à dix lieues de Rouen. Cependant mon grand-père, qui était leur ami et qui avait confiance en eux, ne voulut point que d'autres le touchassent. Il les envoya quérir à dix lieues. Tous ces retardements furent cause que cette dislocation fut très-difficile à remettre, et obligea ces messieurs, qui la remirent néanmoins très-bien, à demeurer trois mois chez mon grand-père, ne voulant point que personne le touchât qu'eux, pour toutes choses généralement. Durant ces trois mois, ces messieurs, qui avaient autant de zèle et de charité pour le bien spirituel du prochain que pour le temporel, remarquaient dans mon grand-père et dans toute sa famille beaucoup d'esprit, et regar-

[1] Ce passage depuis : *Il y avait en Normandie*, se trouve dans le IIe Recueil MS. du P. Guerrier, page 174, évidemment hors de sa place.

il tomba et se démit une cuisse. Il voulut se mettre entre les mains de deux gentilshommes, nommés M. Deslandes et M. de la Bouteillerie, fort habiles pour ces choses-là, qui étaient des personnes d'une piété extraordinaire. Ils se servirent de cette occasion pour appeler à Dieu premièrement M. Pascal le fils, ensuite mademoiselle Pascal la fille, qui était alors recherchée en mariage par un conseiller du parlement de Rouen. Tous deux ensuite, quand mon grand-père fut guéri, le por-

dant comme un très-grand dommage que tant de beaux talents fussent seulement employés à des sciences humaines dont ils connaissaient tous bien le néant et le vide, ils s'attachèrent beaucoup à M. Pascal, mon oncle, pour le faire entrer dans des lectures de livres de piété solide, et pour les lui faire goûter. Ils y réussirent très-bien; car, comme il avait un esprit très-solide et très-bon, et qu'il ne l'avait jamais accoutumé, quoique très-jeune, à toutes les folies de la jeunesse, il connut avec ces messieurs le bien ; il le sentit, il l'aima et il l'embrassa. Et quand ils l'eurent gagné à Dieu, ils eurent toute la famille ; car lorsque mon grand-père commença à être en état de s'appliquer à quelque chose après un si grand mal, son fils, commençant à goûter Dieu, le lui fit goûter aussi, et à ma tante, sa sœur, qui y entra si vivement qu'elle résolut dès lors de quitter le monde et de se faire religieuse, ce qu'elle a fait depuis, où elle est morte saintement. Ils firent tous connaissance avec ce saint curé, qui avait attiré à Dieu ces deux messieurs, et dont Dieu se servit ensuite pour éclairer toute notre famille, et ils se soumirent à la conduite de ce saint homme qui les conduisit à Dieu d'une manière admirable.

Mon père et ma mère, peu de temps après, allèrent à Rouen voir mon grand-père ; et trouvant toute la famille à Dieu et dans des sentiments d'une vraie et solide piété, ils s'y donnèrent aussi, et se conduisirent de même par les avis de ce saint curé qui avait fait tant de bien aux autres. Et ma mère ayant absolument quitté le monde et tous les ajustements et les parures du monde, elle y renonça aussi pour ses enfants, qu'elle habilla très-modestement

tèrent aussi à se donner pleinement à Dieu, ce qu'il fit avec joie aussi bien que ses deux enfants. C'était en 1646 et à la fin de 1646. M. et madame Perier étant allés à Rouen pour le voir, et les trouvant tout à Dieu, s'y donnèrent aussi pleinement, et se mirent sous la conduite d'un prêtre nommé M. Guillebert, docteur de Sorbonne.

Dès ce temps-là, M. Pascal résolut d'abandonner le monde pour ne songer plus qu'à Dieu, et mademoiselle Pascal voulut se faire religieuse ; mais elle ne put exécuter cette résolution que six ans après, aussitôt que son père fut mort; parce qu'il ne voulait point qu'elle le quittât.

M. Pascal le père ayant quitté la Normandie [1] en 1648, se retira à Paris où il mena une vie si exemplaire,

---

et à qui elle n'épargna rien pour leur procurer une bonne et sainte éducation.

Voilà quel a été le principe de tout le bien qui a été dans notre famille. Mon grand-père, peu de temps après, quitta la Normandie, dans le temps de la révocation générale de tous les intendants, lors des troubles de Paris. Il y avait été si aimé et si estimé, qu'une année, le premier jour de l'an, les échevins de Rouen, au nom de la ville, lui firent présent d'une bourse de jetons d'argent, qu'ils avaient fait battre exprès, qui avaient d'un côté les armes de la ville, où il y a un agneau pascal, et de l'autre les armes de mon grand-père, qui étaient aussi un agneau pascal, dans une bourse de velours bleu, brodée d'agneaux pascal d'argent, qui étaient les émaux de ses armes.

Quand il eut quitté la Normandie, le roi l'honora de la qualité

---

[1] Le roi lui donna des lettres de conseiller d'État. Elles sont datées du 27 décembre 1645. (*Note du P. Guerrier.*) — La copie qui est dans le MS. *Suppl. franç.*, n° 1485, fait mal-à-propos entrer cette **note dans le texte.**

que le curé de Saint-Jean [1], dans la paroisse duquel il était, fit son éloge en chaire après sa mort, ce qu'il n'avait jamais fait d'aucun de ses paroissiens. Il mourut le 27 septembre 1651, trois ans après qu'il eût quitté la Normandie.

M. et madame Perier ne songèrent plus qu'à élever leur famille dans la piété. La première chose que madame Perier fit, fut d'ôter à ses filles les petites parures qu'on leur avait données durant son absence, et les habilla très-modestement, et pour éviter de leur en conserver le goût, elle défendit à leur gouvernante de les laisser fréquenter les enfants de leur âge et de leur condition. Ensuite M. et madame Perier, après la mort de mon grand-père qui avait gardé avec lui mon frère aîné Étienne Perier, le mirent à Port-Royal des Champs pour y être élevé.

Ils eurent cinq enfants : l'aîné, Etienne Perier né en 1642; le deuxième, Jacqueline Perier, née en 1644 ; le troisième, Marguerite Perier, née en 1646 ; le quatrième, Louis Perier, né en 1651 ; et le cinquième, Blaise Perier, en 1653.

M. et madame Perier s'attachant donc à l'éducation de leurs enfants, et ayant mis Etienne Perier leur aîné

de conseiller d'Etat; et il demeura à Paris jusqu'à sa mort qui arriva deux ou trois ans après ; et il passa ce temps-là dans tous les exercices d'une piété vraiment chrétienne. Aussitôt qu'il fut mort, ma tante qui lui avait déclaré son dessein de se faire religieuse et qu'il avait priée de ne le point quitter, se retira dans le monastère où elle a fini ses jours.

[1] M. Loisel, curé de Saint-Jean en Grève. (*Note du P. Guerrier.*)

environ en 1653 à Port-Royal des Champs, ils mirent en janvier 1654 les deux filles à Port-Royal de Paris. Ils attendaient que les deux cadets fussent en âge de pouvoir aussi aller à Port-Royal des Champs, mais Dieu permit qu'avant ce temps-là il y eût défense par le roi d'y en recevoir davantage, et ordre de faire sortir ceux qui y étaient en 1661. Cela obligea M. et madame Perier de garder chez eux leurs deux cadets, qu'ils avaient déjà menés à Paris avant cet ordre. Ils y demeurèrent jusqu'en 1664, avec un ecclésiastique de Port-Royal qui était un de ceux qui y élevaient les enfants. Il ne voulut pas venir en province où M. et madame Perier voulaient s'en retourner, mais il leur procura un excellent précepteur à qui ils donnèrent 400 livres de gages. Il y demeura sept ans et enseigna à ces deux enfants les humanités et la philosophie. Après qu'il les eut quittés, ils ne pensèrent qu'à continuer leurs études. L'année d'après mon père mourut; ma mère ensuite les garda encore deux ou trois ans, après quoi elle les mena à Paris pour prendre quelque résolution sur les études qu'ils devaient entreprendre ou de droit ou de théologie. Ils témoignèrent, sans avoir encore pris de résolution sur l'état de vie qu'ils devaient embrasser, qu'ils ne seraient pas fâchés d'étudier en théologie : pour cela ma mère leur loua un appartement au faubourg Saint-Jacques, et elle obtint permission du R. P. de Sainte-Marthe, général de l'Oratoire qu'ils pussent aller aux leçons de théologie qui se faisaient à Saint-Magloire. Le P. Morel enseignait le matin la scholastique, et le P. Duguet, qu'on appelle aujourd'hui M. Duguet, enseignait l'après-dînée la positive. Ils y allaient tous les jours exactement, et durant trois ans ils ne perdirent pas une leçon. Et comme c'était alors le temps de la paix de l'Église (paix de Clément IX), M. Arnauld et M. Nicole étaient vus de tout le monde et demeuraient vis-à-vis Saint-Magloire. Mes deux frères allaient tous les jours après souper passer la soirée avec eux, et leur rendaient compte de ce qui leur avait été enseigné ce jour-là; sur quoi ces deux messieurs leur donnaient de grands éclaircissements, en sorte que ces jeunes gens profitèrent beaucoup, rien n'étant plus capable de les avancer. Cela fut fort heureux pour eux, car ils commencèrent à étudier en octobre 1675 et achevèrent leurs trois ans en octobre 1678, et MM. Arnauld et Nicole furent obligés de quitter Paris en 1679, aussitôt après la mort de madame de Longueville, qui fut le temps où la persécution de Port-Royal recommença.

Pour venir présentement au détail des personnes dont j'ai parlé, il est inutile de rien dire de M. Pascal, mon oncle, puisque sa vie a été écrite par madame Perier sa sœur et ma mère[1].

Mademoiselle Pascal, nommée Jacqueline Pascal, donna des marques d'un esprit extraordinaire dès son enfance, faisant des vers dès l'âge de huit ans, qui étaient admirés de tout le monde, et même à la cour, car elle en faisait pour la reine qui prenait plaisir à la

---

[1] Cependant Marg. Perier parle ailleurs assez longuement de son oncle. *Voy.* ci-après pages 447 et suiv.

voir et à lui parler. Étant à Rouen où l'on proposa un prix pour des pièces de poésie, elle le remporta à l'âge de treize ans. A l'âge de vingt elle fut touchée de Dieu et prit résolution de se faire religieuse à Port-Royal ; mais mon grand-père n'ayant pas voulu qu'elle le quittât, elle demeura chez lui vivant en religieuse, se conduisant par les avis de la mère Angélique et de la mère Agnès avec qui elle entretenait un commerce exact.

Elle entra chez les religieuses en qualité de postulante, le 4 janvier 1652, le lendemain qu'elle eut signé le partage de la succession de mon grand-père avec ma mère et mon oncle ; et quoique l'usage de Port-Royal fût de demeurer un an postulante avant que de prendre l'habit, on le lui donna quatre mois après. Quatre ou cinq ans après sa profession, on la fit première maîtresse des novices et sous-prieure à Port-Royal des Champs. (Il y avait à Port-Royal des Champs trois maîtresses des novices comme à Paris, parce que l'on envoyait toutes les postulantes et les novices pour passer quatre ou cinq mois à Port-Royal des Champs durant les années de postulantes et de novices, afin que les religieuses les pussent connaître, parce qu'il fallait avoir leur voix pour la réception des filles, soit pour leur faire prendre l'habit, soit pour la profession.) Ma tante s'y trouva donc, lorsqu'au mois d'avril 1661 on leur ordonna de renvoyer les novices et les postulantes, qui fut le temps où l'on commença à persécuter les religieuses pour la signature du formulaire, ce qui la toucha et l'affligea si sensiblement qu'elle dit et qu'elle écrivit même à quelques personnes qu'elle sentait bien qu'elle en mourrait. Et cela arriva en effet, car elle mourut le 4 octobre 1661, âgée de 36 ans. M. Pascal son frère mourut après elle le 19 août 1662.

Le premier de la famille qui mourut ensuite fut M. Perier [1], mon père. Il était né en 1605. Il aimait fort l'étude, principalement celle des mathématiques. Il fut conseiller à la cour des aides à vingt et un ou vingt-deux ans. Ce fut lui qui fut député à Paris pour travailler à la translation de la cour des aides de Montferrand à Clermont; il y réussit et fut envoyé depuis pour d'autres affaires de sa compagnie. Il fut employé pour une commission importante en 1640 en Normandie où mon grand-père y était intendant. Il s'en acquitta parfaitement, et ce fut ce qui porta mon grand-père à lui donner sa fille qu'il épousa en 1641. Il fut encore employé pour une semblable affaire, en 1647, dans la province de Bourbonnais par l'intendant qui le demanda. Depuis ce temps-là il demeura en Auvergne où il pratiqua toutes sortes de bonnes œuvres. Il était surtout fort zélé pour le soulagement des pauvres. Trois ans avant sa mort il eut une grande maladie, durant laquelle il fit son testament, et il pria ma mère de trouver bon qu'il comptât les pauvres parmi ses enfants et qu'il leur donnât autant qu'à un de ses enfants. Ma mère y consentit et cela fut exécuté. Le lendemain il m'appela en particulier, me commanda d'aller chercher dans sa poche,

---

[1] « Il était fils de la cousine-germaine de mon grand-père, » dit Mlle Perier ailleurs. (*Note du P. Guerrier.*)

disant que j'y trouverais quelque chose au fond ; que je le prisse pour le fermer à clef, et que s'il venait à mourir je le jetasse dans le fossé, et que si Dieu lui rendait la santé, je le lui rendrais ; et il me défendit d'en parler jamais ni à ma mère, ni à personne du monde. J'y allai et je trouvai une ceinture pleine de pointes. Quand il fut guéri je la lui rendis et n'en parlai point. Mais comme trois ans après il mourut subitement, on la trouva sur lui, et je la garde précieusement.

Voilà la vie qu'il a menée jusqu'à sa mort qui arriva le 23 février 1672, ayant soixante-sept ans. Nous apprîmes après sa mort qu'il mettait toujours un ais dans son lit, et c'était sans doute la raison pour laquelle il ne voulait point qu'on fît son lit, et le faisait toujours lui-même. Deux jours avant sa mort il fit une action qui mérite d'être écrite. Il y avait à Clermont un trésorier de France dont la famille devait considérablement à M. Perier qui, voyant que cette dette était sur le point de prescrire, voulait faire quelque procédure pour en empêcher la péremption. Mon père alla voir ce trésorier pour le prier de ne point trouver mauvais qu'il fît quelque signification. Cet homme s'emporta d'une manière indigne et fit dans le monde des plaintes aigres et très-injurieuses contre lui. On le rapporta à mon père qui dit : Il faut excuser un homme qui est mal dans ses affaires. Environ huit jours après, il vint des nouvelles de Paris qui portaient que les trésoriers seraient obligés de payer une taxe de dix mille livres, faute de quoi leurs charges seraient perdues. Mon père le dit à ma mère et ajouta : Voilà un homme ruiné, j'ai envie de lui offrir de l'argent. Ma mère lui dit : Faites ce que vous voudrez, mais vous voyez combien il vous est dû dans cette maison. Il ne dit plus rien ; mais dès le lendemain il fut trouver ce trésorier, et lui demanda s'il avait su cette nouvelle, et à quoi il était déterminé. Il faut bien, répondit le trésorier, que j'abandonne ma charge, car vous voyez bien que je ne trouverai pas dix mille francs. Mon père lui dit : Non, monsieur, vous ne l'abandonnerez point ; j'ai dix mille francs, je vous les prêterai. Cet homme fut si surpris qu'il lui dit en pleurant : Il faut, monsieur, que vous soyez bien chrétien, car j'ai bien mal parlé de vous et je sais que vous ne l'ignorez pas. Mon père ne nous dit rien de tout ce qui se passa le lundi 21 février, et il mourut subitement le mercredi matin 23 à sept heures. Le trésorier ayant appris sa mort courut au logis criant, pleurant et disant : J'ai perdu mon père ; et nous conta ce qui s'était passé le lundi. Voilà la dernière action de mon père, etc.

Celui de la famille qui mourut le premier après mon père fut mon frère aîné, Etienne Perier, qui mourut le 11 mai 1680. Il était né à Rouen durant que M. Pascal mon grand-père y était intendant. Celui-ci s'appliqua d'une manière toute particulière à l'éducation de cet enfant qui était son filleul. A l'âge de trois ans il voulut l'accoutumer à compter et lui apprendre en même temps toutes les petites civilités dont un enfant est capable. Pour cela il fit une convention avec lui, promettant de lui donner un liard, deux liards, trois liards pour chaque sorte de civilité, pour dire : oui monsieur, pour remercier quand on lui donnait quelque chose, pour faire la révérence, etc. Et il convint aussi que quand il y manquerait, il perdrait autant sur ce qu'il avait gagné. Quand mon frère en avait gagné jusqu'à sept ou huit cents, mon grand-père envoyait changer un louis d'or en liards, et lui disait : Comptez ce qui vous est dû. Cet enfant, en comptant, mettait un liard à part pour chaque cent. Pendant qu'il était fort occupé dans son calcul, mon grand-père se plaisait à lui parler pour l'interrompre ; mais avant que de répondre cet enfant répétait trois ou quatre fois le nombre où il en était, et le reprenait ensuite sans jamais se méprendre. Quand son compte était fini il mettait tous ses liards dans la poche de sa gouvernante, et allait à la porte de l'église de Notre-Dame, et n'en revenait point qu'il n'eût tout distribué aux pauvres.

Il dit, à l'âge de quatre ou cinq ans, une parole qui est assez remarquable pour mériter d'être écrite.

Ma mère lui apprenait son catéchisme, et comme elle lui disait que Dieu est un pur esprit, qui n'a ni commencement ni fin, il dit : Je comprends bien que Dieu n'aura point de fin, mais je ne comprends pas comment il n'a point eu de commencement. Ma mère lui répondit que c'était une vérité qu'on est obligé de croire, quoiqu'on ne la comprenne pas. Cet enfant lui dit : Mais les saints dans le ciel la comprendront-ils? Ma mère lui dit que les saints dans le ciel verront Dieu tel qu'il est, et le connaîtront parfaitement. Cet enfant lui répondit : Voilà une grande récompense. Ma mère fut étonnée au-delà de ce qu'on peut dire, de voir un enfant, dans un âge si peu avancé, regarder la connaissance de Dieu comme une grande récompense. Aussitôt après la mort de mon grand-père, on le mit en pension à Port-Royal-des-Champs. Il y fit toutes ses humanités, et n'en sortit que lorsque le roi fit défense d'y élever des enfants. Alors M. Pascal, mon oncle, le prit chez lui, et lui fit faire sa philosophie au collége d'Harcourt où M. Fortin, intime ami de mon oncle, était principal. Après la mort de mon oncle, il vint demeurer au logis avec mon père et ma mère, et fit sa principale étude des mathématiques. En 1666, mon père ayant pris la résolution de lui donner sa charge, l'envoya à Orléans, où il fit ses études de droit. En 1669, il vint ici [1], et fut reçu à la charge de mon père, étant âgé de vingt-sept ans. Il n'avait aucun dessein de se marier; cependant des amis l'y portaient, non pas dans la famille, car ma mère ne le souhaitait pas [2] ni nous non plus. Un de nos plus proches parents qui avait une fille unique, riche de 40 à 50 mille écus, fit tout ce qu'il put pour le porter à épouser sa fille; il y résista toujours à cause de la parenté. Étant allé à Paris, il consulta M. de Sainte-Beuve qui ne le lui conseilla pas; ainsi il revint, et refusa absolument ce parti. Enfin, en 1677, on lui proposa une demoiselle de condition, qui avait beaucoup d'esprit, et il l'épousa en 1678. Il mourut âgé de trente-huit ans, le 11 mai 1680, après quatorze jours de maladie, regretté de tous ceux qui le connaissaient.

Celui qui mourut ensuite fut mon troisième frère,

[1] A Clermont-Ferrand.
[2] Voyez la lettre de Mme Perier, du 18 mars 1680, page 107 ci-dessus.

Blaise Perier. Il était diacre ; sa mort arriva le 15 mars 1684, âgé de trente ans et sept mois. Il demanda à être enterré à Saint-Étienne [1], avec mon oncle. Sa vie et sa mort ont été des plus édifiantes.

Ma mère, nommée Gilberte Pascal, mourut trois ans après ce troisième de mes frères. Elle était née le 7 janvier 1620, à Clermont. Mon grand-père se retira à Paris, comme je l'ai marqué, en 1630, pour élever ses enfants. Ma mère, qui était l'aînée, avait dix ans. Elle fut mariée à vingt-et-un ans, et elle resta à Rouen deux ans avec mon grand-père. Quand elle fut ici, elle se mit dans le monde comme toutes les personnes de son âge et de sa condition. Elle avait tout ce qu'il fallait pour y être agréablement, car elle était belle et bien faite ; elle avait beaucoup d'esprit. Elle avait été élevée par mon grand-père, qui, dès sa plus tendre jeunesse, avait pris plaisir à lui apprendre les mathématiques, la philosophie et l'histoire. En 1646, ma mère étant allée à Rouen, chez mon grand-père, elle trouva toute sa famille à Dieu qui lui fit la grâce, et à mon père, d'entrer dans les mêmes sentiments. Elle quitta donc le monde et tous les agréments qu'elle pouvait y avoir, à l'âge de vingt-six ans, et a toujours vécu dans cette séparation jusqu'à sa mort. Elle mourut à Paris, le 25 avril 1687, âgée de soixante-sept ans et quatre mois, et fut enterrée avec mon oncle et mon frère.

Ma sœur, Jacqueline Perier, mourut neuf ans après

---

[1] Dans l'église de St.-Etienne-du-Mont, où Pascal et sa sœur, Mme Perier, furent ensevelis.

ma mère. C'était une fille d'un très-grand esprit. Nous avions été élevées à Port-Royal, elle et moi. Elle y prit la résolution d'être religieuse; mais elle ne put pas l'exécuter, parce que nous fûmes obligées d'en sortir par les ordres du roi. Elle avait alors plus de dix-sept ans, et plus de deux ans au-dessus de moi. Nous avions une tante qui était veuve de M. Chabre de Riom, qui n'avait point d'enfants et qui en mourant donna tout son bien à sa femme. Elle prit là-dessus une résolution de marier ma sœur, sa nièce, âgée alors de quinze ans, avec le neveu de M. Chabre, et de lui donner tout son bien et celui que M. Chabre lui avait donné. Elle en écrivit à Paris, à mon oncle[1], et à ma tante qui était religieuse à Port-Royal. Ils en parlèrent à ma sœur, qui demanda du temps pour y penser, et peu après se détermina à l'état religieux, ce qu'elle ne put exécuter lors, parce qu'on ne recevait les filles pour postulantes qu'à dix-huit ans; mais elle écrivit là-dessus une lettre à ma mère, qui était très-belle et très-judicieuse, et elle attendait l'âge pour entrer au noviciat; elle a toujours vécu dans un très-grand éloignement du monde et continuellement accablée de maladies. Elle était d'une humeur fort sérieuse et même assez particulière. Elle ne voyait personne. Toute son occupation était de lire et prier. Elle mourut à Clermont, le 9 avril 1695, et fut enterrée à Notre-Dame-du-Port, dans le tombeau de notre famille.

[1] *Voy.* dans notre édition des *Pensées*, tome I, page 55, une lettre de Pascal à madame Perier qui avait consulté son frère sur ce projet de mariage.

Mon frère, Louis Perier, est le dernier mort de notre famille. Il était né le 27 septembre 1651. Il parut dans sa plus tendre enfance un esprit enjoué et bouffon, tournant tout ce qu'on voulait lui apprendre en plaisanterie, en sorte qu'à l'âge de sept ans, il savait à peine son Pater. Ma chère mère le mena à Paris, en 1658, à mon oncle, à qui elle dit qu'on ne pouvait lui rien apprendre. Mon oncle se chargea de son éducation, et cet enfant devint en très-peu de temps fort sérieux ; mais les fréquentes maladies de son enfance l'empêchèrent d'avancer dans ses études, jusqu'à l'âge de dix ou onze ans ; car alors, sa santé s'étant rétablie, il étudia et profita de la bonne éducation qu'il reçut d'un excellent précepteur dont j'ai parlé ci-dessus. Il mourut à Clermont, le 13 octobre 1713, et fut enterré à la cathédrale dont il était chanoine.

Voilà quelle a été la vie de toutes les personnes de ma famille. Je suis restée seule. Ils sont tous morts dans un amour inébranlable pour la vérité. Je dois dire comme Simon Machabée, le dernier de tous ses frères : Tous mes parents et tous mes frères sont morts dans le service de Dieu, et dans l'amour de la vérité. Je suis restée seule. A Dieu ne plaise, que je pense jamais à y manquer ! C'est la grâce que je lui demande de tout mon cœur [1].

J'ai oublié de dire, sur l'article de ma mère, que lorsqu'elle alla à Rouen, en 1646, et qu'elle et mon

---

[1] Mademoiselle Perier mourut hier 14 avril 1733 à dix heures du soir, âgée de 87 ans et 9 jours. (*Note du P. Guerrier.*)

père se donnèrent à Dieu à l'exemple de toute sa famille, ils se mirent sous la conduite de M. Guillebert, qui était un docteur de Sorbonne très-saint et très-habile homme. Il porta ma mère, qui n'était âgée que de vingt-six ans, à quitter toutes ses parures et à renoncer à toutes sortes d'ajustements, ce qu'elle fit de bon cœur; et après y avoir demeuré deux ans habillée très-modestement, M. Guillebert, voyant qu'elle était obligée de revenir ici, lui dit qu'il avait un avis important à lui donner : c'était que souvent les dames qui quittent les parures par piété, les mettent sur leurs enfants, et qu'elle prît garde de ne le point faire, parce que cela est plus dangereux pour leurs enfants que pour elles qui en connaissent le mal et ne s'y attachent pas, au lieu que les enfants y mettent leur cœur. Ma mère profita si bien de cet avis qu'étant revenue ici, à la fin de 1648, elle nous trouva, ma sœur qui n'avait que quatre ans et quelques mois, et moi qui n'avais que deux ans et huit ou dix mois; ma grand'mère nous avait parées toutes deux avec des robes pleines de galons d'argent, bien des rubans et des dentelles, selon la mode de ce temps-là. Ma mère d'abord nous ôta tout cela, et nous habilla de camelot gris tout uni sans dentelles, ni rubans, et défendit à notre gouvernante de fréquenter et de nous laisser fréquenter deux petites demoiselles de notre voisinage et de même âge, avec qui nous étions tous les jours, parce que ces deux demoiselles étaient fort parées. Son exactitude là-dessus fut si grande qu'à la fin de l'année 1651 que mon grand-père mourut, comme elle fut obligée d'aller à Paris pour faire ses partages avec mon oncle et ma

tante, elle craignit que dans son absence ma grand'-
mère nous remît des parures, et elle aima mieux faire
la dépense de nous mener à Paris avec elle que de nous
laisser ici ; et elle nous ramena ensuite au commencement de l'année 1652; et depuis cela, deux ans après,
elle nous ramena à Paris à la fin de 1653, et elle nous
mit à Port-Royal, dont nous sortîmes en 1661. Elle continua toujours à nous exhorter à la modestie, en sorte
que je puis dire que depuis l'âge de deux ans et huit ou
dix mois, je n'ai jamais porté ni or, ni argent, ni ruban
de couleur, ni frisure, ni dentelle.

J'ai rapporté les talents extraordinaires de ma tante
pour la poésie dès l'âge de huit ans, et aussi l'occasion
qui obligea mon grand-père de se retirer en province,
au sujet des rentes de l'hôtel de ville, sur lequel il avait
la plus grande partie de son bien. Il arriva (a) que, peu

(a) *Autre relation de Marg. Perier, extraite d'un MS. provenant de la succession du P. Adry, de l'Oratoire :*

Quelque temps après, il arriva que M. le cardinal de Richelieu qui aimait passionnément la comédie prit envie d'en voir
représenter une par des enfants, et chargea de ce soin madame
d'Aiguillon, qui se mit en peine de chercher dans Paris les enfants qui pourraient donner plus de plaisir à M. le cardinal.
Elle jeta les yeux d'abord sur ma tante, qui paraissait déjà beaucoup dans le monde, parce qu'elle faisait des vers. Elle en
avait même fait souvent pour la reine, qu'elle avait eu l'honneur
de lui présenter, et dont la reine fut très-contente; elle était
même souvent à la cour avec des dames à qui mon grand-père la
confiait n'ayant point de mère. Madame d'Aiguillon envoya donc
un gentilhomme à ma mère lui demander sa petite sœur pour
être une des actrices de cette comédie. Ma mère lui répondit fort

de temps après qu'il y fut, il prit une fantaisie à M. le cardinal de Richelieu de voir représenter une comédie par des enfants. Mme la duchesse d'Aiguillon, sa nièce, qu'il n'avait pas chargée de cela, jeta les yeux sur ma tante qui avait neuf ans : elle envoya un gentilhomme pour en parler à ma mère qui, quoiqu'elle n'eût que quatorze ans et demi, était la maîtresse de la maison. Ce gentilhomme lui dit que madame d'Aiguillon la priait de lui donner mademoiselle sa sœur pour être une des actrices de cette pièce que M. le cardinal souhaitait beaucoup. Ma mère, qui était pénétrée de douleur de l'absence de son père, répondit au gentilhomme fort naturellement, que M. le cardinal ne lui donnait pas assez de plaisir pour penser à lui en faire. Le gentilhomme rapporta cette réponse à madame d'Aiguillon qui était

tristement qu'elle était à Paris seule sans père ni mère, avec son frère et sa sœur, bien affligée de l'absence de son père ; et qu'ils n'avaient pas assez de joie ni de gaieté pour donner du plaisir à M. le cardinal, ni les uns, ni les autres. Le gentilhomme rapporta cette réponse à madame d'Aiguillon qui renvoya lui dire qu'elle croyait que c'était le moyen de faire revenir son père, parce que cette enfant lui ayant donné du plaisir, il lui accorderait assurément ce qu'elle lui demanderait. Sur cela ma mère y consentit, et donna sa petite sœur à qui on fit apprendre son rôle, qu'elle jouait si parfaitement dans les répétitions où madame d'Aiguillon se trouvait toujours, qu'on ne douta point qu'on ne pût hasarder de lui faire demander le retour de mon grand-père.

Le jour donc étant venu que la comédie devait être représentée devant M. le cardinal, madame d'Aiguillon convint avec ma mère que d'abord que la comédie serait finie elle prendrait sa petite sœur, et la présenterait à M. le cardinal, et qu'après les premières amitiés que M. le cardinal lui aurait faites elle lui parlerait de cela. Et pour rendre la chose plus sûre madame d'Ai-

bonne et obligeante. Elle le renvoya dire à ma mère qu'elle savait la peine où elle était pour M. son père, et que cette occasion lui procurerait infailliblement son retour; qu'elle s'y emploierait très-fortement et en parlerait aussi à M. le chancelier. Ma mère alors s'adoucit, et le pria de lui permettre d'en parler aux amis de son père, et lui donna jour pour revenir. Les amis de mon grand-père conseillèrent à ma mère d'agréer cela, et elle le fit. Alors elle pria un comédien célèbre de ce temps-là, nommé Mondory (qui était de Clermont, et qui avait pris le nom de Mondory parce que son parrain, qui était un homme de condition de cette ville, se nommait M. de Mondory, qui fit ce qu'il put pour l'en empêcher sans en pouvoir venir à bout), de l'instruire pour son personnage. Il l'instruisit parfaitement. Lors donc

guillon prévint M. le chancelier, et le pria de s'y trouver, et de ne point s'en aller que la chose ne fût faite et d'y aider.

La comédie fut donc jouée. La petite Pascal fit son personnage d'une manière si surprenante qu'elle eut un applaudissement extraordinaire; car, quoiqu'elle eût dix ans elle n'en paraissait pas six, parce qu'elle était très-petite et très-belle; et cet air de jeunesse, ou plutôt d'enfant, qu'elle avait était cause qu'on admirait davantage de la voir entrer dans tous les sentiments qu'elle devait exprimer : car on la voyait par exemple paraître tout d'un coup sur le théâtre, essoufflée, saisie et effrayée comme venant d'apprendre une mauvaise nouvelle qui la surprenait; d'autres fois pleurant et affligée, et se plaignant d'un malheur; enfin c'était la meilleure actrice de toute cette pièce. Quand on eut fini, elle attendait madame d'Aiguillon qui la devait prendre pour la présenter, mais voyant qu'elle différait trop et que M. le cardinal se levait de son fauteuil pour s'en aller, elle eut peur de manquer l'occasion de lui parler de ce qui était le seul motif qui lui avait fait entreprendre ce qu'elle avait fait : elle descendit tout d'un coup

que la comédie fut représentée [1], madame d'Aiguillon promit à ma mère qu'elle présenterait cette enfant à M. le cardinal, et M. le chancelier promit aussi de s'y trouver. Ma tante avait fait des vers pour demander le retour de son père. Dès que la comédie fut jouée, où elle avait fait des merveilles, elle fut présentée à M. le cardinal qui la prit et la mit sur ses genoux (quoiqu'elle eût alors neuf [2] ans, elle ne paraissait pas en avoir sept), et la caressa, lui disant qu'elle lui avait fait un plaisir infini. Alors cette enfant commença à pleurer et à lui dire les vers qu'elle avait faits. Il demanda ce que c'était; M. le chancelier lui dit de quoi il s'agissait. M. le

du théâtre, et s'alla présenter elle-même à M. le cardinal qui la voyant la prit et la mit sur ses genoux, et se mit à la caresser et à lui dire mille choses obligeantes sur la manière dont elle avait joué son rôle. Elle écouta ce qu'il lui dit, et puis se mettant à pleurer elle commença à jouer un autre personnage et à lui faire son petit compliment sur l'absence de mon grand-père, et sur la désolation où était la famille de n'avoir ni père ni mère à Paris. M. le cardinal la voyant pleurer, et n'entendant qu'à moitié ce qu'elle disait, parce qu'elle l'entrecoupait de sanglots, il lui demanda ce qu'elle avait et qui la faisait ainsi pleurer; elle lui redit, et madame d'Aiguillon aussi, ce que c'était. M. le cardinal qui craignait de se laisser surprendre, lui dit qu'il en parlerait au roi; mais M. le chancelier qui était proche de lui, lui dit qu'il pouvait accorder à cette enfant ce qu'elle lui demandait, parce qu'il savait ce que c'était que cette affaire-là; que c'était chez lui qu'elle s'était passée, et que M. Pascal quoiqu'il y eût été présent, n'y avait aucune part. Et sur cela M. le car-

[1] Au mois de février 1639, suivant le MS. de Mme Perier la mère. (*Note du P. Guerrier.*)

[2] Il est clair par les mémoires de madame Perier la mère qu'elle avait treize ans et quelques mois, étant née en octobre 1625. (*Idem.*)

cardinal lui dit qu'il en parlerait au roi; mais M. le chancelier lui ayant assuré qu'il pouvait accorder à cette enfant ce qu'elle demandait, et madame d'Aiguillon s'y étant jointe, il lui dit ces propres paroles : Hé bien, mon enfant, mandez à votre père qu'il revienne en toute assurance, et que je suis bien aise de le rendre à une si aimable famille; car il les voyait tous, mon oncle qui avait alors quinze ans, et ma mère (dix-)huit ans [1], tous trois parfaitement beaux [2]. Alors ma tante, d'elle-même sans qu'on eût pensé à le lui dire, dit à M. le cardinal : Monseigneur, j'ai encore une grâce à demander à Votre Éminence. M. le cardinal lui répondit : Demande tout ce que tu voudras, tu es trop aimable, on ne peut te rien refuser. Alors elle lui dit : Monseigneur, je supplie Votre Éminence de permettre à mon père d'avoir l'hon-

dinal lui dit qu'elle pouvait mander à mon grand-père de revenir en toute assurance, et de ne rien craindre. Aussitôt elle lui dit très-joliment qu'elle avait encore une grâce à demander à Son Éminence. M. le cardinal la baisant, lui dit : Demande-moi tout ce que tu voudras; tu es trop jolie, je ne saurais te rien refuser. Elle lui dit que c'est qu'elle le priait de trouver bon que quand son père serait de retour, il eût l'honneur de voir Son Éminence pour la remercier de la grâce qu'il en recevait. M. le cardinal lui dit que non-seulement il le lui permettait, mais qu'il le lui ordonnait, et qu'il voulait qu'il le vint voir avec toute sa

[1] Il y a dans le MS. : « ... car il les voyait tous, *ma mère qui avait alors quinze ans et mon oncle huit ans...* » — Leçon évidemment vicieuse, Pascal étant né en 1623 et Mme Perier en 1620, et le fait ici rapporté se passant au commencement de 1639.

[2] Le portrait de Pascal, jeune, dessiné d'après nature par son célèbre ami Domat, justifie parfaitement, en ce qui le concerne, ce que dit ici Marguerite Perier. (Voy. le *fac-simile* de ce portrait dans notre édition des *Pensées*.)

neur de la remercier de sa bonté. M. le cardinal lui répondit : Non-seulement je le lui permets, mais je veux qu'il y vienne, et qu'il m'amène toute sa famille. Ensuite il la rendit à madame d'Aiguillon, et lui recommanda de faire bien régaler toutes les actrices de la comédie, ce qu'elle fit faire magnifiquement. On manda aussitôt tout cela à mon grand-père qui partit en même temps et revint à Paris. Dès qu'il fut à Paris, il alla à Ruel, où était alors M. le cardinal. Quand on le lui annonça, il demanda s'il était seul : on lui dit que oui. Il lui fit dire qu'il ne voulait point le voir sans sa famille. Il y retourna le lendemain avec ses trois enfants. Alors le cardinal lui fit mille amitiés, et lui dit qu'il connaissait son mérite, et qu'il était ravi de l'avoir rendu à une famille qui méritait toute son application, qu'il lui recommandait ses enfants, qu'il en ferait un jour quelque chose de grand.

famille. On manda tout cela à mon grand-père qui vint en même temps, et dès le lendemain qu'il fut arrivé, il alla à Ruel pour voir M. le cardinal. Quand on lui dit que M. Pascal était là qui demandait à lui faire sa révérence, M. le cardinal demanda s'il était seul ; quand on lui eût dit que oui, il dit qu'il ne voulait point le voir seul, et qu'il s'en allât et revînt avec toute sa famille. Le lendemain il y retourna avec ses trois enfants. M. le cardinal le reçut parfaitement bien, lui fit toutes les honnêtetés possibles ; lui marqua qu'il était bien aise de l'avoir rendu à sa famille qui méritait bien les soins qu'il en prenait ; et le mit entre les mains de son écuyer, à qui il ordonna de lui faire tout voir dans Ruel, et de les bien régaler : ce qu'il fit.

Cette rencontre-là donna occasion à mon grand-père d'être connu de M. le cardinal, de M. le chancelier et de madame d'Aiguillon ; et comme il avait un très-grand mérite et tout l'esprit possible, il lui était très-utile d'être connu ; et dans ce temps-

Voilà une histoire où il ne paraît rien que d'agréable selon le monde, et rien qui ne fût capable d'en inspirer l'amour; cependant ce fut par là que Dieu conduisit la famille au lieu qu'il avait destiné pour lui procurer les moyens de le connaître et de se donner entièrement à lui. Car, peu de temps après, M. le cardinal et M. le chancelier, connaissant la capacité de mon grand-père, l'envoyèrent en Normandie, où, par l'occasion que j'ai marquée, ils connurent M. Guillebert et se mirent sous sa conduite.

Note du P. Guerrier. J'ai copié tout ceci sur le MS. de Mlle Perier, mais j'en ai bien passé la moitié au moins, tantôt sur un article, tantôt sur l'autre. Au reste, j'ai transcrit fidèlement tout ce que j'ai écrit, portant le scrupule jusqu'à ne vouloir pas corriger quelques fautes de style qui pouvaient facilement être réformées.

Mlle Marguerite Perier m'a dit qu'elle avait quarante et un ans lorsque madame sa mère mourut, et sa sœur en avait plus de quarante-trois; cependant à cet âge, ni l'une ni l'autre n'osait sortir sans être accompagnée par leur mère, pas même pour aller à la messe. La sévérité de Mme Perier était telle, que si quelqu'une de ses filles étant avec elle disait un mot à quelques amies qu'elles rencontraient dans les rues, il fallait aussitôt en rendre compte à leur mère qui demandait avec un ton sec ce qu'elle avait dit.

là ou peu de temps après il y eut bien des affaires et des troubles en Normandie; ce qui fut cause que M. de Paris, qui y était alors intendant, vint à Paris, et dit à M. le cardinal qu'il lui était impossible d'être seul dans cette grande province et qu'il fallait nécessairement être deux. On lui donna mon grand-père qui y fut quelque temps avec lui, et dans la suite il y fut seul après que ces grands mouvements furent passés.

Ce fut donc là ce qui donna lieu.... (*Voy. la suite, page* 421 *ci-dessus.*)

MÉMOIRE SUR LA VIE DE M. PASCAL, ÉCRIT PAR MADEMOISELLE MARGUERITE PERIER, SA NIÈCE [1].

Lorsque mon oncle eut un an, il lui arriva une chose très-extraordinaire. Ma grand'mère était, quoique très-jeune, très-pieuse et très-charitable; elle avait grand nombre de pauvres familles à qui elle donnait une petite somme par mois, et entre les pauvres femmes à qui elle faisait ainsi la charité [2], il y en avait une qui avait la réputation d'être sorcière : tout le monde le lui disait; mais ma grand'mère, qui n'était point de ces femmes crédules et qui avait beaucoup d'esprit, se moquait [3] de cet avis, et continuait toujours à lui faire l'aumône. Dans ce temps-là il arriva que cet enfant tomba [4] dans une langueur semblable à ce que l'on appelle à Paris *tomber en chartre;* mais cette langueur était accompagnée de deux circonstances qui ne sont point ordinaires:

---

[1] IIe MS. du P. Guerrier, p. 173. Le MS. *Suppl. franç.* n° 1485, contient aussi une copie de ce *Mémoire;* mais c'est une copie moins correcte. Comme elle a été en grande partie publiée par M. V. Cousin dans son *Rapport sur la nécessité d'une nouvelle édition des Pensées* (pag. 390), nous renverrons à cet ouvrage pour indiquer les principales variantes qui existent entre le MS. du P. Guerrier, qui est une copie faite sur l'original autographe de Marg. Perier, et le MS. *Suppl. franç.*, qui n'est qu'une copie de seconde main.

M. Aimé Martin possède une troisième copie du même écrit, laquelle se trouve dans le MS. mentionné plus haut, provenant de la succession du P. Adry. Elle est d'ailleurs, sauf deux ou trois mots qui sont changés, conforme au MS. du P. Guerrier.

[2] *Rapport V. C.* : « ... elle avait *un* grand nombre de pauvres familles à qui elle donnait *la charité.* Il y en avait une... »

[3] *Rapport V. C.* : « ... se *moqua...* »

[4] *Idem* : « ... il arriva que *le petit Pascal* tomba... »

l'une, qu'il ne pouvait souffrir de voir de l'eau sans tomber dans des transports d'emportement très-grands; et l'autre, bien plus étonnant, c'est qu'il ne pouvait souffrir de voir son père et sa mère proche l'un de l'autre [1]. Il souffrait les caresses de l'un et de l'autre en particulier avec plaisir; mais aussitôt qu'ils s'approchaient [2], il criait et se débattait avec une violence excessive. Tout cela dura plus d'un an, durant lequel le mal s'augmentait. Il tomba dans une telle extrémité, qu'on le regardait comme prêt à mourir [3].

Tout le monde disait à mon grand-père et à ma grand'mère que c'était assurément un sort que cette sorcière avait jeté sur cet enfant; ils s'en moquaient l'un et l'autre, regardant ces discours comme des imaginations qu'on a quand on voit des choses extraordinaires, et n'y faisaient aucune attention [4], laissant toujours à cette femme une entrée libre dans leur maison où elle recevait la charité. Enfin mon grand-père, importuné de tout ce qu'on lui disait là-dessus, fit un jour entrer cette femme dans son cabinet, croyant que la manière dont il lui parlerait lui donnerait lieu de faire cesser tous ces bruits [5]; mais il fut très-étonné lorsqu'après les premières paroles qu'il lui dit, auxquelles elle répondit seulement et assez doucement que cela n'était point, et qu'on ne disait cela d'elle que par envie, à

---

[1] *Rapport V. C.* : « ... son père et sa mère *s'approcher* l'un de l'autre... »
[2] *Idem* : « ... aussitôt qu'ils s'approchaient *ensemble*,... »
[3] *Idem* : « ... qu'on le *croyait* prêt à mourir. »
[4] *Idem* : « ... et n'y *faisant* aucune attention.... »
[5] *Idem* : « ... tous *les* bruits. »

cause des charités qu'elle recevait, il voulut lui faire peur, et, feignant d'être assuré qu'elle avait ensorcelé son enfant, il la menaça de la faire pendre si elle ne lui avouait la vérité; alors elle fut effrayée, et se mettant à genoux, elle lui promit de lui dire tout, s'il lui promettait de lui sauver la vie. Sur cela, mon grand-père, fort surpris, lui demanda ce qu'elle avait fait et ce qui l'avait obligée à le faire. Elle lui dit que l'ayant prié de solliciter pour elle, il le lui avait refusé, parce qu'il croyait que son procès n'était pas bon[1], et que, pour s'en venger, elle avait jeté un sort sur son enfant qu'elle voyait qu'il aimait tendrement, et qu'elle était bien fâchée de le lui dire, mais que le sort était à la mort. Mon grand-père affligé lui dit : Quoi ! il faut donc que mon enfant meure ! Elle lui dit qu'il y avait du remède, mais qu'il fallait que quelqu'un mourût pour lui et transporter le sort. Mon grand-père lui dit : Ho ! j'aime mieux que mon fils meure, que de faire mourir une autre personne[2]. Elle lui dit : on peut mettre le sort sur une bête. Mon grand-père lui offrit un cheval : elle lui dit que, sans faire de si grands frais, un chat lui suffisait. Il lui en fit donner un ; elle l'emporta, et en descendant elle trouva deux capucins qui montaient pour consoler ma grand'mère de l'extrémité de la maladie de cet enfant[3]. Ces pères lui dirent qu'elle voulait encore faire quelque sortilége de ce chat : elle

[1] *Rapport V. C.* : » ... solliciter *un procès* pour elle, il *l'avait refusée*, parce qu'il croyait *qu'il* n'était pas bon.... »
[2] *Rapport V. C.* : « ... *Eh !* j'aime mieux que mon fils meure, que *si quelqu'un mourrait pour lui.* »
[3] *Idem* : « ... pour consoler mon *grand-père* de l'extrémité de la maladie de *son fils*. »

le prit et le jeta par une fenêtre, d'où il ne tomba que de la hauteur de six pieds et tomba mort; elle en demanda un autre que mon grand-père lui fit donner. La grande tendresse qu'il avait pour cet enfant fit[1] qu'il ne fit pas d'attention que tout cela ne valait rien, puisqu'il fallait, pour transporter ce sort, faire une nouvelle invocation au diable; jamais cette pensée ne lui vint dans l'esprit; elle ne lui vint que longtemps après, et il se repentit d'avoir donné lieu à cela.

Le soir la femme vint et dit à mon grand-père qu'elle avait besoin d'un enfant qui n'eût pas sept ans et qui, avant le lever du soleil, cueillît neuf feuilles de trois sortes d'herbes; c'est-à-dire trois de chaque sorte. Mon grand-père le dit à son apothicaire qui dit qu'il y mènerait lui-même sa fille, ce qu'il fit le lendemain matin. Les trois sortes d'herbes étant cueillies, la femme fit un cataplasme qu'elle porta à sept heures du matin à mon grand-père, et lui dit qu'il fallait le mettre sur le ventre de l'enfant. Mon grand-père le fit mettre; et à midi, revenant du palais, il trouva toute la maison en larmes, et on lui dit que l'enfant était mort; il monta, vit sa femme dans les larmes, et l'enfant dans son berceau, mort, à ce qu'il paraissait. Il s'en alla, et en sortant de la chambre il rencontra sur le degré la femme qui avait porté le cataplasme, et attribuant la mort de cet enfant à ce remède, il lui donna un soufflet si fort qu'il lui fit sauter le degré. Cette femme se releva et lui dit qu'elle voyait bien qu'il était en colère parce

---

[1] *Rapport V. C.* : « ... pour cet enfant, *fut cause*...»

qu'il croyait que son enfant était mort; mais qu'elle avait oublié de lui dire le matin qu'il devait paraître mort jusqu'à minuit, et qu'on le laissât dans son berceau jusqu'à cette heure là et qu'alors il reviendrait. Mon grand-père rentra et dit qu'il voulait absolument qu'on le gardât sans l'ensevelir. Cependant l'enfant paraissait mort; il n'avait ni pouls ni sentiment [1]; il devenait froid, et avait toutes les marques de la mort; on se moquait de la crédulité de mon grand-père qui n'avait pas accoutumé de croire à ces sortes de gens-là [2].

On le garda donc ainsi, mon grand-père et ma grand'-mère toujours présents, ne voulant s'en fier à personne; ils entendirent sonner toutes les heures et minuit aussi sans que l'enfant revint. Enfin, entre minuit et une heure, plus près d'une heure que de minuit, l'enfant commença à bâiller; cela surprit extraordinairement : on le prit, on le réchauffa, on lui donna du vin avec du sucre; il l'avala; ensuite sa nourrice lui présenta le téton qu'il prit sans donner néanmoins de marques de connaissance et sans ouvrir les yeux; cela dura jusqu'à six heures du matin qu'il commença à ouvrir les yeux et à connaître quelqu'un. Alors, voyant son père et sa mère l'un près de l'autre, il se mit à crier comme il avait accoutumé; cela fit voir qu'il n'était pas encore guéri, mais on fut au moins consolé de ce qu'il n'était pas mort, et environ six ou sept jours après il commença à souffrir la vue de l'eau. Mon grand-père,

---

[1] *Rapport V. C.* : « ... « ... il n'avait ni pouls, *ni voix*, ni sentiment... »

[2] *Idem* : « ... à croire à *ces gens-là*. »

arrivant de la messe, le trouva qui se divertissait à verser de l'eau d'un verre dans un autre entre les bras de sa mère [1]; il voulut alors s'approcher, mais l'enfant ne le put souffrir, et peu de jours après il le souffrit, et en trois semaines de temps cet enfant fut entièrement guéri et remis dans son embonpoint [2].

Pendant que mon grand-père était encore à Rouen, M. Pascal, mon oncle, qui vivait dans cette grande piété, qu'il avait lui-même inspirée à toute la famille [3], tomba dans un état fort extraordinaire qui était causé par la grande application qu'il avait donnée aux sciences ; car les esprits étant montés trop fortement au cerveau, il se trouva dans une espèce de paralysie depuis la ceinture en bas, en sorte qu'il fut réduit à ne marcher qu'avec des potences ; ses jambes et ses pieds devinrent froids comme du marbre, et on était obligé de lui mettre tous les jours des chaussons trempés dans de l'eau-de-vie pour tâcher de faire revenir la chaleur aux pieds. Cet état où les médecins le virent, les obligea de lui défendre toute sorte d'application; mais cet esprit si vif et si agissant ne pouvait pas demeurer oisif. Quand il ne fut plus occupé ni de sciences, ni de choses de piété qui

[1] *Rapport V. C.* : « ... *dans* les bras de sa mère. »

[2] Voy. ci-après page 471, une autre relation des mêmes faits, extraite, par le P. Guerrier, de la Bibliothèque des Oratoriens de Clermont.

Ici vient, dans le MS. du P. Guerrier, le passage relatif au curé de Rouville et aux MM. Deslandes et Boutellerie. Nous croyons devoir reporter ce passage dans le mémoire de Marg. Perier sur sa famille, page 423 ; car il est évident qu'il est ici hors de sa place.

[3] *Rapport V. C.* : « ... lui-même *imprimée à la famille*... »

portent avec elle leur application, il lui fallut quelque plaisir : il fut contraint de revoir le monde, de jouer, et de se divertir. Dans le commencement cela était modéré ; mais insensiblement le goût en revint, il se mit dans le monde, sans vice néanmoins, ni dérèglement, mais dans l'inutilité, le plaisir et l'amusement. Mon grand-père mourut ; il continua à se mettre dans le monde, avec même plus de facilité étant maître de son bien ; et alors après s'y être un peu enfoncé, il prit la résolution de suivre le train commun du monde, c'est-à-dire de prendre une charge et se marier ; et prenant ses mesures pour l'un et pour l'autre, il en conférait avec ma tante, qui était alors religieuse, qui gémissait de voir celui qui lui avait fait connaître le néant du monde, s'y plonger de lui-même par de nouveaux engagements. Elle l'exhortait souvent à y renoncer ; mais l'heure n'était pas encore venue[1] ; il l'écoutait et ne laissait pas de pousser toujours ses desseins. Enfin Dieu permit qu'un jour de la Conception de la sainte Vierge, il allât voir ma tante, et demeurât au parloir avec elle durant qu'on disait nones avant le sermon. Lorsqu'il fut achevé de sonner, elle le quitta et lui de son côté entra dans l'église pour entendre le sermon, sans savoir que c'était là où Dieu l'attendait. Il trouva le prédicateur en chaire, ainsi il vit bien que ma tante ne pouvait pas lui avoir parlé ; le sermon fut au sujet de la conception de la sainte Vierge, sur le commencement de la vie des chrétiens, et sur l'importance de les rendre saints, en ne

[1] *Rapport V. C.* omet : *mais l'heure n'était pas encore venue.*

s'engageant pas, comme font presque tous les gens du monde, par l'habitude, par la coutume et par des raisons de bienséance toutes humaines, dans des charges et dans des mariages; il montra comment il fallait consulter Dieu avant que de s'y engager, et bien examiner si on pouvait faire son salut et si on n'y trouverait point d'obstacles. Comme c'était là précisément son état et sa disposition, et que le prédicateur prêcha avec beaucoup de véhémence et de solidité, il fut vivement touché, et croyant que tout cela avait été dit pour lui, il le prit de même. Ma tante alluma autant qu'elle put ce nouveau feu, et mon oncle se détermina peu de jours après à rompre entièrement avec le monde; et pour cela il alla passer quelque temps à la campagne pour se dépayser, et rompre le cours du grand nombre [1] de visites qu'il faisait et qu'il recevait; cela lui réussit, car depuis cela il n'a plus vu aucun de ces amis qu'il ne visitait que par rapport au monde.

Dans sa retraite, il gagna à Dieu M. le duc de Roannez avec qui il était lié d'une amitié très-étroite fondée sur ce que M. de Roannez, ayant un esprit très-éclairé et capable des plus grandes sciences, avait beaucoup goûté l'esprit de M. Pascal et s'était attaché à lui [2]. M. Pascal ayant donc quitté le monde et ayant résolu de ne plus s'occuper que des choses de Dieu, il fit comprendre à

---

[1] Mlle Perier a écrit sur M. et Mlle de Roannez une notice qui se trouve dans les Recueils du P. Guerrier et que nous avons publiée dans le tome Ier, page 581, de notre édition des *Pensées*.
Voy. ci-après, *Appendice*, n° IV, une lettre inédite du duc de Roannez à Arnauld de Pomponne, sur la mort de Pascal.

[2] *Rapport V. C.* : « ... et rompre le cours *général* du grand... »

M. de Roannez l'importance d'en faire de même, et lui parla là-dessus avec tant de force qu'il le persuada[1]. Etant donc ainsi touché de Dieu par le ministère de M. Pascal, il commença à faire des réflexions sur le néant du monde, et il prit un peu de temps pour penser à ce que Dieu demandait de lui ; enfin il prit la résolution de ne jamais songer au monde, de s'en retirer aussitôt qu'il pourrait, et de rendre le gouvernement de Poitou qu'il avait, dès qu'il pourrait en avoir l'agrément du roi. Huit jours après qu'il eut pris sa résolution là-dessus, et qu'il en eut conféré avec mon oncle qu'il avait même pris chez lui pour quelque temps pour l'aider à se déterminer, il arriva que M. le comte d'Harcourt, son grand-oncle, lui vint dire un jour qu'on lui avait proposé un mariage pour lui, qui était mademoiselle de Menus, qui est aujourd'hui madame de Vivonne, qui était le plus grand parti du royaume, pour le bien, la naissance, et la personne. Il fut surpris de cette proposition, car il y avait plus de quatre ans qu'il avait dans l'esprit que lorsqu'il serait en âge de se marier et en disposition de cela il tâcherait d'avoir cette demoiselle-là ; cependant il n'hésita point de la refuser, croyant qu'il devait à Dieu cette marque de fidélité de ne lui point manquer dans la résolution qu'il venait de lui inspirer de quitter le monde : il répondit donc sur-le-champ à

---

[1] Le MS. appartenant à M. Aimé-Martin ajoute : « ... le persuada si bien et si fortement que M. de Roannez goûta tout aussi vivement tout ce qu'il lui dit sur ce sujet, comme il avait goûté ses raisonnements pour les choses de science, qui faisaient auparavant leur plaisir et le sujet de toutes leurs conversations. »

M. le comte d'Harcourt qu'il était très-obligé aux personnes qui songeaient à lui, mais qu'il ne voulait pas se marier encore. M. le comte d'Harcourt s'emporta beaucoup, et lui dit qu'il était fou, et qu'il serait bien heureux si après avoir recherché une demoiselle de qualité, bien faite et bien raisonnable et la plus riche héritière du royaume, on la lui donnait; et qu'aujourd'hui c'était les parents même de la demoiselle qui le demandaient et qui le recherchaient, et que lui voulait encore y penser! M. de Roannez enfin lui déclara qu'il ne voulait point se marier. Il s'emporta encore davantage et le traita mal, et enfin on commença à attribuer cela à mon oncle dans sa famille, en sorte qu'il y était regardé avec horreur, et qu'une fois une femme qui servait de concierge l'alla chercher à sa chambre pour le poignarder, et heureusement elle ne le trouva pas. Depuis cela mon oncle demeura dans une retraite et une séparation entière du monde dans laquelle il a fini ses jours, sans jamais s'y être remis, au contraire il rompait de plus en plus avec tous ses amis, n'en voyant plus aucun de ceux du monde.

Il s'engagea durant sa retraite par un ordre de la providence à travailler contre les athées, et voici comment on a recueilli ce qu'on en a donné au public. M. Pascal avait accoutumé, quand il travaillait, de former dans sa tête tout ce qu'il voulait écrire sans presque en faire de projet sur le papier; et il avait pour cela une qualité extraordinaire, qui est qu'il n'oubliait jamais rien, et il disait lui-même qu'il n'avait jamais rien oublié de ce qu'il avait voulu retenir. Ainsi il gardait dans sa mémoire les idées de tout ce qu'il projetait d'écrire, jusqu'à ce que cela fût dans sa perfection et alors il l'écrivait. C'était son usage; mais pour cela il fallait un grand effort d'imagination, et quand il fut tombé dans ses grandes infirmités, cinq ans avant sa mort, il n'avait pas assez de force pour garder ainsi dans sa mémoire tout ce qu'il méditait sur chaque chose. Pour donc se soulager, il écrivait ce qui lui venait à mesure que les choses se présentaient à lui, afin de s'en servir ensuite pour travailler comme il faisait auparavant de ce qu'il imprimait dans sa mémoire; et ce sont ces morceaux écrits ainsi pièce à pièce, qu'on a trouvés après sa mort, qu'on a donnés et que le public a reçus avec tant d'agrément.

Pendant que M. Pascal travaillait contre les athées, il arriva qu'il lui vint un très-grand mal de dents. Un soir M. le duc de Roannez le quitta dans des douleurs très-violentes; il se mit au lit, et son mal ne faisant qu'augmenter, il s'avisa, pour se soulager, de s'appliquer à quelque chose qui pût lui faire oublier son mal. Pour cela, il pensa à la proposition de la Roulette faite autrefois par le P. Mersenne, que personne n'avait jamais pu trouver et à laquelle il ne s'était jamais amusé. Il y pensa si bien qu'il en trouva la solution et toutes les démonstrations. Cette application sérieuse détourna son mal de dents, et quand il cessa d'y penser il se sentit guéri de son mal.

M. de Roannez étant venu le voir le matin, et le trouvant sans mal, lui demanda ce qui l'avait guéri. Il dit que c'était la Roulette qu'il avait cherchée et trouvée.

M. de Roannez surpris de cet effet et de la chose même, car il en savait la difficulté, lui demanda ce qu'il avait dessein de faire de cela : mon oncle lui dit que la solution de ce problème lui avait servi de remède et qu'il n'en attendait pas autre chose. M. de Roannez lui dit qu'il y avait bien un meilleur usage à en faire ; que dans le dessein où il était de combattre les athées, il fallait leur montrer qu'il en savait plus qu'eux tous en ce qui regarde la géométrie et ce qui est sujet à la démonstration ; et qu'ainsi s'il se soumettait à ce qui regarde la foi, c'est qu'il savait jusques où devaient porter les démonstrations ; et sur cela, il lui conseilla de consigner soixante pistoles et de faire une espèce de défi à tous les mathématiciens habiles qu'il connaissait et de proposer ce prix pour celui qui trouverait la solution du problème. M. Pascal le crut et consigna les soixante pistoles entre les mains de M. *** ; nomma des examinateurs pour juger des ouvrages qui viendraient de toute l'Europe et fixa le temps à dix-huit mois au bout desquels personne n'ayant trouvé la solution suivant le jugement des examinateurs, M. Pascal retira ces soixante pistoles et les employa à faire imprimer son ouvrage dont il ne fit tirer que cent-vingt exemplaires.

M. Pascal parlait peu de sciences ; cependant quand l'occasion s'en présentait, il disait son sentiment sur les choses dont on lui parlait. Par exemple, sur la philosophie de M. Descartes il disait assez ce qu'il pensait. Il était de son sentiment sur *l'automate*, et n'en était point sur la *matière subtile* dont il se moquait fort; mais il ne pouvait souffrir sa manière d'expliquer la formation de toutes choses, et il disait très-souvent : « Je ne puis pardonner à Descartes : il aurait bien voulu, dans toute sa philosophie[1], pouvoir se passer de Dieu; mais il n'a pu s'empêcher de lui faire donner une chiquenaude[2] pour mettre le monde en mouvement; après cela, il n'a plus que faire de Dieu. »

Note du P. Guerrier : « J'ai transcrit ceci sur le manuscrit de Mlle Perier, qui est fort étendu; mais j'ai passé ce que j'avais déjà transcrit sur d'autres MSS. de cette demoiselle. »

---

[1] Le mot *philosophie* signifie ici l'explication du monde physique, et la réflexion de Pascal s'applique à la IIIe partie des *principes de philosophie* de Descartes, intitulée : *De mundo adspectabili*.

[2] « *Lui faire donner* une chiquenaude » est la véritable leçon de Mlle Perier. Le MS. *Suppl. franç.* n° 1485, qui n'est qu'une copie faite sur celle du P. Guerrier, omet le mot *faire* et dit : « ... n'a pu s'empêcher de *lui donner* une chiquenaude; » cette leçon ne faisant pas un sens raisonnable, une main inconnue a écrit après coup et en surcharge *accorder* au-dessus de *donner*.

M. Cousin, qui a rapporté ce passage dans son *Rapport*, etc., p. 41, fait, à cette occasion, la remarque suivante : « Le Recueil (de 1740) « qui n'entend pas la grâce et la finesse de cette expression : *lui ac- « corder une chiquenaude*, y substitue : *lui faire donner* une chi- « quenaude; et Bossut n'a pas manqué de suivre le Recueil. »

Si M. Cousin avait connu les *Recueils* MSS. du P. Guerrier, il aurait vu que Bossut aussi bien que l'éditeur du recueil de 1740, avaient donné la véritable parole de Pascal : *lui faire donner*...; parole qui nous paraît tout aussi fine, quoique peut-être un peu moins subtile, que celle d'*accorder*.

EXTRAIT DES ADDITIONS AU NÉCROLOGE PAR MARGUERITE
PERIER [1].

Ce fut M. Pascal qui attaqua la morale des jésuites en
1656, et voici comment il s'y engagea. Il était allé à
Port-Royal-des-Champs pour y passer quelque temps
en retraite, comme il faisait de temps en temps. C'était
alors qu'on travaillait en Sorbonne à la condamnation
de M. Arnauld, qui était aussi à Port-Royal. Tous ces
messieurs le pressaient pour écrire pour se défendre, et
lui disaient : Est-ce que vous vous laisserez condamner
comme un enfant sans rien dire ? Il fit donc un écrit, lequel il lut en présence de tous ces messieurs, qui n'y donnèrent aucun applaudissement. M. Arnauld, qui n'était
point jaloux de louanges, leur dit: Je vois bien que vous
trouvez cet écrit mauvais, et je crois que vous avez raison ; puis il dit à M. Pascal : Mais vous qui êtes jeune
vous devriez faire quelque chose. M. Pascal fit la première lettre, la leur lut ; M. Arnauld s'écria : Cela est
excellent; cela sera goûté ; il faut le faire imprimer. On
le fit, et cela eut le succès qu'on a vu : on continua.
M. Pascal, qui avait une maison de louage dans Paris,
alla se mettre dans une auberge, pour continuer cet
ouvrage, à l'enseigne du *Roi David*, dans la rue des
Poiriers, où il était inconnu sous un autre nom [2], c'était
tout vis-à-vis du collége de Clermont, qu'on nomme à
présent le collége Louis-le-Grand. M. Perier, son beau-

[1] IIIe Recueil MS. du P. Guerrier, p. 232.
[2] Il se faisait appeler : *Monsieur de Mons*. (Voy. la note au bas
de la page 374, ci-dessus.)

frère, étant allé à Paris dans ce temps-là, alla se loger dans cette auberge, comme un homme de province, sans faire connaître qu'il était son beau-frère. Le P. Defretat, jésuite, son parent, et parent aussi de M. Pascal, alla trouver M. Perier, et lui dit qu'ayant l'honneur de lui appartenir, il était bien aise de l'avertir que l'on était persuadé, dans la société, que c'était M. Pascal, son beau-frère, qui était l'auteur des petites lettres contre eux, qui couraient Paris, et qu'il devait l'e n avertir et lui conseiller de ne pas continuer parce qu pourrait lui en arriver du chagrin. M. Perier le mercia, et lui dit que cela était inutile, et que M. Pascal lui répondrait qu'il ne pouvait pas les empêcher de l'en soupçonner, parce que quand il leur dirait que ce n'était pas lui, ils ne le croiraient pas, et qu'ainsi, s'ils voulaient l'en soupçonner, il n'y avait pas de remède. Il se retira là-dessus, lui disant toujours qu'il fallait l'en avertir, et qu'il y prît garde. M. Perier fut fort soulagé quand il s'en alla; car il y avait une vingtaine d'exemplaires de la septième ou de la huitième lettre sur son lit, qu'il y avait mis pour sécher; mais les rideaux étaient tirés, et heureusement un frère, que le P. Defretat avait mené avec lui, et qui s'était assis près du lit, ne s'en aperçut pas. M. Perier alla aussitôt en avertir M. Pascal, qui était dans la chambre au-dessus de lui, et que les jésuites ne croyaient pas être si proche d'eux.

EXTRAIT D'UN MÉMOIRE DE MARGUERITE PERIER RELATIF
AUX DISCUSSIONS QUI EURENT LIEU ENTRE PASCAL ET
MM. DE PORT-ROYAL, A L'OCCASION DU FORMULAIRE [1].

... Il faut expliquer ce qui donna lieu à ce différend
entre M. Arnauld, MM. de Port-Royal et M. Pascal. Ce
fut à l'occasion de la signature du formulaire, que firent
les religieuses de Port-Royal, ensuite du second mandement des grands-vicaires de M. le cardinal de Retz,
où ces messieurs leur firent mettre une restriction en
ces termes :

« Nous, abesse, etc., considérant que dans l'ignorance où nous
sommes de toutes les choses qui sont au-dessus de notre profession et de notre sexe, tout ce que nous pouvons faire est de rendre
témoignage de la pureté de notre foi, nous déclarons très-volontiers par cette signature qu'étant soumises avec un profond respect à notre S. P. le pape, et n'ayant rien de si précieux que la
foi, nous embrassons sincèrement et de cœur tout ce que Sa Sainteté et le pape Innocent X en ont décidé, et rejetons toutes les
erreurs qu'ils ont jugées y être contraires. »

M. Pascal, qui était extrêmement exact pour tout ce
qui regarde la religion, désapprouva beaucoup cette restriction, disant qu'elle n'était point suffisante; qu'elle
manquait de sincérité et qu'elle ne mettait pas la vérité
assez à couvert. Il fit même un petit écrit par lequel il
montrait que comme dans la vérité le sens de Jansénius n'est autre chose que la grâce efficace, le pape

[1] IIIe Recueil MS. du P. Guerrier, p. 248. — Ce mémoire est intitulé : *Sur M. Pascal*.

Alexandre VII ayant condamné le sens de Jansénius et le formulaire l'exprimant ainsi, on ne pouvait empêcher que cette condamnation ne tombât sur la grâce efficace, ni même se défendre d'y avoir consenti en le souscrivant, à moins que d'excepter formellement la grâce efficace et le sens de Jansénius ; d'où il concluait que les religieuses ne l'ayant pas fait et s'étant contentées de marquer qu'elles ne souscrivaient qu'à la foi, leur signature pouvait être prise pour une condamnation de la grâce efficace, puisqu'elles se soumettaient à tout ce que les papes en ont décidé ; et il disait que les papes ayant condamné le sens de Jansénius sans l'expliquer, et le sens de Jansénius étant certainement le sens de la grâce efficace, il fallait nécessairement excepter formellement le sens de la grâce efficace et celui de Jansénius.

Ces messieurs firent aussi un petit écrit pour combattre celui de M. Pascal, où ils disaient entre autres choses que les papes, en condamnant les 5 propositions, n'avaient point eu intention de condamner la grâce efficace ; qu'ils l'avaient même déclaré ; qu'il était certain que le pape et les évêques, en condamnant le sens de Jansénius, n'entendaient pas la grâce efficace, mais un autre dogme qu'ils supposaient être dans Jansénius et qu'ils appelaient pour cette raison le sens de Jansénius. M. Pascal disait qu'il fallait donc expliquer quel était ce dogme qu'ils condamnaient, pour ne point laisser un doute que ce fût le sens de Jansénius, qui contient la grâce efficace, qui fût condamné ; et il disait : « Je veux bien croire que les papes n'ont point eu intention de condamner la grâce efficace et même qu'ils l'ont déclaré, mais comme il n'y a point d'acte authentique qui atteste cela, et que le formulaire qui est un acte authentique condamne le sens de Jansénius sans expliquer quel est ce mauvais dogme qu'on lui attribue, le sens de Jansénius étant certainement le sens de la grâce efficace, on ne peut point signer le formulaire, même pour ce qui regarde la foi, sans excepter formellement le sens de la grâce efficace et celui de Jansénius. »

Ces messieurs de leur côté disaient que c'était faire injure au pape et aux évêques que de donner lieu de les accuser d'avoir condamné la grâce efficace, et qu'il n'y avait rien de plus désavantageux à cette doctrine que de laisser croire qu'elle fût réduite à un petit nombre de défenseurs, et qu'elle fût abandonnée de la plupart des évêques.

M. Pascal soutenait toujours qu'il ne fallait point laisser de doutes et rien d'équivoque dans ce qui regarde la foi, comme paraissait être la condamnation du sens de Jansénius; et qu'il fallait lever ce doute, surtout pour les personnes ignorantes dont le nombre est plus grand que celui des personnes savantes; et qu'il fallait absolument excepter le sens de la grâce efficace par elle-même. M. Arnauld disait : Si on fait cela, ils condamneront la grâce efficace. M. Pascal répondait : Ils y regarderont à trois fois avant que de la condamner, et enfin s'ils la condamnent, ce sera leur faute et non pas celle de ceux qui l'auront soutenue. Ainsi il le faut faire.

Ces messieurs ayant donc fait ainsi quelques petits écrits pour prouver chacun la vérité de son opinion, M. Arnauld, M. Nicole et quelques-uns de ces messieurs s'assemblèrent un jour chez M. Pascal pour examiner cela. Chacun expliqua son sentiment. M. Pascal représenta l'importance du sien, et que l'amour que l'on devait avoir pour la vérité ne permettait pas de laisser ce doute dans une signature; que dire *n'ayant rien de si précieux que la foi, nous embrassons sincèrement et de cœur tout ce que les papes en ont décidé,* c'est dire *nous condamnons les propositions au sens de Jansénius,* puisque les papes le prononcent ainsi dans le formulaire. Or, le sens de Jansénius étant le sens de la grâce efficace, c'était tacitement condamner la grâce efficace, et il soutint toujours très-fortement qu'il fallait nécessairement mettre cette exception ; que sans cela on ne pouvait signer en conscience, et que c'était abandonner la vérité.

Il arriva à M. Pascal dans cette occasion une chose fort extraordinaire. Tous ces messieurs qui étaient là, dont je ne puis pas dire les noms, car je ne les sais pas sûrement, sinon M. Arnauld et M. Nicole; tous ces messieurs donc, après avoir entendu les raisons de part et d'autre, par déférence ou par conviction se rendirent au sentiment de M. Arnauld et de M. Nicole; car c'étaient eux qui avaient trouvé cette restriction. M. Pascal, qui aimait la vérité par-dessus toute chose, qui d'ailleurs était accablé d'un mal de tête qui ne le quittait point, qui s'était efforcé pour leur faire sentir ce qu'il sentait lui-même, et qui s'était exprimé très-vivement malgré sa faiblesse, fut si pénétré de douleur qu'il se trouva mal, perdit la parole et la connaissance. Tout le monde fut surpris. On s'empressa pour le faire revenir; ensuite tous ces messieurs se retirèrent. Il ne resta que M. de Rouannez, madame Perier, M. Perier le fils et M. Domat, qui avaient été présents à la conversation. Lorsqu'il fut tout à fait remis, madame Perier lui demanda ce qui lui avait causé cet accident; il répondit : « Quand j'ai vu toutes ces personnes-là que je regardais comme étant ceux à qui Dieu avait fait connaître la vérité et qui devaient en être les défenseurs, s'ébranler et succomber, je vous avoue que j'ai été si saisi de douleur que je n'ai pas pu la soutenir, et il a fallu y succomber. »

Depuis néanmoins il ne laissa pas de voir ces messieurs comme auparavant, chacun soutenant son sentiment, mais sans aigreur. Peu de temps après il ne fut plus question de ce qui avait causé leur différend, car on ne fut pas content de cette restriction. On voulait que les religieuses signassent purement et simplement sans aucune restriction. Cette diversité de sentiments ne rompit nullement l'union qui était entre eux. M. Pascal, à la vérité, appréhendait que ce ne fût le désir de conserver la maison de Port-Royal qu'ils croyaient fort utile à l'Église, comme en effet elle l'était, qui les portait à ces condescendances qu'il appelait du nom de relâchement. Ces messieurs au contraire prétendaient que ce qu'ils voulaient accorder ne faisait point de tort à la vérité.

L'union de ces messieurs avec M. Pascal parut encore

dans sa dernière maladie d'une manière toute particulière, car M. Arnauld, quoiqu'il fût alors caché, ne laissa pas de l'aller voir plusieurs fois incognito. M. Nicole y alla aussi plusieurs fois, et M. Pascal les reçut toujours avec toute sorte de marques de tendresse et d'affection. Il se confessa plusieurs fois à M. de Sainte-Marthe, qui était un de ces messieurs, et même la veille de sa mort, etc...

Note du P. Guerrier : « Tout ceci a été transcrit sur le manuscrit de Mlle Perier. »

PROFESSION DE FOI DE MADEMOISELLE MARGUERITE PERIER [1].

Je crois qu'en vertu du premier commandement de Dieu, l'homme lui doit rapporter toutes ses actions par amour; que lorsqu'il a eu le malheur de tomber dans sa disgrâce par le péché, il ne peut être réconcilié avec lui sans l'aimer par-dessus toutes choses ; que sans cet amour l'homme reçoit indignement les sacrements.

Je crois que Dieu est tout-puissant sur le cœur des hommes, et en particulier dans toutes les choses qui regardent le salut. J'ai confiance que je suis du nombre de ces brebis que personne ne ravira de la main de Jésus-Christ. C'est pourquoi j'espère qu'il me fera faire le bien, et qu'il m'y fera persévérer jusqu'à la fin, et qu'ainsi je parviendrai au salut. Je le prie d'augmenter en moi ce sentiment de confiance auquel toute l'Écriture sainte m'anime. C'est par amour pour ces vérités

[1] IIIe Recueil MS. du P. Guerrier, p. 340.

saintes qui sont le fondement de la piété et de la confiance chrétienne, vérités qui sont niées par plusieurs, même dans le sein de l'Église catholique, et qui sont attaquées par la constitution *unigenitus*, et pour toutes les autres vérités auxquelles cette même constitution donne atteinte, que je m'unis de cœur et d'esprit à l'appel qui en a été interjeté au concile général par les quatre évêques, le 1er mars 1717, et autres appels qu'ils ont interjetés depuis, protestant de mon attachement inviolable à l'Église, et de ma soumission parfaite à toutes ses décisions, et de mon obéissance aux pasteurs selon les saints canons, sans me départir jamais du respect dû au saint-siége, et au chef visible de l'Église, qui est le pape. Ce sont mes sentiments dans lesquels je veux vivre et mourir avec l'assistance de la grâce de Dieu, que je lui demande très-humblement, par l'intercession de la très-sainte Vierge, mère de Dieu, de mon saint ange gardien et de tous les saints et saintes du paradis.

Fait ce vingtième octobre mil sept cent trente-deux.

M. Perier.

Note du P. Guerrier : « Mlle Perier est morte le 14e avril 1733, sur les 10 heures du soir, âgée de 87 ans et 9 jours. Cette profession de foi est entre les mains de M. Deschamps, exécuteur testamentaire de la demoiselle. »

RELATION DU P. GUERRIER, DE L'ORATOIRE DE CLERMONT[1].

Mademoiselle Perier m'a dit aujourd'hui, 27 février 1752, que M. Pascal, son oncle, avait un laquais

[1] IIIe Recueil MS. du P. Guerrier, p. 254 et 295.

nommé Picard, très-fidèle, qui savait que son maître composait les Lettres provinciales. C'était lui qui pour l'ordinaire en portait les manuscrits à M. Fortin, principal du collége d'Harcourt, qui avait soin de les faire imprimer. On assure qu'elles ont été imprimées dans le collége même.

Item, elle m'a dit que messieurs les curés de Paris avaient accoutumé dans ce temps-là de s'assembler tous les mois, et qu'à l'occasion des Lettres provinciales et de l'Apologie des casuistes, ils proposèrent de demander la condamnation de la morale relâchée, et de nommer quelqu'un de leur corps pour écrire contre. Personne ne paraissait fort disposé à se charger de cette commission; mais M. Fortin, principal du collége d'Harcourt, homme fort zélé, qui connaissait particulièrement M. Mazure, curé de Saint-Paul, lui persuada d'accepter cet emploi, lui promettant de faire composer ses écrits par des personnes très-habiles. En effet, M. Fortin s'adressa à MM. Arnauld, Nicole et Pascal, qui sont auteurs des écrits qui ont paru sous le nom de messieurs les curés de Paris. Depuis ce temps-là, il fut défendu aux curés de Paris de s'assembler tous les mois, comme ils avaient accoutumé auparavant.

Mademoiselle Perier m'a dit que M. Pascal, son oncle, portait toujours une montre attachée à son poignet gauche. Quand M. Quesnel, frère du père Quesnel, eut fait le portrait de M. Pascal qui était mort depuis plusieurs années, on montra ce portrait à un grand nombre de personnes qui avaient connu ce grand homme. Tous le trouvèrent parfaitement ressemblant. Mademoiselle

Perier le fit voir à un horloger de Paris qui avait travaillé assez souvent pour son oncle, et lui demanda s'il reconnaissait ce portrait : C'est, dit l'ouvrier, le portrait d'un monsieur qui venait ici fort souvent faire raccommoder sa montre, mais je ne sais pas son nom [1].

EXTRAITS D'UN MANUSCRIT ANONYME CONCERNANT LA VIE DE PASCAL [2].

M. Arnoul de Saint-Victor, curé de Chamboursy, dit qu'il a appris de M. le prieur de Barillon, ami de madame Perier, que M. Pascal, quelques années avant sa mort, étant allé, selon sa coutume, un jour de fête, à la promenade au pont de Neuilly avec quelques-uns de ses amis dans un carrosse à quatre ou six chevaux, les deux chevaux de volée prirent le frein aux dents à l'endroit du pont où il n'y avait point de gardefou, et s'étant précipités dans l'eau, les lesses qui les attachaient au train de derrière se rompirent, en sorte que le carrosse demeura sur le bord du précipice, ce qui fit prendre la résolution à M. Pascal de rompre ses promenades et de vivre dans une entière solitude [3]. (*MS. anonyme*

---

[1] Le portrait de Pascal par le peintre Quesnel est aujourd'hui en la possession de M. Guerrier de Romagnat. Nous avons eu occasion de mentionner ce portrait dans l'Introduction de notre édition des *Pensées, Lettres et Fragments* de Pascal, p. LXXII.

[2] III⁰ Recueil MS. du P. Guerrier, p. 291.

[3] Ce passage est le seul que l'on rencontre qui soit relatif à l'accident du pont de Neuilly. Il n'y est nullement question, comme on voit, du dérangement d'esprit que Pascal en aurait éprouvé. Ce n'est que dans une lettre de l'abbé Boileau qu'il est fait mention, d'après un simple ouï-dire, d'un abîme que Pascal *croyait voir à son côté gauche*.

de la bibliothèque des PP. de l'oratoire de Clermont.)

M. Pascal avait des adresses merveilleuses pour cacher sa vertu, particulièrement devant les gens du commun, en sorte qu'un homme dit un jour à M. Arnoul qu'il semblait que M. Pascal était toujours en colère et qu'il voulait jurer; ce qui est assez plaisant, mais qui ne serait pas bon à écrire. (*Ibid.*).

M. Arnoul de Saint-Victor dit que quand on demandait conseil à M. Pascal, il écoutait beaucoup et parlait peu. (*Ibid.*).

M. Pascal étant allé voir M. Arnoul à Saint-Victor avec le duc de Rouannez, vit entrer fort confusément un troupeau de moutons; il demanda à M. Arnoul s'il en devinerait bien le nombre. Celui-ci lui ayant répondu que non, il lui dit tout d'un coup, en comptant un moment sur ses doigts, qu'il y en avait quatre cents. M. de Rouannez demanda à celui qui les conduisait combien il y en avait; il lui dit : Quatre cents. (*Ibid.*)

EXTRAIT D'UN RECUEIL DE DIFFÉRENTES HISTOIRES, QUI EST DANS LA BIBLIOTHÈQUE DES PP. DE L'ORATOIRE DE CLERMONT [1].

C'est une histoire tout à fait étrange que celle que madame Perier nous a contée de son frère. Il n'a-

---

[1] Ier Recueil MS. du P. Guerrier, p. DCCXVII.

vait encore que deux ans lorsqu'il tomba dans la plus étrange maladie du monde. Il ne pouvait voir d'eau ni d'autres liqueurs; il ne pouvait souffrir son père et sa mère ensemble quoiqu'il vît fort bien l'un et l'autre séparément. Il était sec comme les enfants qui sont en chartre, de sorte que l'on n'en attendait plus que la mort.

Un mal si extraordinaire fit dire à plusieurs qu'il était ensorcelé et le soupçon en tomba sur une vieille femme à qui l'on faisait charité dans la maison et à qui la nourrice l'avait fait porter quelquefois. Le bruit en fut si grand, qu'enfin M. Pascal le père désira de s'en éclaircir. Il tire à part cette femme, la menace de la mettre en justice si elle ne guérit son fils, et il lui commande de le faire sans nouveau sortilége. La vieille, après s'en être excusée, le promit; mais demanda une autre chose pour la faire mourir (parce que le sort était à la mort) au lieu de lui. Il lui voulut donner un cheval, mais elle se contenta d'un chat, et comme elle en emportait un, elle fut rencontrée par des personnes qui la querellèrent dans la montée, de sorte qu'étant épouvantée, elle jeta ce chat par la fenêtre qui était assez basse et néanmoins il tomba roide mort. Ensuite elle alla choisir dans le jardin quelques herbes assez communes qu'elle mêla avec de la farine et en fit ainsi une espèce de gâteau qu'elle fit mettre sur le nombril de l'enfant.

Aussitôt qu'on le lui eut mis, il tomba en une léthargie dans laquelle on le crut mort; les médecins y étant appelés le jugèrent mort. Il n'y eut que le père qui y étant survenu empêcha qu'on ne l'ensevelît, et qui soutint qu'il n'était pas encore mort. Quelque temps après cette vieille femme vint heurter à la porte ; le père ayant su que c'était elle y courut et ne put s'empêcher de la frapper. Elle, sans s'étonner, lui dit qu'il avait raison de la battre, parce qu'elle avait oublié de lui dire ce qui devait arriver; mais qu'elle l'assurait que son fils n'était pas mort et qu'il serait dans cet état jusques à minuit et qu'ensuite on le trouverait guéri. On attendit donc jusques à ce temps-là, soutenant toujours que l'enfant n'était point mort. Enfin deux heures après minuit, il commença à se réveiller, vit son père et sa mère ensemble sans effroi, ce qui témoigna qu'il était guéri. Il eut néanmoins encore quelque peur de l'eau ; mais peu de temps après, il se jouait avec de l'eau, et dans quatre ou cinq jours il fut tellement remis qu'il ne paraissait pas avoir été malade.

La vieille femme avoua qu'elle avait été portée à l'ensorceler, parce qu'ayant prié M. Pascal le père de solliciter pour elle dans une affaire qui était injuste, il refusa de le faire.

Madame Perier fit ce récit au Menil [1], le 14 août 1661. »

---

[1] C'était une maison de campagne, appartenant à M. de la Blatterie, près Clermont. (*Note du P. Guerrier.*)

APPENDICE.

N° I. — *Acte de baptême de Pascal.*

Extrait des registres des actes de baptêmes de la paroisse de Saint-Pierre de la ville de Clermont-Ferrand, chef-lieu du département du Puy-de-Dôme, an 1623, déposés aux archives de l'hôtel de ville.

Le 27° jour de juin 1623, a esté baptisé BLAIZE PASCHAL, fils à noble Estienne Paschal, conseiller eslu pour le roy en l'élection d'Auvergne, à Clairmont; et à noble damoizelle Anthoinette Begon; le parrin noble Blaize Paschal, conseiller du roy en la séneschaussée et siège présidial d'Auvergne, audit Clairmont; la marrine dame Anthoinette de Fontfreyde.

Au registre ont signé PASCAL et FONTFREYDE.

On trouve dans le même registre, à la date du 10 octobre 1625, l'acte de baptême de *Jacquette* PASCAL, sœur de Blaise Pascal : elle est déclarée née le 5 *dudit mois d'octobre* 1625. Son parrain a été noble Brémond Pascal; et sa marraine, damoizelle Jacquette Durand, consorte à noble .... Begon, conseiller eslu pour le roy en l'élection d'Auvergne.

Le père de Blaise Pascal était, à cette époque, conseiller du roi et président de la cour des aides à Mont-Ferrand.

N° II. — *Généalogie des Pascal.*

PASCAL (Jean).
Debort (Luque).

I.	II.	III.
PASCAL (Martin). Pascal de Mons (Marguerite).	PASCAL (Antoine). Enjobert (Anne).	PASCAL (Antoinette). Parrinet (Florin).

IV.	V.
PASCAL (Luque). Florand (Abraham).	PASCAL (Etienne). Enjobert (Jeanne).

I.

PASCAL (Martin) (*trésorier de France, à Riom*).
Pascal (Marguerite).

1.	2.	3.
PASCAL (Étienne). Begon (Antoinette).	PASCAL (Blaise). Savaron (Jacquette).	PASCAL (Jeanne). Enjobert (Robert).

PASCAL (Robert).
(Antoine).
(Martin).
(Gilberte).
(Jacqueline).
(Jeanne).
(Marguerite).
(Françoise),
qui épousa
Defrétat (André).

PASCAL (Gilberte). — PASCAL (BLAISE). — PASCAL (Jacqueline).
Perier (Florin).

APPENDICE.

4.
Pascal (Bremond).
Brugier (Jeanne).

Pascal (Mathieu).

5.
Pascal (Gabrielle).
Delaire (Jean).

6.
Pascal (Gilberte).
Fedict (François).

Fedict (Jean).
(Clément).
(Brémond).
(François).
(Guillaume).
(Magdelaine).
(Gilberte).

II.
Pascal (Antoine) (*receveur général du taillon*).
Enjobert (Anne).

1.
Pascal (Jacques).
Savaron (Anne).

Pascal (Robert).
(François).

2.
Pascal (Anne).
De Gien (Pierre).

3.
Pascal (Etienne).
Arnaud (Marie).

4.
Pascal (Claude).
Dulac (Christophe).

III.
Pascal (Antoinette).
Parrinet (Florin).

1.
Parrinet (Jeanne).
Perier (Jean).

2.
Parrinet (Geraud).
De Bartelais (Anne).

Parrinet (Denis).
(Clément).
(Jacqueline).

Perier (Florin). — Perier — Perier (Marie). — Perier (Marguerite).
Pascal (Gilberte). (Catherine). Aubert (Antoine). Chabre (Louis).

Perier (Etienne).
(Louis).
(Jacqueline.
(Marguerite).

Aubert (Pierre).
(Jean).

478 APPENDICE.

3.
PARRINET (Jeanne).
Olivier (Anne).

Olivier (Jean).
(Charles).
(Anne).
(Françoise).

4.
PARRINET (Marguerite).
PERIER (Michel).

PERIER (Florin). — PERIER — PERIER — PERIER. — PERIER (Jeanne).
                 (Jean). (Etienne). (Denis).
Brun (Marguerite).   Laville (François).

PERIER (Pierre).   Laville (Marguerite).
(Jean).   (Jeanne).
(N.).
(Marguerite).
(Gabrielle).
(Anne).

IV.
PASCAL (Luque).
Florand (Abraham).

1.
Florand (Abraham).
Du Mas (Claude).

Florand (Jacques).

2.
Florand (Marie).
Chanarlanges (Etienne).

Chanarlanges — Chanarlanges — Chanarlanges
(Antoine).   (Marie).   (Antoinette).
Jargaud (Anne). Delespine (Pierre). Cohade (Gilbert).
3   **4.**   **5.**

Florand (Alix).   Florand (Luque).   Florand (François).
Esparvier (Pierre). Esparvier (Antoine). Doranches (Marguerite).

Esparvier (Antoinette)   Florand (Marie).
                                                De Valery (Jacques).

                                                De Valery (François).

Esparvier (Marie).   Esparvier (Marie).
Cohade (Antoine).   Bouchet (Jean).

Cohade (Abraham).
(Marie).

APPENDICE.

V.

PASCAL (Etienne).
Enjobert (Jeanne).

1.

PASCAL (Martin).
Brughas   Durand
(Antoinette). (Peironnelle).
(1re femme.)   (2e femme.)

PASCAL (Blaise). PASCAL (Etienne).
(Gillot).   (Marguerite).
(Jean).   (Anne).
(Antoinette).   (Marguerite).
(Claude)
qui épousa :
Besson (Guillaume).

2.

PASCAL
(Guillaume).

3.

PASCAL (Blaise).
Servant (Anne).

PASCAL (Pierre)
(François)
(Blaise).
(Françoise).
(Jacqueline).
(Peironnelle).

4.

PASCAL (Jeanne).

5.

PASCAL (Jacqueline).
Brunet (Gilbert).

Brunet (Martin).
(Bonne).
(André-Jean).

6.

PASCAL (Jacqueline).

7.

PASCAL (Magdelaine).
Desolias (Jean).

Desolias (André).
(Antoinette).
(Gabrielle).
(Ysabeau).
(Peironnelle)
(Jacquette).
(Marie).
(Gabrielle).
(Marie)
qui épousa :
Montorcier (Victor).

N° III. — *Extrait du Testament de Pascal.*

Du testament de Blaise Pascal, escuyer, demeurant ordinairement à Paris, près le Port (*sic*) Saint-Michel, passé par-devant Quarré et Guneau, notaires au Châtelet de Paris, le 3e jour d'août mil six cent soixante-deux, a été extrait ce qui suit :

Item donne et lègue ledit sieur testateur à l'hôpital général de cette ville de Paris un quart du droit appartenant audit sieur testateur sur les carrosses publics établis depuis peu en cette dite ville de Paris ; à la charge néanmoins de consentir, s'il y échet, qu'au lieu de la part appartenant de présent à M. le grand prévôt sur lesdits carrosses, il appartienne à l'advenir audit sieur grand prévôt un sixième au total d'iceux, en telle sorte qu'au lieu d'un pareil sixième qui appartient à présent audit sieur testateur au total desdits carrosses, il ne lui appartiendra plus qu'un sixième aux cinq sixièmes restants ; et à condition de contribuer par ledit hôpital à proportion aux mêmes frais, charges, clauses et conditions dont ledit sieur testateur est tenu.

Item donne et lègue ledit sieur testateur, aux mêmes conditions que dessus, à l'hôpital général de la ville de Clermont en Auvergne, un autre quart du même droit, si mieux n'aime ledit hôpital de Clermont, dans trois ans prochains du jour du décès dudit sieur testateur, prendre la somme de trois mille livres une fois payée pour ladite portion, laquelle, en ce faisant, retournera à ladite damoiselle sœur dudit sieur testateur, qui ne pourra rien prétendre à la jouissance qu'aura eu ledit hôpital de ladite portion, pendant ledit temps.

Item donne et lègue, etc.

(Extrait collationné par le notaire Guneau.)

Lettre de M. Perier, beau-frère de Pascal, aux administrateurs de l'hôpital de Clermont.

De Paris, ce 5 septembre.

Monsieur, (*sic*)

Je m'adresse à vous comme ayant une conoissance particulière de l'honneur de vostre amitié, et ayant aussi celuy d'estre vostre confrère, pour vous pryer de porter au premier bureau de messieurs les administrateurs de l'hospital général l'extrait du testament de feu M. Pascal, que je vous envoye, affin qu'ils poursuive (*sic*) le légat qu'il a fait à cet hospital général et qu'ils y mettent tel ordre qu'ils adviseront. Son droit aux carosses consistoit en un sixième des cinq sixièmes, c'est-à-dire en ung septième du total. Il a disposé d'autres deux quarts en d'autres œuvres pies, et en a laissé le quatrième quart à ma femme. J'ai creu, messieurs, estre obligé de vous donner cet advis tant en qualité de son héritier des biens qu'il a laissé et de son exécuteur testamentaire qu'en celle que j'ay l'honneur d'avoir, quoyque je m'en acquitte très-mal, d'administrateur aussy de vostre hospital général. Si je puis contribuer quelque chose pour le service des pauvres et pour le vostre, messieurs, en particulier, je vous prye de disposer en toute liberté de

Messieurs,

Vostre très-humble et très-obéissant
serviteur et confrère,
PERIER.

N° IV. *Lettre du duc de ROANNEZ, du 10 septembre 1662,
à Arnauld de Pomponne* [1].

Je n'ai pas douté que vous n'ayiez été bien touché de la mort de M. Pascal. Vous y avez assurément beaucoup perdu ; car il vous estimait très-particulièrement, et dans les entretiens que j'ai eus avec lui sur votre sujet il témoignait prendre plaisir à dire du bien de vous. Je vous avoue que cette perte est un coup pour moi, auquel je n'étais point préparé, et dont je ne puis me consoler. La bonté que vous avez de me plaindre et les témoignages que j'ai reçus de M. votre père [2] en cette occasion, sont assurément les choses du monde qui me pouvaient autant soulager dans ma douleur.

J'ai bien de l'impatience de voir la fin de votre exil. Je souhaiterais fort de vous trouver ici à mon retour de Poitou. Je pars dans huit jours pour y aller. J'espère que je serai assez à temps pour voir juger le procès que nous avons avec M. de Guitaut. M. de Crenan demeure ici, qui aura soin de nos affaires [3]. Je vous prie de croire qu'il n'y a personne qui vous soit plus acquis que moi, ni qui désire plus mériter l'honneur de votre amitié.

Ce 10 septembre.

Suscription : A Monsieur, monsieur de Pomponne.

---

[1] Nous publions cette lettre sur l'original autographe dont nous devons la communication à l'obligeance de M. Monmerqué. L'orthographe du duc de Roannez étant fort incorrecte, nous n'avons pas cru devoir nous y conformer.

[2] Arnauld d'Andilly.

[3] Le procès dont parle le duc de Roannez était relatif à *l'affaire des carrosses*. M. de Crenan était un des intéressés dans cette entreprise. (Voy. la note au bas de la page 26 ci-dessus.)

N° V. *Épitaphe d'Étienne Pascal, composée par son fils Blaise Pascal*[1].

Ci gît, etc...

Illustre par son grand savoir qui a été reconnu des savants de toute l'Europe; plus illustre encore par sa grande probité qu'il a exercée dans les charges et les emplois dont il a été honoré; mais beaucoup plus illustre par sa piété exemplaire. Il a goûté de la bonne et de la mauvaise fortune, afin qu'il fût reconnu en tout pour ce qu'il était. On l'a vu modéré dans la prospérité et patient dans l'adversité. Il a eu recours à Dieu dans le malheur, et lui a rendu grâces dans le bonheur. Son cœur a été tout entier à son Dieu, à son roi, à sa famille et à ses amis. Il a eu du respect pour les grands et de l'amour pour les petits; et il a plu à Dieu de couronner toutes les grâces de la nature, qu'il lui avait départies, d'une grâce divine qui a fait que son grand amour pour Dieu a été le fondement, le soutien et le comble de toutes ses autres vertus.

Toi, qui vois dans cet abrégé la seule chose qui nous reste d'une si belle vie, admire la fragilité de toutes les choses présentes; pleure la perte que nous avons faite; rends gloire à Dieu d'avoir laissé quelque temps à la terre la jouissance de ce trésor; et prie sa bonté de combler de sa gloire éternelle celui qu'il avait comblé ici bas de plus de grâces et de vertus que l'étendue d'une épitaphe ne permet d'en écrire.

Ses enfants accablés de douleur ont fait poser cette épitaphe en ce lieu, qu'ils ont composée de l'abondance du

---

[1] MSS. de la Bibliothèque royale, *fonds de l'oratoire*, n° 160, p. 100 du cahier intitulé: *Diverses pièces concernant M. Pascal*, etc.

cœur, pour rendre hommage à la vérité et ne paraître pas ingrats envers Dieu.

N° VI. — *Extrait de l'histoire de la ville de Rouen* [1].

2 vol. in-18, Rouen, 1668.

Parlons maintenant de l'antiquité de l'illustre Confrairie de la Conception de la Vierge. Ce fut du temps de l'archevêque Jean de Bayeux, en l'an 1072 qu'elle fut instituée à Rouen par les plus notables habitants de la ville, qui s'obligèrent de porter toute leur vie un respect particulier à la sainte Vierge, et en dressèrent même quelques statuts et ordonnances. Et en l'an 1486, maître Pierre Daré Escuyer, sieur du Château-Roux, conseiller du roi et lieutenant général à Rouen, ayant été élu prince de la même confrairie, étant échauffé d'un zèle plus ardent que ses prédécesseurs, proposa des prix aux poëtes qui auraient mieux rencontré sur le sujet de la Conception de la sainte Vierge, et fit ordonner par messire Robert de Croimare, pour lors archevêque de Rouen, certaines lois et mesures que devaient observer ceux qui voudraient présenter quelques ouvrages.

Le Puy, c'est-à-dire le théâtre où les poésies devaient être lues et examinées fut premièrement tenu en l'église paroissiale de S. Jean, et celui qui remporta le prix pour le meilleur chant royal, fut un nommé maître Louis Chapperon. Ceci est rapporté dans un ancien registre qui appartient à M. de la Fosse, chanoine et pénitencier en l'église de Rouen, dans lequel sont écrites toutes les pièces qui ont remporté le prix. »

---

[1] Voy. la note au bas de la page 132, ci-dessus.

« ..... Sept ans après, à savoir l'an 1493, on ajouta un second prix pour le débatu, qui fut un chapeau de laurier. L'an 1497, dom Simon de Blaru, commandataire du prieuré de Saint-Antoine de Rouen, adjousta à la palme une potence d'argent doré et au laurier une clochette d'argent; depuis ce temps les prix furent arbitraires selon la libéralité des princes.

« ..... Dans ces derniers temps on a donné le prix de la Rose, pour la meilleure ballade; celui de la Tour, pour la meilleure stance, de la fondation de M. le premier président Groulart; pour le débatu de la stance, le soleil, de la fondation de M. Torcy; pour la meilleure ode le miroir d'argent, de la fondation de M. Hallé, archidiacre; etc..... »

(*Seconde partie*, pag. 65.)

« *Palinods de Rouen*. Ce mot de *Palinods* ne veut dire autre chose que le récit et le jugement de diverses poésies, ou (si on veut s'arrêter aux dictions grecques dont il est composé, à savoir πάλιν et ᾠδή), il signifie un *chant réitéré*, faisant allusion à la dernière ligne de chaque strophe, qui retourne dans le même sens, qui pour cette raison est appelée *ligne palinodiale*[1]; ainsi cette façon de parler qui n'était que pour les savants est devenue commune parmi les peuples qui depuis ont appelé le lieu où ces poésies sont lues et examinées du nom de *Palinods*. »

(*Idem*, pag. 61.)

[1] Dans les premiers temps les concurrents avaient soin de ramener le même vers à la fin de chaque strophe.

TABLE DES MATIÈRES

CONTENUES

DANS CE VOLUME.

	Pages.
Avant-propos	1
Madame Perier :	
Vie de Pascal.	1
Addition à la vie de Pascal (I).	46
— — (II).	52
Mémoire touchant la vie de Jacqueline Pascal.	54
Note du P. Guerrier sur le mémoire précédent.	73
Addition au même mémoire.	74
Lettres : A M. Pascal, son père	78
— Pour son frère.	79
— A Arnauld de Pomponne.	80
— Apostille à la lettre précédente, de la main de Pascal. .	84
— A M. Vallant.	ib.
— A M. Beurrier, curé de Saint-Étienne.	87
— A M. Vallant.	91
— Au même.	94
— Au même.	95
— Au même.	97
— Au même	ib.
— A son fils aîné.	102
— A M. Vallant	103
— Au même.	104
— A son fils, Louis Perier.	106
— A Blaise Perier, son fils.	107
— A M. Vallant.	ib.
— A M. Audigier, concernant la *vie* de son frère.	112

	Pages
— (Lettre de Domat au même, sur le même sujet.)	112
— A M. Tartière, seigneur de la Serve	115

JACQUELINE PASCAL :

Poésies : Rondeau	117
— Autre rondeau	ib.
Chanson	118
Quatrain, à Madonte	119
— à la comtesse d'Essex	ib.
Stances, à madame de Morangis	ib.
— à M. le président Pascal, son père	120
Sonnet à la reine, sur sa grossesse	121
Épigramme, adressée aussi à S. M.	ib.
Stances à la reine	122
Épigramme, à Mademoiselle	123
Autre épigramme à mademoiselle d'Hautefort	ib.
Stances à madame de Morangis	ib.
Sonnet, à madame de Morangis	124
Dixain	ib.
Stances faites sur-le-champ	125
Épigramme pour remercier Dieu du don de poésie	126
Stances sur le même sujet	ib.
— pour remercier Dieu de sa guérison	127
Au duc de Richelieu, épigramme	128
A madame la duchesse d'Aiguillon, sonnet	129
Sonnet de dévotion	ib.
A sainte Cécile, épigramme	130
Sur la conception de la Vierge, stances	ib.
Remercîment fait sur-le champ, par M. de Corneille, lorsque le prix fut adjugé aux stances précédentes	131
Remercîment pour le prix des stances	ib.
Contre l'amour, stances	133
Sur la guérison apparente du roi, sonnet	134
A la reine, sur la régence, sonnet	135
Pour une dame amoureuse d'un homme qui n'en savait rien, stances	136
Réponse aux vers précédents, par M. de Benssserade	ib.
Sonnet fait après les rimes	139
Consolation de la mort d'une huguenote, stances	140

Chanson.	143
Sérénade.	144
Vers sans intitulé.	ibid.
Réponse à mademoiselle de Scudéry.	145
Vers de mademoiselle Scudéry.	ibid.
Lettre à la reine.	ibid.
Note du P. Guerrier sur les poésies qui précèdent.	146
Traduction de l'hymne : *Jesu nostra redemptio*.	147
Vers composés sur le miracle opéré sur Marguerite Perier.	148
Ecrit sur le mystère de la mort de J.-C.	157
Relation adressée à la mère prieure de Port-Royal des Champs.	179
Relation concernant la mère Angélique.	223
Règlement pour les enfants.	228
Interrogatoire de la sœur Jacqueline de sainte Euphémie.	301
Lettres : A son père.	305
— A madame Perier.	309
— De Pascal et de sa sœur Jaqueline à madame Perier.	312
— A son père.	318
— De Pascal et de sa sœur Jaqueline à madame Perier.	325
— A madame Perier.	331
— A son frère.	334
— A madame Perier.	344
— A M. Perier.	345
— A madame Perier.	352
— A son frère.	354
— A madame Perier.	359
— A la même.	363
— A la même.	369
— A son frère.	372
— Au même.	374
— A madame Perier.	375
— A la même.	379
— A la même.	384
— A la même.	387
— A la mère de Saint-Jean.	391
— A son frère.	396
— A madame Perier.	398
— A mesdemoiselles Perier, ses nièces.	399

TABLE DES MATIÈRES.

	Pages.
— A la sœur Angélique.	402
— Au docteur Arnauld.	414

MARGUERITE PERIER :

Mémoire sur sa famille.	418
Mémoire sur la vie de M. Pascal.	447
Extrait des Additions au nécrologe.	460
Extrait d'un mémoire relatif aux discussions entre Pascal et MM. de Port-Royal sur le formulaire.	462
Profession de foi de mademoiselle Perier.	467
Relation du P. Guerrier.	468
Extraits d'un ms. anonyme concernant la vie de M. Pascal.	470
Extrait d'un recueil de la bibliothèque des PP. de l'Oratoire de Clermont.	471

Appendice :

Nos I. Acte de baptême de Pascal.	473
II. Généalogie des Pascal.	476
III. Extrait du testament de Pascal.	480
IV. Lettre du duc de Roannez à M. de Pomponne.	482
V. Épitaphe d'Étienne Pascal, par Blaise Pascal.	483
VI. Extrait de l'histoire de la ville de Rouen, concernant les *Palinods*.	484

Imprimerie Schneider et Langrand, rue d'Erfurth, 1.

www.ingramcontent.com/pod-product-compliance
Lightning Source LLC
Chambersburg PA
CBHW051131230426
43670CB00007B/768